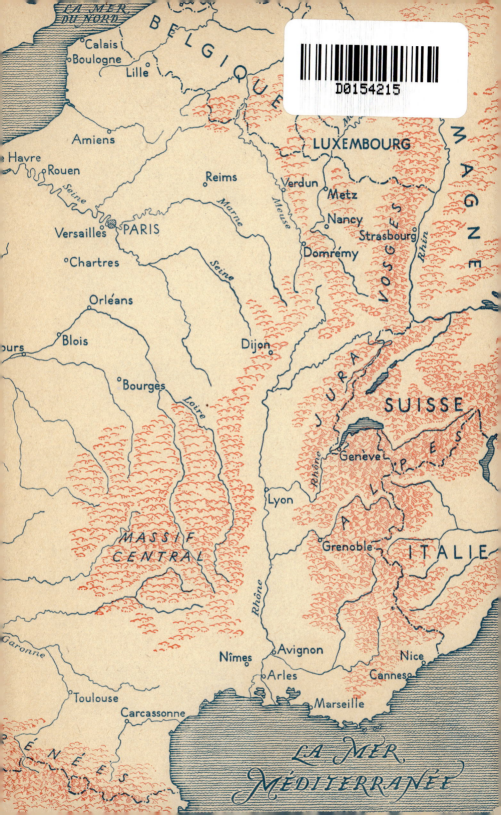

Beginning French

A CULTURAL APPROACH

* *

WILLIAM S. HENDRIX
THE OHIO STATE UNIVERSITY

and

WALTER E. MEIDEN
THE OHIO STATE UNIVERSITY

* *

HOUGHTON MIFFLIN COMPANY

BOSTON · NEW YORK · CHICAGO · DALLAS · ATLANTA · SAN FRANCISCO

The Riverside Press Cambridge

PREFACE

A WORD SHOULD BE SAID concerning the evolution both of the material contained in this book and of the technique with which the book may be used. In 1922 one of the authors published a beginning Spanish book similar in subject matter to this text. The technique for the use of such material has been a gradual growth in the Department of Romance Languages at the Ohio State University, a growth to which the members of the staff of the Department have contributed.

Most of this material has been used in mimeographed form over the radio and in class, and we have received numerous suggestions not only from our colleagues but also from students in our classes and from those who have used the material outside of the Ohio State University. We acknowledge with sincere appreciation suggestions from all these sources. We particularly wish to thank Professor R. E. Monroe, Charles Carlut, and Gérard Cleisz among our colleagues and the following Frenchmen who have read the manuscript and made suggestions: Jean Perrot, Jean Bonnassies, Robert Tainturier, Pierre Bigot, André Mynard, and Mlle Aline Silz.

The authors assume responsibility for any errors in the text.

W. S. H.
W. E. M.

TABLE DES MATIÈRES

TABLE DES ILLUSTRATIONS

TABLE DES CARTES

INTRODUCTION
To the Teacher

THIS BOOK CONTAINS sufficient vocabulary, syntactical material, and grammar for a first year college course or for the first two years of high school work. The reading selections are so organized that the student will be able to read ordinary French at the end of these respective periods.

The vocabulary has been carefully chosen and has an excellent correlation with the French word-counts. Cognates have been included freely especially in the earlier lessons, since, if used correctly, they help the student grasp the meanings of words, the concepts, without recourse to his native tongue. Cognates give the student a sense of power to comprehend the foreign language from the very beginning of his study. This sense of power is stimulating to all students and is most helpful to those who have been led to believe that the study of a foreign language is difficult or boring.

The grammar is presented inductively in carefully graded lessons. For reference and for those who wish to approach grammar analytically, a fairly complete presentation of elementary syntax is to be found in a separate section entitled *Grammaire*. There the material is formulated topically, so that the teacher may develop as little or as much of the grammar as he wishes. The *Index* gives easy reference to any grammatical point. The questions on grammar at the end of each lesson emphasize the more important items of the lesson and guide the student to that part of the *Grammaire* where he may consult the rules dealing with these facts. Points of only passing interest are mentioned in the footnotes, with a reference to the *Grammaire*. The statistics of formal grammar are in an appendix.

Grammar and vocabulary as such are not emphasized; although they are both indispensably important, they are, after all, only a means to an end. They are part of the mechanism which enables the student to understand, speak, write, and read the foreign language. For most students, *reading* is the primary objective. By *reading* is meant comprehension of the idea in French, not *translation* of it into English.

Learning to read French is an acquired skill, just as driving a car, swimming, even walking are acquired skills. It is conceivable that a highly skillful automobile mechanic who knows all about the mechanism of the car might be a poor driver. Some of our English-speaking authorities on French grammar do not speak the language well; native Frenchmen, on the other hand, wholly ignorant of the grammar of their language, may speak it perfectly.

It is significant that many investigations have shown almost no correlation between knowledge of grammar and correct usage of the language. The reason is obvious: if one's mind is preoccupied with grammar, little time is available for ideas, either for their comprehension or formation. If the reader has been concentrating on the grammar of this "Introduction," he almost surely has not followed the argument. If he has been concentrating on the thought, grammar and vocabulary have been in his subconscious mind, where they must be also for the student of a foreign language if he would really comprehend the ideas expressed. In spite of their importance as tools for understanding the language, grammar and vocabulary should be given a subordinate place in the student's mind as soon as possible, so that he can concentrate on the vital part of the foreign language: its content, its ideas.

Foreign languages are more easily retained if the fundamentals are presented in rhythmic form, such as poetry; or with melody or sound, as in songs; or with ideas expressed in meaningful sentences. For this last reason, and for others to be spoken of later, the lessons of this text present the grammar and vocabulary in complete sentences embodying information about France — her geography, history, and civilization, from the present back to the time of the French Revolution.

The descriptions given in the lessons are not intended to be complete. They are general outlines which the student can fill in as he learns more of France, and her language, literature, and culture. The lessons begin with present French conditions, which are more familiar to the student than past ones. This procedure of studying the present before the past simplifies the matter of tenses, since the student uses only the present tense in the beginning lessons. Many teachers introduce contemporary events in France as collateral material to supplement that in the text. And wisely do they do this, for never before have students been so interested in the geography of Europe or in its peoples as at present. They are realizing what past generations of Americans did not realize: that we cannot understand Europe as it is without some knowledge of the countries of that continent. The current situation in Europe readily lends itself to use with these lessons. With a little guidance from the teacher, almost any class will try to express in French what they read in the daily newspapers about France.

The material in this book, then, is timely and to most students, more interesting than simple, trite stories or the dry-as-dust discussions of the familiar classroom. Those who think factual material about a foreign country is not interesting to their students should try using it. Experience shows that this material can be used effectively in beginning lessons and that it need not be delayed for later and more advanced courses.

When students and teachers realize that a foreign language can give them data which relate history, past and present, to political science and to social and economic problems, some of the opposition to the study of foreign languages will disappear. If, in addition, French can be made interesting and an aid in general learning, opposition to its inclusion in the curriculum will decline. These lessons, given over the radio, in college, and in high school, have been used by thousands of students and have proved to be interesting to them, and effective for the learning of French.

Suggestions for the Use of the Text

Although the text may be used in other ways than the one indicated in the following pages, the suggestions offered here are a description of the way the book is used in the authors' own classes and as such may be of assistance to those who wish to try the method.

Most important in this method is the insistence that the teacher should always use complete French sentences in his teaching. In English the whole sentence is often necessary for the student's comprehension of a word because the meaning of a word often varies with its context. If this is true in the student's own language, the use of the complete sentence is even more necessary when he is learning the meaning of a foreign word. If the teacher uses in the sentence words the student already knows, and if the sentence is logical, the meaning of the new word will be made immediately clear by the context. For example, if *La France est une république* is clear to the student, logic will tell him what *aussi* means in *Le Mexique est aussi une république*. Once the student realizes that logic, or common sense, helps in the comprehension of French, it is astonishing how quickly he learns French, and, as so many of the authors' own students have told them, other subjects as well.

Another reason for the use of complete sentences is their necessity in teaching accurate pronunciation. Words are pronounced differently in different contexts. "You" alone and "you" in the popular pronunciation of "Don't you?" are pronounced differently. This relationship in pronunciation explains *liaison* in French. When properly read, sentences teach pronunciation of individual words better than single words separated into syllables. Sentences furthermore teach *intonation*, which is as important as correct pronunciation of individual words. By hearing and reading complete sentences, the student more easily and quickly understands the meaning and more effectively learns pronunciation than by reading or pronouncing individual words.

Complete sentences, especially if pronounced aloud, teach another vital element in language learning: speech patterns. Speech patterns are those phrases or words which usually are associated with each other. To analyze repeatedly *il y a* in such a sentence as *Il y a cinq fenêtres dans la salle de classe* is not nearly so effective in learning the phrase as to use the entire construction so frequently that it becomes second nature to the student to use it. He will be much less likely to make mistakes in using it thereafter. This method is effective for learning many constructions generally regarded as difficult. Use *Il n'y en a pas* a few times with the right context, and the students know it. These phrases, or groups of words usually associated with each other, are probably as important in language learning as what is usually thought of as vocabulary. In this text, a large number of these speech patterns are to be found. They are not necessarily what have been called 'dioms; though idioms are, of course, also definite speech patterns.

Meanings of words, pronunciation, intonation, and speech patterns reveal themselves readily through the constant use of the complete French sentence by the teacher and the student.

The classroom procedure now to be described has been found effective by the authors in using the text:

THE FIRST DAY

As soon as the first class period begins, have all the students go to the blackboard. If there is not enough space at the board for all, have those at their seats use pencil and paper when you ask them to write. Tell the class that they are going to hear sentences in French, which they need not translate since they will be able to understand them in French. On a map of France or a rough sketch of a map of France on the board, point out Paris and as you do so repeat the first sentence of the first lesson: *Paris est la capitale de la France*. After you have repeated the sentence a few times, ask the class to pronounce it with you two or three times.

Then tell them to write the sentence. This instruction may startle a few, but calmly insist that they write. In a few minutes, the sentence will be down on the blackboard and on the papers. Correct enough sentences on the board so that all may see a correct one. Ask the class to change their sentences to conform to the corrected sentence. Repeat this procedure with each sentence in the first lesson, taking care to correct a different student's work each time, so that each one will have to assume the responsibility of correcting his own work. This correction process should not be allowed to take too much time, as the class must be kept moving mentally.

The greater part of this first hour will be spent with the students at the board. During this time they will hear, pronounce, write, and read all the first lesson, which they will understand without the aid of English. Now dictate Lesson Two, taking care to dictate rapidly although you will probably feel a tendency to dictate slowly. Spend the time that is left in asking the students questions on the material of the first two lessons or in having some of them read aloud the sentences of the text which have been studied previously, with the rest of the group criticizing the pronunciation and intonation. As the class period ends, tell them that the same vocabulary and constructions used about France may be used in sentences about other parts of the world. Ask them to go to the board as soon as they come to class the next day, even before the class period begins, and write a composition in French, using as much as they remember of Lesson One and as many new sentences as they can write about their own country or state.

THE SECOND DAY

The second class period follows the same procedure as the first. Lesson Two is dictated, pronounced by the students, written on the board, and corrected just as was Lesson One. Review Lesson One by dictating the original sentences and asking questions such as those included in the text. Add simple sentences on the general theme of the lesson in order to add interest and information. For example, after dictating the first three sentences of Lesson One, you might dictate sentences similar to the following: *Saint Paul est la capitale du Minnesota. Saint Paul est situé sur le Mississipi.* Then tell the students to compose the next sentence. The brighter ones will write *Le Mississipi traverse Saint Paul.* Soon they will write sentences like: *San Francisco est dans l'ouest des États-Unis*, or *Atlanta est la capitale de la Georgie.*

EFFECT OF THIS MATERIAL

The class will begin to look forward to these new facts and ideas expressed in sentences with the same syntax and vocabulary with which they are already familiar, whether composed by the teacher or by themselves. They soon discover that they possess a new linguistic tool with which to express ideas. Once they realize this, they are eager to use it and to learn more about it. Lesson Five gives opportunity for a discussion of the Maginot Line, the problems of the defense of the boundaries of the United States, and whether or not the defense of the Panama is easy. If the sentences are thus related topically to some general subject, the general thought is easier for the student to follow. In practically every recitation, the teacher will find an opportunity to introduce material, which, like the above, is not in the text. The students soon learn to expect these new sentences which are a challenge to their development in hearing and understanding French. Questions on the material in these new sentences help keep them "on their toes."

The exercises themselves often introduce material not in the reading lessons in order to stimulate analysis on the part of the students. The points raised are not beyond their ability, and the new material is of the same type as that discussed in the preceding paragraph. The presentation of the vocabulary and syntax in the exercises, as in the reading texts, is carefully planned to challenge and stimulate the students. English is avoided as much as possible so that they will not translate. To translate will be their tendency at first, but they will soon learn to use French if the language of the classroom is always French. Translation exercises tend to break down the process of thinking in French which the teacher is trying at all times to develop in the students' minds. It is not necessary to have students translate to determine whether they know the content of the sentences. Merely ask them questions in French, taking care to use the vocabulary and grammar they know. The exercises in this text for the teaching of grammar and vocabulary have been prepared to teach the students to think in French. They are exercises which have already proved effective in teaching many students to think in French.

They should read the exercises aloud, answer questions, and fill in blanks aloud, always in complete sentences. Then and then only should they write out the exercises.

It cannot be emphasized too much that care must be taken at all times to see that your students are *reading* French, not translating it into English. Even though at first some of the meanings of the French words the student reads are hazy, when he rereads the passage several times the words will take on clear and definite meanings. In using this text, the teacher should repeatedly request the student not to look up meanings in the vocabulary, but to reread the lesson until the thought becomes clear to him. The temptation to use the vocabulary and to translate will be very great at first, but if the student tries to grasp the meaning from the French without translating, he will learn to read more quickly and will comprehend more accurately.

If a student says he must translate to understand the meaning of the words, call him in for a conference. Recite Lesson One to him very rapidly and ask him if he understands. The answer will be "Yes." Then inquire if he translated. The answer will be "No." Read as many of the lessons familiar to him as need be to allow him to prove to himself that translation is not necessary for comprehension. You can even introduce a new sentence or so, such as: *Chicago n'est pas la capitale de Wisconsin*, which he will understand readily. Tell him to read the new lessons aloud until the ideas come to him through the French, and assure him that they *will* come to him through the French.

VOCABULARY

The cognates of a given lesson are listed under *Vocabulaire*. The cognates should make the students conscious of the relation of the French and English languages, so that they will soon become aware of the differences as well as of the similarities of the two languages. All the additional non-cognate new words of a given lesson are in an appendix, *Le Vocabulaire par Leçons*.

This organization of the vocabulary enables the teacher to use the vocabulary in various ways. The vocabulary as such may be disregarded by simply using it as it occurs in the lessons with new sentences which the teacher or students may compose. Or the teacher may want to drill on the new words, using old or new sentences. These complete analyses of the new vocabulary in the lessons will make it easy for the teacher to know just what words the class has learned and will enable him to prepare his daily class work and tests accordingly.

GRAMMAR

As to the *Grammaire*, it is suggested that those who have not previously used the method of this book pay no attention to *formal* grammar for a few lessons. If necessary, return to it later. For the first few lessons, allow the class to use the French without presenting any rules for its use. Correct mistakes and see if the class can recognize, for example, the principle of the agreement of the past participle. Have the students discover as far as possible the grammatical principles they encounter. If a student's statement of the rule is incorrect in general but does cover the illustration at hand, accept it provisionally, asking for corrections which may be discovered by the class. If the student can learn to analyze and to generalize grammatical principles from the linguistic phenomena in the lessons, he will retain this knowledge much longer than if he memorizes rules and then tries to apply them.

THE VERB

The most vital item in French grammar, the most used, and the most complex, is the verb. In ordinary written French it is the third person, singular and plural, of the present, imperfect, and simple past, which is the most used. In spoken French, it is all persons of the present, imperfect, and *passé composé* which are most used. In this text, therefore, the verb is not allowed to become a problem until the student has had enough French to be able to grapple with it. In the first ten lessons, the action of all verbs is kept in the present, and only the third person of *-er* and *-ir* verbs and of *avoir* and *être* are used. (Because of the nature of things, there are *vous*-imperatives used as directions to the student, also infinitives and participles.) Beginning with Lesson Eleven, the complete present tense of all regular and many irregular verbs is introduced gradually for eleven lessons. In Lesson Twenty-two, the *passé composé* is presented in its simplest affirmative form. Then come the future, the negative and interrogative of the *passé composé* with *avoir*, and the *passé composé* of intransitive verbs of motion and of reflexive verbs. Because all these variations are hard for the beginning student, several lessons are devoted to them. Two lessons are given to the imperfect, with special exercises designed to teach the fundamentally important concept of the distinction between the imperfect and the *passé composé*. After the imperfect comes the conditional. The simple past is introduced merely for recognition, not for active use. Special exercises are written with that purpose in mind. The subjunctive is placed toward the end of the text, beginning with Lesson Fifty-one, where it is treated as thoroughly as need be for the elementary stage. The imperfect subjunctive should, of course, be studied only for recognition.

The authors recommend that students be asked to write their résumés, even on historical material, in the *passé composé* rather than in the simple past. The French themselves learn in school that a written account must be put in the simple past. Several Frenchmen who saw the manuscript insisted, for instance, that Lesson Thirty-nine, which consists of written conversation, should be in the simple past because it is in writing. Yet when one visits classes in history in the French *lycées* and lectures at the Sorbonne, one rarely finds a professor using the simple past. Even historical data are treated there in the *passé compose*. The questions of all the lessons in this book are accordingly written in the *passé composé*.

This problem of learning verbs is a difficult one. To aid the student in getting a clear picture of the verb, paradigms of verbs by lessons have been placed after the review of each ten lessons. The student should refer to these for his verb-forms until he becomes sufficiently advanced to use the more general paradigms in the *Grammaire* at the end of the book.

An attempt is made to explain the irregularities of the irregular verbs. If students know that the accent makes some difference in the form, they are likely to remember the forms more easily.

Which verbs should elementary students know? It is reasonable to expect them to know how to use those verbs and those tenses which they will be needing daily in their own compositions. It is desirable for them to be able to recognize the forms of such tenses as the simple past, the imperfect subjunctive, and the past anterior, which they will certainly not be using at this level, if ever. They should know then how to use in the present, imperfect, future, and commonly used compound tenses of the indicative, in the conditional, and in the present and the past subjunctive the regular *-er*, *-ir*, and *-re* verbs, the irregular verbs *aller*, *avoir*, *boire*, *courir*, *croire*, *devoir*, *dire*, *écrire*, *envoyer*, *être*, *faire*, *falloir*, *lire*, *mettre*, *mourir*, *pouvoir*, *prendre*, *rire*, *savoir*, *suivre*, *tenir*, *valoir*, *venir*, *vivre*, *voir*, and *vouloir*, and their frequently used compounds, also verbs following the system of *ouvrir* and *plaire*, and those terminating in *-aître*, *-aindre*, and *-eindre*. They need know actively only the past participle and tenses formed therefrom of such verbs as *acquérir*, *conquérir*, *naître*, and *vaincre*. Verbs such as *s'asseoir* and *battre* are used mainly in the present, imperfect, and compound tenses. Students should be able to recognize all of the above verbs in other tenses.

Frequent exercises which afford abundant opportunity to use these common verbs in the conversational tenses may be found throughout the text. Sometimes exercises are written in tenses such as the simple past, and the student is directed to put them into the present or compound past. Such exercises are designed to test recognition of less used tenses and knowledge of more used tenses.

In the procedure indicated above, every recitation is a test. When material of past lessons is used, the class undergoes constant review in the new sentences used by the teacher. The *révision* lessons present a systematic review of the vocabulary and grammar as well as of the content of the previous ten lessons. This integration of vocabulary, grammar, and text into a meaningful picture of French life and civilization causes the student to retain what he learns, longer and more easily. The reviewing and testing which constantly go on in class tend to fix firmly in his mind the French speech patterns as well as the ideas contained in them. The fact that the student hears, pronounces, and writes the French, as well as sees it, aids his memory. Instead of reciting French verb-forms in paradigms, a most unnatural procedure found only in pedantic classrooms, he expresses ideas in French sentences. In that way, the foreign language means something to him. It has vitality and significance, and is not merely a collection of words and grammar rules he must put together like a picture puzzle.

The lessons, as has been indicated, do not exhaust the possibilities of discussion or development of their themes in elementary classes. They may be regarded, rather, as points of departure. To any of the lessons, much can be added by an alert class. In fact, a good group can expand indefinitely some of the lessons, especially if the teacher makes a few suggestions. The authors hope that teachers and students will use the lessons as fully as possible. Used thus, the text will become a sort of guide to the study of France and of her history and civilization during the past one hundred and fifty years. It will give vocabulary and grammar for a discussion of contemporary events, which, when properly presented, are of vital interest to all students. Finally, the text will prepare the students for an appreciative reading of French literature, because in it are given the foundations of French geography, customs, and manners; and French grammar and vocabulary.

INTRODUCTION
To the Student

YOU ARE NOW about to begin the study of a foreign language. You have often heard that French is the polite language of Europe, the speech of diplomats. You have seen French expressions in the books you have read. Once you have learned a little of the language, you will find a new world opened to you. You will have at your disposal a literature as considerable as your own and distinctly different. You will discover that your own English language becomes clearer by the knowledge of French vocabulary and grammar.

French is one of the easiest of foreign languages for English-speaking people to read, because many French and English words are almost identical in form and similar in meaning, while many others are so similar in form that you will have no trouble in recognizing them. In fact, Alexandre Dumas once said, "English is only French mispronounced."

Various procedures might be used to learn the French language. The following one will go far in giving you a command of the language which will enable you to put it to active use.

Each lesson is divided into a section for reading, a group of *questions*, various exercises or *devoirs*, a *vocabulaire*, or list of new words resembling English words (with other new words in the vocabulary beginning on page 337), and a list of questions on grammar entitled *Grammaire*, with reference numbers to the sections of an organized grammatical explanation beginning on page 219.

First, read the lesson aloud in French without looking up any words. Try to grasp the sense of the material rather than to translate into English. Many words appearing for the first time will disclose their meaning from the context. On the first reading, skip over any words you do not recognize. Concentrate on discovering what the lesson is about. Then go over the reading a second time, consulting the vocabulary for the meanings of words you cannot determine from their use. Read this lesson over and over in French until you get a complete understanding of the material without having to interpret it in English. In other words, force yourself to read in French and to understand in French without the intervention of English. If this is hard at first, do it all the more often in order to develop the habit. No one ever reads a language easily or fluently by translating it. One reads it easily and fluently only by reading it in the original and by understanding it without transferring it to a second language.

Next, turn to the *Questions*. Read each question aloud. Answer it orally in French. Always use a complete sentence for your answer. Base these answers on the French in the text. Do not be satisfied with answering each question once. Go over your questions and answers until you can give them rapidly without reference to the lesson or notes.

Now you are ready for the exercises or *Devoirs*. Read these exercises aloud. Fill in the blanks aloud. Base the work on what you have learned in the lesson. Then write out the *Devoirs*. Copy the entire sentence, underlining the words you supply. *Do not* write in the textbook itself. Keep it clean for practice. When you have written your exercises, read them over again, this time without reference to what you have written.

The *Devoirs* consist of section *A*, in which you supply a suitable word, and of other sections in which you fill out the blanks with grammatical forms or make sentences yourself. The words to be supplied in section *A* are always found in the vocabulary of the lesson at hand. When you have sentences of your own to compose, make these sentences as varied and as individual as possible.

The new words of each lesson are found in the section called *Vocabulaire* and in the *Vocabulaire par Leçons*, which begins on page 337. Words which resemble English words and have similar meanings are listed in the *Vocabulaire* directly below the *Devoirs*, without their English equivalents. They are put there so that you may note the differences in spelling from the English words and so that you may note the genders of the nouns. All words not appearing for the first time in a given lesson and words used in the directions to the exercises may be found in the final *Vocabulaire Général*, which is at the very end of the book, beginning page 359. Proper names are also listed there.

Whenever the teacher asks you to do so, answer the questions under *Grammaire*. Try to answer questions from the various new constructions which appear in your reading. The numbers in parentheses after the grammar questions refer to paragraphs in the *Grammaire* (pages 219-317). Consult these sections for more complete explanations.

With this preparation of the lessons, you are ready for the recitation. Come to class every day, since it is practically impossible to learn all aspects of a modern language without steady class attendance. Bring to class any questions on material you do not understand. If your teacher wishes, put a composition on the blackboard immediately when you arrive in the classroom. Base this composition on the lesson, but do not try to memorize the text. Rather, make a summary of what you have read. Introduce new material if you can. When your teacher dictates sentences, listen carefully. Always note his pronunciation. Repeat the sentences after him. Then write them on the board. Your teacher will correct the sentences of several pupils. See that your sentences are correct before you erase them.

As soon as possible after the class hour, go over the lesson for the next day and review preceding lessons. Spend as much time as possible on this review of previous work. Go over the lessons frequently, especially over the *Questions* and *Devoirs*. Develop speed in answering the questions in French and skill in doing the exercises rapidly and automatically. It is profitable to go back even to the first lesson.

If at any time you have too much difficulty with a lesson, go back as far as is necessary in the text to a lesson which you easily understand, and review carefully all lessons up to the difficult one. This procedure will clarify vocabulary and grammar for you since the book is written so as to prepare you for each lesson in the order in which it appears. If you omit or neglect a lesson, you will not be prepared for what follows.

La France

Paris est la capitale de la France. Paris est situé sur la Seine. La Seine traverse Paris. Calais est dans le nord de la France. Calais est situé sur la Mer du Nord. Strasbourg est dans l'est de la France. Strasbourg est situé sur le Rhin. Marseille est dans le sud de la France. Marseille est sur la Méditerranée. Brest est dans l'ouest de la France. [5 Brest est situé sur l'Atlantique.

QUESTIONS

1. Quelle est la capitale de la France? 2. Quelle est la capitale des[1] États-Unis? 3. Où est situé Paris? 4. Où est situé Washington?

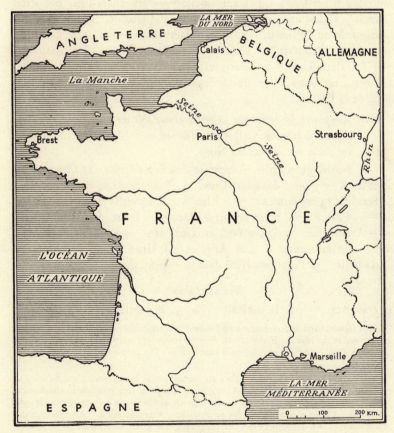

La France

[1] *Des* is a contraction of *de les*.

5. Où est situé Memphis?   6. Dans quelle partie de la France est Marseille?   7. Dans quelle partie des États-Unis est San Francisco? 8. Où est situé Strasbourg?   9. Où est situé New York?   10. Dans quelle partie de la France est situé Calais?   11. Dans quelle partie des États-Unis est situé Denver?   12. Où est situé Chicago?   13. Quelle est la capitale de l'Ohio?   14. Où est Boston?

DEVOIRS

A. *Remplacez les tirets par les mots convenables.*[1]   EXEMPLE: Chicago est dans le —— des États-Unis.   Chicago est dans le *nord* des États-Unis.

1. Washington est situé dans l'—— des États-Unis.   2. San Francisco est dans l'—— des États-Unis.   3. Atlanta est situé dans le —— des États-Unis.   4. Dans quelle —— des États-Unis est situé Détroit?   5. Indianapolis est la —— de l'Indiana.   6. Springfield —— la capitale de l'Illinois.   7. Montgomery est —— capitale de l'Alabama.   8. Memphis est situé —— le Mississipi.   9. Le Mississipi —— les États-Unis.   10. Paris est —— dans le nord de la France. 11. Brest est dans l'—— de la France.   12. Calais est situé —— le nord de la France.

B. *Remplacez les tirets par la forme convenable du singulier de l'article défini.*   EXEMPLE: Calais est situé sur —— Mer du Nord.   Calais est situé sur *la* Mer du Nord.

1. Washington est —— capitale des États-Unis.   2. Chicago est situé dans —— nord des États-Unis.   3. Paris est situé sur —— Seine. 4. Strasbourg est situé sur —— Rhin.   5. Marseille est dans —— sud de —— France.   6. Brest est situé dans —— ouest de la France sur —— Atlantique.   7. New York est situé dans —— est des États-Unis sur —— Atlantique.   8. Los Angeles est situé dans —— ouest des États-Unis.   9. Calais est situé dans ——nord de —— France.

VOCABULAIRE[2]

1. traverser   2. la capitale   3. la partie   4. situé

[1] In this *Devoir A* and in each succeeding *Devoir A* you are to fill out the blanks with some word used in the lesson.   If you cannot discover the proper word from the context of the sentence, look over the vocabularies of that lesson.   The proper word will then be suggested.

[2] These words are cognates, that is, they are words similar in appearance and meaning in French and English.   Cognates will regularly appear in this position in the lessons. The student should notice that the article is given; if the article is *l'*, the gender is indicated by (m) for masculine and (f) for feminine, after the noun.   All non-cognates (words which are different in the two languages) are given with meanings by lessons, beginning on page 337.

GRAMMAIRE [1]

1. What two genders are there in French? (§ 6 A) [2]

2. What three singular forms of the definite article do you find in this lesson? When is each used? (§ 1 A)

3. Give an example of a sentence in which the definite article is used in French but ordinarily omitted in English. (§ 3 C)

═══ *DEUXIÈME LEÇON* ═══

L'Europe

L'Europe est un continent. L'Europe est divisée en pays (nations). L'Europe est divisée en un grand nombre de pays. La France est un pays. La France est un pays d'Europe. La France est située dans l'ouest de l'Europe. La France est grande. La Russie est aussi un pays d'Europe. La Russie est située dans l'est de l'Europe. La Russie [5 est très grande. La Belgique, l'Espagne et l'Italie sont en Europe. La Belgique est un petit pays situé au [3] nord de la France. La Belgique est petite. L'Espagne est un grand pays. L'Espagne est située au [3] sud-ouest de la France. Madrid est la capitale de l'Espagne. Madrid est une ville située au [3] centre de l'Espagne. L'Italie est située au [3] sud-est [10 de la France. Rome est la capitale de l'Italie. L'Amérique du [3] Nord est un continent. Les États-Unis sont dans l'Amérique du Nord.

QUESTIONS

1. Est-ce que la France est un pays? (Oui, monsieur, madame, mademoiselle, la France est un pays.) 2. Est-ce que l'Espagne et l'Italie sont en Europe? 3. Où est située la France? 4. Quel est le grand pays situé dans le nord de l'Amérique du Nord? 5. Quel est le grand pays situé dans l'est de l'Europe? 6. Citez (Mentionnez) une grande ville située dans le nord des États-Unis. 7. Est-ce que la Belgique est un petit pays? 8. Est-ce que la capitale de l'Italie est une grande ville? 9. Où est Madrid? 10. Citez une grande ville située au centre des États-Unis. 11. Où est située la capitale des États-Unis?

---

[1] Read carefully *To the Student* (page xxiii) for suggestions on how to treat this section of the lesson.

[2] Such references in this and subsequent lessons indicate the paragraph in the *Grammaire* (beginning on page 219) in which the answer to this question will be found.

[3] *Au* is a contraction of *à le*; *du* is a contraction of *de le*.

L'Europe

DEVOIRS

A. Remplacez les tirets par les mots convenables:

1. L'Italie est un ——. 2. Les États-Unis —— un grand pays. 3. Chicago est une ——. 4. L'Amérique du Sud est divisée en un grand —— de pays. 5. Saint-Louis est situé au —— des États-Unis. 6. Le Canada et le Mexique —— dans l'Amérique du Nord. 7. Est-ce que la Californie est située dans l'—— des États-Unis? 8. ——, monsieur (madame, mademoiselle), la Californie est située dans l'ouest des États-Unis. 9. La Belgique est un —— pays situé au nord de la France. 10. L'Europe est —— en un grand nombre de nations.

B. Remplacez les tirets par la forme convenable de l'article indéfini:

1. Paris est —— ville. 2. L'Europe est —— continent. 3. La Russie est —— pays. 4. L'Espagne est —— partie de l'Europe. 5. L'Europe est divisée en —— grand nombre de pays.

C. *Remplacez les tirets par la forme convenable de l'adjectif indiqué.*
EXEMPLE: La France est une —— (grand) nation. La France est une *grande* nation.

1. L'Europe est un —— (petit) continent. 2. Paris est une —— (grand) ville. 3. L'Amérique du Sud est —— (divisé) en un grand nombre de pays. 4. Madrid est —— (situé) au centre de l'Espagne. 5. Dans —— (quel) partie de la France est situé Strasbourg? 6. La Belgique est —— (petit). 7. La capitale de l'Italie est —— (situé) au centre du pays. 8. La Russie est un —— (grand) pays. 9. —— (Quel) est le pays situé au sud-ouest de la France?

D. *Mettez les phrases suivantes à la forme interrogative.* EXEMPLE: L'Europe est divisée en nations. Est-ce que l'Europe est divisée en nations?

1. Calais est dans le nord de la France. 2. Les États-Unis sont dans l'Amérique du Nord. 3. L'Espagne est une grande nation. 4. La Seine traverse Paris et Rouen. 5. Saint-Louis est situé sur le Mississipi. 6. La Belgique est un petit pays situé au sud de la Hollande.

VOCABULAIRE

1. mentionner	3. le continent	5. le nombre
2. le centre	4. la nation	6. divisé

GRAMMAIRE

1. Give the singular forms of the indefinite article. (§ 4 A)
2. How does the French adjective agree with its noun? (§ 8 A)
3. How do most adjectives form their feminine? (§ 9 A)
4. What is the feminine form of the interrogative adjective *quel*? (§ 9 F)
5. What is a conversational way of asking a question in French? (§ 87 A)
6. What is the plural of the verb-form *est*? Use this form in a sentence.
7. What form of the verb is used with *les États-Unis*?

═══════════════ *TROISIÈME LEÇON* ═══════

Les Plaines et les Montagnes

La France se compose de plaines et de montagnes. Les plaines se trouvent à l'intérieur de la France. Les montagnes se trouvent aux[1]

---

[1] *Aux* is a contraction of *à les.*

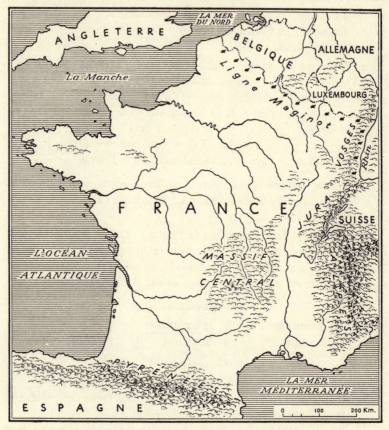

La France: les plaines, les montagnes et les frontières

frontières de la France. Les Pyrénées sont des montagnes élevées situées dans le sud-ouest de la France. Les Pyrénées sont en France et en Espagne. Les Alpes sont des montagnes très élevées situées dans le [5 sud-est de la France. Les Alpes se trouvent en France, en Suisse et en Italie. Le Jura et les Vosges se trouvent dans l'est de la France. Le Jura et les Vosges sont des montagnes moins élevées que les Alpes et les Pyrénées. Le Massif Central est un grand plateau. Le Massif Central se trouve au centre de la France. [10

Les États-Unis se composent aussi de plaines et de montagnes. Les montagnes des États-Unis se trouvent dans l'est et dans l'ouest. Le centre des États-Unis est une grande plaine. Les montagnes Rocheuses sont dans l'ouest du pays. Les Alléghanys sont dans l'est des États-Unis. Les Alléghanys sont des montagnes moins élevées que les [15 montagnes Rocheuses.

QUESTIONS

1. Où se trouvent les plaines de France? 2. Où se trouvent les grandes plaines des États-Unis? 3. Est-ce que les Pyrénées sont des montagnes élevées? 4. Dans quels pays se trouvent les Pyrénées? 5. Dans quels pays se trouvent les Alpes? 6. Dans quelle partie de la France sont situées les Alpes? 7. Citez des montagnes élevées dans l'ouest des États-Unis. 8. Citez des montagnes moins élevées dans l'est des États-Unis. 9. Quel est le grand plateau situé au centre de la France? 10. Dans quelle partie de la France se trouvent le Jura et les Vosges? 11. Dans quelle partie des États-Unis se trouvent les montagnes Rocheuses?

DEVOIRS

A. *Remplacez les tirets par les mots convenables:*

1. Les Andes sont des —— situées dans l'ouest de l'Amérique du Sud. 2. Les États-Unis se —— de plaines et de montagnes. 3. Les Alléghanys sont —— montagnes situées dans l'est des États-Unis. 4. Les montagnes —— trouvent dans l'est et dans l'ouest des États-Unis. 5. Les plaines se trouvent à l'—— de la France. 6. Les Alpes sont des montagnes —— élevées. 7. Le Jura et les Vosges sont des montagnes —— élevées que les Pyrénées. 8. Les Pyrénées sont des montagnes très ——.

B. *Mettez au pluriel tous les mots possibles des phrases suivantes:*

EXEMPLE: La plaine se trouve à l'intérieur du pays. Les plaines se trouvent à l'intérieur des pays.

1. La ville est située dans la plaine. 2. Une montagne se trouve dans le pays. 3. Quelle est la montagne située dans le sud-est de l'Europe? 4. La frontière se compose de montagnes. 5. Dans quelle partie de la France est située la plaine? 6. Une ville est dans le petit pays. 7. La montagne est une frontière. 8. Quelle est la ville située dans le grand continent? 9. Où est la capitale? 10. Quel est le pays situé à l'est de la France?

C. *Remplacez les tirets par la forme convenable de l'adjectif indiqué:*

1. Les montagnes des États-Unis sont très —— (élevé). 2. Le Massif Central est un —— (grand) plateau. 3. Les Vosges et le Jura sont des montagnes —— (situé) dans l'est de la France. 4. La Belgique et la Suisse sont —— (petit). 5. —— (Quel) sont les montagnes situées dans l'ouest des États-Unis? 6. Les —— (petit) nations sont dans le sud-est de l'Europe.

Vocabulaire

1. se composer
2. la frontière
3. l'intérieur (m)
4. la plaine
5. le plateau

Grammaire

1. What is the plural of the definite article? (§ 1 B)

2. What is the plural of the indefinite article? How is the plural of the French indefinite article expressed in English? (§ 4 B)

3. How is the plural of French nouns generally formed? What can you say of the plural of nouns whose singulars end in -s? (§ 7 A, B)

4. How do adjectives usually form their plural? (§ 10 A)

5. *Forme, traverse, se trouve,* and *se compose* are third person singular verb-forms. What is the third person plural of these same verb-forms? How does the plural form differ from the singular in pronunciation?

6. What type of action is expressed by such verbs as *se compose* and *se trouve*? What grammatical term is used to designate such verbs? (§ 81 D)

QUATRIÈME LEÇON

Les Frontières de la France

Les Pyrénées forment la frontière entre la France et l'Espagne. Les Alpes forment la frontière entre la France et l'Italie. Les montagnes sont des frontières naturelles. Elles constituent des frontières excellentes qui sont faciles à défendre.

La Méditerranée constitue la limite sud de la France. L'Atlantique [5 constitue la limite ouest de la France. La Manche constitue la limite nord-ouest de la France. La Méditerranée et l'Atlantique sont des mers qui sont relativement faciles à défendre.

Le Rhin est un fleuve qui sépare la France de l'Allemagne. Il forme une partie de la frontière entre les deux pays. Les fleuves sont [10 moins faciles à défendre que les montagnes. Ils sont moins difficiles à traverser que les mers et les montagnes.

La France est limitée au nord par la Belgique et le Luxembourg. La frontière artificielle entre la France et la Belgique est difficile à défendre. Elle est moins forte que les autres frontières de la France. [15

La défense des frontières est une question très importante pour la France. La défense de la frontière allemande est un grave problème.

Roberts

Le travail quotidien

Roberts

Les montagnes sont des frontières naturelles

Pix

*La Seine est plus large
à Rouen qu'à Paris*

*Bordeaux exporte en grande
quantité les vins de la région*

Pix

Chaque province a des coutumes différentes

QUESTIONS

1. La France est-elle un pays? 2. Les États-Unis sont-ils un pays? 3. Les Pyrénées forment-elles la frontière entre la France et l'Espagne? 4. Les montagnes sont-elles des frontières naturelles? 5. Sont-elles faciles à défendre? 6. Quelle est la limite ouest de la France? 7. Quelle est la limite nord-ouest de la France? 8. Quelle est la frontière qui sépare le Texas du Mexique? 9. Quels lacs forment une partie de la frontière entre les États-Unis et le Canada? 10. La Manche sépare-t-elle la France de l'Angleterre? 11. Le Rhin forme-t-il une partie de la frontière entre la France et l'Allemagne? 12. Le Rhin est-il un fleuve? 13. La frontière artificielle entre la France et la Belgique est-elle difficile à défendre? 14. La défense des frontières de la France est-elle un grave problème? 15. La défense des frontières des États-Unis est-elle un grave problème?

DEVOIRS

A. Remplacez les tirets par des mots convenables:

1. Le Rhin forme la —— entre la France et l'Allemagne. 2. L'Atlantique et la Méditerranée sont des ——. 3. Les montagnes sont des frontières naturelles; elles sont —— à défendre. 4. Le Rio Grande est le —— qui sépare le Mexique du Texas. 5. Les montagnes sont moins faciles à traverser que les —— frontières. 6. Les Pyrénées —— une frontière naturelle entre la France et l'Espagne. 7. La défense de la frontière artificielle —— la France et la Belgique est un —— problème. 8. La Méditerranée forme la —— sud de la France. 9. Les États-Unis sont limités au nord —— le Canada et au sud —— le Mexique. 10. Les frontières artificielles sont moins —— que les frontières naturelles; elles sont moins faciles à défendre.

B. Remplacez les mots en italique par la forme convenable du pronom personnel. EXEMPLE: *Une grande ville* est située sur la Seine. *Elle* est située sur la Seine.

1. *Le Rhin* forme une partie de la frontière entre la France et l'Allemagne. 2. *La France* est limitée au sud-ouest par l'Espagne. 3. *Les montagnes Rocheuses* sont très élevées. 4. *Les fleuves* séparent les deux pays. 5. *Les mers* sont importantes. 6. *L'Europe* est petite. 7. *Les États-Unis* sont au sud du Canada. 8. *Les frontières artificielles* sont difficiles à défendre. 9. *Une mer et une montagne* constituent les frontières du pays.

C. Mettez les phrases suivantes à la forme interrogative en employant l'inversion. EXEMPLE: La Seine traverse Paris. La Seine traverse-t-elle Paris?

1. Ils sont en France. 2. Elle est aux États-Unis. 3. Il sépare la France de l'Italie. 4. Elle forme la frontière sud de la France. 5. Les frontières sont difficiles à défendre. 6. Le Rhin sépare la France de l'Allemagne. 7. Les villes de France sont petites. 8. Une mer constitue la limite est des États-Unis. 9. Le Mississipi traverse le pays. 10. Les Grands Lacs sont au sud du Canada.

VOCABULAIRE

1. défendre
2. former
3. séparer
4. la défense
5. le lac
6. la limite
7. le problème
8. artificiel, artificielle
9. difficile
10. excellent
11. grave
12. important
13. limité
14. naturel, naturelle

GRAMMAIRE

1. What are the third person singular subject personal pronouns? (§ 22 A)

2. What is the difference between *ils* and *elles*? (§ 22 A)

3. From your observation of the questions in this lesson, what is a method of asking a question the subject of which is a pronoun? (§ 87 B) a noun? (§ 87 C)

4. In inverting the subject and the verb, what is done to prevent pronouncing two vowels together? (§ 87 D)

5. When the masculine singular of an adjective ends in unaccented *-e*, how is the feminine singular formed? Illustrate. (§ 9 B) How is the feminine singular of adjectives in *-el* formed? Illustrate. (§ 9 F)

CINQUIÈME LEÇON

La Seine et la Loire

La Seine est le fleuve le plus connu de France. La Seine est plus connue que les autres fleuves de France, parce que Paris est situé sur la Seine. La source de la Seine est à l'intérieur de la France. La Seine coule vers le nord-ouest. Elle traverse Paris. Elle divise Paris en deux parties. Elle est relativement étroite à Paris. La Seine traverse [5 aussi la ville de Rouen. Rouen est une grande ville située dans la

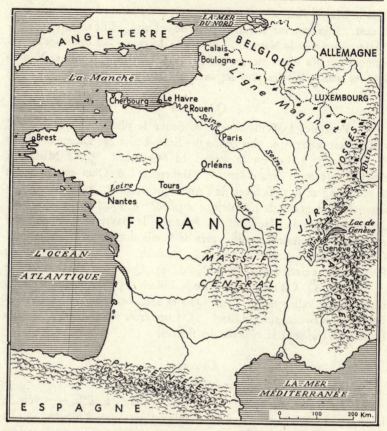

La France: la Seine et la Loire

province de Normandie. Rouen est un port de commerce important. La Seine est plus large à Rouen qu'à Paris. Elle se jette dans la Manche. L'endroit où un fleuve se jette dans la mer s'appelle l'embouchure. Le Havre est le port situé à l'embouchure de la Seine. Le Havre est un [10 des trois ports les plus importants situés sur la Manche. Il est important pour le commerce avec les États-Unis et l'Angleterre. Cherbourg est un port militaire situé sur la Manche. Boulogne est un autre port situé sur la Manche. Il est dans le nord de la France. Calais est un port situé sur la Mer du Nord. Calais et Boulogne sont im- [15 portants pour le commerce avec l'Angleterre.

    La Loire est le fleuve le plus long de France. La Loire est plus longue que la Seine. La source de la Loire est au centre de la France dans le Massif Central. La Loire coule vers le nord et ensuite vers l'ouest. Elle traverse la vallée fertile de la Loire. Elle se jette dans [20 l'Atlantique près de Nantes. Les villes situées sur la Loire sont moins connues que les villes situées sur la Seine. Orléans, Tours et Nantes sont les trois villes les plus importantes situées sur la Loire.

QUESTIONS

1. Pourquoi la Seine est-elle le fleuve le plus connu de France? 2. Quel est le fleuve le plus connu des États-Unis? 3. Où est la source de la Seine? 4. Où est la source du Mississipi? 5. Le Mississipi est-il relativement étroit dans le Minnesota? 6. Quel est le fleuve le plus long et le plus large de l'Amérique du Sud? 7. Où se jette le fleuve le plus grand de l'Amérique du Sud? 8. Quel est le port situé à l'embouchure de l'Hudson? 9. Pourquoi le Havre est-il important? 10. Est-ce que Rouen est situé près de l'embouchure de la Seine? 11. Citez un port militaire situé sur la Manche. 12. Citez un port de France qui est situé sur la Mer du Nord. 13. Quel est le plus long fleuve de France? 14. Où est la source de la Loire? 15. Est-ce que la Loire traverse une vallée fertile? 16. Quelles sont les trois villes les plus importantes situées sur la Loire? 17. Citez trois villes importantes des États-Unis qui sont situées sur des fleuves.

DEVOIRS

A. Remplacez les tirets par le mot convenable:

1. La Seine est moins —— que la Loire. 2. Elle —— vers le nord. 3. La Seine est —— à Paris; elle est plus —— à Rouen. 4. La Loire coule —— le nord et —— vers l'ouest. 5. Elle se —— dans l'Atlantique —— de Nantes. 6. L'Hudson est —— long que le Mississipi. 7. La —— du Mississipi est dans le Minnesota. 8. L'—— où un fleuve se jette dans la mer s'—— l'embouchure. 9. La Seine est le fleuve le plus connu de France —— —— Paris est situé sur la Seine. 10. —— le Havre est-il important? 11. Boulogne et Calais sont importants pour le commerce —— l'Angleterre.

B. Remplacez les tirets par le comparatif ou le superlatif de l'adjectif indiqué. Faites l'accord des adjectifs. EXEMPLES: 1. Les pays d'Europe sont —— (petit) que les pays de l'Afrique. Les pays d'Europe sont *plus petits* que les pays de l'Afrique. 2. La Russie et l'Allemagne sont —— (grand) pays d'Europe. La Russie et l'Allemagne sont *les plus grands* pays d'Europe.

1. La Volga est le fleuve —— (connu) de Russie. 2. L'Hudson

est —— (important) pour le commerce que le Potomac. 3. L'Amazone est le fleuve —— (long) de l'Amérique du Sud. 4. La France est —— (fort) que la Belgique. 5. Les Alpes sont des montagnes —— (élevé) que le Jura et les Vosges. 6. Londres est —— (grand) ville d'Angleterre. 7. Les frontières d'Espagne sont —— (facile) à défendre que les frontières de Belgique. 8. La Loire est —— (long) que les autres fleuves de France. 9. Les villes situées sur la Loire sont —— (petit) que Paris. 10. Les fleuves —— (long) des États-Unis sont au centre du pays.

C. *Écrivez deux phrases originales avec le comparatif et deux avec le superlatif.* EXEMPLES: La France est *plus grande* que la Belgique. Le Mississipi est *le* fleuve *le plus long* des États-Unis.

VOCABULAIRE

1. diviser	4. la province	7. fertile
2. le commerce	5. la source	8. long, longue
3. le port	6. la vallée	9. militaire

GRAMMAIRE

1. How are the comparative and superlative of the French adjective formed? (§ 12 A)

2. How is *than* usually expressed after the comparative form of the adjective? (§ 12 B)

3. What do you note about the position of the definite article in the superlative? (§ 12 C)

4. In English *in* is often used after a superlative. EXAMPLE: The Loire is the longest river *in* France. What preposition do the French use after the superlative? (§ 12 D)

5. What is the feminine form of the adjective *long*? (§ 9 H)

6. What have you noticed concerning the position of adjectives in relation to their nouns?

7. What type of *h* is found in *Le Havre*? How does it differ from the other type of French *h*? (Page 319.)

═══════════════ *SIXIÈME LEÇON* ═══════════════

Des Fleuves et des Ports

La Garonne est un autre fleuve de France. La source de la Garonne n'est pas en France. Elle est dans les Pyrénées espagnoles. La Garonne

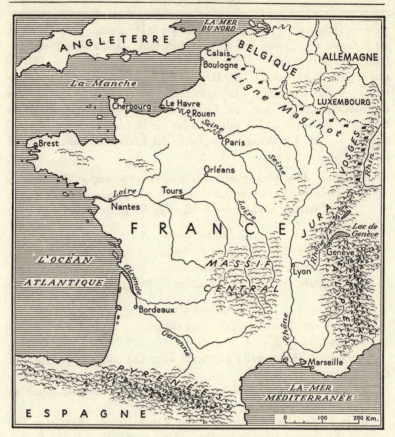

La France: fleuves et ports

coule vers le nord-ouest. Elle traverse le sud-ouest de la France et se jette dans la Gironde à Bordeaux. La Gironde est l'estuaire de la Garonne. Elle est large et courte. Elle se jette dans l'Atlantique. [5 Bordeaux est situé sur la Garonne près de la Gironde. Bordeaux est une des plus grandes villes de France. Bordeaux est le plus grand port de France situé sur l'Atlantique. Il exporte en grande quantité les vins de la région.

Le Rhône est un fleuve qui se jette dans la Méditerranée. La [10 source du Rhône n'est pas en France. Elle est dans les Alpes au centre de la Suisse. Le Rhône traverse le lac de Genève et entre en France à la frontière suisse. Puis, il tourne vers le sud. Il traverse la fertile vallée qui se trouve dans le sud-est de la France et se jette dans la

Méditerranée. Lyon est une grande ville située sur le Rhône. Lyon [15 est célèbre par l'industrie de la soie.

Marseille est un grand port situé sur la Méditerranée. Le port de Marseille n'est pas situé sur un fleuve. Marseille est la plus grande ville de France après Paris. La ville est importante surtout pour le commerce avec les colonies françaises. Les colonies françaises ne sont [20 pas en Europe. Presque toutes les colonies françaises sont en Afrique. Marseille est un port important surtout pour le commerce avec les colonies de la région de la Méditerranée.

La Seine, le Rhône et la Garonne sont importants pour le commerce. Presque toutes les principales villes de France sont situées sur [25 les grands fleuves ou sur la mer.

QUESTIONS

1. La source de la Garonne est-elle en France? (Non, monsieur, madame, mademoiselle, la source de la Garonne n'est pas en France.) 2. Où est la source de la Garonne? 3. La source du Mississipi est-elle au Mexique? 4. Où se jette la Garonne? 5. Bordeaux est-il situé à l'intérieur de la France? 6. Est-ce que Bordeaux est célèbre par l'industrie de la soie? 7. La source du Rhône est-elle en France? 8. Le Rhône se jette-t-il dans l'Atlantique? 9. Citez une ville sur le Rhône qui est célèbre par l'industrie de la soie. 10. Est-ce que Marseille est une petite ville? 11. Où est située la ville de Marseille? 12. Les colonies françaises sont-elles en Europe? 13. Où se trouvent les colonies françaises? 14. Où sont situées presque toutes les principales villes de France? 15. Est-ce que Pittsburgh est célèbre par l'industrie de la soie? 16. Citez des villes des États-Unis qui sont importantes pour le commerce.

DEVOIRS

A. Remplacez les tirets par le mot convenable:

1. La Garonne —— en France à la frontière espagnole. 2. Elle —— vers le nord-ouest et se jette dans la Gironde. 3. La Gironde n'est pas longue; elle est ——. 4. Presque toutes les grandes villes des États-Unis sont situées sur des fleuves —— sur la mer. 5. Bordeaux exporte en grande quantité les —— de la région. 6. Le Rhône traverse le lac de Genève; ——, il entre en France. 7. —— toutes les colonies françaises sont en Afrique. 8. Lyon est la plus grande ville de France —— Paris et Marseille.

B. *Mettez les phrases suivantes à la forme négative.* EXEMPLES: 1. La capitale de la France est située sur la Garonne. La capitale de la France *n'*est *pas* située sur la Garonne. 2. Est-elle située sur la Seine? N'est-elle *pas* située sur la Seine?

1. La France est en Amérique. 2. Madrid est la capitale de la Belgique. 3. Le Rhône coule vers le nord. 4. La Seine se jette dans la Méditerranée. 5. Les Vosges sont plus élevées que les Alpes. 6. Sont-elles plus importantes que le Jura? 7. Les colonies françaises sont en Europe. 8. Sont-elles dans la région de la Méditerranée? 9. Le Massif Central se trouve-t-il au centre de la France? 10. Les principales villes de France sont-elles situées sur la mer? 11. La Seine se jette dans l'Atlantique à Bordeaux. 12. La Garonne entre en France à la frontière suisse.

VOCABULAIRE

1. entrer	4. l'industrie (f)	7. célèbre
2. exporter	5. la quantité	8. français
3. la colonie	6. la région	9. principal

GRAMMAIRE

1. How is a French sentence made negative? (§ 21 A)

2. What is the position of *ne* and *pas* in a normal declarative sentence? (§ 21 B)

3. What is the position of *ne* and *pas* in an interrogative sentence with a pronoun-subject? with a noun-subject? (§ 21 C)

4. In the last paragraph of the lesson there is an adjective which modifies a combination of masculine and feminine singular nouns. How does the adjective agree with this combination? (§ 8 B)

===== *SEPTIÈME LEÇON* =====

Les Régions de la France

La France est un des plus grands pays d'Europe. Mais la France est très petite en comparaison des États-Unis. Elle est moins grande que l'état du Texas. Cependant les différences entre les diverses régions sont plus marquées en France qu'aux États-Unis. Marseille est la plus grande ville du sud de la France. La distance de Paris à Marseille [5 est beaucoup moins grande que la distance de Chicago à la Nouvelle

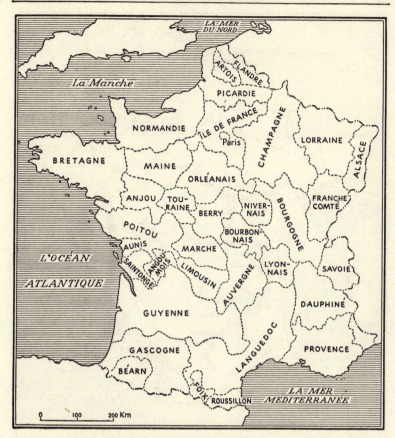

La France: les provinces

Orléans. Mais la différence de prononciation entre le nord et le sud est aussi grande en France qu'aux États-Unis.[1]

La France se compose de plusieurs régions historiques qui s'appellent des provinces. Chaque province a des coutumes et des costumes [10 différents. Les habitants de chaque province ont un caractère différent. L'architecture des maisons n'est pas la même dans toutes les parties de la France. Aujourd'hui les provinces ne sont plus des divisions politiques. Mais les différences de tempérament et de coutumes existent encore. [15

Les produits de chaque région de France sont très variés. La Champagne fournit le vin de champagne aux autres parties de la France et

---

[1] The comparative of equality. See § 12 F.

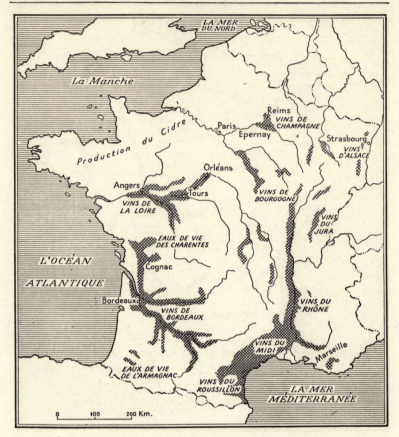

La France: les régions qui fournissent le vin

aux autres pays du monde. La Flandre française fournit des tissus et des dentelles aux autres régions. Elle exporte aussi des tissus à l'étranger. Chaque région fournit des produits aux autres régions. [20

QUESTIONS

1. Quel est le plus grand pays de l'Amérique du Nord? 2. Quel est le plus grand pays d'Europe? 3. Après la Russie, quel est le plus grand pays d'Europe? 4. Le Mexique est-il grand en comparaison du Canada? 5. Est-ce que la distance de New York à San Francisco est moins grande que la distance de Chicago à la Nouvelle Orléans? 6. La prononciation du nord est-elle différente de la prononciation du sud des États-Unis? 7. La prononciation du sud est-elle différente

de la prononciation du nord de la France? 8. Les États-Unis se composent-ils de régions? 9. Les régions des États-Unis ont-elles des coutumes différentes? 10. Où la Champagne exporte-t-elle le vin de champagne? 11. Citez deux produits célèbres de la Flandre française. 12. Les produits des diverses régions des États-Unis sont-ils différents? 13. Les États-Unis exportent-ils des produits à l'étranger? 14. Exportent-ils des produits en Argentine? 15. Comment s'appellent les régions historiques de la France? 16. Chaque province a-t-elle des coutumes différentes? 17. Les costumes des diverses parties des États-Unis sont-ils différents? 18. Le commerce avec les autres pays du monde est-il important aux États-Unis?

DEVOIRS

A. Remplacez les tirets par les mots qui conviennent au sens:

1. La France se compose de —— régions. 2. —— province a des coutumes différentes. 3. Les provinces ne sont —— des divisions politiques, mais les différents costumes des provinces —— encore. 4. Les habitants de chaque province —— un caractère différent. 5. L'architecture des —— de chaque province est différente. 6. Chaque région —— une prononciation différente. 7. Les différences entre les diverses prononciations sont très ——. 8. Chaque province exporte des —— différents. 9. La Champagne —— le vin de champagne aux autres parties de la France. 10. Les États-Unis exportent des produits à l'——. 11. La France n'est pas aussi grande que l'—— du Texas.[1]

B. Remplacez les tirets par de ou à et L'ARTICLE DÉFINI. *Faites les contractions nécessaires:*

1. La région de Lille fournit des produits —— région de Marseille. 2. La France fournit des vins —— autres parties —— monde. 3. La Méditerranée est située —— sud de la France. 4. Austin est la capitale —— état du Texas. 5. Les costumes —— habitants des provinces du sud sont différents des costumes des habitants —— nord. 6. L'architecture —— maison est différente de l'architecture —— autres maisons. 7. Les montagnes se trouvent —— frontières de la France. 8. La défense —— frontière est importante. 9. L'embouchure —— fleuve est —— Havre. 10. L'industrie —— soie est importante à Lyon. 11. Le Mexique et le Canada sont des pays —— Amérique du Nord. 12. Les plaines se trouvent —— intérieur du pays.

[1] The comparative of equality. See § 12 F.

C. Écrivez une phrase avec chacun des mots suivants:

1. du 2. à l' 3. a 4. à 5. des 6. au 7. ont 8. de l'
9. aussi... que 10. aux

VOCABULAIRE

1. exister
2. marquer[1]
3. varier[1]
4. l'architecture (f)
5. le caractère
6. le champagne
7. la comparaison
8. le costume

9. la différence
10. la distance
11. la division
12. la prononciation
13. le tempérament
14. différent
15. historique
16. politique

GRAMMAIRE

1. What are the contractions of *de* with the definite article? Which forms do not contract? (§ 2 A)

2. What are the contractions of *à* with the definite article? Which forms do not contract? (§ 2 B)

3. How is possession expressed in French? (§ 38 A)

4. When does one use the article after *de*, and when does one omit it? (§ 38 B)

HUITIÈME LEÇON

La Touraine

La Touraine est une province située à quelques kilomètres au sud-ouest de Paris. Elle occupe le centre de la vallée de la Loire. Cette province est très petite en comparaison des autres provinces de France. Mais elle est très connue. On appelle la Touraine «le jardin de la France», parce que la vallée de la Loire est très fertile et parce qu'en [5 Touraine se trouvent des jardins et des parcs magnifiques.

Tours est la principale ville de la Touraine. Cette ville est située sur la Loire. Les rues de Tours sont très jolies. Les maisons de la

---

[1] Verbs in *-er* have an adjective form in *-é* corresponding to our English past participle in *-ed*. EXAMPLES: *marquer* (mark), *marqué* (marked); *varier* (vary), *varié* (varied). From now on the vocabulary will give only the *-er* form unless the meaning of the adjective form is substantially different.

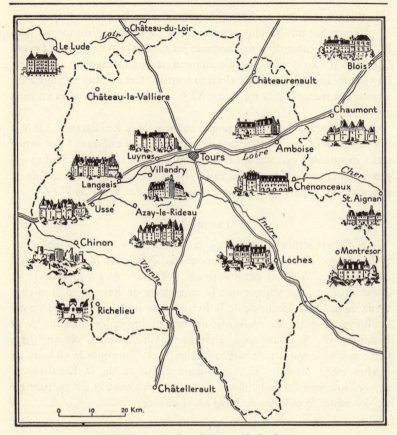

La Touraine: les châteaux de la Loire

ville sont construites en pierre. La rue principale de Tours s'appelle Rue Nationale. Il y a des magasins dans cette rue. On trouve tou- [10 jours des tramways et des voitures (automobiles) dans les rues de Tours. La ville a des monuments intéressants. Il y a une cathédrale à Tours. Cette cathédrale n'est pas aussi célèbre que Notre Dame de Paris ou la cathédrale de Reims. Elle est plus petite et moins jolie que ces autres cathédrales. [15

La Touraine est la région des châteaux de la Loire. Un certain nombre de ces châteaux sont construits dans le style Renaissance; quelques autres châteaux de cette région datent du moyen âge. Les châteaux du moyen âge sont des forteresses. Les hautes murailles de ces forteresses empêchent l'ennemi d'approcher du château. Les châteaux [20 de la Renaissance sont des édifices élégants construits à la mode italienne.

Chinon est un des plus connus parmi les châteaux du moyen âge. Il est célèbre à cause de la rencontre de Jeanne d'Arc avec le roi de France Charles VII[1] à cet endroit.   Ce château tombe maintenant en ruines. La ville de Loches a aussi un château fortifié. Cet endroit est connu [25 à cause des souvenirs du roi Louis XI.[2] Le château de Loches est bien conservé.

Chenonceaux est un magnifique château de la Renaissance. Il y a des tableaux et des tapisseries à l'intérieur de ce château. Ces tapisseries racontent l'histoire des rois de France. On trouve des jardins [30 pittoresques autour de ce château. Blois est un autre château de la Renaissance. Il est célèbre par le souvenir du roi François Ier.[3]

QUESTIONS

1. Où est située la Touraine? 2. Comment s'appelle la Touraine? 3. Est-ce que la Touraine est grande? 4. Quelle est la rue principale de Tours? 5. Y a-t-il des tramways à Tours? 6. La cathédrale de Tours est-elle aussi connue que la cathédrale de Reims? 7. Les châteaux de la Loire datent-ils de la Renaissance française? 8. Quelle est la différence entre les châteaux du moyen âge et les châteaux de la Renaissance? 9. Pourquoi le château de Chinon est-il célèbre? 10. Citez une ville qui a un château fortifié. 11. Pourquoi le château de Loches est-il connu? 12. Citez deux châteaux de la Renaissance. 13. A l'intérieur de quel château y a-t-il des tableaux et des tapisseries? 14. Pourquoi le château de Blois est-il célèbre?

DEVOIRS

A. Remplacez les tirets par le mot qui convient:

1. La Touraine —— le centre de la vallée de la Loire. 2. Les —— murailles des forteresses du moyen âge —— l'ennemi d'approcher de ces châteaux. 3. Un certain nombre des châteaux de la Loire sont célèbres à —— des souvenirs des —— de France. 4. Les murailles du château de Chinon —— en ruines. 5. Chenonceaux est un des plus connus —— les châteaux de la Loire. 6. On trouve des jardins pittoresques —— de ce château. 7. A l'intérieur du château il y a des tableaux et des tapisseries qui —— l'histoire des rois de France. 8. Chambord est un château construit à la —— italienne. 9. Ce château est —— conservé. 10. —— s'appelle la Touraine? 11. Il y a —— des voitures dans les rues de Tours.

---

[1] Charles sept.   [2] Louis onze.   [3] François premier.

B. Remplacez les tirets par la forme convenable de l'adjectif démonstratif.

1. —— ville est en Touraine. 2. —— rues sont très jolies.
3. —— voiture est dans la Rue Nationale. 4. —— château est célèbre à cause de la rencontre de Jeanne d'Arc avec le roi de France. 5. —— rencontre est très connue. 6. —— tableaux et —— tapisseries racontent l'histoire des rois de France. 7. —— monument date de la Renaissance. 8. —— état est très grand. 9. —— histoire est intéressante.
10. —— endroit est pittoresque à cause des souvenirs de —— roi.

C. Écrivez une phrase avec chacun des mots suivants:

1. on   2. pas aussi... que[1]   3. cet   4. ce   5. cette   6. ces
7. il y a

D. Mettez au pluriel tous les mots possibles dans les phrases suivantes:

1. Ce château date de la Renaissance. 2. Il y a un tableau dans ce château. 3. On trouve un magasin à cet endroit. 4. Cette ville a une cathédrale.

VOCABULAIRE

1. approcher	8. la forteresse	14. le souvenir	20. fortifié
2. dater	9. le kilomètre	15. le style	21. intéressant
3. occuper	10. la mode	16. le tramway	22. italien,
4. l'automobile (f)	11. le monument	17. certain	italienne
5. la cathédrale	12. le parc	18. conservé	23. magnifique
6. l'édifice (m)	13. la ruine	19. élégant	24. pittoresque
7. l'ennemi (m)			

GRAMMAIRE

1. What are the four forms of the demonstrative adjective? When is each form used? (§ 14 A) Note that French does not normally distinguish between *this* and *that* or *these* and *those*.

2. How does French form the plural of words ending in *-eau* or *-eu*? (§ 7 C)

3. Explain the use of the pronoun *on* (§ 37 A); of the expression *il y a*. (§ 88 A)

[1] Consult § 12 F.

La Normandie et la Bretagne

Le nord-ouest de la France est une région favorable à l'agriculture. On trouve en grand nombre dans toute la région des vaches, des boeufs et des moutons. Le nord-ouest de la France fournit à tout le pays du lait, de la crème, du beurre, du fromage et de la viande. Les fromages français sont très bons. La crème est bonne aussi. [5

La Normandie est une des provinces les plus intéressantes du nord-ouest de la France. Les habitants de la Normandie s'appellent les Normands. Ils sont économes. Ils ne sont pas aussi gais que les habitants du sud de la France. Le cidre de Normandie est réputé. Il est très bon. Le cidre est le jus fermenté de la pomme. Le cidre est très [10 populaire en Normandie. La Normandie est le pays de Guillaume le Conquérant. On trouve partout les souvenirs de ce chef normand. Le château de Guillaume le Conquérant existe encore à Caen. La tapisserie de la femme de Guillaume le Conquérant, la reine Mathilde, raconte l'histoire de la conquête de l'Angleterre en 1066 (mille soixante-six). [15 Cette tapisserie se trouve à Bayeux.

La Bretagne est la province située au sud-ouest de la Normandie. Elle est dans l'extrême ouest de la France. Les Bretons, qui habitent la Bretagne, ne sont pas de la même race que les autres habitants de la France. Ils sont d'origine celtique. Ils sont très indépendants. Les [20 vieillards parlent encore une langue celtique, qui est complètement différente de la langue française. Les Bretons conservent des traditions anciennes et ont encore des opinions royalistes. Leurs coutumes et leurs costumes sont différents des coutumes et des costumes des habitants des autres provinces de France. La Bretagne s'appelle quelquefois «la [25 petite Bretagne» par comparaison avec la Grande-Bretagne. La Grande-Bretagne est l'île située en face de la petite Bretagne. L'Angleterre est une partie de la Grande-Bretagne.

Questions

1. Citez une région de la France favorable à l'agriculture. 2. Quelle région des États-Unis est favorable à l'agriculture? 3. Citez des produits des plaines des États-Unis. 4. Les fromages français sont-ils bons? 5. Comment s'appellent les habitants de la Normandie? 6. Quel est le caractère des Normands? 7. Est-ce que le cidre est populaire aux États-Unis? 8. Où se trouve le château de Guillaume le Conquérant? 9. Quelle histoire la tapisserie de la reine Mathilde raconte-t-elle? 10. Où

La Normandie et la Bretagne

se trouve la tapisserie de la reine Mathilde? 11. Où est située la Bretagne? 12. Les Bretons sont-ils de la même race que les autres habitants de la France? 13. Quelle langue parlent les vieillards bretons? 14. Les Bretons ont-ils les mêmes costumes que les autres habitants de la France? 15. Les Bretons ont-ils les mêmes coutumes que les autres habitants de la France? 16. En face de quelle île se trouve la Bretagne? 17. Quel pays est une partie de la Grande-Bretagne?

DEVOIRS

A. Remplacez les tirets par le mot convenable:

1. Les Normands —— la Normandie. 2. Ils —— la langue française. 3. L'Angleterre est située en —— de la Bretagne. 4. La —— du roi s'appelle la reine. 5. Les Bretons —— encore leurs traditions anciennes et parlent une —— celtique.

B. Remplacez les tirets par la forme convenable de l'article partitif:

1. Les vaches fournissent —— lait aux habitants de la maison. 2. Il y a —— vieillards dans chaque ville. 3. On exporte —— soie dans tous les pays d'Europe. 4. La France a —— colonies en Afrique. 5. Presque toutes les vaches fournissent —— crème. 6. Plusieurs provinces exportent —— vin. 7. La Normandie fournit —— cidre aux autres régions de la France. 8. Les boeufs et les vaches fournissent —— viande aux habitants du pays.

C. Remplacez les tirets par une forme de l'article défini ou de l'article partitif selon le sens:

1. Il y a —— vaches dans tous les pays d'Europe. 2. —— cidre est populaire en France et aux États-Unis. 3. Y a-t-il —— beurre dans cette maison? 4. —— beurre est bon. 5. —— langues sont faciles. 6. On trouve —— lait dans toutes les villes des États-Unis. 7. —— lait est très bon. 8. On trouve —— pommes dans plusieurs provinces de France.

D. Remplacez les tirets par la forme convenable de l'adjectif indiqué:

1. —— (Tout) la région est favorable à l'agriculture. 2. Le —— (bon) cidre de Normandie est réputé dans —— (tout) le pays. 3. Des ports —— (italien) sont situés sur la Méditerranée. 4. Les opinions du roi sont —— (bon). 5. —— (Tout) les vieillards bretons parlent une langue —— (ancien). 6. La crème est —— (bon), et les fromages sont —— (bon) aussi. 7. Les villes —— (italien) sont célèbres par leur architecture. 8. Les —— (ancien) provinces ne sont plus des divisions politiques. 9. Presque —— (tout) les villes de France sont situées sur des fleuves ou sur la mer. 10. Quelques —— (bon) fromages français sont le Gruyère, le Camembert, le Roquefort et le Chèvre.

VOCABULAIRE

1. l'agriculture (f)	8. la race	15. fermenté
2. le chef	9. la tradition	16. gai
3. le cidre	10. ancien, ancienne	17. indépendant
4. la conquête	11. celtique	18. populaire
5. la crème	12. économe	19. réputé
6. l'opinion (f)	13. extrême	20. royaliste
7. l'origine (f)	14. favorable	21. complètement

GRAMMAIRE

1. What is the use of the French partitive article? (§ 5 A)
2. List the partitive articles. (§ 5 B)

3. Explain the use of the definite article in the sentence: Le *cidre est très populaire en France.* (§ 3 B)

4. Give the various forms of the adjective *bon* (§ 9 H); *tout* (§ 10 E); *ancien.* (§ 9 F)

DIXIÈME LEÇON

Le Midi de la France

Le sud de la France s'appelle le midi. Le midi est une région différente du nord de la France. Dans le midi il y a plus de soleil que dans le nord. Les hivers sont plus courts et les étés sont plus longs. Le printemps arrive plus tôt dans le midi que dans le nord, et l'automne arrive plus tard. Le midi, comme la Normandie et la Bretagne, est [5 favorable à l'agriculture. Dans le midi on cultive beaucoup de fruits et de légumes qui ne se trouvent pas dans le nord. On trouve beaucoup d'oliviers dans le midi. Il n'y a pas d'oliviers dans le nord. On cultive les oranges dans l'extrême sud-est de la France. On ne trouve pas d'oranges dans le nord du pays. Le midi fournit beaucoup de vin à [10 toute la France.

Les habitants du midi sont plus gais que les habitants du nord de la

Le midi

France. Ils parlent plus vite. Les chansons sont très populaires dans le midi.

Dans le sud-est de la France se trouve une ancienne région célèbre [15 dans l'histoire. Elle s'appelle la Provence. La Provence est la *Provincia* des Romains. En Provence beaucoup de villes conservent la trace de l'ancienne civilisation des Romains. La Provence est aussi la région des anciens troubadours, célèbres par leurs chansons d'amour.

La partie du midi située à l'extrême sud-est de la France s'appelle [20 la Côte d'Azur ou Riviéra française. Il y a toujours de nombreux touristes sur la Riviéra. A Nice, à Cannes et dans d'autres villes de la Côte d'Azur se trouvent de charmantes plages avec des endroits agréables et d'élégants hôtels pour passer l'hiver. Beaucoup de touristes de tous les pays du monde visitent ces villes. En hiver il y a assez de [25 soleil sur la Côte d'Azur, mais il n'y a pas trop de soleil. Les étés sont agréables aussi, mais il y a quelquefois trop de gens sur les plages. Il n'y a pas toujours assez d'hôtels pour les touristes.

QUESTIONS

1. Comment s'appelle le sud de la France? 2. Y a-t-il de longs hivers dans le midi de la France? 3. Y a-t-il beaucoup d'agriculture dans le midi de la France? 4. L'agriculture est-elle importante dans le sud des États-Unis? 5. Citez des fruits cultivés dans le midi de la France. 6. Les habitants du midi de la France sont-ils plus gais que les habitants du nord? 7. Y a-t-il des différences entre les habitants du nord et les habitants du sud des États-Unis? 8. Quelle ancienne province se trouve dans le sud-est de la France? 9. De quelle ancienne civilisation les villes de Provence conservent-elles la trace? 10. Comment s'appelle l'extrême sud-est de la France? 11. Qui visite la Riviéra française? 12. Dans quelles villes de la Riviéra se trouvent de charmantes plages et d'élégants hôtels? 13. Y a-t-il assez d'hôtels dans les villes de la Riviéra? 14. Quels états des États-Unis les touristes visitent-ils en grand nombre l'hiver? 15. Où sont les plages célèbres des États-Unis?

DEVOIRS

A. *Remplacez les tirets par les mots convenables:*

1. L'extrême sud-ouest de la France est aussi un endroit agréable pour —— l'hiver. 2. De —— touristes visitent Biarritz et Bayonne, où il y a de —— plages et d'élégants ——. 3. Le printemps arrive plus —— en Normandie qu'en Provence. 4. L'automne arrive plus —— en Bretagne que dans le midi de la France. 5. Dans le nord les habitants

parlent moins —— que dans le midi. 6. Quelquefois les Américains —— les ruines romaines de Provence.

B. *Remplacez les tirets par* L'ARTICLE PARTITIF *ou par* de. EXEMPLE:
Il y a —— charmantes plages dans le nord-ouest de l'Espagne.
Il y a *de* charmantes plages dans le nord-ouest de l'Espagne.

1. Il y a —— nombreuses ruines dans le midi de la France. 2. On trouve —— villes fortifiées qui datent du moyen âge. 3. Beaucoup —— Français visitent la ville fortifiée de Carcassonne, qui a —— hautes [1] murailles. 4. A Nîmes et à Arles il y a —— traces de la civilisation des Romains. 5. Il y a —— murailles autour de la célèbre ville d'Avignon, mais cette ville n'a pas —— monuments romains. 6. En été il n'y a pas assez —— hôtels [1] pour les touristes qui arrivent à Nice, à Cannes, à Biarritz et dans —— autres endroits sur la côte. 7. Il y a trop —— gens et pas assez —— plages. 8. On ne trouve pas —— hôtels [1] dans ces villes. 9. Y a-t-il —— plages sur les côtes des États-Unis? 10. Il y a plus —— plages dans l'ouest que dans l'est. 11. Mais aux États-Unis on ne trouve pas —— traces de la civilisation des Romains.

C. *Écrivez deux phrases pour illustrer chaque cas où on remplace l'article partitif par* de. [2]

D. *Employez chacun des mots suivants dans une phrase pour en faire comprendre le sens:* [3]

1. beaucoup   2. assez   3. trop

VOCABULAIRE

1. arriver	6. la civilisation	11. la trace
2. cultiver	7. le fruit	12. le troubadour
3. passer	8. l'hôtel (m)	13. agréable
4. visiter	9. l'orange (f)	14. charmant
5. l'automne (m f)	10. le touriste	

GRAMMAIRE

1. Give and illustrate the three cases in which *de* is used with a noun rather than the partitive article. (§ 5 C 1, 2, 3)

[1] Note that the *h* of *haut* is aspirate and that the *h* of *hôtel* is mute. What difference does this make in pronunciation? in linking? in elision? (Page 319, Pr. § 1 A, B.)
[2] Write two sentences to illustrate each case in which *de* is used instead of the partitive article. Study the cases carefully as presented in the lesson and in the *Grammaire*. Then compose six examples.
[3] Use each of the following words in a sentence to show its meaning.

LEÇONS I A IO

QUESTIONS

1. Citez un port militaire situé dans l'extrême ouest de la France.
2. Quel est le fleuve qui traverse Bordeaux? 3. Quel est le port situé sur la Mer du Nord qui est important pour le commerce avec l'Angleterre? 4. Quelle est la capitale du pays qui est situé au sud-est de la France? 5. Est-ce que la France est plus grande que l'Allemagne? 6. L'Amérique du Nord est-elle divisée en un grand nombre de pays? 7. Citez des montagnes des États-Unis qui sont moins élevées que les montagnes Rocheuses et les Alléghanys. 8. Où se trouvent les hautes montagnes de la France? 9. Est-ce que le centre de la France est une plaine? 10. Pourquoi les montagnes sont-elles d'excellentes frontières? 11. Quelles sont les mers qui constituent les limites de la France? 12. Y a-t-il une frontière artificielle entre la France et l'Allemagne? 13. Est-ce que la ville de Rouen est plus importante pour le commerce que Paris? 14. Près de quelle ville la Loire se jette-t-elle dans l'Atlantique? 15. Citez un port qui est important pour le commerce avec les États-Unis. 16. Quel est le port de France le plus important pour le commerce avec les pays de l'Amérique du Sud? 17. Est-ce que Marseille est célèbre par l'industrie de la soie? 18. Où est la source du Rhône? 19. Y a-t-il une différence de prononciation entre le nord et le midi de la France? 20. Citez des régions de France connues par leurs vins. 21. Est-ce que les habitants de chaque état des États-Unis ont un caractère différent? 22. Dans quelle province se trouvent beaucoup de châteaux de la Renaissance? 23. Citez un château célèbre par les souvenirs de François Ier; de Guillaume le Conquérant; de Louis XI; de Jeanne d'Arc. 24. Pourquoi la cathédrale de Tours n'est-elle pas aussi célèbre que la cathédrale de Reims? 25. Dans quelle province de France le cidre est-il très populaire? 26. Pourquoi les touristes visitent-ils la ville normande de Bayeux? 27. Quelle est la province de France qui conserve le plus les traditions anciennes? 28. Comment s'appelle la province qui est célèbre par les anciens troubadours et par la trace de la civilisation des Romains? 29. Citez quelques villes sur la côte de France qui ont de charmantes plages. 30. Pourquoi les touristes visitent-ils la Côte d'Azur en hiver et la Bretagne en été?

DEVOIRS

A. *Remplacez les tirets par la forme convenable de l'article défini ou indéfini selon le sens:*

1. La Gascogne est —— province dans —— sud-ouest de —— France. 2. Cette province est —— pays du célèbre d'Artagnan.

3. Bordeaux est —— principale ville de —— Gascogne. 4. —— habitants de cette région ont —— prononciation différente de —— prononciation des habitants de Paris.

B. *Remplacez les tirets par la forme convenable de l'adjectif indiqué:*

5. Les Bretons parlent une langue —— (ancien) qui est —— (différent) de la langue —— (français). 6. Il y a une —— (autre) région —— (situé) près de l'Espagne où on parle une langue complètement —— (différent) du français. 7. Dans le sud-ouest de la France près de la frontière —— (espagnol) se trouve le Pays Basque. 8. Les habitants de cette —— (petit) région parlent une langue qui n'est pas de la —— (même) origine que les —— (autre) langues du midi de la France.

C. *Remplacez les tirets par la forme convenable du comparatif ou du superlatif de l'adjectif indiqué, selon le sens.* EXEMPLE: La cathédrale d'Amiens est —— (connu) que la cathédrale de Tours, mais la cathédrale de Reims est la cathédrale —— (célèbre) de toute la France. La cathédrale d'Amiens est *plus connue* que la cathédrale de Tours, mais la cathédrale de Reims est la cathédrale *la plus célèbre* de toute la France.

9. Une des provinces —— (connu) de l'histoire de France est la Bourgogne. 10. La Bourgogne est —— (grand) que la Touraine. 11. Dijon est la ville —— (important) de cette province. 12. Cette ville est —— (gai) que les villes de la Bretagne et —— (joli) que les villes du nord de la France.

D. *Mettez les phrases suivantes à la forme interrogative en employant* (a) Est-ce que..., (b) *l'inversion.* EXEMPLE: La ville de Dijon date des Romains. (a) Est-ce que la ville de Dijon date des Romains? (b) La ville de Dijon date-t-elle des Romains?

13. Elle a plusieurs monuments historiques. 14. Cette ville est célèbre à cause des souvenirs de Charles le Téméraire.[1] 15. Quelques édifices de Dijon datent du moyen âge. 16. Une tapisserie raconte l'histoire de Charles le Téméraire.

E. *Remplacez les mots en italique par des pronoms personels.* EXEMPLE: *La Champagne* est une province de l'est de la France. *Elle* est une province de l'est de la France.

17. *La Picardie* est dans le nord de la France. 18. *La Picardie et la Normandie* sont favorables à l'agriculture. 19. *Les costumes des habi-*

---

[1] Charles the Bold (1433–1477), noted for his resistance to the increasing power of the kings of France.

tants de la Picardie sont différents des costumes des autres habitants de la France. 20. *Le vin* est plus populaire que le cidre en Picardie.

F. Remplacez les tirets par la forme convenable de l'adjectif démonstratif:

21. Amiens est la principale ville de —— province. 22. —— endroit a une cathédrale bien connue et d'autres monuments. 23. —— monuments ne sont pas aussi connus que —— cathédrale. 24. —— pays est près de la Belgique.

G. Mettez les phrases suivantes à la forme négative:

25. Rouen est près d'Amiens. 26. La Seine traverse-t-elle Rouen? 27. Cette ville se trouve à quelques kilomètres de l'embouchure de la Seine. 28. Il y a beaucoup de soleil à Rouen.

H. Remplacez les tirets par la forme convenable de à avec L'ARTICLE DÉFINI:

29. La France fournit —— autres pays du monde beaucoup de produits qu'on trouve —— intérieur du pays. 30. Le nord fournit —— sud des tissus et des dentelles. 31. On trouve des montagnes —— frontière sud-est du pays. 32. Beaucoup de touristes visitent les pays situés —— sud-est et —— sud-ouest de la France.

I. Remplacez les tirets par L'ARTICLE PARTITIF *ou par de selon le cas:*

33. En Bretagne il y a —— villes très anciennes. 34. Saint-Malo est une ville fortifiée avec —— hautes murailles. 35. Beaucoup —— touristes visitent cette ville au printemps et en été. 36. Il n'y a pas —— touristes à Saint-Malo en hiver, parce que les hivers ne sont pas très agréables dans le nord-ouest de la France.

J. Mettez au pluriel tous les mots possibles des phrases suivantes. EXEMPLE: Y a-t-il une haute muraille autour de cette ville? Y a-t-il de hautes murailles autour de ces villes?

37. Ce pays fournit ce produit à un autre pays du continent. 38. Toute la ville est jolie. 39. Ce vieillard parle une langue ancienne. 40. Cet habitant a une opinion différente.

COMPOSITION

Écrivez une composition sur un des sujets suivants:

1. Les Frontières de la France 2. Les Fleuves de France 3. Les Montagnes et les Plaines de la France 4. La Bretagne 5. La Normandie 6. La Touraine 7. Les Châteaux de la Renaissance 8. La Provence et la Riviéra française 9. La Géographie de la France

NOTE TO THE STUDENT:

Here and later, after each *Révision* of ten lessons, the verb development in these lessons is summarized. This is to aid you in organizing your study in the earlier stages of learning French.

While it is convenient to have the verbs set up in this graphic form (paradigms), you should keep in mind that there is no value in knowing the conjugations of verbs unless you can use them. Neither is there any value in learning little-used tenses or verbs which one does not often meet. Just as in English it is very important to know how to use the forms of the verb *to be* and of little practical importance to know the forms of the verb *to dwell*, so it is highly important to be acquainted with the forms of the French verb *être* (to be) but useless to learn the forms of the little-used verb *croître* (to grow).

Go about learning the verbs in the way that your teacher directs, but in any case, use the forms in sentences wherever possible. Review the filling-out-blank exercises in the lessons preceding these reviews. They will give you useful practice in putting the verb into context.

It is very important that you *do* know these forms in context. The verb is the most vital part of the sentence, and without it you can never hope to handle the language with ease.

LES VERBES: LEÇONS 1 A 10

PREMIÈRE LEÇON

être to be Paris est... COMMANDS: Remplacez...

DEUXIÈME LEÇON

être to be Les États-Unis sont...
L'Espagne et l'Italie sont...

COMMANDS: Citez... Mentionnez... Mettez...

TROISIÈME LEÇON

form-er (and all other regular verbs whose infinitives end in *-er*)
Le fleuve forme... Les fleuves forment...

se trouv-er (and all other regular reflexive verbs whose infinitives end in *-er*)
La montagne se trouve... Les montagnes se trouvent...

QUATRIÈME LEÇON

INTERROGATIVE FORMS:
est-il? forme-t-il? se trouve-t-il?
sont-ils? forment-ils? se trouvent-ils?

CINQUIÈME LEÇON

VERBS IN *-eler* AND SOME IN *-eter*:

s'appeler	*se jeter*
il s'appelle	il se jette
ils s'appellent	ils se jettent

SIXIÈME LEÇON

NEGATIVE FORMS:

il n'est pas	il ne forme pas	il ne se trouve pas
ils ne sont pas	ils ne forment pas	ils ne se trouvent pas

NEGATIVE-INTERROGATIVE FORMS:

n'est-il pas?	ne forme-t-il pas?	ne se trouve-t-il pas?
ne sont-ils pas?	ne forment-ils pas?	ne se trouvent-ils pas?

SEPTIÈME LEÇON

avoir to have

il a	a-t-il?	il n'a pas
ils ont	ont-ils?	ils n'ont pas

fournir (and most other *-ir* verbs)

il fournit	ils fournissent

Le Climat

Roger est un garçon. Il va à l'école. Louise est une jeune fille. Elle va aussi à l'école. Roger et Louise vont ensemble à la classe de français. Roger est un élève. Louise est une élève. Roger et Louise sont des élèves. Ils sont Américains.[1]

Roger et Louise arrivent en classe avant le professeur. Ils vont [5 immédiatement au tableau noir. Il y a déjà beaucoup d'élèves au tableau. Roger et Louise écrivent leur nom et la date. Louise écrit: *Louise Smith, le 14 octobre 1940.* Tous les élèves écrivent une composition sur Cannes. Cannes est une ville de la Riviéra française. Ils écrivent la composition en français. Le professeur arrive avant l'heure de la [10 classe. Il va aussi au tableau. Il corrige les compositions des élèves. Après la correction des compositions, le professeur fait la dictée.

Les élèves restent au tableau pendant la dictée. Ils se tournent vers le professeur. Le professeur dit: «Écoutez. Cannes est une ville du midi de la France. Répétez.» Les élèves répètent la phrase ensem- [15 ble. Le professeur dit alors, «Écrivez.» Les élèves écrivent la phrase au tableau. Le professeur corrige les fautes de trois élèves. Tous les autres élèves regardent les corrections. Ils corrigent les fautes dans leurs phrases. Puis le professeur continue la dictée.

«Le climat de Cannes, comme le climat de toute la Côte d'Azur, [20 est très agréable. Il fait chaud en été, mais il ne fait pas trop chaud. L'hiver est le contraire de l'été. Dans le nord des États-Unis il fait froid en hiver. Sur la Riviéra il ne fait pas froid en hiver. Il fait doux. Il y a du soleil toute l'année. Dans le nord des États-Unis il neige en hiver. Mais il ne neige pas sur la Riviéra française. Un peu au nord [25 de la Riviéra, dans la province de Savoie, le climat est complètement différent. La Savoie est dans la région des Alpes. Dans les Alpes il fait très froid en hiver. Il neige beaucoup. Il fait du vent. Il ne fait pas très chaud en été à la montagne. Dans les hautes montagnes il fait froid même en été.»   [30

QUESTIONS

1. Est-ce que Roger est un garçon? 2. Est-ce que Louise est un garçon? 3. Où vont Roger et Louise ensemble? 4. Est-ce que Louise et Roger arrivent en classe avant ou après le professeur? 5. Où vont-ils

[1] The French adjective of nationality is not capitalized when it follows the noun it modifies. It is capitalized, however, when it stands alone. EXAMPLES: Elle est *Française.* Louise est une jeune fille *française.*

quand ils arrivent en classe? 6. Est-ce que Roger écrit une composition au tableau? 7. Où sont tous les élèves à l'heure de la classe? 8. Que[1] font-ils au tableau? 9. Que[1] fait le professeur quand il arrive en classe? 10. Que[1] disent les élèves au professeur? 11. Après la correction des compositions, que[1] fait le professeur? 12. Où sont les élèves pendant la dictée? 13. Le professeur répète-t-il les phrases? 14. Qu'est-ce que Cannes?[2] 15. Comment est le climat de Cannes? 16. Quel est le contraire d'*hiver*? 17. Comment est le climat du sud des États-Unis? 18. Y a-t-il du soleil toute l'année au Mexique? 19. Qu'est-ce que c'est que la Savoie?[3] 20. Où est la Savoie? 21. Fait-il chaud à la montagne? 22. Qu'est-ce que la Riviéra?[2]

DEVOIRS

A. Remplacez les tirets par les mots convenables:

1. Robert est un ——. 2. Marie est une —— ——. 3. Ils vont à l'——. 4. Ils arrivent en classe —— le professeur. 5. Le professeur arrive en classe —— Robert et Marie. 6. Le professeur et les élèves arrivent avant l'—— de la classe. 7. Les élèves écrivent une composition au —— noir. 8. Ils écrivent leur —— et la date. 9. Le professeur —— les compositions. 10. Puis, il fait la ——. 11. Les élèves —— au tableau pendant la dictée. 12. Le professeur —— aux élèves: «Répétez cette ——.» 13. Il y a du soleil toute l'—— sur la Riviéra française. 14. En hiver il fait —— au Canada. 15. Il —— chaud en été. 16. Il fait du —— à la montagne. 17. Il —— en hiver.

B. Remplacez les tirets par la forme convenable du verbe indiqué:

1. Les élèves —— (écrire) une composition au tableau. 2. Le professeur —— (faire) une dictée. 3. Il —— (corriger) les fautes. 4. Roger —— (écrire) une composition. 5. Les élèves ne —— (faire) pas la dictée. 6. Le professeur —— (écouter) les élèves. 7. Il —— (dire): «Répétez.» 8. Les élèves —— (regarder) le tableau. 9. La Flandre française —— (fournir) des dentelles à tous les pays du monde. 10. Il —— (neiger) en hiver. 11. Roger —— (aller) à l'école. 12. Le professeur —— (répéter) la phrase. 13. Roger et Louise —— (aller) en classe ensemble. 14. Les élèves —— (répéter) les phrases. 15. Les vaches —— (fournir) du lait. 16. Les élèves —— (dire) que Nice a de charmantes plages et d'élégants hôtels. 17. Il —— (faire) chaud au Mexique.

---

[1] *Que* is here an interrogative object pronoun meaning *What*...?. Note the inverted word order following this *Que*...?.

[2] What does this question want to know about the subject?

[3] This is a longer and more conversational form of *Qu'est-ce que*....

C. *Écrivez deux phrases avec* Qu'est-ce que...? *deux avec* Qu'est-ce que c'est que...? *et deux avec* Que...?.

VOCABULAIRE

1. continuer	6. le climat	11. la dictée
2. regarder[1]	7. la composition	12. octobre
3. répéter[2]	8. le contraire	13. le professeur
4. se tourner	9. la correction	14. américain
5. la classe	10. la date	15. immédiatement

GRAMMAIRE

1. Use the following verbs in sentences written in the third person (that is, in *il* or *ils* forms): *parler, fournir, aller, dire, écrire, faire, neiger,* and *répéter*.[3]

2. What grammatical term is used to designate a command? What two distinguishing features do you note in words which give commands? (§ 72 A)

3. Use the following expressions of weather in sentences to show that you understand their meanings: *il fait chaud, il fait froid, il y a du soleil, il fait du vent, il fait doux, il neige.*

4. What two interrogative expressions are used to ask for a definition of or the nature of an object? (§ 35 F)

=== *DOUZIÈME LEÇON* ===

Les Jours de la Semaine

Les élèves entrent[4] dans la salle de classe par une porte. Ils n'y entrent pas par les fenêtres. La salle de classe a une porte et cinq fenêtres. La porte est d'un côté de la salle de classe. Les fenêtres sont de l'autre côté de la salle de classe. On regarde la rue par les fenêtres.

---

[1] Note that *regarder* means *look at*. In English we say: He looks at the book. In French: *Il regarde le livre*. In other words, the English *at* is included in the French verb. A list of such verbs is to be found in § 42 B of the *Grammaire*.

[2] The second *e* of the infinitive (*répéter*) is an *é*, but in the present tense, this *é* becomes *è* (*il répète, ils répètent*) when the final syllable is silent. This will be taken up in a later lesson. (*Grammaire* § 82 E)

[3] See page 67.

[4] *Entrer* is almost always followed by the preposition *dans* whenever a definite place is indicated. Do not use it in your compositions without this preposition. (§ 42 C)

Quand les fenêtres sont ouvertes, l'air entre dans la salle de classe. [5 Quand les fenêtres sont fermées, l'air n'y entre pas. Les fenêtres sont à gauche. Il y a un tableau noir à droite. *A gauche* est le contraire d'*à droite*. Il y a aussi un tableau devant les élèves. Le professeur est derrière le bureau. Les élèves sont assis à leurs pupitres. Il y a trente pupitres dans la salle de classe. [10

Il y a un livre sur le bureau du professeur. Il y a du papier sur le livre. Le livre est sous le papier. *Sur* est le contraire de *sous*. Les élèves ont plusieurs livres. Ils ont aussi des cahiers. Les élèves écrivent les devoirs dans leurs cahiers. Quelques élèves écrivent les devoirs avec un crayon. D'autres élèves écrivent les devoirs avec [15 un stylo. Les stylos contiennent de l'encre.

Le professeur dit aux élèves: «Allez au tableau.» Les élèves y vont. «Écoutez. Les jours de la semaine sont lundi, mardi, mercredi, jeudi, vendredi, samedi et dimanche. Répétez.» Les élèves répètent la phrase. «Écrivez au tableau.» Les élèves écrivent la phrase. [20 «Regardez la phrase de Robert. Corrigez les erreurs. Effacez. Écoutez.» Et le professeur continue la dictée:

«En Amérique on va à l'école le lundi,[1] le mardi, le mercredi, le jeudi et le vendredi. On y va tous les jours de la semaine excepté le samedi et le dimanche. En France les élèves vont en classe tous les [25 jours de la semaine excepté le jeudi, le dimanche et quelquefois le samedi après-midi. Le jeudi est un jour de congé en France et le samedi est un jour de congé en Amérique. En Amérique le dimanche est le premier jour de la semaine. En France le lundi est le premier jour de la semaine. Le dimanche est le dernier jour de la semaine en France.» [30

QUESTIONS

1. Avec qui Roger va-t-il en classe? 2. De quoi les élèves parlent-ils dans la salle de classe? 3. Combien de portes y a-t-il dans la salle de classe? 4. Combien de fenêtres a la salle de classe? 5. De quel côté est la porte? 6. Où sont les fenêtres? 7. Que regarde-t-on par les fenêtres? 8. Qu'est-ce qui entre dans la salle de classe quand les fenêtres sont ouvertes? 9. Qui entre dans la salle de classe quand la porte est ouverte? 10. Où sont les tableaux? 11. Où est le professeur? 12. Où sont les élèves? 13. Qu'est-ce qu'il y a sur le livre du professeur? 14. Qu'y a-t-il sous le livre? 15. Qui est derrière le bureau? 16. Qu'est-ce que les élèves regardent? 17. Que regarde le professeur? 18. Qui les élèves regardent-ils? 19. Avec quoi les élèves écrivent-ils leurs devoirs? 20. Où les élèves écrivent-ils leurs devoirs? 21. Quels sont les jours de la semaine? 22. Quel est le jour de congé en Amérique?

[1] The article is not usually used with the days of the week. Explain its use here. (§ 3 D)

23. Quel est le jour de congé en France? 24. Quel est le premier jour de la semaine en Amérique? en France? 25. Quel est le dernier jour de la semaine en France? en Amérique?

DEVOIRS

A. Remplacez les tirets par le mot convenable:

1. Tous les élèves arrivent devant la —— de la salle de classe. 2. Ils entrent —— la salle de classe si la porte est ——, mais ils n'y entrent pas si la porte est ——. 3. Ils vont en classe tous les jours de la —— excepté le samedi. 4. D'un —— de la salle de classe se trouvent cinq ——. 5. Il y a un tableau —— les élèves. 6. —— les fenêtres sont à gauche, il y a un tableau noir à ——. 7. Les élèves ont des cahiers où ils écrivent des ——. 8. —— de cahiers ont les élèves? Deux.

B. Remplacez les mots en italique par y. EXEMPLE: Les élèves écrivent *dans le cahier.* Les élèves *y* écrivent.

1. Les garçons vont *au tableau.* 2. Ils sont *dans la salle.* 3. Le garçon écrit *dans le livre.* 4. Va-t-il *au tableau*? 5. Marie écrit *dans le cahier.* 6. Quelques élèves vont *à la fenêtre.* 7. Entre-t-il *dans la salle de classe*?

C. Remplacez les tirets par la forme convenable du verbe indiqué. EXEMPLES: 1. Il —— (répéter) la phrase. Il *répète* la phrase. 2. Roger, —— (répéter) la phrase. Roger, *répétez* la phrase.

1. —— (Entrer) dans la salle de classe. 2. La porte —— (être) ouverte. 3. Le stylo —— (contenir) de l'encre. 4. Les élèves —— (regarder) par la fenêtre. 5. Ils —— (aller) en classe cinq jours par semaine. 6. Robert —— (écrire) avec un stylo. 7. Robert, —— (écrire) avec un stylo. 8. Les stylos —— (contenir) -ils de l'encre? 9. —— (Effacer) le tableau. 10. Les élèves —— (raconter) l'histoire de France. 11. Marie, —— (aller) au tableau. 12. Marie —— (aller) au tableau. 13. Le professeur —— (faire) une dictée. 14. Les élèves —— (écrire) la leçon.

D. Remplacez les tirets par la forme française du mot indiqué en anglais entre les parenthèses:

1. Avec —— (what) écrit l'élève? 2. —— (Who) est devant le tableau? 3. —— (What) regardent les garçons? 4. —— (What) les garçons regardent? 5. Avec —— (whom) Marie va-t-elle en classe? 6. —— (What) est sur le bureau? 7. —— (Whom) le professeur

regarde-t-il? 8. A —— (whom) écrit-il? 9. —— (What) les garçons font? 10. —— (What) font les jeunes filles? 11. —— (What) entre par la fenêtre? 12. —— (Who) entre par la porte? 13. De —— (what) l'élève parle-t-il dans la maison? 14. —— (What) les Bretons parlent? 15. —— (What) corrige le professeur?

VOCABULAIRE

1. contenir*[1] 2. l'air (m) 3. l'erreur (f) 4. le papier 5. excepté

GRAMMAIRE

1. What is an interrogative pronoun? From the questions in this lesson, what interrogative pronoun may always be used when referring to persons? (§ 35 A)

2. What interrogative pronoun refers to a thing used as the subject? as the object? as the object of a preposition? (§ 35 B)

3. Distinguish between *que* and *qu'est-ce que* used as the object to refer to a thing. (§ 35 D)

4. When is the adverb of place *y* used in French? Note that *y* always comes immediately before the verb. (§ 28 A)

5. Use the *il* and *ils* forms of *contenir* and the imperative forms of the verbs *aller*, *écrire*, *effacer*, *regarder*, and *répéter* in sentences. (Page 67.)

========= *TREIZIÈME LEÇON* =================================

Les Mois de l'Année

Robert est un élève américain qui apprend le français. Il arrive en retard à la classe de français. Le professeur est debout derrière le bureau. Il a un livre à la main. Les élèves sont assis. Quand Robert entre dans la salle de classe, les élèves et le professeur le regardent. Il les regarde aussi.   [5

Le professeur dit: «Paul, lisez la leçon.» Paul la lit à haute voix. Après Paul, Marie la lit. Elle la lit à voix basse. Elle lit trop doucement. Puis le professeur lit la leçon, et les élèves la répètent à haute voix. Ensuite, le professeur dit à Hélène: «Hélène, comptez en français jusqu'à dix.» Hélène compte: «Un, deux, trois, quatre, cinq, six, [10

---

[1] Irregular verbs will be indicated in the vocabularies by an asterisk (*).

*Il y a toujours des tram-
ways à Tours*

*Il y a des magasins
dans la Rue Nationale*

Gendreau

Chenonceaux est un magnifique château de la Renaissance

Gendreau

Le château de Guillaume
le Conquérant existe encore

La ville de Loches a aussi
un château fortifié

Pix

Les costumes des Bretons sont différents

sept, huit, neuf, dix.»[1] Le professeur dit alors à Robert: «Comptez les cahiers dans la salle de classe.» Robert les compte. Il compte: «Un cahier, deux cahiers, trois cahiers, quatre cahiers, cinq cahiers, six cahiers, sept cahiers, huit cahiers, neuf cahiers, dix cahiers, onze cahiers, douze cahiers.»[1] [15

Le professeur dit aux élèves: «Allez au tableau.» Les élèves y vont. «Écrivez le jour de la semaine.» Les élèves l'écrivent. «Écrivez la date.» Les élèves écrivent: *le 18 octobre 1940.*[2] «Effacez la date.» Les élèves l'effacent. «Retournez à votre place.» Les élèves y retournent. «Regardez vos livres.» Ils les regardent. [20

Puis, le professeur apprend aux élèves les mois de l'année. Les élèves les apprennent. Le professeur dit: «Il y a douze mois dans l'année. Janvier est le premier mois de l'année. Février est le deuxième mois de l'année. Janvier et février[3] sont des mois d'hiver.[4] Il neige en hiver.[5] Mars est le troisième mois de l'année. En mars il fait du [25 vent. Avril est le quatrième mois de l'année. Il pleut souvent en avril. Mai est le cinquième mois de l'année. Mai est le mois des fleurs. Avril et mai sont des mois de printemps.[4] Au printemps[5] il fait beau. Juin est le sixième mois de l'année. Juin est le mois des mariages. Juillet est le septième mois de l'année. Août est le huitième[6] [30 mois de l'année. Juillet et août sont les mois des grandes vacances. Il fait très chaud pendant ces mois d'été.[4] Septembre est le neuvième mois de l'année. En septembre les élèves américains retournent en classe. Octobre est le dixième mois de l'année. Novembre est le onzième[6] mois de l'année. Il y a des parties (matches) de football [35 au mois d'octobre et au mois de novembre. Octobre et novembre sont des mois d'automne.[4] Parfois le temps est mauvais en automne.[5] Le ciel est souvent couvert. Décembre est le douzième mois de l'année. En décembre il y a beaucoup de neige. Décembre est le mois des vacances de Noël.» [40

Le professeur dit aux élèves: «Allez à la maison. Apprenez les mois et les saisons de l'année. Lisez la leçon plusieurs fois.» Les

---

[1] The pronunciation of the numerals depends upon whether they are used alone, whether they are followed by a noun beginning with a consonant, or by one beginning with a vowel. See § 16 B.

[2] For the pronunciation of numerals in dates, see § 16 B. For ways of writing dates, see § 17 E.

[3] The days of the week and the months of the year are not capitalized in French unless they are the first word of a sentence. (Page 321, Pr. § 4 C 2.)

[4] *De* + a noun (without any article) very often indicates an adjectival use of the phrase. We would say in English: winter months, spring months, etc.

[5] The French say: AU *printemps*, but EN *été*, EN *automne*, and EN *hiver*.

[6] There is neither elision nor linking with *huit* and *onze*. (§ 16 B)

élèves vont à la maison. Ils lisent la leçon et apprennent les mois de l'année.

QUESTIONS

1. Qui est Robert? 2. Robert arrive-t-il à l'école avant l'heure de la classe? 3. Combien de fois par semaine va-t-il en classe? 4. Quand Robert entre en classe, où sont les élèves et le professeur? 5. Est-ce qu'ils le regardent? 6. Comment Paul lit-il la leçon? 7. Comment Marie la lit-elle? 8. Comptez jusqu'à douze. 9. Comptez les livres dans la salle de classe. 10. Qu'est-ce que les élèves écrivent au tableau? 11. Est-ce qu'ils l'effacent? 12. Qu'est-ce que le professeur apprend aux élèves? 13. Qu'est-ce que les élèves apprennent? 14. Qui apprend les mois de l'année? 15. Qui apprend les mois de l'année aux élèves? 16. Quels sont les mois de l'année? 17. Pleut-il en janvier? 18. Quand pleut-il beaucoup? 19. En quelle saison fait-il beau? 20. En quelle saison le temps est-il souvent mauvais? 21. En quel mois les élèves retournent-ils en classe? 22. Quelles vacances sont au mois de décembre?

DEVOIRS

A. Remplacez les tirets par les mots convenables:

1. En automne Roger et Louise —— en classe. 2. Ils ont leurs livres à la ——. 3. Le —— de septembre est très agréable, parce qu'il fait ——. 4. Le —— n'est pas souvent couvert. 5. Il y a encore des —— d'automne, mais elles ne sont pas aussi jolies que les —— de mai. 6. Roger et Louise vont en classe cinq —— par semaine. 7. Quand ils arrivent en classe, ils trouvent plusieurs élèves ——; les autres sont assis. 8. Quelques élèves se parlent l'un à l'autre à —— basse. 9. Ils parlent —— parce que les autres élèves apprennent leurs leçons. 10. Quand le professeur arrive, il —— aux élèves les mois de l'année. 11. Les élèves apprennent aussi à compter —— à douze.

B. Remplacez les expressions en italique par un pronom complément.[1]
EXEMPLES: 1. Robert regarde *le professeur.* Robert *le* regarde.
2. Écrit-il *la leçon?* *L*'écrit-il?

1. Louise trouve *le livre.* 2. Le professeur corrige *les fautes.* 3. Le garçon lit *la leçon.* 4. Robert va *au tableau.* 5. Racontent-ils *l'histoire de France?* 6. Les élèves effacent *les phrases.* 7. Ont-ils *leurs crayons?* 8. Le professeur regarde *les cahiers.* 9. Marie va-t-elle *en*

[1] The pronoun-adverb *y* will be considered a pronoun in giving directions.

France? 10. Paul compte *les élèves.* 11. La jeune fille écrit *votre nom.* 12. Le fleuve traverse *la ville.* 13. La source du fleuve est *dans les Alpes.* 14. Lit-elle *la leçon?* 15. Il efface *le devoir.*

C. *Répondez aux questions suivantes par un pronom complément.*
EXEMPLE: Hélène lit-elle la leçon? Oui, monsieur, elle *la* lit.

1. Le professeur corrige-t-il les fautes des élèves? 2. La Seine traverse-t-elle Paris et Rouen? 3. Les élèves apprennent-ils la leçon? 4. Hélène regarde-t-elle les élèves? 5. Les élèves apprennent-ils les mois de l'année? 6. Le professeur compte-t-il les cahiers? 7. Les garçons effacent-ils les fautes sur le tableau?

D. *Écrivez en français:*
9, 5, 3d, 11, 5th, 8, 1st

VOCABULAIRE

1. retourner	3. le mariage	5. la place [1]
2. le football	4. le match	6. les vacances (f)

GRAMMAIRE

1. How are ordinals usually formed? Count to twelve by ordinals. (§ 17 A, B)

2. Give the *il, ils,* and imperative forms of *lire* and *apprendre.* (Page 67.)

3. What are the object personal pronouns and how are they used? (§ 23 A, B)

4. What happens to the forms *me, te, le,* and *la* when they directly precede a verb beginning with a vowel or a mute *h*? (Page 241, note 1)

5. What is the general position of object personal pronouns with respect to the verb? (§ 29 A)

═══════════ *QUATORZIÈME LEÇON* ═══════════

Des Amis Français

Paris est le centre politique et financier de la France. Paris est aussi le centre de la culture et de l'art français. La région située autour de Paris est l'ancienne province de l'Île de France. La langue et le gouvernement de la France y ont leur origine.

[1] Means *place* in the sense of A PLACE TO SIT DOWN; *endroit* is the common word for PLACE.

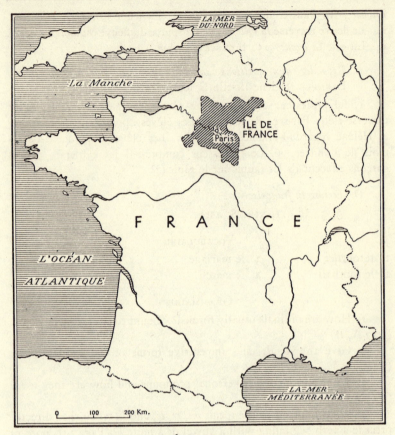

L'Île de France

Nous sommes maintenant à Paris. Nous sommes Américains. [5
Nous demeurons[1] aux États-Unis. Je suis du nord des États-Unis. Je
demeure à Détroit. Je m'appelle Robert. J'ai beaucoup d'amis dans
le nord des États-Unis et quelques amis au Canada. Vous êtes du sud
du pays. Vous demeurez à la Nouvelle Orléans. Vous avez des amis
au Mexique. [10

Nous visitons la France. Nous avons des amis français à Paris.
Nous avons d'autres amis français en province. Pierre et Marie sont
deux amis français qui demeurent à Paris. Pierre est le frère de
Marie. Il a dix-sept ans. Marie est la soeur de Pierre. Elle a quinze
ans. [15

---

[1] *Habiter* and *demeurer* are both used very commonly in literature to mean *to live somewhere.* *Habiter* seems much more common in conversation.

Je rencontre Pierre dans une rue de Paris. Je lui demande: «Quel quartier habitez-vous?»[1] Pierre me dit: «J'habite le Quartier Montparnasse. Ce quartier est près du Quartier Latin.»

Marie nous demande: «Comment trouvez-vous la France? L'aimez-vous?» [20

Je lui dis: «J'aime beaucoup la France. Je la trouve magnifique. Elle est beaucoup plus petite que les États-Unis. Les petites villes de France sont si jolies! Il y a peu de grandes villes en France. Mais même ces grandes villes conservent leur charme ancien. Les rues de Paris ne sont pas aussi grandes et aussi larges que les rues de beaucoup [25 de nos grandes villes. Les édifices de Paris sont beaucoup plus anciens, et il n'y a pas de gratte-ciel. Votre civilisation est beaucoup plus ancienne que notre civilisation.»

Alors, Pierre et Marie me demandent: «Est-ce que les coutumes des États-Unis sont différentes des coutumes de France?» [30

Je leur raconte la grande différence qui existe entre les coutumes américaines et les coutumes françaises que[2] j'observe à Paris. Ils me demandent: «Préférez-vous les coutumes françaises aux coutumes américaines?» Je leur dis: «Les coutumes françaises me semblent plus intéressantes que nos coutumes. Elles sont plus pittoresques.» [35

Questions

1. Est-ce que Paris est le centre de la France? 2. Comment s'appelle la région située autour de Paris? 3. Êtes-vous Américain? 4. Êtes-vous Français? 5. Est-ce que Pierre est Américain? 6. Est-ce que je suis Français? 7. Qui habite les États-Unis? 8. Avez-vous des amis français? 9. Avez-vous des amis au Canada? 10. Quel est le pays que[2] nous visitons maintenant? 11. Comment s'appellent vos amis français? 12. Quel âge a Pierre? 13. Quel âge a Marie? 14. Quel âge avez-vous? 15. Y a-t-il des gratte-ciel à Paris? 16. Y a-t-il des gratte-ciel dans votre ville? 17. En quoi les coutumes françaises sont-elles différentes de nos coutumes?

Devoirs

A. Remplacez les tirets par le mot convenable:

1. Je —— votre ami Pierre dans une rue de Lyon. 2. Pierre est le —— de Marie, et Marie est la —— de Pierre. 3. Pierre nous —— si nous habitons Lyon cette année. 4. Il nous demande aussi si nous —— cette ville. 5. Nous aimons Lyon, mais nous —— Paris à Lyon.

[1] One also hears: *Dans quel quartier habitez-vous?*

[2] *Que* is the object form of the relative *qui*. (§ 36 C)

B. Écrivez en français:

9, 14, 18th, 7, 20, 16, 12, 4, 17, 13, 10th, 15, 11, 19

C. Remplacez les tirets par les mots français qui expriment in *ou* to:

1. Nous sommes —— États-Unis. 2. La soeur de Pierre est —— Paris. 3. Êtes-vous —— France? 4. Le frère de Paul va —— Angleterre. 5. Est-il —— Russie? 6. Les amis de Louise retournent —— États-Unis. 7. Ils ont des amis —— Canada, —— Mexique et —— Espagne.

D. Remplacez les mots en italique par des pronoms compléments.
EXEMPLE: Il écrit une lettre *à Robert*. Il *lui* écrit une lettre.

1. Paul raconte l'histoire *aux élèves*. 2. Pierre demande *à un ami* si Paris est dans l'Île de France. 3. Nous parlons *à Pierre et à Marie* de la civilisation des États-Unis. 4. Je dis *aux amis de Pierre* que les États-Unis sont plus grands que la France. 5. Vous comptez *les élèves*. 6. Parlez-vous *aux élèves*? 7. Vous demandez *à Marie* où se trouve Bordeaux. 8. Lit-elle *la leçon* au professeur?

E. Remplacez les tirets par la forme convenable du verbe indiqué:

1. Les amis de Robert —— (demeurer) en France. 2. Nous —— (être) maintenant aux États-Unis. 3. Vous —— (avoir) des amis à la Nouvelle Orléans. 4. Ils —— (trouver) le sud du pays très intéressant. 5. J'—— (aimer) beaucoup Paris. 6. Vous —— (être) à Nantes. 7. Les Français —— (avoir) des coutumes pittoresques. 8. Nous —— (avoir) une civilisation moderne. 9. Je —— (être) dans la rue de Vaugirard. 10. Nous —— (trouver) la civilisation française intéressante. 11. Je —— (demander) à Pierre si les Français —— (passer) l'été à Paris. 12. Robert —— (dire) qu'il —— (avoir) quinze ans. 13. J'—— (avoir) un ami à Tours qui —— (observer) les coutumes françaises. 14. —— -vous (parler) anglais?

VOCABULAIRE

1. observer	4. l'art (m)	7. le gouvernement
2. préférer	5. le charme	8. financier, financière
3. l'âge (m)	6. la culture	

GRAMMAIRE

1. Use the forms of the present indicative of *être, avoir, parler*, and *aimer* in sentences. Use in sentences the *je, il*, and *ils* forms of *dire*. (Page 68.)

2. How are *to me*, *to you*, *to him*, *to her*, *to us*, and *to them* expressed in this lesson? What kind of pronouns are these? What is their position in the sentence in regard to the verb? (§ § 24 A, B, 29 A)

3. How does French express *in* with feminine countries? (§ 39 A, B) with masculine countries? (§ 39 A, C) with cities? (§ 39 A, D) Which countries are feminine and which masculine? (§ 6 B 3)

4. Count up to 20 in French. (§ 16 A)

5. How is age expressed in French? How does one ask age? (§ 91 A)

QUINZIÈME LEÇON

Le Lycée

Pierre et Marie vont au lycée. Le lycée est une école de l'état[1] qui prépare les élèves de dix à vingt ans aux[2] universités et aux grandes écoles.[3] Pierre va au lycée de garçons et Marie va au lycée de filles. En général, les jeunes gens ne vont pas au même lycée que les jeunes filles. Il y a beaucoup de lycées à Paris. Le lycée Louis-le-Grand, ainsi appelé [5 en souvenir du roi Louis XIV,[4] est célèbre pour ses cours de littérature. Le lycée Saint-Louis, ainsi appelé en souvenir du roi Louis IX,[5] est connu pour ses cours de science et de mathématiques. Pierre va au lycée Louis-le-Grand.

Je pose des questions à Pierre sur le lycée. Je lui demande: [10

— Allez-vous au lycée tous les jours?

— J'y vais le lundi, le mardi, le mercredi, le vendredi et le samedi. Le jeudi est un jour de congé. Nous n'allons pas en classe le dimanche non plus. Le samedi après-midi nous avons «les loisirs dirigés».

— Quelles matières apprenez-vous au lycée? [15

— Les élèves du lycée sont divisés en trois groupes: A, A' (A-prime) et B. Chaque groupe a un cours différent qui se compose de plusieurs matières. Chaque élève a le droit de choisir le cours qu'il désire. Les élèves du groupe A apprennent le latin, le grec, le français et une langue moderne aussi bien que l'histoire, la géographie, les mathématiques et [20 les sciences. Les élèves du groupe A' apprennent le latin et une langue moderne, mais ils n'étudient pas le grec. Les élèves du groupe B

---

[1] Here *état* means *the state* in the sense of *government*.   [2] for the.

[3] Since the university comprises only five colleges, other schools of the level of our American colleges, such as engineering, dentistry, and education, are called *les grandes écoles.*

[4] Louis quatorze.   [5] Louis neuf.

apprennent deux langues modernes et étudient davantage les mathématiques et les sciences.

— Les cours du lycée sont-ils très difficiles? [25

— Le travail du lycée est très sérieux. A la fin des six premières[1] années du lycée, les élèves sont obligés de subir (passer) un examen écrit et un examen oral dans chaque matière. Ces examens s'appellent le Baccalauréat. Si un élève ne réussit pas à l'examen écrit, il ne subit (passe) pas l'examen oral. Les élèves qui réussissent à ces examens [30 choisissent entre une année de philosophie et une année de mathématiques. Pendant cette année ils continuent aussi l'étude des autres matières, mais ils se spécialisent surtout en philosophie ou en mathématiques. A la fin de l'année ils subissent (passent) un deuxième examen. Les élèves qui réussissent à cet examen ont le droit d'entrer dans toutes [35 les universités de France.

— Et les élèves? Obéissent-ils toujours au[2] professeur?

— En général, nous sommes très sérieux, mais quelquefois nous n'obéissons pas au professeur.

— Comment le professeur punit-il un élève qui ne lui obéit pas? [40

— Un élève qui n'obéit pas au professeur n'a pas de jour de congé. Il est obligé d'aller au lycée le jeudi. Il passe l'après-midi à faire des devoirs.

QUESTIONS

1. Qu'est-ce qu'un lycée? 2. Les jeunes gens et les jeunes filles des États-Unis vont-ils au même lycée? 3. Combien de lycées y a-t-il dans la ville que vous habitez? 4. Citez un lycée de Paris célèbre pour ses cours de littérature; pour ses cours de science et de mathématiques. 5. Quel est le jour de congé des élèves français? 6. Comment les élèves passent-ils le samedi après-midi? 7. Comment passez-vous le samedi après-midi? 8. En quels trois groupes sont divisés les élèves du lycée français? 9. Quelles sont les matières qu'apprennent les élèves du groupe A? du groupe A'? du groupe B? 10. Quelles matières apprenez-vous? 11. Quels cours préférez-vous? 12. Qu'est-ce que le Baccalauréat? 13. Comment l'élève français passe-t-il l'année après le premier Baccalauréat? 14. Obéissez-vous toujours au professeur? 15. Si vous n'obéissez pas au professeur, comment vous punit-il? 16. Comment les professeurs français punissent-ils les élèves qui ne leur obéissent pas? 17. Est-ce que le travail du lycée américain est aussi

---

[1] Note order of words.

[2] Note that *obéir* requires an indirect object in French. EXAMPLE: On obéit *à un professeur*. On *lui* obéit. (§ 42 C)

sérieux que le travail du lycée français? 18. Préférez-vous le lycée américain au lycée français? Pourquoi? 19. Avez-vous des examens à passer? 20. Pourquoi les examens sont-ils bons?

DEVOIRS

A. Remplacez les tirets par les mots convenables:

1. Les jeunes —— et les jeunes —— des États-Unis vont au même lycée. 2. Dans notre pays les élèves choisissent les matières qu'ils —— apprendre. 3. Ils sont —— d'étudier l'anglais, l'histoire américaine et une science, mais ils ont le —— de choisir d'autres matières. 4. Parfois ils —— le latin et les mathématiques, parfois le français et quelquefois même la sténographie. 5. En classe le professeur —— des questions aux élèves. 6. Les élèves —— des examens chaque mois et à la —— de l'année. 7. S'ils font bien leurs devoirs, ils —— à leurs examens. 8. S'ils ne réussissent pas à leurs examens, ils étudient ——. 9. Le travail du lycée américain les —— aux universités des États-Unis.

B. Remplacez les tirets par la forme convenable du verbe indiqué:

1. Nous —— (aller) à l'école ensemble. 2. Quand vous —— (arriver) à l'école, —— -vous (aller) au tableau? 3. Je —— (dire) au professeur que nous —— (apprendre) la géographie de la France. 4. Il ne vous —— (punir) pas quand vous —— (apprendre) la leçon. 5. Mais si on n'—— (apprendre) pas la leçon, on ne —— (réussir) pas aux examens. 6. Nous —— (subir) des examens chaque semaine. 7. Nos amis —— (obéir) au professeur, parce qu'ils l'—— (aimer). 8. Quelles matières —— -vous (choisir) dans votre lycée? 9. Je —— (choisir) le latin et les mathématiques, parce qu'on nous —— (dire) que les élèves qui —— (aller) à l'université —— (réussir) plus souvent quand ils —— (apprendre) ces matières. 10. Vous —— (dire) que j'—— (apprendre) bien le français, et je —— (dire) que je l'—— (apprendre) bien parce que je —— (aller) en France. 11. Nous —— (dire) qu'il —— (aller) apprendre les capitales des états des États-Unis. 12. Je —— (réussir) aux examens, mais vous ne —— (réussir) pas à vos examens.

C. Remplacez les tirets par la forme convenable de l'adjectif interrogatif:

1. —— est la capitale de la France? 2. —— sont les rois les plus connus de France? 3. —— sont les villes les plus importantes de la Normandie? 4. —— est le château le plus célèbre de la région de la Loire? 5. A —— lycée allez-vous? 6. Avec —— camarades êtes-vous?

VOCABULAIRE

1. désirer	7. le groupe	13. l'université (f)
2. préparer	8. le latin	14. général
3. se spécialiser	9. la littérature	15. moderne
4. l'examen (m)	10. les mathématiques (f)	16. obligé
5. la géographie	11. la philosophie	17. oral
6. le grec	12. la science	18. sérieux, sérieuse

GRAMMAIRE

1. How is the present of -ir verbs usually formed? (§ 44 B)

2. Use in sentences the forms of the present of the -ir verbs *obéir*, *choisir*, *punir*, and *réussir*; the forms of the irregular verbs *aller*, *apprendre*, and *dire*. (Page 68.)

3. What is an interrogative adjective? How does it agree? Arrange the interrogative adjectives into a table. (§ 15 A, B)

4. What does the interrogative adjective often mean when used with the verb *être*? (§ 15 C)

===== *SEIZIÈME LEÇON* =====

L'Arrivée au Lycée

Pendant notre conversation sur le lycée français, Pierre me demande: «Quelle heure est-il?» Je regarde ma montre et lui réponds:

— Il est huit heures moins le quart.

— Ma classe commence à huit heures.

— Comment! Vos cours commencent à huit heures du matin? [5 Dans notre lycée ils commencent à huit heures et demie! Je n'arrive jamais à mon lycée avant huit heures et quart.

— J'arrive à Louis-le-Grand à huit heures moins cinq. Vous me posez tant de questions sur le lycée français! Voulez-vous m'accompagner au lycée? Vous pouvez assister aux cours ce matin. [10

— Avec plaisir! Combien de temps durent les classes?

— Une heure. Nous avons trois ou quatre classes le matin. Nous retournons à la maison à onze heures ou à midi selon le jour. Les classes recommencent à une heure et demie ou à deux heures, selon le lycée, et durent jusqu'à quatre heures ou quatre heures et demie de [15 l'après-midi. Mais mes camarades m'attendent au lycée. Allons!

Nous marchons vite. Nous arrivons au lycée Louis-le-Grand à huit heures moins cinq. Beaucoup de jeunes gens y arrivent à bicyclette. Nous entrons dans le lycée. A l'intérieur il y a plusieurs grandes cours. Les élèves se réunissent dans ces cours pendant les heures de récréa- [20 tion. Nous montons au premier étage. Trente-cinq élèves attendent le professeur devant la porte de la salle de classe. Pierre me présente quelques-uns de ses camarades pendant que nous attendons.

Le professeur arrive à la porte juste avant huit heures. Pierre lui dit: «Voici [1] un camarade américain qui désire voir un lycée français.» [25 Le professeur me donne la permission d'assister au premier cours.[2]

Nous entrons dans la salle de classe. Il y a des fenêtres à droite et à gauche. Les fenêtres sont très hautes. Les élèves ne peuvent rien voir par ces fenêtres.[3] Les élèves vont à leurs pupitres. Chaque élève porte son crayon, sa plume, son [4] encre, ses livres et ses cahiers. Le [30 bureau du professeur est devant la classe près d'une fenêtre. Il y a un petit tableau noir devant les élèves. Au mur je vois deux cartes de France: une carte de l'ancienne France divisée en provinces et une carte de la France d'aujourd'hui divisée en départements.

J'entends le professeur dire: «Aujourd'hui je vais parler des [35 départements de la France.»

Il est huit heures trois. La classe commence.

QUESTIONS

1. Quelle heure est-il maintenant? 2. A quelle heure commence votre classe? 3. A quelle heure commencent les classes de Pierre? 4. Combien de temps dure votre classe? 5. A quelle heure les deux garçons arrivent-ils au lycée? 6. Robert veut-il assister à la classe de Pierre? 7. Qu'est-ce qu'il y a à l'intérieur du lycée? 8. A quel étage se trouve la salle de classe de Pierre? 9. Qui attend à la porte de la salle de classe? 10. Pouvons-nous entrer dans la salle de classe si nous arrivons avant le professeur? 11. Comment répond le professeur quand Robert lui demande la permission d'assister au cours? 12. Que voyez-vous dans la salle de classe? 13. De quoi le professeur va-t-il parler? 14. A quelle heure commence la classe?

[1] Note that *voici* (meaning *here is* or *here are*) does not require a verb to complete its meaning. See § 88 B.

[2] It is more difficult to obtain permission to visit a French *lycée* than an American high school. Often permission has to be obtained from the *Inspecteur d'Académies*.

[3] In modern schools, where the windows are lower, the glass is translucent rather than transparent to prevent the pupils from looking out into the street.

[4] Although *encre* is feminine, the form *son* is used to prevent the juxtaposition of two vowels. (§ 13 C)

DEVOIRS

A. Remplacez les tirets par les mots convenables:

1. Voulez-vous nous —— à l'école? 2. Vous pouvez —— à notre premier cours. 3. Ce cours —— à huit heures du ——. 4. Je —— vite à l'école. 5. A l'intérieur du lycée il y a plusieurs —— où les élèves se réunissent pendant les —— de récréation. 6. Il y a —— d'élèves dans la cour que nous ne pouvons pas la traverser. 7. Nous —— au premier étage, nous entrons dans la salle de classe, et nous voyons deux cartes au ——.

B. Remplacez les tirets par les formes convenables des verbes indiqués:

1. Paul —— (vouloir) vous accompagner au lycée. 2. Mes amis m'—— (attendre). 3. Les —— -vous (voir)? 4. Nous ne —— (pouvoir) pas les voir. 5. Mais nous les —— (entendre) parler. 6. Je —— (répondre) que nous —— (vouloir) assister à un cours de latin. 7. Dans la classe de latin j'—— (entendre) les élèves lire la leçon. 8. —— -vous (entendre) la prononciation des élèves français? 9. Nous —— (répondre) que la prononciation du latin aux États-Unis n'est pas la même que la prononciation du latin en France. 10. Les élèves français —— (vouloir) apprendre à lire le latin. 11. Le professeur —— (vouloir) apprendre aux élèves la grammaire latine. 12. Il ne —— (pouvoir) pas nous accompagner. 13. Je —— (voir) les élèves avec leurs livres. 14. Ils —— (répondre) bien aux questions du professeur. 15. Vous —— (attendre) vos camarades à la porte du lycée. 16. Un de vos camarades —— (répondre) qu'il —— (voir) sa soeur dans la rue. 17. Je ne —— (pouvoir) pas l'accompagner, et ses soeurs ne —— (pouvoir) pas aller à la maison.

C. Remplacez les tirets par l'adjectif possessif qui correspond au sujet de la phrase. EXEMPLES: 1. Nous trouvons —— livres sur —— pupitre. Nous trouvons *nos* livres sur *notre* pupitre. 2. Roger arrive à —— lycée et parle à —— camarades. Roger arrive à *son* lycée et parle à *ses* camarades.

1. Marie porte —— livre, —— crayons, —— cahier et —— encre dans la salle de classe. 2. Les élèves sont assis à —— pupitres. 3. Avez-vous —— devoirs? 4. Parlez-vous avec —— camarades? 5. Nous écrivons —— nom au tableau. 6. Ensuite, nous écrivons —— compositions sur la Picardie. 7. Robert arrive avec —— livre et —— stylo. 8. Marie arrive avec —— livre et —— stylo. 9. Elle attend —— professeur au premier étage. 10. Paul attend —— professeur dans la salle de classe. 11. Quand le professeur arrive à la porte de ——

salle de classe, tous —— élèves sont assis. 12. Marie et Louise lisent —— leçons. 13. Paul et Robert écrivent —— compositions. 14. J'étudie —— leçon, je fais —— devoirs, et quand —— professeur arrive, je vais à —— place au tableau. 15. Apprenez-vous —— leçon ou faites-vous —— devoirs?

D. *Exprimez en français:*

Il est 7:00, 10:30, 5:15, 9:45, 3:05, 8:55, 12:00, 12:30, 1:00, 6:30.

VOCABULAIRE

1. accompagner	6. répondre	10. le département
2. commencer	7. la bicyclette	11. la permission
3. marcher	8. le camarade	12. la récréation
4. présenter	9. la conversation	13. juste
5. recommencer		

GRAMMAIRE

1. How is the present of *-re* verbs formed? (§ 44 D) Use in sentences the forms of the present of *attendre, entendre,* and *répondre;* of the irregular verbs *vouloir, voir,* and *pouvoir.*[1] (Page 68.)

2. List the possessive adjectives which occur in this lesson. Compare them with the classified list in § 13 A of the *Grammaire.*

3. With what does the possessive adjective agree in French? How does this differ from English? (§ 13 B)

4. From the material in the lesson, organize a table which will contain the principles of time-telling in French. What do you note about the expressions containing the adjective *demi*? How do the French and most other non-English-speaking countries indicate the afternoon and evening hours in time-tables and formal announcements? Compare the convenience of this method with that of the American method. (§ 92 D, E, F)

===== *DIX-SEPTIÈME LEÇON* =====

Une Leçon sur les Départements

Le professeur pose des questions aux élèves. Il les leur pose rapidement. «Aujourd'hui nous allons étudier les divisions politiques de la France. Quelles sont ces divisions?

[1] Do you notice any common peculiarity in these three irregular verbs? Read over § 85 A, B, and try to develop a system for learning irregular presents.

La France: les départements

–– La France est divisée en départements.

— Combien de départements y a-t-il?   [5

— A présent il y a quatre-vingt-dix départements.

— Ces départements sont-ils relativement grands ou petits?

— Ils sont assez petits.

— Dans quel département se trouve Paris?

— Paris est dans le département de la Seine. Ce département [10 comprend seulement Paris et la région qui se trouve autour de Paris. Il est plus petit que les autres départements.

— Les départements sont-ils très anciens?

— Ils datent de la Révolution française, c'est-à-dire de 1789 (dix-sept cent quatre-vingt-neuf).   [15

— Voici deux cartes de France. Le professeur nous les montre. Cette carte-ci représente la France moderne. Cette carte-là représente l'ancienne France. Savez-vous quelle est la carte qui est divisée en départements?

—Cette carte-ci. Les élèves la lui montrent. Le professeur nous [20 montre le département de la Seine. Il nous le montre sur la carte de la France moderne. Il ne nous le montre pas sur la carte de l'ancienne France.

— Cette carte-ci est divisée en quatre-vingt-dix départements. En quoi cette carte-là est-elle divisée? [25

— Elle est divisée en trente-deux provinces.

Pierre me demande: «Comprenez-vous la discussion?» Je lui réponds que je la comprends assez facilement. Il a un livre avec les deux cartes. Il me le donne. Il me dit: «Regardez cette carte-là.» Je regarde la carte, je ferme le livre, et je le lui rends. Je lui dis: [30

— Les départements français correspondent aux états des États-Unis. Notre pays est divisé en quarante-huit états. Mais ces divisions-là sont plus grandes que les départements. Le Texas, qui est l'état le plus grand des États-Unis, est plus grand que la France.»

Questions

1. Comment le professeur pose-t-il les questions aux élèves? 2. Quelle est la leçon du jour? 3. Comment est divisée la France maintenant? 4. Combien de départements y a-t-il en France? 5. Comment sont divisés les États-Unis? 6. Combien d'états y a-t-il aux États-Unis? 7. Les départements sont-ils grands ou petits? 8. Dans quel département est situé Paris? 9. Comprenez-vous la discussion? 10. Qu'est-ce que Pierre donne à Robert? 11. Est-ce que Robert lui rend le livre? 12. Quel est l'état le plus grand des États-Unis?

Devoirs

A. *Remplacez les tirets par le mot convenable:*

1. Quand la porte est ouverte, je la ——. 2. Si j'écoute le professeur, je —— la leçon facilement. 3. Le professeur nous donne un livre, nous le regardons, et nous le lui ——. 4. A —— les États-Unis sont divisés en quarante-huit états, —— -à- —— en quarante-huit régions politiques.

B. *Remplacez les expressions en italique par des pronoms compléments.*
Exemples: 1. Pierre me montre *cette carte.* Pierre me *la* montre. 2. Je dis *aux élèves le nom du roi.* Je *le leur* dis. 3. Lisez-vous *la leçon à Robert? La lui* lisez-vous?

1. Le professeur me montre *les cahiers*. 2. Il pose *la question à l'élève*. 3. Elle donne *la carte aux élèves*. 4. Écrivons-nous *les compositions*? 5. Il dit *la date au professeur*. 6. Les garçons demandent *le crayon à leurs camarades*. 7. Ma soeur nous raconte *l'histoire*. 8. Marie va *au lycée*. 9. Elle nous montre *les crayons*. 10. Vous rend-elle *votre stylo*? 11. Les élèves lisent *les leçons au professeur*. 12. Allons-nous *en France*?

C. *Mettez les phrases du devoir B à la forme négative.* EXEMPLES: 1. Pierre ne me *la* montre pas. 2. Je ne *le leur* dis pas. 3. Ne *la lui* lisez-vous pas?

D. *Écrivez deux phrases pour montrer l'emploi de l'adjectif démonstratif avec* . . . -ci *et* . . . -là. EXEMPLE: *Cette* leçon-*ci* est plus difficile que *cette* leçon-*là*.

E. *Écrivez en français:*
50, 80, 40, 90, 60, 20, 30, 70, 10, 100

VOCABULAIRE

1. représenter   2. la discussion   3. rapidement

GRAMMAIRE

1. What is the position of the object pronouns in relation to the verb? (§ 29 A)

2. What is the order of the object pronouns? (§ 30 C, D)

3. What is the position of *ne* in a negative sentence containing object pronouns? (§ 21 B) in a negative question containing object pronouns? (§ 21 C)

4. How does one distinguish *this* from *that* in French? (§ 14 B)

5. Count by tens up to one hundred. (§ 16 A, C)

6. What are the forms of the present of the irregular verbs *comprendre* and *savoir*? (Page 68.)

===== *DIX-HUITIÈME LEÇON* =====

Le Gouvernement des États-Unis

La France et les États-Unis sont des républiques. Mais vous commencez à comprendre, peut-être, que l'organisation du gouvernement français est différente de l'organisation de notre gouvernement.

Le Président des États-Unis est à la tête de notre gouvernement. Il demeure à la Maison Blanche [1] à Washington. Il est le chef de l'armée [5 et de la marine. Il propose des lois au Congrès des États-Unis. Il signe les lois que le Congrès vote, ou il refuse de les signer. Le droit de refuser d'approuver une loi votée par une assemblée législative s'appelle le véto. Le Président nomme les membres de son Cabinet et les juges de la Cour Suprême. Il fait des traités avec les pays étrangers. Il est très puis- [10 sant.

Le Congrès des États-Unis se compose du Sénat et de la Chambre des Représentants. Il y a quatre-vingt-seize sénateurs élus pour six ans et quatre cent trente-cinq représentants élus pour deux ans. Les séna- teurs et les représentants votent les lois nationales. Ils discutent les [15 projets du Président. Ils étudient les questions qui concernent le pays entier. Le Sénat approuve les traités faits par le Président. Parfois il refuse de les approuver, comme le Traité de Versailles, fait par le Prési- dent Wilson après la Grande Guerre. La Chambre des Représentants s'occupe surtout des affaires financières. [20

Il y a plusieurs partis politiques aux États-Unis. Les deux partis politiques les plus importants sont le parti Républicain et le parti Démocrate. Les membres du parti Républicain s'appellent les Républi- cains et les membres du parti Démocrate s'appellent les Démocrates. Le parti qui a la majorité des membres du Congrès a le plus grand [25 pouvoir. D'ordinaire, le Président des États-Unis est un membre du parti qui a la majorité des membres du Congrès. Quelquefois, le parti du Président n'a pas la majorité au Congrès. Dans ce cas-là, il lui est très difficile d'exécuter son programme politique. Le Congrès refuse d'accepter les projets que propose le Président et le Président refuse de [30 signer les lois votées par le Congrès. M. Johnson, notre Président juste après la Guerre Civile, est un exemple de ce cas-là.

A côté de notre gouvernement fédéral, il y a un gouvernement presque indépendant dans chacun des quarante-huit états. Chaque état a un gouverneur et une assemblée législative. Les états sont divisés [35 en régions qui s'appellent quelquefois «counties». La Louisiane est divisée en régions qui s'appellent «paroisses».

QUESTIONS

1. Qui est à la tête du gouvernement des États-Unis? 2. Où de- meure le Président des États-Unis? 3. De quoi est-il chef? 4. Qu'est- ce qu'il propose au Congrès? 5. Est-ce qu'il signe toujours les lois votées par le Congrès? 6. Qu'est-ce que le véto? 7. Qui le Président a-t-il le droit de nommer? 8. De combien de juges se compose la Cour

[1] Feminine form of irregular adjective *blanc*.

Suprême? 9. Qui fait les traités avec les pays étrangers? 10. Combien de sénateurs y a-t-il au Sénat? 11. Combien y a-t-il de représentants à la Chambre des Représentants? 12. Pour combien d'années sont élus les sénateurs? les représentants? 13. Que fait le Sénat? 14. De quoi la Chambre des Représentants s'occupe-t-elle? 15. Quels sont les partis politiques les plus importants aux États-Unis? 16. Quand le Président des États-Unis a-t-il beaucoup de difficulté à exécuter un programme politique? 17. Qui est à la tête de chaque état? 18. Qui vote les lois de l'état? 19. En quoi sont divisés les états? 20. Pourquoi la Louisiane est-elle divisée en paroisses?

DEVOIRS

A. Remplacez les tirets par les mots convenables:

1. Le gouverneur de votre état est à la —— du gouvernement. 2. Il —— des lois à l'assemblée législative. 3. Il signe les —— votées par l'assemblée législative ou il —— de les signer. 4. Il s'—— en général des affaires de l'état. 5. Il est moins —— que le Président des États-Unis. 6. Le gouverneur ne fait pas de traités avec les pays ——.

B. Remplacez les tirets par le pronom relatif qui, que *ou* qu':

1. Il y a plusieurs élèves —— arrivent en classe avant le professeur. 2. Les compositions —— ces élèves écrivent sont très bonnes. 3. Les erreurs —— le professeur corrige sont des fautes de grammaire. 4. Les élèves —— apprennent la géographie écrivent une composition sur l'Alsace. 5. L'Alsace est une province —— est située dans l'est de la France. 6. Strasbourg est la ville d'Alsace —— je préfère. 7. Les habitants —— vous rencontrez dans les rues de Strasbourg parlent souvent allemand. 8. L'architecture —— on voit dans le vieux quartier de Strasbourg est française. 9. Strasbourg est une ville —— a beaucoup de parcs et de jardins. 10. Les livres —— nous allons lire sur l'histoire d'Alsace sont intéressants.

C. Remplacez les tirets par des prépositions où elles sont nécessaires:

1. Tous les élèves aiment —— parler français. 2. Ils refusent —— parler anglais dans la salle de classe. 3. Ils apprennent —— écrire le français aussi. 4. Quand ils commencent —— lire, ils veulent —— lire des livres intéressants. 5. Ils préfèrent —— lire des histoires qui concernent la France. 6. Ils réussissent —— apprendre beaucoup de choses sur les coutumes françaises. 7. Ils continuent —— trouver des histoires qu'ils aiment. 8. Ils recommencent —— étudier la géographie. 9. Je vais —— parler de ces histoires au professeur.

D. Écrivez en français:

51, 81, 31, 11, 91, 61, 21, 71, 41

VOCABULAIRE

1. accepter	9. l'affaire (f)	16. le membre	22. le sénat
2. approuver	10. l'assemblée (f)	17. l'organisation (f)	23. le sénateur
3. concerner	11. le cabinet	18. le parti	24. le véto
4. exécuter	12. le cas	(politique)	25. fédéral
5. proposer	13. l'exemple (m)	19. le président	26. législatif
6. refuser	14. le gouverneur	20. le programme	27. national
7. signer	15. la majorité	21. le représentant	
8. voter			

GRAMMAIRE

1. Beginning with eleven, count by tens up to one hundred and one. (§ 16 A, C)

2. In English we say: I can (*no preposition*) go; I want (?) go; he insists (?) going. Why? The French say: *Nous allons* (no preposition) *apprendre les mois de l'année; le congrès refuse* (?) *voter une loi; le professeur commence* (?) *parler.* Why? In studying the reading lessons, have you noticed that certain verbs are followed directly by an infinitive, others by *à* before an infinitive, and still others by *de*? What preposition, if any, follows *aimer, aller, apprendre, commencer, continuer, désirer, préférer, recommencer, refuser, réussir,* and *vouloir* before infinitives? Repeat sentences containing these verbs until the construction becomes fixed in your mind. Add other verbs to your list as you encounter them. (§ 41 A, B, C, D)

3. In this lesson the past participles of the verb *voter* (*voté*) and the irregular verb *faire* (*fait*) are used as adjectives. How do these past participles agree with the nouns they modify? (§ 70 D)

4. What are the relative pronouns in English? Give three sentences to illustrate the use of three relative pronouns in English. Which is the French relative pronoun used as the subject? which as the object? (§ 36 A, C)

Le Parlement et le Conseil des Ministres

La France est une république. Elle est gouvernée par une assemblée nationale qui s'appelle le Parlement et par un chef d'État qui est le Président de la République.[1]

Le Parlement se compose du Sénat et de la Chambre des Députés. Il y a environ trois cent dix sénateurs; ils sont élus pour une période de neuf [5] ans par le collège électoral du département. Il y a environ six cent vingt députés; ils sont élus directement par les électeurs pour une période de quatre ans. Chaque homme qui est citoyen français et qui a au moins vingt et un ans peut voter. Les femmes n'ont pas le droit de vote en France.

Les deux chambres du Parlement ne se réunissent pas dans le [10] même édifice. Le Sénat se réunit au Palais du Sénat dans le Jardin du Luxembourg; les députés se réunissent au Palais Bourbon, qui est situé à deux kilomètres du Palais du Sénat. Il se trouve sur la rive gauche de la Seine en face de la Place de la Concorde.

Les membres de chacune des deux chambres du Parlement et sur- [15] tout de la Chambre des Députés appartiennent à un grand nombre de partis politiques: les réactionnaires, les conservateurs, les radicaux-socialistes, les socialistes, etc. Il y a au moins quinze partis politiques représentés à la Chambre des Députés. Les partis conservateurs prennent place à la droite du Président de la Chambre, les partis modérés au centre, et les [20] partis libéraux occupent les places de gauche. Pour cette raison, les conservateurs s'appellent «les droites», les modérés «le centre», et les libéraux «les gauches».

Le Parlement français, comme le Congrès des États-Unis, exerce le pouvoir législatif; il vote les lois pour le pays. Mais en plus, certains [25] membres du Parlement sont à la tête des ministères; ils sont ministres.[2] Il y a beaucoup de ministres, tels que le Ministre de l'Intérieur, de la Justice, des Affaires Étrangères, de la Guerre, de la Marine, de l'Éducation Nationale, etc. L'ensemble de ces ministres s'appelle le Conseil des Ministres ou le Cabinet. Il correspond au Cabinet du Président [30] des États-Unis. Mais les membres du Cabinet américain ne sont jamais membres du Congrès.

QUESTIONS

1. Par quelle assemblée nationale est gouvernée la France? 2. De quoi se compose le Parlement français? 3. Combien y a-t-il de séna-

---

[1] The President of France is always spoken of as *Le Président de la République*; one never hears *Le Président de la France*.

[2] The article is omitted before nouns designating professions. (§ 4 C)

teurs au Sénat? de députés à la Chambre? 4. Pour combien de temps sont élus les sénateurs? les députés? 5. Qui a le droit de vote en France? 6. Les femmes ont-elles le droit de vote en Amérique? 7. Dans quel édifice se réunissent les sénateurs? les députés? 8. A combien de partis politiques appartiennent les députés? 9. Quels sont les principaux partis politiques aux États-Unis? 10. Où les partis conservateurs prennent-ils place dans la Chambre des Députés? les libéraux? les modérés? 11. Comment s'appelle l'ensemble des ministres français? 12. Quelle est la différence entre le Cabinet français et le Cabinet américain?

DEVOIRS

A. Remplacez les tirets par le mot convenable:

1. Il y a au —— six cents députés dans la Chambre des Députés. 2. Ces députés —— à plus de quinze partis politiques. 3. Les partis conservateurs —— place à la droite du Président de la Chambre. 4. Il y a —— trois cents sénateurs dans le Sénat français. 5. Ils se réunissent dans un édifice qui se trouve dans le Luxembourg. Pour cette —— l'édifice s'appelle parfois le Palais du Luxembourg. 6. Le Parlement —— les pouvoirs législatifs du gouvernement. 7. L'—— des ministres s'appelle le Conseil des Ministres.

B. Écrivez en français:

34, 56, 72, 98, 17, 65, 81, 12, 90, 44, 76, 21, 91, 15, 99, 75, 11, 14, 92, 59, 16, 70, 13, 80, 71, 62, 49, 31

C. Écrivez en français:

100 sénateurs, 200 députés, 340 membres, 150 kilomètres, 500 habitants, 945 livres

D. Écrivez en chiffres. EXEMPLE: cinquante-deux 52

quinze, vingt-trois, trente-cinq, cinquante-cinq, quatre-vingt-treize, soixante-dix-huit, quarante-huit, quatre-vingt-onze, soixante-neuf, trente et un, soixante, quatre-vingt-sept, cinquante et un, soixante-quatorze, seize, quatre-vingt-trois, vingt-huit, quarante-deux

VOCABULAIRE

1. correspondre	7. le ministre	12. libéral
2. exercer	8. la période	13. électoral
3. gouverner	9. la place[1]	14. socialiste
4. le collège électoral	10. le réactionnaire	15. directement
5. le conservateur	11. le vote	16. etc. (et caetera)
6. l'électeur (m)		

[1] Used in the sense of *seat.*

GRAMMAIRE

1. Count from one to one hundred until you can do so automatically. (§ 16 A, B)

2. When does *quatre-vingt(s)* require an *-s* and when not? (§ 16 C) When does *cent* require an *-s* in the plural? (§ 16 D)

3. How does French express numbers such as 152 and 1152? (§ 16 E)

4. What are the plurals of *radical*, *national*, *principal*, and *libéral*? Formulate a rule for the formation of the plurals of adjectives ending *-al* in the masculine singular. How does this compare with the plurals of nouns whose singular ends in *-al*? (§§ 10 D, 7 D)

5. Use in sentences the forms of the present of *appartenir* and *prendre*. (Page 69.)

=========== *VINGTIÈME LEÇON* ===========

Le Président de la République

Théoriquement le Président de la République est à la tête du gouvernement. D'après la Constitution de 1875 il a des pouvoirs très étendus. Pratiquement il n'exerce que très peu de ces pouvoirs. Il a le pouvoir exécutif. Il promulgue les lois votées par le Parlement. Il a théoriquement le droit de véto, mais il ne l'exerce jamais. Il [5 nomme le Président du Conseil, les préfets et d'autres officiers administratifs et publics. Il représente le gouvernement à de nombreuses circonstances: fêtes, expositions, réceptions de souverains, de chefs d'état étrangers, etc. Il reçoit les ambassadeurs.

Le Président de la République est élu pour sept ans par l'Assem- [10 blée Nationale, c'est-à-dire par le Sénat et la Chambre des Députés réunis à Versailles.

Le Président du Conseil des Ministres est le chef réel du gouvernement. Ordinairement il est membre du Parlement. Il reste au pouvoir tant que sa politique est approuvée par la majorité des membres des [15 deux Chambres. Dès que la majorité des membres du Parlement vote contre sa politique, il est renversé avec les autres ministres du Cabinet. Alors le Président de la République demande à un autre membre du Parlement de constituer un nouveau ministère.

Les pouvoirs du Président du Conseil sont très larges. Il dirige [20 la politique intérieure et extérieure du pays. Dans une période de crise, le Parlement peut lui voter les «pleins pouvoirs», c'est-à-dire des pouvoirs presque dictatoriaux. Il gouverne alors «par décret», c'est-à-dire qu'il promulgue des décrets qui sont considérés comme des lois.

La France est divisée en quatre-vingt-dix départements. A la [25 tête de chaque département il y a un préfet nommé par le Président de la République. Le préfet est chargé de l'exécution des lois et des décrets du gouvernement national dans le département. Les états des États-Unis sont beaucoup plus indépendants du gouvernement national que les départements français de leur gouvernement central, car notre gou- [30 vernement est beaucoup moins centralisé que le gouvernement français.

QUESTIONS

1. Qui est à la tête du gouvernement français? 2. Le Président de la République exerce-t-il beaucoup de ses pouvoirs? 3. Citez quelques pouvoirs du Président de la République. 4. Le Président de la République a-t-il le droit de véto? 5. Par qui est élu le Président de la République? 6. Pour combien d'années est-il élu? 7. Qui est le chef réel du gouvernement français? 8. Par qui est-il choisi? 9. Pour combien de temps reste-t-il au pouvoir? 10. Comment peut-il être renversé? 11. Quels sont les pouvoirs du Président du Conseil? 12. Au moment d'une crise, qu'est-ce que le Parlement peut lui voter? 13. Qui est à la tête du département? 14. Est-ce que les départements français sont aussi indépendants que les états des États-Unis?

DEVOIRS

A. Remplacez les tirets par les mots convenables:

1. Le 4 juillet est une —— nationale aux États-Unis; le 14 juillet est une —— nationale en France. 2. Le Président de la République est chargé de —— les ambassadeurs des pays étrangers. 3. —— que les membres du Parlement n'approuvent pas la politique du Président du Conseil, le Président de la République est chargé de nommer un —— Président du Conseil. 4. Le Président de la République représente le gouvernement à de nombreuses ——. 5. Le Président du Conseil —— la politique intérieure et extérieure du pays. 6. Si les membres du Congrès n'approuvent pas la politique du Président, ils votent —— ses projets.

B. Écrivez en français:

325, 687, 952, 779, 248, 595, 140, 780, 265, 516, 870, 971, 1356, 1944, 2539

C. Écrivez les dates suivantes en français:

1875, 1914, 1492, 1215, 1939, 1685, 1776, 1553, 1861, 1066, 43 B.C., 490 B.C., 476 A.D., 800 A.D.

D. Donnez les adverbes des adjectifs suivants:

autre, facile, théorique, pratique, extrême, immédiate, sévère, rapide, ordinaire, oral, naturel

VOCABULAIRE

1. considérer
2. l'ambassadeur (m)
3. la circonstance
4. la crise
5. l'exposition (f)

6. le moment
7. l'officier (m)
8. la réception
9. administratif, administrative

10. central
11. centralisé
12. dictatorial
13. exécutif, exécutive

14. extérieur
15. public, publique

GRAMMAIRE

1. How are dates above 1000 written in French? (§ 16 F)

2. How are B.C. and A.D., when referring to dates, expressed in French? (§ 16 F)

3. How are French adverbs usually formed? (§ 18 A)

4. Conjugate the irregular verb *recevoir* in the present indicative. (Page 69.)

5. How do adjectives ending in -f form their feminines? (§ 9 D) What is the feminine of *public*? (§ 9 H)

DEUXIÈME RÉVISION
LEÇONS 11 A 20

QUESTIONS

1. Pourquoi les élèves arrivent-ils en classe avant l'heure? 2. Après la correction des compositions, que fait le professeur? 3. Dans quelle partie de la France ne fait-il pas froid en hiver? 4. Quels sont les jours de la semaine? 5. Quand les fenêtres sont ouvertes, qu'est-ce qui entre dans la salle de classe? 6. Quel est le jour de congé en France? 7. Quels sont les mois de l'année? 8. Comptez jusqu'à vingt. 9. Quelles sont les saisons de l'année? 10. Quel est le centre politique de la France? 11. Dans quelle ancienne province se trouve Paris? 12. Est-ce que la civilisation américaine est plus intéressante que la civilisation française? 13. Préférez-vous le cours A, A' ou B du lycée français? Pourquoi? 14. Est-ce que les élèves américains apprennent les langues étrangères au lycée? 15. Préférez-vous les examens écrits aux examens oraux? 16. A quelle heure commence votre classe de français? 17. Citez des lycées célèbres de Paris. 18. Y a-t-il des tableaux noirs dans les salles de classe des lycées français? 19. En combien de départements est divisée la France? 20. Qui est à la tête du département? 21. Le gouvernement du département est-il presque indépendant du gouvernement national? 22. Quelle est la différence la plus importante entre notre Cabinet américain et le Cabinet français? 23. Par qui est élu le Président des États-Unis? le Président de la République? 24. Y a-t-il plus de partis politiques en France qu'aux États-Unis? 25. Qui a le droit de vote dans votre état? 26. Est-ce que le Parlement français a plus de pouvoirs que le Congrès des États-Unis? 27. Où se réunissent les membres du Parlement français? 28. Quand le Président du Conseil des Ministres peut-il être renversé? 29. Qu'est-ce que les «pleins pouvoirs»? 30. Préférez-vous notre système de gouvernement au système français? Pourquoi?

DEVOIRS

A. Mettez les phrases suivantes à la forme interrogative en remplaçant les mots en italique par un pronom interrogatif. EXEMPLE: Les élèves écrivent *une composition. Qu'est-ce que les élèves écrivent?*

1. *Roger* arrive en classe à huit heures moins cinq. 2. Le professeur corrige *les fautes des élèves.* 3. Les élèves écrivent leurs compositions avec *des stylos.* 4. Robert va en classe avec *Pierre.*

B. Remplacez les tirets par des prépositions si elles sont nécessaires:

5. Nous allons —— étudier les coutumes françaises. 6. Préférez-vous —— apprendre —— lire rapidement ou —— parler français?

7. Si vous voulez —— apprendre —— parler, parlez souvent en classe.
8. Refusez —— répondre aux questions en anglais.

C. *Remplacez les tirets par les adjectifs possessifs qui correspondent au sujet.* Exemple: Avez-vous —— devoirs? Avez-vous *vos* devoirs?

9. Chaque province a —— coutumes et —— costumes. 10. Les habitants de la Bretagne conservent —— langue et —— anciennes traditions. 11. Nous avons —— traditions et —— langue aux États-Unis aussi. 12. Chaque état a —— gouvernement, —— lois, —— assemblée législative et —— capitale.

D. *Remplacez les tirets par la forme convenable du pronom relatif* (qui, que *ou* qu'):

13. Les touristes —— arrivent à Paris regardent les rues de la ville. 14. Les édifices —— ils voient ont plusieurs étages, mais il n'y a pas de gratte-ciel. 15. Savez-vous quels sont les endroits —— ces touristes visitent le plus souvent? 16. Le quartier —— est le plus célèbre par ses écoles et ses étudiants s'appelle le Quartier Latin.

E. *Remplacez les tirets par la forme convenable du présent des verbes indiqués:*

17. A quelle heure —— -vous (arriver) à l'école? 18. —— -vous (être) un élève du lycée Henri IV? 19. Les élèves du lycée Henri IV —— (savoir) bien la littérature, parce qu'ils —— (apprendre) surtout cette matière. 20. Nous —— (aller) au lycée Charlemagne. 21. Nous —— (choisir) ce lycée, parce qu'il —— (être) très célèbre. 22. Les professeurs du lycée ne —— (punir) pas souvent les élèves. 23. Un élève qui —— (répondre) aux questions du professeur —— (pouvoir) réussir aux examens. 24. Ces élèves —— (subir) des examens à la fin des six premières années du lycée. 25. —— -vous (comprendre) le système des écoles françaises? 26. Les élèves —— (choisir) entre le lycée et l'école supérieure.[1] 27. Les lycées —— (préparer) les élèves aux universités, mais les cours de l'école supérieure —— (être) peut-être plus pratiques. 28. Je —— (vouloir) aller au lycée français.

F. *Remplacez les expressions en italique par des pronoms compléments.* Exemple: Ils écrivent *la lettre au professeur.* Ils *la lui* écrivent.

29. Le professeur arrive *dans la salle de classe* avant l'heure. 30. Il voit *les élèves.* 31. Écrivent-ils *leurs compositions?* 32. Un des élèves

---

[1] The French *lycée* offers a cultural education to the student intending to enter college. The *école supérieure* is for other students wishing to go beyond the grade school. It offers virtually no language courses and specializes in sciences.

parle *au professeur*. 33. Le professeur lit *l'histoire aux élèves*. 34. Il nous fait *la dictée*. 35. Comprenez-vous *la dictée*? 36. Montrez-vous *la carte aux élèves*?

G. *Remplacez les tirets par la préposition convenable pour exprimer* in, at *ou* to:

37. Allez-vous —— France ou —— Angleterre? 38. Je vais —— Mexique ou —— Canada. 39. Mon camarade est —— Nice, mais il va —— Marseille. 40. Je suis —— Espagne, mais mon frère est —— France.

COMPOSITION

Écrivez une composition sur un des sujets suivants:

1. La Salle de classe 2. La Classe de français 3. Impressions de Paris 4. Le Lycée français 5. Le Gouvernement des États-Unis 6. Le Parlement français 7. Le Président de la République et le Président du Conseil des Ministres

LES VERBES: LEÇONS 11 A 20

All forms in the following lessons are in the present indicative except the imperatives in *Douzième Leçon*.

ONZIÈME LEÇON

Many common verbs have irregular forms. Such forms should be used in sentences over and over again, until they can be used without hesitation.

aller	*dire*	*écrire*	*faire*	*répéter*
il va	il dit	il écrit	il fait	il répète
ils vont	ils disent	ils écrivent	ils font	ils répètent

DOUZIÈME LEÇON

contenir	IMPERATIVES			
il contient	*former* (and other	*répéter*	*aller*	*écrire*
ils contiennent	regular verbs in *-er*)			
	formez	répétez	allez	écrivez

TREIZIÈME LEÇON

apprendre	*lire*	*pleuvoir* (to rain)
il apprend	il lit	il pleut
ils apprennent	ils lisent	
apprenez	lisez	

QUATORZIÈME LEÇON

demand-er	*avoir*	*être*	*dire*
(and other regular *-er* verbs)			
je demand-e	j'ai	je suis	je dis
tu demand-es	tu as	tu es	il dit
il demand-e	il a	il est	ils disent
nous demand-ons	nous avons	nous sommes	
vous demand-ez	vous avez	vous êtes	
ils demand-ent	ils ont	ils sont	

QUINZIÈME LEÇON

pun-ir	*aller*[1]	*apprendre*[1]	*dire*
(and most other *-ir* verbs)			
je pun-is	je vais	j'apprends	je dis
tu pun-is	tu vas	tu apprends	tu dis
il pun-it	il va	il apprend	il dit
nous pun-iss-ons	nous allons	nous apprenons	nous disons
vous pun-iss-ez	vous allez	vous apprenez	vous dites
ils pun-iss-ent	ils vont	ils apprennent	ils disent

SEIZIÈME LEÇON

répondre	*pouvoir*[1]	*voir*[1]	*vouloir*[1]
(and other regular *-re* verbs)			
je répond-s	je peux, je puis[3]	je vois	je veux
tu répond-s	tu peux	tu vois	tu veux
il répond[2]	il peut	il voit	il veut
nous répond-ons	nous pouvons	nous voyons	nous voulons
vous répond-ez	vous pouvez	vous voyez	vous voulez
ils répond-ent	ils peuvent	ils voient	ils veulent

DIX-SEPTIÈME LEÇON

savoir		*comprendre*
je sais	nous savons	je comprends, etc.
tu sais	vous savez	(Conjugated like *apprendre*
il sait	ils savent	See Lesson 15)

[1] Do you notice a common irregularity in these verbs?

[2] A few verbs, whose stems do not end in *-d*, add *-t* here. EXAMPLES: rompre, il rompt.

[3] This form is used especially in the interrogative.

Dix-neuvième Leçon

prendre [1,2]   *appartenir*

je prends	nous prenons	j'appartiens	nous appartenons
tu prends	vous prenez	tu appartiens	vous appartenez
il prend	ils prennent	il appartient	ils appartiennent

Vingtième Leçon

recevoir [1]

je reçois	nous recevons
tu reçois	vous recevez
il reçoit	ils reçoivent

[1] Do you notice a common irregularity in these verbs?

[2] *Apprendre* and *comprendre* are compounds of the simple verb *prendre*. They are conjugated in the same way. Most compound verbs follow the conjugation of their simple verb.

La Côte Bretonne

La Bretagne, cette province ancienne située à l'extrême ouest de la France, est bordée par la mer au nord, à l'ouest et au sud.

La côte bretonne est très pittoresque avec le sable jaune des plages, la mer bleue ou verte et le ciel d'azur. Des rochers noirs et rouges bordent la côte sans interruption. Les hautes forêts qui la dominent [5 font un tableau magnifique.

Cette côte présente deux aspects complètement différents, selon la saison. En hiver elle est solitaire, et on n'y voit que de pauvres pêcheurs bretons qui se préparent à aller en mer. Les nuages gris et la mer sombre de cette saison donnent à la côte un aspect triste; le [10 temps est souvent mauvais.

En été, vers la fin de juin, il fait assez chaud pour se baigner. Pendant les vacances les touristes français et étrangers y viennent avec leurs familles, car le climat est doux. Il y a surtout des touristes anglais, car l'Angleterre n'est pas loin de la Bretagne. [15

A ce moment l'aspect du pays est changé. De jolies promenades suivent la côte. Pourtant la mer est souvent agitée. Les grosses vagues viennent se briser contre les rochers. On voit des bateaux avec des voiles blanches. De nombreux phares se trouvent tout le long de la côte. Sur les plages les enfants sont heureux de jouer dans le [20 sable et de se baigner.

Beaucoup de familles modestes ne viennent ici que pour passer huit ou quinze jours,[1] mais il y a des familles riches qui y passent tout l'été. Elles ont des maisons très élégantes construites en pierre. Ces jolies maisons aident à rendre la côte bretonne très pittoresque. [25

QUESTIONS

1. Où est située la Bretagne? 2. Par quoi est bordée la Bretagne? 3. Quand la côte est-elle solitaire? 4. Qui voit-on le long de la côte en hiver? en été? 5. De quel pays étranger viennent beaucoup de touristes pour passer l'été en Bretagne? Pourquoi? 6. Que font les enfants sur les plages? 7. Combien de temps les familles riches passent-elles en Bretagne? les familles modestes? 8. En quoi sont construites les maisons qui se trouvent le long de la côte?

---

[1] Note that the French use the expression *huit jours* for *one week* and *quinze jours* for *two weeks*.

DEVOIRS

A. Remplacez les tirets par les mots convenables:

1. L'aspect de la côte bretonne est —— surtout en hiver. 2. En été le climat est plus ——, et les enfants —— sur les plages. 3. Ils sont —— de regarder les bateaux qui passent. 4. Le ciel est souvent ——, les rochers sont —— et ——. 5. Quand la mer est agitée, les vagues sont très ——. 6. Ces vagues se —— contre les rochers. 7. Les pêcheurs bretons sont ——, mais les familles qui viennent passer tout l'été dans les élégantes maisons sont ——.

B. Introduisez les adjectifs indiqués dans la phrase pour modifier le nom en italique. EXEMPLE: (long, pittoresque) La *côte* se trouve au nord-est de la France. La LONGUE *côte* PITTORESQUE se trouve au nord-est de la France.

1. (bleu) Le *ciel* de la Riviéra française est magnifique. 2. (anglais) Il y a des *villes* situées sur la côte qui sont connues par leurs plages. 3. (gros) Les enfants ne jouent pas dans les *vagues*. 4. (petit, français) Les *bateaux* sont très pittoresques. 5. (grand, noir) Les *rochers* se trouvent tout le long de la côte.

C. Mettez l'adjectif à la position convenable. Faites l'accord de l'adjectif avec le nom. EXEMPLES: (blanc) une maison, un mur, les nuages, une maison *blanche*, un mur *blanc*, les nuages *blancs*

1. (haut) les montagnes, une forêt, la muraille 2. (premier) la fois, les années, le mois 3. (rouge) un livre, des rochers, des costumes 4. (mauvais) les garçons, la viande, le temps 5. (heureux) les enfants, une jeune fille, un homme 6. (joli) les maisons, la femme, le jardin 7. (petit) un pays, la ville, les garçons 8. (facile) une leçon, les livres, le devoir 9. (trois) les édifices, les ans, les crayons 10. (important) un problème, une question, les rues 11. (autre) des provinces, les châteaux, un roi 12. (anglais) des hommes, l'architecture, une femme 13. (chaque) élève, fleuve, partie 14. (premier) la leçon, la rue, les jours 15. (américain) une ville, la jeune fille, une école

D. Mettez les deux adjectifs à la position convenable. EXEMPLES: (bon, américain) une coutume, les stylos, un président, une *bonne* coutume *américaine*, les *bons* stylos *américains*, un *bon* président *américain*

1. (long, intéressant) un livre, une histoire, les heures
2. (petit, français) une élève, les villes, un garçon
3. (jeune, étranger) un homme, les femmes, le camarade

4. (quatrième, difficile) la leçon, le devoir, la phrase
5. (cinq, américain) représentants, citoyens, villes

VOCABULAIRE

1. aider
2. border
3. changer
4. dominer

5. se préparer
6. l'aspect (m)
7. l'enfant (m f)
8. la famille

9. la forêt
10. l'interruption (f)
11. la promenade
12. bleu

13. modeste
14. riche
15. solitaire
16. sombre

GRAMMAIRE

1. How do adjectives ending in -f form their feminine? in -x? in -el? in -ien? (§ 9 D, E, F)

2. List the feminines of the adjectives *blanc, bon, doux, épais, faux, frais, gentil, grec, long, public,* and *sec.* (§ 9 H)

3. What can you say in general concerning the position of French adjectives? (§ 11 A) Which regularly precede their nouns? (§ 11 C, D) Which regularly follow? (§ 11 B)

4. Which adjectives change their meaning in changing their position? (§ 11 E)

5. Use in sentences the forms of the present of the irregular verbs *suivre* and *venir.* (Page 104.)

===== *VINGT-DEUXIÈME LEÇON* =====

Des Papeteries et des Journaux

Nous avons quitté le lycée Louis-le-Grand à quatre heures et demie. J'ai demandé à Pierre: «Où achète-t-on[1] du papier à Paris? J'ai cherché du papier dans plusieurs librairies, mais je n'en ai pas trouvé.

— Les librairies sont des magasins où on vend des livres. On ne vend pas de papier dans les librairies. En France il y a des magasins [5 où on vend seulement du papier, des cahiers, des crayons, de l'encre, etc. Ces magasins-là s'appellent des papeteries. Venez.»

Pierre m'a mené dans une petite boutique. Il a salué l'employé et lui a demandé du papier. L'employé lui a répondu: «Voulez-vous un cahier?» Pierre m'a regardé et m'a demandé: «En voulez-vous un?» [10

[1] Forms of the present of *acheter* whose last syllable contains mute *e* place a grave (`) accent over the *e* in the first syllable to make it pronounceable. Compare this with the doubling of the *l* in *appeler* and of the *t* in *se jeter.*

Roberts

Les vieillards parlent encore une langue celtique

Nesmith

*Beaucoup de villes conservent la
trace de l'ancienne civilisation*

*A Cannes se trouvent de charmantes
plages avec d'élégants hôtels*

Globe

Les élèves sont assis à leurs pupitres

Les élèves du groupe B étudient
davantage les mathématiques

Les élèves se réunissent dans ces
cours pendant la récréation

Keystone

Le Palais Bourbon, où se réunit
la Chambre des Députés...

Pix

Des rochers noirs et rouges
bordent la côte

Je lui ai répondu: «Non, j'en ai déjà deux. Je veux plutôt des feuilles de papier. Combien coûte ce paquet?

— Ce paquet coûte quatre francs.»

Ensuite Pierre a demandé un cahier. Il m'a expliqué: «J'ai perdu un de mes cahiers hier. Nous en avons quatre d'ordinaire, un pour [15 chaque cours.»

L'employé lui en a montré plusieurs. Il en a choisi deux. Nous avons donné dix francs à l'employé. Il nous en a rendu deux.

Ensuite j'ai demandé à Pierre: «Qu'est-ce que c'est que ces petites boutiques au coin des grandes rues? [20

— Des kiosques. On y vend des journaux[1] et des revues. Vous en avez remarqué beaucoup à Paris, n'est-ce pas?[2] On vend aussi des journaux dans la rue. Vous avez entendu des hommes crier les noms de leurs journaux, n'est-ce pas?[2] Regardez cet homme qui crie *Paris Soir*. Il vend plusieurs autres journaux aussi. Je viens ici tous les soirs[3] [25 acheter mon journal.»

Nous avons acheté *Paris Soir*. Puis j'ai demandé à Pierre: «Y a-t-il beaucoup d'autres journaux à Paris?

— Il y en a beaucoup, beaucoup. Il y en a qui donnent seulement les nouvelles du jour. Ces journaux-là s'appellent des journaux d'in- [30 formation. Il y a aussi des journaux de parti qui donnent les opinions des divers partis politiques. *L'Action Française* est un journal connu pour ses tendances royalistes. Il y a des journaux le matin,[4] à midi et le soir.[4] On peut acheter *le Journal, l'Oeuvre, le Figaro,* etc. le matin.[4] *Paris Midi* est le journal qu'on achète vers midi. *Le Temps* est un [35 journal d'information très connu qu'on peut acheter vers cinq heures de l'après-midi.»

QUESTIONS

Répondez aux questions suivantes en employant en *dans la réponse quand cela est possible:*

1. Quand quittons-nous la salle de classe? 2. Qu'est-ce qu'une librairie? 3. Où achète-t-on du papier en France? 4. Pourquoi Robert ne veut-il pas de cahier? 5. Que veut-il? 6. Combien coûte le papier? 7. Pourquoi Pierre veut-il un cahier? 8. Combien en a-t-il? 9. Com-

---

[1] The plural of nouns in *-al* like that of adjectives in *al* is formed by changing *-al* to *-aux.* (§ 7 D)

[2] This expression has no one English equivalent. We say *isn't it, doesn't she, aren't they,* etc., depending on what precedes. This corresponds to the German *nicht wahr?* and the Spanish *¿verdad?.*

[3] *Tous les matins* means *every morning*; compare *tous les jours, tous les soirs.*

[4] *Le matin* and *le soir* are used to express *in the morning* and *in the evening.*

bien en choisit-il? 10. Qu'est-ce que les garçons ont donné à l'employé? 11. Qu'est-ce que l'employé a rendu aux garçons? 12. Qu'est-ce qu'un kiosque? 13. Que crie l'homme qui vend les journaux? 14. Comment s'appelle le journal que Pierre achète tous les soirs? 15. Qu'est-ce qu'un journal de parti? un journal d'information? 16. Citez des journaux qu'on peut acheter à Paris le matin; à midi; le soir. 17. Achetez-vous un journal tous les soirs? 18. En lisez-vous tous les jours?

Devoirs

A. Remplacez les tirets par les mots convenables:

1. Un homme vend des —— dans un kiosque. 2. D'autres hommes —— les noms de leurs journaux dans la rue. 3. J'ai —— *le Figaro.* 4. *Le Figaro* —— cinquante centimes. 5. J'aime lire les —— qui se trouvent dans les journaux. 6. J'ai remarqué une papeterie où j'ai acheté vingt —— de papier. 7. A midi nous achetons *Paris Midi*; le —— nous achetons *le Temps.* 8. Nous avons cherché un kiosque où on —— *Paris Soir.*

B. Mettez les verbes des phrases suivantes au passé composé. EXEMPLE: Nous *quittons* la salle de classe.   Nous *avons quitté* la salle de classe.

1. Le garçon traverse la rue. 2. Ces élèves regardent la carte de France. 3. Nous entendons les hommes dans la rue. 4. Robert obéit à sa soeur. 5. Vous racontez cette histoire. 6. Pierre et Marie attendent leurs camarades. 7. Nous choisissons *l'Oeuvre.* 8. Je parle français avec Pierre. 9. Nous punissons les élèves qui jouent en classe. 10. Robert perd sa revue.

C. Répondez aux questions suivantes en employant en *dans la réponse.* EXEMPLE: Vend-on du papier dans une papeterie?   Oui, on en vend dans une papeterie.

1. Avez-vous du papier? 2. Est-ce que j'ai des livres? 3. Achète-t-on de l'encre dans une librairie? 4. A-t-il trois cahiers? 5. Combien de journaux a-t-il? 6. Y a-t-il trois fenêtres dans la salle de classe? 7. Combien de départements y a-t-il en France? 8. Combien d'états ont les États-Unis?

D. Remplacez les expressions en italique par des pronoms compléments. EXEMPLES: 1. Nous donnons dix *francs à l'employé.* Nous *lui en* donnons dix. 2. Je donne *le livre à l'employé.* Je *le lui* donne.

1. Nous avons *des livres.* 2. Vous avez *les livres.* 3. J'ai deux *livres.* 4. Elle trouve *la carte.* 5. Elles trouvent une *carte.* 6. Nous

trouvons *sa carte.* 7. Vous ne trouvez pas *votre carte.* 8. Ma soeur trouve *cette carte.* 9. Écrivez-vous *les lettres*? 10. Écrit-il une *lettre*? 11. Combien *de lettres* écrivent-ils? 12. Nous donnons *les crayons aux garçons.* 13. Je donne *des crayons aux garçons.* 14. Il montre une *carte à l'élève.* 15. Il y a *des crayons* sur le pupitre. 16. Le professeur montre *les livres aux élèves.* 17. Il nous raconte *cette histoire.* 18. Il y a *des journaux* à Paris. 19. Vous me donnez *des livres.* 20. Il me donne *les livres.* 21. Je vous raconte une *histoire.* 22. Je vous raconte beaucoup *d'histoires.*

Vocabulaire

1. crier	4. le franc
2. remarquer	5. l'information (f)
3. l'employé (m)	6. la tendance

Grammaire

1. What new tense do you observe in this lesson? How is it formed? (§§ 54 A, B, 69 A, B)

2. How is the past participle of a regular English verb formed? How are the past participles of French verbs in *-er* formed? in *-ir*? in *-re*? (§ 68 A)

3. What type of action does the *passé composé* ordinarily express? (§ 56 A)

4. Conjugate in the *passé composé* the verbs *parler, punir,* and *perdre.* (Page 104.)

5. How is the French pronoun *en* expressed in English? (§ 27 A) When is a direct object replaced by the pronoun *en* rather than by the pronouns *le, la,* or *les*? (§ 27 B) What type of direct objects do *le, la,* and *les* represent? (§ 23 B)

6. What is the position of *en* in the sentence? (§ 30 A) What is its position in relation to *y*? (§ 30 B) In relation to any other pronoun object, such as *nous, me, lui,* or *leur*? (§ 30 A)

VINGT-TROISIÈME LEÇON

La Pension de Famille

La pension de famille est une institution célèbre dans la littérature française. Dans les romans d'un grand écrivain du dix-neuvième siècle, Honoré de Balzac, on trouve des descriptions intimes de la

pension et de la vie des pensionnaires. La pension correspond au
«boarding-house» américain, mais dans la pension il y a un certain [5
esprit de famille qui n'existe pas en Amérique. La propriétaire de la
pension s'occupe de la maison et quelquefois même de la vie privée
des pensionnaires. Chaque pensionnaire a dans la maison une chambre
où il travaille et où il dort. On sert les trois repas dans la salle à
manger: le petit déjeuner le matin, le déjeuner à midi et le dîner [10
vers sept heures et demie ou huit heures du soir.

La cuisine française est différente de notre cuisine américaine.
Au petit déjeuner on sert du café au lait ou du chocolat avec des croissants ou un petit pain. Au déjeuner on prend des hors-d'oeuvre, qui
consistent en sardines, olives, radis, etc., une viande, des légumes, [15
une salade, du fromage et des fruits. Pendant le repas on prend du vin.
On ne prend pas de lait ou de café avec le repas comme en Amérique.
Les Français servent le café après le repas. On commence le dîner ou
le repas du soir par le potage (la soupe). Les autres plats sont les
mêmes que pour le déjeuner.   [20

Après le dîner les pensionnaires restent souvent dans la salle à
manger où ils passent une heure ou deux à parler.

Robert est en pension à Paris. Un jour son ami Pierre lui a demandé: «Prenez-vous tous vos repas à la pension? Est-ce qu'on y
mange bien?   [25

— J'aime beaucoup la cuisine française. D'ordinaire, je prends
mes repas à la pension, mais quelquefois je sors pour prendre un repas
au restaurant.

— Et qu'est-ce que vous faites pendant la journée et le soir? Combien de temps dormez-vous?   [30

— Je dors environ neuf heures. Je me couche vers dix heures du
soir et je me lève vers sept heures du matin. A quelle heure vous
couchez-vous?

— Je me couche vers neuf heures et demie. Mon petit frère se
couche à neuf heures. Nous nous levons à six heures et demie du [35
matin. Nous nous lavons les mains et la figure, nous nous habillons
et ensuite nous prenons notre petit déjeuner. Nous sortons vers huit
heures moins le quart. Nous devons être en classe à huit heures.
Qu'est-ce que vous faites à Paris?

— Je n'ai rien de défini à faire. Le matin je me lève, je me lave, [40
je m'habille, je prends mon petit déjeuner, et puis je sors pour visiter
quelque partie de la ville. Vous devez avoir beaucoup plus à faire.

— Oui, vous avez raison. Je dois rentrer (retourner à la maison)
maintenant.»

QUESTIONS

1. Quel grand écrivain du dix-neuvième siècle a donné des descriptions intimes de la pension de famille française dans ses romans? 2. Qu'est-ce que c'est qu'une pension de famille? 3. Qui s'occupe de la pension de famille? 4. Où dorment les pensionnaires? 5. Combien de repas sert-on par jour en France? 6. Combien de repas par jour servons-nous en Amérique? 7. Que prend-on au petit déjeuner? 8. En quels plats consiste le déjeuner? 9. Quand les Français servent-ils le café? 10. Par quoi commence le dîner? 11. Que font les pensionnaires après le dîner? 12. Où Robert prend-il ses repas? 13. Combien de temps dormez-vous? 14. A quelle heure vous couchez-vous? 15. A quelle heure vous levez-vous? 16. A quelle heure devez-vous être en classe? 17. Vous lavez-vous les mains le matin? 18. Vous lavez-vous la figure le soir?

DEVOIRS

A. Remplacez les tirets par le mot convenable:

1. Nous dormons dans notre ——, mais nous prenons notre —— le soir dans la salle à ——. 2. Dans la pension française il y a un certain —— de famille qu'on trouve surtout dans les romans du grand écrivain du dix-neuvième —— Honoré de Balzac. 3. Le matin je me —— à sept heures, et puis je prends un petit —— avec du —— au lait. 4. Ensuite je vais au bureau[1] où je —— toute la journée. 5. Quelquefois la propriétaire de notre pension s'occupe de la —— privée d'un pensionnaire.

B. Remplacez les tirets par les formes convenables des verbes indiqués.
EXEMPLES: 1. Nous —— (se lever) à huit heures. Nous *nous levons* à huit heures. 2. —— -vous (s'occuper) de vos cours? *Vous occupez*-vous de vos cours?

1. Nous —— (s'habiller) tous les matins. 2. Ils —— (se laver) à neuf heures et demie. 3. Nous ne —— (se réunir) pas aujourd'hui. 4. Je —— (se laver) le soir. 5. Vous —— (s'habiller) vite. 6. Je —— (se trouver) devant le Palais Bourbon. 7. Elle —— (se coucher) vers onze heures du soir. 8. —— -elle (s'occuper) de la maison? 9. —— -nous (se tourner) vers le tableau? 10. Les élèves —— -ils (se spécialiser) en philosophie ou en science?

C. Remplacez les tirets par la forme convenable du verbe indiqué:

1. Nous —— (servir) du café et du chocolat. 2. Je —— (sortir)

---

[1] *Bureau* means *office* as well as *desk*.

souvent le soir. 3. Vous —— (devoir) travailler davantage. 4. Il —— (dormir) tout le temps. 5. Elle —— (servir) du café l'après-midi. 6. Ils —— (devoir) savoir l'heure. 7. Elle —— (sortir) de la salle à manger. 8. —— -vous (servir) du vin ici? 9. Je —— (dormir) beaucoup. 10. Elle —— (devoir) rentrer. 11. Combien d'heures —— -vous (dormir)? 12. Ils —— (servir) de bons repas dans ce restaurant. 13. Nous —— (sortir) le dimanche. 14. Je —— (devoir) écrire une composition. 15. Vous —— (sortir) souvent, n'est-ce pas?

D. *Remplacez les tirets par les formes convenables du présent des verbes indiqués. Attention à l'accent grave* (`` ` ``).

1. il —— (se lever) 2. elle —— (acheter) 3. vous —— (mener) 4. nous —— (se lever) 5. ils —— (acheter) 6. je —— (mener) 7. je —— (se lever) 8. nous —— (acheter)

VOCABULAIRE

1. consister	5. la description	8. l'olive (f)	11. la sardine
2. servir (2)[1]	6. le dîner	9. le restaurant	12. la soupe
3. la chambre[2]	7. l'institution (f)	10. la salade	13. intime
4. le chocolat			

GRAMMAIRE

1. What is a reflexive verb? Give examples of reflexive verbs in English. How do French reflexive verbs differ from other French verbs? (§ 81 A, B)

2. List the reflexive objects. (§ 25 A)

3. Examine the reflexive verbs used interrogatively in the text and questions 14, 15, 17, and 18. What is the position of the reflexive pronoun object? of the subject and the verb? Are these positions contrary to the general rules for pronoun objects? for interrogative word order?

4. Use in sentences the forms of the present of the reflexive verbs *se laver, s'habiller,* and *se réunir.* (Page 105.)

5. You have already studied the present of *-ir* verbs. While most *-ir* verbs fall into this large class, which we may call the first class, there is an important group of six very common *-ir* verbs which will be called *-ir* verbs of the second class. These six verbs differ in three tenses from the other group. What are these six verbs and how do they form their present tense?[1] (§ 44 C)

---

[1] *-ir* verbs of this class will be marked (2) in the vocabulary. Other *-ir* verbs will not be marked.

[2] Usually refers to *bedroom.*

6. Give the forms of the present of the verbs *dormir*, *servir*, *sortir*, and of the irregular verbs *devoir* and *faire*. (Page 105.)

7. Give the forms of the present of the verbs *acheter*, *mener*, and *se lever*, and explain why the mute *e* of the stem changes to *è* in the *je*, *tu*, *il*, and *ils* forms but not in the *nous* and *vous* forms. (§ 82 D)

VINGT-QUATRIÈME LEÇON

Les Bureaux de Tabac

Paris, le 25 juin 1939

Cher Lewis,

Je vais vous écrire quelques mots sur mes premières impressions de Paris. Je n'ai pas le temps d'écrire à beaucoup de personnes. Allez donc chez[1] nos camarades avec ma lettre. Montrez-la-leur. Allez chez notre professeur de lycée. Racontez-lui ce que je vous écris, mais ne lui montrez pas la lettre. Ne la lui montrez pas.   [5

La vie à Paris est très agréable. Je passe mes journées à visiter les quartiers de la ville. Je regarde les grands boulevards, les monuments et les musées célèbres tels que le Louvre et le Luxembourg. J'y admire les peintures, les sculptures et les objets d'art de tous les pays et de tous les siècles. Naturellement, je vois beaucoup plus de peintures fran- [10 çaises ici que dans les musées des autres pays. J'apprends beaucoup de choses. J'ai visité le lycée Louis-le-Grand plusieurs fois avec mon ami Pierre. Le lycée français est différent de notre lycée.

Je vais essayer de vous donner une idée de ce qui se trouve à Paris. Voici mes impressions générales sur la ville. Lisez-les et dites-moi ce [15 que vous en[2] pensez. Répondez bientôt à ma lettre. Dites-moi ce que vous faites et ce que vous voyez en Amérique pendant les vacances. Racontez-le-moi en détail. Ne me dites pas que vous n'avez pas le temps. Ne me le dites pas.

Ce qui m'étonne le plus en France, ce sont les habitudes qui sont [20 différentes. Prenez la poste, par exemple. Quand vous voulez acheter un timbre aux États-Unis, vous devez aller à la poste. Savez-vous où on achète les timbres à Paris? On les achète dans un bureau de tabac et dans quelques cafés aussi bien qu'à la poste. Il y a de nombreux bu- reaux de tabac dans tous les quartiers de la ville. On y vend du tabac, [25 des allumettes, des cigares, des cigarettes, etc. Le tabac, les allumettes

[1] *to* implying *to the house of.* (§ 39 F)   [2] *of them.* (§ 27 C)

et les timbres sont des monopoles de l'état.[1] Pour cette raison on vend aussi des timbres dans les bureaux de tabac. Ces bureaux de tabac sont ouverts non seulement toute la journée mais aussi le soir et le dimanche. Il y a aussi beaucoup de bureaux de poste et une grande [30 poste centrale à Paris. On peut mettre une lettre à la poste dans un de ces bureaux, mais souvent on met les lettres dans une des nombreuses boîtes aux lettres qui se trouvent partout dans la ville. Les boîtes aux lettres sont bleues. En France on distribue le courrier plusieurs fois par jour pendant la semaine et une fois le dimanche. [35 (*à suivre*)[2]

QUESTIONS

1. Qu'est-ce que Robert écrit à Lewis? 2. Pourquoi n'écrit-il pas à beaucoup de personnes? 3. A qui Lewis doit-il montrer la lettre? 4. A qui doit-il raconter ce que dit la lettre? 5. Comment Robert trouve-t-il la vie à Paris? 6. Comment passe-t-il les journées? 7. Que visite-t-il? 8. Que voit-il dans les musées célèbres? 9. Que doit faire Lewis? 10. Qu'est-ce que Lewis doit écrire à Robert? 11. Où achète-t-on des timbres aux États-Unis? 12. Où peut-on acheter des timbres à Paris? 13. Qu'est-ce qu'on vend dans les bureaux de tabac? 14. Pourquoi vend-on des timbres dans les bureaux de tabac? 15. Est-ce que les bureaux de tabac sont ouverts le dimanche? 16. Où peut-on mettre les lettres à la poste? 17. Est-ce qu'on distribue le courrier plus souvent aux États-Unis qu'en France?

DEVOIRS

A. Remplacez les tirets par le mot convenable:

1. Mon —— Robert: Je vais —— de vous raconter ce que je fais pendant mes vacances. 2. Je ne suis pas —— d'apprendre que vous admirez la France et les Français. 3. Vous devez avoir de très bonnes —— d'un pays avec tant d'objets d'art. 4. J'ai montré votre —— à nos camarades. 5. Ils pensent que vous devez leur écrire quelques —— sur vos impressions de Paris.

B. Remplacez les mots en italique par des pronoms compléments. Puis, mettez la phrase à la forme négative. EXEMPLE: Montrez-moi *la lettre.* (a) Montrez-*la*-moi. (b) Ne me *la* montrez pas.

1. Écrivez-moi *vos impressions de Paris.* 2. Montrez-moi *votre livre.* 3. Donnez *les fleurs à Pierre.* 4. Écrivez *cette lettre à notre soeur.* 5.

---

[1] *government* in this sense.
[2] *to be continued.*

Dites-nous *votre nom.* 6. Lisez-moi *ce que vous écrivez.*[1] 7. Racontez-nous *ce que vous faites.*[1]

C. *Remplacez les mots en italique par des pronoms compléments. Ensuite, mettez la phrase à la forme affirmative.* EXEMPLE: Ne racontez pas *ce que vous faites à votre mère.* (a) Ne *le lui* racontez pas. (b) Racontez-*le-lui*.

1. Ne donnez pas *la lettre au professeur.* 2. Ne me montrez pas *cette peinture.* 3. Ne nous dites pas *la date.* 4. N'écrivez pas *cette lettre à Paul.* 5. Ne lisez pas *à votre professeur ce que vous écrivez.* 6. Ne m'expliquez pas *la différence.*

D. *Remplacez les tirets par la forme convenable de l'expression française pour* what:[2]

1. Il me dit toujours —— il fait. 2. —— vous lisez est intéressant. 3. Dites-moi —— votre frère a trouvé dans ce livre. 4. —— m'étonne, c'est le repas français. 5. Écrivez-vous —— vous pensez? 6. —— j'aime, c'est la salade. 7. Il ne sait pas —— il veut. 8. Savez-vous —— vous voulez? 9. J'aime lire —— est intéressant. 10. Écrivez-moi —— vous faites.

VOCABULAIRE

1. admirer	6. le détail	11. l'objet (m)
2. distribuer	7. l'idée (f)	12. la personne
3. le boulevard	8. l'impression (f)	13. la sculpture
4. le cigare	9. la lettre	14. le tabac
5. la cigarette	10. le monopole	15. naturellement

GRAMMAIRE

1. What is the general rule for the position of object pronouns with reference to the verb? (§ 29 A) When does the object pronoun follow the verb? (§ 29 B)

2. What happens to the weak object pronoun *me* when it is placed after the verb? Why? (Page 241, note 2; § 29 C) What happens to the strong form *moi* when it is placed before the verb? Why?

3. What is the relative order of object pronouns when one of them begins with *l-*? when both begin with *l-*? (§ 30 C, D)

4. How is the relative pronoun *what* expressed as subject? as direct object? (§ 36 G)

5. Use the forms of the present of the irregular verbs *mettre* and *écrire* in sentences. (Page 105.)

---

[1] Entire expressions such as these are replaced by *le* (it).

[2] English says either *what* or *that which*; French uses the *that which* form. These blanks require two words each.

Impressions de Paris
(*suite*)

Vous remarquerez beaucoup de choses curieuses quand vous arriverez à Paris. Vous trouverez les rues de Paris très différentes des rues américaines. Vous noterez que les maisons ont presque toutes plusieurs étages. Elles bordent le trottoir. Il n'y a pas d'espace entre la maison et le trottoir. Il n'y a pas d'espace entre les maisons [5 non plus; elles se[1] touchent. Il y a beaucoup d'appartements dans ces grandes maisons. Dans les faubourgs, cependant, les maisons ne sont pas si près les unes des autres.[2] Chaque famille a sa maison, et les maisons sont entourées de petits jardins.

L'architecture des édifices célèbres de Paris est variée. Par [10 exemple, vous remarquerez que la magnifique cathédrale de Notre Dame de Paris est de style gothique. L'Église de la Madeleine est de style classique. Dans le nord de la ville vous verrez[3] une grande église moderne de style byzantin, qui s'appelle le Sacré Coeur. Au centre de Paris près de la Seine vous verrez[3] la Tour Eiffel, construction [15 moderne. Un style d'architecture que vous ne trouverez point à Paris, c'est le style caractéristique de New York: le gratte-ciel.

Dans les rues de la capitale vous verrez[3] beaucoup de voitures. Mais vous trouverez très peu de Ford[4] et de Chevrolet[4] et encore moins d'autres voitures américaines. Il y a plutôt des Citroën[4] et [20 des Renault.[4] Dans certains quartiers de la ville vous entendrez parfois de la musique. On danse dans les rues de Paris la veille et le jour du 14 juillet.

Ce que vous remarquerez avant tout en France, ce sont les cafés. Dès que vous arriverez à Paris, vous verrez[3] des établissements qui [25 ressemblent un peu à nos «ice cream parlors». Sur le trottoir devant ces établissements, il y a beaucoup de tables et de chaises. Cette partie du café s'appelle la terrasse. Vous verrez[3] beaucoup de clients dans les cafés. Ils y passent souvent une heure de l'après-midi ou du soir à prendre quelque boisson: de la bière, du café ou du thé. Assis à la [30 terrasse, ils regardent les gens passer devant le café. Lorsque vous serez[5] à Paris, vous irez[6] aussi dans les cafés et vous les trouverez très

---

[1] *They touch each other*; this is a reciprocal pronoun here. (§ 25 B)
[2] *So near each other*; note way of expressing *each other* in French.
[3] The irregular future of *voir*.
[4] French proper names usually do not change in the plural.
[5] The irregular future of *être*. [6] The irregular future of *aller*.

intéressants. Souvent vous y entendrez de la musique. Les Champs-Élysées et Montparnasse sont les quartiers de la ville les plus renommés pour leurs cafés, mais tous les quartiers en ont. Ce genre de cafés [35 se trouve aussi dans d'autres pays européens, mais il est inconnu en Amérique.

Dans ma prochaine lettre je vous écrirai d'autres impressions sur la France. Un de ces jours j'irai[1] avec mon ami Pierre à Versailles. Nous visiterons aussi d'autres villes près de Paris. Je serai[2] en France [40 jusqu'à la fin d'août. Aussitôt que vous aurez[3] le temps, répondez à ma lettre. J'attendrai de vos nouvelles avec grande impatience.

Je vous serre bien cordialement la main,

ROBERT

QUESTIONS

1. Qu'est-ce que vous remarquerez quand vous arriverez à Paris?
2. Les rues de Paris sont-elles les mêmes que les rues d'Amérique?
3. Combien d'étages ont les maisons? 4. Y a-t-il de l'espace entre les maisons et le trottoir? 5. Y a-t-il de l'espace entre les maisons?
6. Où donc les maisons ne sont-elles pas si près l'une de l'autre? 7. De quoi les maisons dans les faubourgs sont-elles entourées? 8. De quel style d'architecture est Notre Dame de Paris? l'Église de la Madeleine? le Sacré Coeur? 9. Citez une construction moderne. 10. Quel style d'architecture ne se trouve pas à Paris? 11. Quand vous serez à Paris, qu'est-ce que vous verrez dans les rues? 12. Y aura-t-il beaucoup de voitures américaines? 13. Quelles voitures verra-t-on à Paris? 14. Quand danse-t-on dans les rues de Paris? 15. Que remarquera l'Américain en France avant toute autre chose? 16. A quoi ressemblent les cafés? 17. Qu'est-ce que la terrasse d'un café? 18. Quand vous irez à Paris, quelles boissons prendrez-vous dans les cafés? 19. Dans quels quartiers irez-vous pour voir les cafés les plus célèbres?

DEVOIRS

A. Remplacez les tirets par le mot convenable:

1. —— vous irez en France, vous verrez beaucoup de choses ——.
2. Aux terrasses des cafés vous verrez les clients assis sur des —— devant de petites ——. 3. Ce —— de café n'existe pas en Amérique.
4. A Paris il y a beaucoup d'——, telles que la cathédrale de Notre Dame, le Sacré Coeur et la Madeleine. 5. Les maisons des faubourgs sont —— de petits jardins. 6. Quand vous rencontrerez un camarade en France, vous lui —— la main.

---

[1] The irregular future of *aller*.   [2] The irregular future of *être*.
[3] The irregular future of *avoir*.

B. *Les verbes des phrases suivantes sont au présent. Écrivez les phrases de sorte que [1] l'action soit au futur.* EXEMPLE: Je suis dans la salle de classe quand le professeur corrige les compositions. Je *serai* dans la salle de classe quand le professeur *corrigera* les compositions.

1. Je visite Bordeaux. 2. Quand nous arrivons dans la ville, nous allons chez nos amis. 3. Ils nous attendent à la maison. 4. Dès qu'ils nous voient, ils nous parlent de l'Amérique. 5. Nous avons beaucoup de monuments à voir à Bordeaux. 6. Il y a de grands boulevards au centre de la ville. 7. Lorsque nous sommes à Bordeaux, nous entendons de la musique dans les cafés. 8. Allez-vous voir le port de Bordeaux? 9. On nous sert de la bière ou du thé dans les cafés. 10. Il y a des bateaux du Brésil et de l'Argentine. 11. Vous voyez plusieurs lycées à Bordeaux. 12. Les élèves du lycée obéissent à leurs professeurs. 13. Le soir vous vous couchez à onze heures. 14. Mon ami dort très bien. 15. Il est heureux d'être à Bordeaux. 16. Aussitôt que vous voyez mes amis, ils vous racontent l'histoire de la ville. 17. Je suis à Bordeaux quand vous êtes à Marseille.

C. *Écrivez une phrase avec chacun des mots suivants pour montrer que vous comprenez son emploi avec le futur:*

1. quand 2. lorsque 3. dès que 4. aussitôt que

VOCABULAIRE

1. danser	6. le client	11. byzantin
2. noter	7. la construction	12. caractéristique
3. ressembler	8. l'impatience (f)	13. classique
4. toucher	9. la musique	14. curieux, curieuse
5. l'appartement (m)	10. la table	15. cordialement

GRAMMAIRE

1. What is the real nature of the French future? (Page 263, note 1) How is the future of a French verb formed? (§ 48)

2. Conjugate the verbs *parler, punir, sortir,* and *perdre* in the future. Give and *learn thoroughly* the irregular futures of the verbs *aller, avoir, être,* and *voir.* (Pages 105–106.)

3. What is the general use of the future? In which cases is the future used in French where a present is required in English? (§ 49 A, B)

[1] *so that.*

Un Appartement et une Bibliothèque

Pierre demeure dans un appartement d'une grande maison de la rue de Vaugirard. La maison est construite en pierre. Elle a huit étages. D'ordinaire, les portes de ces maisons sont ouvertes pendant le jour. On entre dans un couloir, et on demande à la concierge à quel étage habite la personne qu'on vient voir. La concierge est une véritable [5 institution à Paris. Elle demeure d'ordinaire au rez-de-chaussée dans une petite chambre près de la porte qui donne sur la rue. Elle s'occupe de la maison en général. Elle balaie les couloirs et nettoie l'escalier. Elle reçoit le courrier et le distribue aux habitants de la maison. Elle indique aux visiteurs où logent les locataires. La nuit, quand on [10 arrive tard, on sonne, et la concierge appuie sur un bouton qui ouvre la porte.

Un jour, Robert a fait une visite à Pierre. Il a demandé à la concierge de lui indiquer l'appartement de son ami, et elle lui a répondu, «Premier à droite.» «Premier à droite» veut dire[1] que Pierre habite [15 l'appartement de droite au premier étage. Robert a frappé à la porte de cet appartement. La mère de Pierre l'a entendu frapper. Elle lui a ouvert la porte et l'a reçu. «Pierre va venir, lui a-t-elle dit. Donnez-moi votre chapeau.»

Quand Pierre a entendu sa mère parler avec Robert, il a ouvert la [20 porte et a dit à son ami: «Bonjour, Robert. Je suis très content de vous voir. Comment allez-vous?

— Je vais très bien, merci.

— Comment trouvez-vous les appartements de Paris? Les vôtres sont sans doute différents. [25

— Les nôtres n'ont pas de concierge, a répondu Robert. Tout le monde peut entrer dans le vestibule, mais on n'a pas accès aux couloirs sans une clef. Dans le vestibule il y a souvent un téléphone et des boutons électriques. Un visiteur sonne et s'annonce au locataire d'un appartement par ce téléphone. Si nous voulons le recevoir, nous [30 ouvrons par un bouton électrique la porte qui donne accès aux couloirs.

— Mais regardez autour de vous, Robert. Que voulez-vous voir?

— Avez-vous des livres? Montrez-m'en. J'aime beaucoup les livres.

— Voici les nôtres. Les livres qui sont devant vous appartien- [35 nent à mes parents. Les miens sont à gauche.

— Tiens! Vous avez *les Trois Mousquetaires*, *Vingt ans après* et *le*

[1] Literally *wishes to say*; an expression for *means*.

Comte de Monte-Cristo. J'ai lu plusieurs romans d'Alexandre Dumas. Ils sont très connus en Amérique.

— Regardez. Voici quelques romans de Victor Hugo. En avez- [40 vous lu? Les siens sont aussi très célèbres.

— Oui, on a représenté *les Misérables* et *Notre Dame de Paris* au cinéma chez nous.[1]

— Les livres de mes parents sont différents des miens. Les leurs sont moins populaires. Ils ont les oeuvres de tous les grands écri- [45 vains français, tels que Molière, Racine et Balzac.

— Votre bibliothèque est très intéressante. La mienne est assez différente. Quand vous irez aux États-Unis, je vous la montrerai.»

QUESTIONS

1. Dans quelle rue se trouve l'appartement de Pierre? 2. Combien d'étages a sa maison? 3. Qu'est-ce que la concierge? 4. A quel étage demeure-t-elle? 5. Que fait-elle? 6. Comment entre-t-on dans un appartement à Paris la nuit? 7. Comment entre-t-on dans un appartement américain le jour? 8. A quel étage demeure Pierre? 9. Qui a entendu frapper Robert? 10. Qu'a dit Pierre quand il a entendu parler Robert? 11. Citez quelques-uns des livres de la bibliothèque de Pierre. 12. Avez-vous lu les romans d'Alexandre Dumas? 13. Citez quelques romans de Victor Hugo. 14. Préférez-vous lire des romans ou les voir au cinéma? 15. Citez les noms de trois grands écrivains français. 16. Aimez-vous la bibliothèque de Pierre? 17. Est-ce que la vôtre est différente?

DEVOIRS

A. Remplacez les tirets par les mots convenables:

1. Vous devez faire une —— à votre ami Paul. 2. Je serai très —— de le voir. 3. Quand vous arriverez à la maison, —— à la porte. 4. Madame Dupont est la —— de Paul. 5. Elle —— la porte pour vous.

B. Remplacez les expressions en italique par des pronoms possessifs. EXEMPLE: Je préfère nos villes à *vos villes.* Je préfère nos villes aux *vôtres.*

1. Votre bibliothèque est différente de *ma bibliothèque.* 2. Leur appartement est plus grand que *mon appartement.* 3. Mon stylo n'a pas d'encre; donnez-moi *votre stylo.* 4. Nos livres sont plus intéressants que *ses livres.* 5. La littérature française est aussi intéressante que *notre*

[1] *... in our country.* Cf. § 39 F.

littérature. 6. Les coutumes des Bretons sont différentes de *nos coutumes.* 7. Ma chambre est plus petite que *votre chambre.* 8. Nos écrivains écrivent aussi bien que *vos écrivains.* 9. Sa maison est plus grande que *leur maison.* 10. Je donnerai un livre à mon frère; donnez-en à *votre frère.* 11. Nous avons nos amis et Marie a *ses amis.*

C. *Remplacez les expressions en italique par des pronoms compléments:*

1. Le professeur montre une *carte aux élèves.* 2. Elle nous donne *des livres.* 3. Raconte-t-il *des histoires à ces garçons?* 4. Écrivez-moi *des lettres.* 5. Indiquez-nous un *bon roman.* 6. Lisez *des journaux aux élèves.* 7. Ne me racontez pas *d'histoires.* 8. Ne donnez pas *de papier à cet élève.* 9. Montrez-moi *cette rue.* 10. Je vous demanderai quatre *francs.*

D. *Mettez les verbes indiqués* (a) *au présent;* (b) *au futur;* (c) *au passé composé.* EXEMPLE: Elle —— (indiquer) l'appartement à Robert. Elle (a) *indique* (b) *indiquera* (c) *a indiqué* l'appartement à Robert. *Attention aux verbes irréguliers.*

1. Nous —— (réussir) à l'examen. 2. L'élève —— (répondre) à la question. 3. Le professeur —— (corriger) les fautes des élèves. 4. Le concierge —— (nettoyer) et —— (balayer) l'escalier. 5. Qui —— (ouvrir) la porte? 6. Robert —— (obéir) à sa mère. 7. Les concierges —— (appuyer) sur un bouton pour ouvrir la porte. 8. Ma mère —— (recevoir) mon ami. 9. Nous —— (lire) plusieurs livres dans ce cours. 10. Nous —— (nettoyer) le corridor. 11. Vous —— (écrire) beaucoup de lettres. 12. Je —— (lire) *les Misérables.* 13. Nous —— (ouvrir) le livre à la page soixante. 14. Vous —— (recevoir) beaucoup de courrier.

VOCABULAIRE

1. s'annoncer	6. le cinéma	11. le visiteur
2. indiquer	7. le doute	12. content
3. loger	8. le téléphone	13. électrique
4. l'accès (m)	9. le vestibule	14. véritable
5. le bouton	10. la visite	

GRAMMAIRE

1. Give an English sentence containing a possessive pronoun. Outline the possessive pronouns in French. Distinguish in pronunciation between the possessive adjectives *notre* and *votre* and the possessive pronouns *nôtre* and *vôtre.* (§ 31 A, B, C)

2. With what and how do possessive pronouns agree? (§ 31 D)

3. What are the various methods of indicating possession in French? (§ 31 E)

4. What is the position of *en* in relation to other pronoun objects? (§ 30 A) What form does *moi* assume when followed by *en*? (Page 85, line 33)

5. Give the forms of the present and future of the verbs *balayer*, *nettoyer*, and *appuyer*. (Page 106.) What governs the use of *y* or *i* as the final vowel of the stem of these verbs? (§ 82 C)

6. Conjugate in the present the irregular *ouvrir*. Give the irregular future of *recevoir*. Give and learn the irregular past participles of *dire*, *écrire*, *lire*, *ouvrir*, and *recevoir*. (Page 106.)

═══════*VINGT-SEPTIÈME LEÇON* ═══════

De la Place de la Concorde à l'Étoile

Depuis le moyen âge Paris a toujours été une des villes les plus intéressantes d'Europe. Les vieux quartiers et les vieilles rues qui bordent la Seine ont toujours été célèbres. «Allons voir ces quartiers. Promenons-nous le long de la Seine, dit mon ami français. Nous nous promènerons jusqu'au Pont de la Concorde.» [5

Nous partons de sa maison vers quatre heures. Nous nous dirigeons vers les quais de la Seine. La Seine divise Paris en deux parties: la rive gauche et la rive droite. La Seine n'est pas très large à Paris. Je me promène sur la rive gauche avec Pierre. La partie de Paris qui se trouve sur cette rive est plus vieille que les quartiers qui sont situés sur la rive [10 droite. Tout le long de la rive se trouvent des quais. Sur les quais il y a de nombreuses «boîtes»[1] où l'on[2] vend de vieux livres. Nous passons le long du Quai d'Orsay, célèbre parce que le Ministère des Affaires Étrangères s'y trouve. Nous arrivons devant le Palais Bourbon. Le Palais Bourbon, où se réunit la Chambre des Députés, est un grand [15 édifice situé juste en face du Pont de la Concorde. Il est de style classique. Il a l'apparence d'un vieil édifice, mais il n'a été construit qu'au dix-huitième siècle.

Nous traversons le Pont de la Concorde, et ensuite nous nous trouvons sur la rive droite de la Seine devant la Place de la Concorde. [20

---

[1] *Boîte* means *box*. Here it refers to the large boxes used to display books and paintings along the wharves of the Seine.

[2] *L'* is placed before *on* to prevent a succession of unpleasant sounds. (§ 37 B)

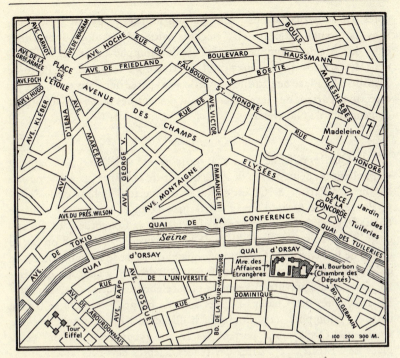

Paris: de la Place de la Concorde à l'Étoile

Cette place est une des plus vastes et des plus belles du monde. Au centre se trouve un grand obélisque qui a été rapporté [1] d'Égypte en 1831. Les voitures traversent la Place de la Concorde en tous sens. Il est très difficile de traverser cette place à pied.

Quand nous arrivons au centre de la place, Pierre me dit: «Re- [25 gardez. Voilà l'Église de la Madeleine devant nous.» Je vois au bout de la rue une belle construction de style classique. «Tournez-vous à droite. Voilà le Jardin des Tuileries et le Musée du Louvre.» Je vois en effet un beau jardin et au loin un vaste édifice. «Regardez à gauche.» A gauche nous voyons un grand monument au bout d'une large avenue. [30 «Voilà l'Arc de Triomphe, dit Pierre. Il est au bout de l'Avenue des Champs-Élysées. Il est très beau. Promenons-nous jusque-là.»

Nous commençons à nous promener le long de l'Avenue des Champs-Élysées, cette belle avenue célèbre dans le monde entier. Près de la Place de la Concorde, les Champs-Élysées sont bordés des deux [35.

---

[1] *was brought back.* Note that this passive construction parallels English construction. (§ 79 A)

côtés par de beaux jardins. Un peu plus loin on trouve de belles maisons, de grands magasins et d'élégants cafés. Nous nous approchons enfin de l'Arc de Triomphe. Ce bel arc de triomphe a été érigé en l'honneur des armées de Napoléon. Il se trouve au centre de la Place de l'Étoile. La Place de l'Étoile s'appelle ainsi parce que dans toutes les [40 directions partent de larges avenues qui portent des noms de victoires et de généraux de Napoléon.

QUESTIONS

1. Quelle ville de France a toujours été célèbre? 2. Comment s'appellent les deux parties de Paris que sépare la Seine? 3. La Seine est-elle large à Paris? 4. Qu'est-ce qui se trouve tout le long de la Seine? 5. Pourquoi le Quai d'Orsay est-il bien connu? 6. Où est situé le Palais Bourbon? 7. Qu'est-ce que la Place de la Concorde? 8. Qu'est-ce qu'il y a au centre de la Place de la Concorde? 9. Quand on est au centre de la Place de la Concorde et quand on regarde la Seine, qu'est-ce qu'on peut voir de l'autre côté de la Seine? à droite? à gauche? derrière? 10. Comment s'appelle l'avenue la plus célèbre de Paris? 11. Par quoi les deux côtés des Champs-Élysées sont-ils bordés? 12. Où se trouve l'Arc de Triomphe? 13. Pourquoi la Place de l'Étoile s'appelle-t-elle ainsi? 14. Quels noms portent les larges avenues qui partent de la Place de l'Étoile? 15. Citez des places célèbres de villes américaines.

DEVOIRS

A. *Remplacez les tirets par les mots convenables:*

1. Je —— de la maison à huit heures du matin. 2. Je me —— le long de la rue de Vaugirard. 3. Je me —— vers le lycée Louis-le-Grand. 4. Enfin je m'—— du Boulevard Saint-Michel. 5. Les voitures semblent venir en tous ——. 6. Au —— de la rue je vois une place et un des ponts de la Seine.

B. *Remplacez les tirets par les formes convenables de* (1) beau; (2) vieux. EXEMPLE: les —— maisons (1) les *belles* maisons; (2) les *vieilles* maisons.

1. un —— quartier 2. la —— église 3. les —— rues 4. de —— villes 5. le —— arc 6. les —— livres 7. une —— femme 8. de —— avenues 9. un —— homme 10. un —— tableau 11. le —— édifice 12. un —— ami

C. *Remplacez les tirets par* il y a *ou* voilà *selon le sens:*

1. —— la Place de la Concorde. 2. —— un obélisque au centre de cette place. 3. Regardez! —— l'obélisque. 4. —— l'Arc de Tri-

omphe. 5. —— beaucoup de voitures autour de nous. 6. —— une voiture.

D. *Donnez les impératifs* (1) let us; (2) *«vous» des verbes suivants.*
   EXEMPLE: choisir (1) choisissons (2) choisissez

1. écouter   2. obéir   3. dormir   4. répondre   5. se tourner
6. se promener

E. *Remplacez les tirets par les formes convenables des verbes indiqués*
   (1) *au présent;* (2) *au futur.* EXEMPLE: Je —— (se promener) le long de la Seine. (1) Je *me promène* le long de la Seine. (2) Je *me promènerai* le long de la Seine.

1. Nous —— (manger) trois fois par jour. 2. Robert —— (partir) pour Paris. 3. Nous —— (commencer) à écrire les devoirs. 4. Je —— (s'appeler) Pierre. 5. Il —— (se promener) dans les vieux quartiers. 6. ——-vous (partir) ce matin? 7. Elle —— (se diriger) vers le Louvre. 8. Vous —— (se promener) dans les parcs de Paris. 9. Ce fleuve —— (se jeter) dans la mer. 10. Nous —— (corriger) nos fautes. 11. Vous —— (s'appeler) Marie. 12. Il —— (commencer) à lire ce livre. 13. Nous —— (effacer) les phrases.

VOCABULAIRE

1. l'apparence (f)   5. le général   8. le triomphe
2. l'arc (m)   6. l'honneur (m)   9. la victoire
3. l'avenue (f)   7. l'obélisque (m) 10. vaste
4. la direction

GRAMMAIRE

1. What are the three singular forms of *beau*? *vieux*? When is each used? What are the plural forms? Note that *fou, mou,* and *nouveau* also have three singular forms. (§ 9 G)

2. Compose sentences illustrating the difference between *voilà* and *il y a.* (§ 88 A, B)

3. To what form of the present indicative does the ordinary *vous* imperative correspond? the "*let us*" imperative? How is the imperative of a reflexive verb written? Give the *vous* and "*let us*" imperatives of *parler, finir, dormir, entendre, se tourner,* and *se promener.* (§ 72 A, B, D; page 107.)

4. Before what vowels do *c* and *g* have the hard sound in French? the soft sound? How do the French retain the soft sounds of *c* and *g* before *-ons* in the first person plural of verbs in *-cer* and *-ger*? Give the forms of the present of *commencer* and *se diriger.* (§ 82 A, B; page 107.)

5. You have already learned what happens to certain forms of the present of such verbs as *mener* and *lever* (Lesson 23, Grammar Q7). Verbs such as *s'appeler* and *se jeter* are governed by the same principles, but the changes are slightly different. Give the forms of the present of these verbs. (82 F)

6. All verbs which change in the present because of the presence of two mute *e*'s make the same type of change throughout the future for the same reason. Give the futures of *mener* and *s'appeler*. (§ 82 D, F; page 107.)

7. What is the irregular past participle of the verb *être*? (Page 107.)

VINGT-HUITIÈME LEÇON

Les Tuileries et le Louvre

De l'Arc de Triomphe nous revenons par les Champs-Élysées à la Place de la Concorde. De l'autre côté de la Place de la Concorde nous voyons un grand jardin. C'est le Jardin des Tuileries. Il est magnifique. C'est un immense parc avec des statues, des fontaines et de grandes allées. Il y a partout des fleurs. [5

Au bout du Jardin des Tuileries il y a un bel arc de triomphe et plus loin un grand palais. C'est le Louvre. C'est un des musées les plus célèbres du monde. Il est composé de plusieurs bâtiments construits à différentes époques.

Les salles du Louvre sont nombreuses. Elles contiennent des [10 objets d'art de toute sorte. Ce sont les peintures, les sculptures et les meubles des différentes époques de l'histoire de France qui retiennent le plus notre attention.

Nous regardons d'abord les sculptures. Ce sont *la Victoire de Samothrace* et *la Vénus de Milo* qui attirent notre attention. [15

Ensuite, nous passons aux salles de peinture. Il y en a beaucoup. On voit des peintures de tous les pays et de toutes les époques. Ce sont surtout les maîtres de la peinture française qui sont représentés au Louvre. On y trouve des peintures de chaque époque depuis le moyen âge jusqu'à nos jours. Pierre me montre un portrait de François Ier, [20 roi[1] de France au seizième siècle. Nous remarquons beaucoup de paysages de peintres célèbres du dix-septième siècle. Dans une autre salle se trouve *l'Embarquement pour Cythère* de Watteau, peintre[1] très connu du dix-huitième siècle. Nous voyons des peintures de Corot et Millet et de beaucoup d'autres artistes du dix-neuvième siècle. [25

[1] What peculiarity do you note in words used in apposition? (§ 3 E)

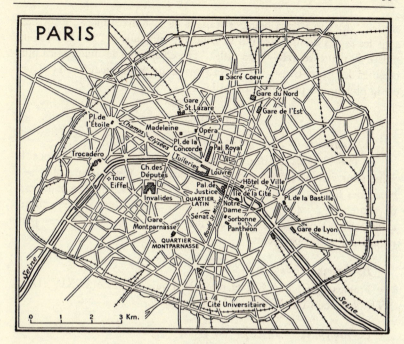

Paris

Nous passons des salles de la peinture française à une longue galerie. Là nous voyons d'un côté des peintures de la Renaissance italienne: peintures très célèbres de Raphaël, Léonard de Vinci et Michel-Ange; des peintures espagnoles, flamandes, et de l'autre côté des peintures de l'école hollandaise. [30

Nous visitons aussi une longue suite de salles qui contiennent des meubles des différentes époques de l'histoire de France. On y trouve les styles Louis XIII, Louis XIV, Louis XV, Louis XVI, Empire (époque de Napoléon Ier), etc.

QUESTIONS

1. Par quelle avenue revenons-nous de l'Arc de Triomphe à la Place de la Concorde? 2. Quel est le jardin que nous voyons de l'autre côté de la Place de la Concorde? 3. Qu'est-ce que le Jardin des Tuileries? 4. Qu'est-ce que le Louvre? 5. De quoi est composé le Louvre? 6. Que voit-on dans les salles du Louvre? 7. Quelles sont les sculptures qui retiennent notre attention? 8. Quelles sortes de peintures se trouvent au Louvre? 9. Citez trois célèbres peintres français du dix-neuvième

siècle. 10. Citez trois peintres italiens de la Renaissance. 11. Quels sont les styles de meubles qui se trouvent au Louvre? 12. Y a-t-il un musée de peinture dans votre ville? 13. Quels sont les musées les plus célèbres des États-Unis? 14. Citez trois peintres américains. 15. Quel est le plus grand parc de votre ville?

DEVOIRS

A. Remplacez les tirets par le mot convenable:

1. D'—— nous visitons le Louvre; ensuite nous traversons la Seine pour visiter le musée du Luxembourg. 2. Les peintures des —— modernes se trouvent dans ce musée. 3. Il y a des peintures modernes de toute ——. 4. Ce sont les peintures américaines qui —— notre attention. 5. Nous sortons du musée; ensuite, nous y —— pour regarder d'autres peintures.

B. Écrivez en français:

Francis [1] I; Charles IX; Henry [2] IV; Louis XIII; Louis XIV; Louis XVI; Napoleon III; Napoleon I; George [3] VI.

C. Remplacez les tirets par des pronoms personnels (il, elle, ils, elles) *ou par le pronom démonstratif* ce:

1. Voilà un grand édifice; —— est le Louvre. 2. —— est très célèbre. 3. —— est un musée. 4. Voici de jolies peintures. —— sont des peintures italiennes. 5. —— sont célèbres. 6. —— sont des peintures de Léonard de Vinci. 7. Regardez les sculptures. —— sont dans le Louvre. 8. Pierre est avec nous. —— est Français. 9. —— est un jeune homme. 10. Voilà *les Misérables*; —— est un roman. 11. —— sont des élèves du lycée Louis-le-Grand. 12. Qui est là? —— est nous. 13. Sait-il qui a frappé à la porte? —— est vous. 14. Qui est de l'autre côté de la rue? —— est ma sœur. 15. —— est jolie. 16. —— est une bonne élève. 17. Robert est mon frère. —— est à l'école. 18. —— est un garçon intéressant. 19. Voilà Paul et Marie. —— sont nos camarades. 20. —— sont avec nous. 21. Regardez ces statues. —— sont dans leur jardin. 22. J'ai tout entendu. —— est intéressant.

VOCABULAIRE

1. l'artiste (m)	3. l'empire (m)	5. le portrait	7. la statue
2. l'attention (f)	4. la galerie	6. la sorte	8. immense

---

[1] *François.*   [2] *Henri.*   [3] *Georges.*

GRAMMAIRE

1. The invariable demonstrative *ce* is very common in French. List the cases in which this *ce* is used as the subject of the verb *être*. (§ 34 A, B, C)

2. When are the third-person personal pronouns *il, elle, ils,* and *elles* used as the subject of the verb *être*? (§ 34 D)

3. How are the ordinals formed? Count by ordinals from *one* to *thirty*. Are ordinals used with names of kings and emperors? (§ 17 A, B, D)

4. Give the forms of the present and the past participle of the irregular verbs *retenir* and *revenir*. (Page 107.) *Revenir, retourner,* and *rentrer* all mean TO RETURN, but they cannot be used interchangeably. What is the difference in their meaning?

═══════════════ VINGT-NEUVIÈME LEÇON ═══════════

L'Île de la Cité

Après la visite du Louvre, je dis à Pierre: «Chez nous quand on parle de Paris, on mentionne toujours Notre Dame de Paris. Où se trouve-t-elle?

— Cette cathédrale n'est pas loin d'ici. Elle est située dans une île de la Seine. Cette île s'appelle l'Île de la Cité. Vous voyez cette [5 île là-bas?

— Oui.

— C'est elle. Vous voyez ces tours? Voilà Notre Dame. Moi, j'ai souvent visité cette cathédrale. Venez avec moi.

Je vais avec lui. Nous nous dirigeons alors vers la Seine et ensuite [10 nous marchons le long de la rive droite. Nous nous approchons de l'Île de la Cité. Quand nous arrivons en face de cette île, nous voyons devant nous un grand édifice qui semble dater du moyen âge. Plusieurs tours anciennes lui donnent cet aspect. Il me rappelle quelques-uns des châteaux de la Loire. [15

— Qu'est-ce que c'est que ça?

— Ceci ou cela? me demande Pierre, qui ne sait pas exactement ce que je veux indiquer.

— Ceci.

— C'est le Palais de Justice de Paris. Allons-y.» [20

Nous traversons un des ponts qui relient l'Île de la Cité à la rive droite de la Seine. Nous passons devant le Palais de Justice et en peu de

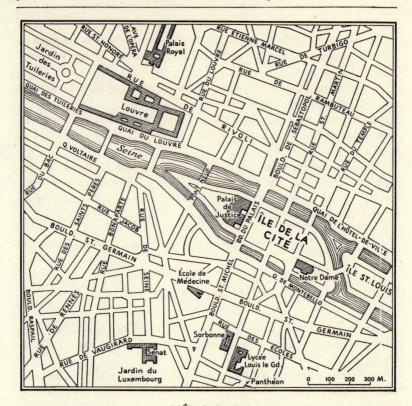

L'Île de la Cité

temps, nous nous trouvons sur une grande place. Nous voyons Notre Dame devant nous.

Notre Dame de Paris a été commencée au douzième siècle et [25 terminée au treizième pendant le règne de Saint-Louis. Elle a une façade imposante avec trois portes immenses et deux tours. Au-dessus de la porte centrale il y a une splendide rosace.

Nous entrons dans la cathédrale, et Pierre m'explique les détails de l'intérieur; nous admirons surtout les vitraux. Les vitraux sont des [30 fenêtres en verre de couleur. L'intérieur de la cathédrale est assez obscur; et les vitraux anciens y diffusent une lumière colorée. Au-dessus de la grande porte nous voyons des orgues magnifiques, réputées parmi les meilleures [1] de France.

Ensuite, nous montons dans une des tours. Quand nous arrivons [35 au sommet de la cathédrale, nous avons devant nous une vue admirable

[1] *meilleur* (comparative), *le meilleur* (superlative) of *bon*. (§ 12 E)

sur tout Paris. Nous voyons des monuments de tous les côtés et en bas la Seine qui traverse toute la ville. Je demande à mon ami:

«Qu'est-ce que c'est que ça?

— Ça? C'est la Tour Eiffel. Ceci? C'est la gare de Lyon. [40 Cela? Le Sacré Coeur, église moderne de style byzantin.»

Il est six heures du soir; en bas nous voyons des gens qui rentrent chez eux. Beaucoup de femmes se promènent dans les rues. Elles ont leurs petits enfants avec elles.

Enfin, Pierre et moi descendons dans la rue. J'ai été très impres- [45 sionné par Notre Dame et par tout ce que nous avons vu du haut de ses tours.

QUESTIONS

1. Quand on parle de Paris, que mentionne-t-on toujours? 2. Où est située Notre Dame de Paris? 3. Quel est le vieil édifice qui se trouve dans l'Île de la Cité et qui nous rappelle les châteaux de la Loire? 4. De quelle époque semble-t-il dater? 5. Qu'est-ce que c'est qu'un palais de justice? 6. De quel siècle date Notre Dame de Paris? 7. Qu'est-ce qu'il y a au-dessus de la porte centrale de Notre Dame de Paris? 8. Combien Notre Dame a-t-elle de tours? 9. Comment est l'intérieur de Notre Dame? 10. Qu'est-ce que nous admirons surtout à l'intérieur de Notre Dame? 11. Qu'est-ce qu'un vitrail? 12. Citez quelques édifices de Paris qu'on peut voir du haut des tours de la cathédrale. 13. Qu'est-ce que la Tour Eiffel? le Sacré Coeur? 14. Quel est l'édifice le plus élevé de New York? 15. Quel est l'édifice le plus élevé de votre ville? 16. Quelle heure est-il? 17. Où rentrent les gens qui se promènent dans la rue?

DEVOIRS

A. Remplacez les tirets par les mots convenables:

1. Quand on est en France, on —— dans les tours de beaucoup de cathédrales. 2. Ces cathédrales ont été commencées au moyen âge et —— avant la fin du quinzième siècle. 3. Du haut des tours on a toujours une belle —— de la ville où se trouve la cathédrale. 4. L'intérieur de la cathédrale est souvent ——. 5. Les —— de couleur de la cathédrale de Chartres diffusent la lumière à l'intérieur de l'édifice.

B. Remplacez les tirets par ceci ou cela:

1. Remarquez ——. 2. Préférez-vous —— ou ——? 3. Choisirons-nous —— ou ——? 4. Écrivez —— ; n'écrivez pas ——. 5. Regardez ——.

C. Remplacez les mots indiqués en anglais par les équivalents français:

1. Pierre vient avec —— (me) à l'Île de la Cité. 2. Nous arrivons devant la cathédrale sans —— (him). 3. C'est —— (she) qui admire le Palais de Justice. 4. —— (*We*),[1] nous avons visité Notre Dame plusieurs fois. 5. Il a acheté du papier pour —— (them, m.). 6. Qui est avec vous? —— (They, f.). 7. Paul et —— (he) sont dans le café. 8. —— (*You*),[1] vous avez vu une grande partie de la France. 9. Qui ira à Tours avec Marie? —— (I). 10. C'est —— (he) qui a ouvert la porte. 11. Nous avons vu Robert et —— (her). 12. Il y a beaucoup de journaux —— (at our house). 13. —— (In their country) on parle beaucoup des cathédrales gothiques. 14. Ce sont —— (they, m.) qui nous montrent la ville.

D. Remplacez les mots en italique par des pronoms:

1. *Marie et vous* verrez les cafés français. 2. Qui est devant Notre Dame? *Louise.* 3. Il ne veut pas aller à l'école sans *son frère.* 4. Qui a sonné à la porte? *Monsieur et madame Dupont.* 5. *Pierre et moi* visiterons Versailles. 6. Elle a choisi un livre pour *Charles et son ami.* 7. C'est *le professeur* qui nous a donné une longue leçon. 8. A-t-il vu Robert avec *Marie et moi?* 9. Qui est là? *Marie et Louise.* 10. Ce sont *Paul et Robert* qui ont visité Paris.

VOCABULAIRE

1. s'approcher	4. impressionner	7. admirable	10. obscur
2. descendre	5. terminer	8. coloré	11. splendide
3. diffuser	6. la couleur	9. imposant	12. exactement

GRAMMAIRE

1. When are *ceci* and *cela* used as demonstrative pronouns? (§ 33 A, B, C, D)

2. List the disjunctive pronouns. Enumerate the uses of the disjunctive pronouns and give examples. (§ 26 A, B)

3. What is the plural of *vitrail? détail?* What can you say concerning the plural of nouns in -*ail?* (§ 7 D)

4. What concept is conveyed by the *chez nous* as used in the first paragraph of the reading lesson? by the *chez eux* as used in the next to the last paragraph? (§ 39 F)

5. What is the past participle of the irregular verb *voir?* (Page 107.)

[1] This is emphatic.

L'Université de Paris

Avez-vous entendu parler de l'Université de Paris? Avez-vous eu l'occasion de la connaître? Moi, j'ai toujours voulu en savoir quelque chose. Justement, j'ai fait un jour la connaissance de Jean Brissaud, étudiant en médecine. J'ai donc profité de cette occasion pour lui poser des questions. Je lui ai demandé: «Où est l'Université de Paris? [5

—- L'Université de Paris n'est pas comme les universités américaines. Les différentes Facultés qui composent l'Université de Paris sont séparées. L'Université est établie en plusieurs endroits du quartier où nous sommes maintenant. Ce quartier s'appelle le Quartier Latin. C'est un des quartiers les plus intéressants et les plus animés de Paris, [10 car c'est le quartier des étudiants.

— L'Université est-elle divisée en plusieurs écoles comme chez nous?

— Oui, elle est divisée en cinq Facultés: Lettres, Sciences, Médecine, Droit et Pharmacie. Les Facultés des Lettres et des Sciences se [15 trouvent dans un grand bâtiment situé tout près du Boulevard Saint-Michel, rue principale du Quartier Latin. Ce bâtiment s'appelle la Sorbonne.»

Jean m'a mené par le Boulevard Saint-Michel à une place[1] où j'ai vu un vaste édifice. C'est la Sorbonne. Il m'a dit: «Plus loin, tout [20 près du Panthéon,[2] se trouve la Faculté de Droit. Quant aux bâtiments de la Faculté de Médecine, ils sont de l'autre côté du Boulevard Saint-Michel. La Faculté de Pharmacie se trouve à un kilomètre de la Sorbonne.

— A quelle date commencent les cours des Facultés en France? [25
— Au début du mois de novembre.
— A quelle date se terminent les cours?
— Les examens commencent vers le 1er juin;[3] après cette date chacun part en vacances quand il a fini ses examens. Peu d'étudiants restent à Paris après le 14 juillet. Je n'ai jamais passé mes vacances à [30 Paris.

— Vous connaissez un peu les universités américaines. Dites-moi, l'étudiant en France est-il plus libre que l'étudiant en Amérique, ou moins?

---

[1] *Place* means *square*, not *place:* *endroit* indicates a *place* in the English sense.

[2] Large building in classical style now used to house the tombs of the great men of France.

[3] The ordinal numeral is used with the first day of the month only. With the other days of the month the cardinal is used. (§ 17 E)

— Il est beaucoup plus libre. Il n'assiste aux cours que quand [35 il veut. Sa vie privée n'est pas du tout surveillée. Mais un grand nombre d'étudiants français échouent à leurs examens. Quelquefois plus de la moitié d'une classe échoue à un examen.

— Est-ce que les étudiants français ne travaillent pas?

— Il y a des étudiants qui travaillent beaucoup, et il y en a [40 qui travaillent peu. Les professeurs français sont peut-être plus sévères que les professeurs américains.»

Jean m'a expliqué l'organisation des cours de la Sorbonne, qui est tout à fait différente de la nôtre. J'ai écouté mon ami avec beaucoup d'intérêt. J'ai eu de la difficulté à comprendre un système qui laisse [45 à l'étudiant tant de liberté, mais il est peut-être meilleur que le nôtre. Nous avons ensuite continué notre promenade jusqu'au Boulevard Saint-Michel.

QUESTIONS

1. De qui Robert a-t-il fait la connaissance? 2. Pourquoi a-t-il été heureux de connaître Jean Brissaud? 3. Dans quel quartier se trouve l'Université de Paris? 4. En quoi l'Université de Paris est-elle différente des universités américaines? 5. En combien de Facultés se divise l'Université de Paris? 6. Quelles sont les Facultés de l'Université de Paris? 7. Quelles sont les Facultés de l'université de votre état? 8. Qu'est-ce que la Sorbonne? 9. Quelle est la rue principale du Quartier Latin? 10. Où sont les diverses Facultés de l'Université de Paris? 11. Vers quelle date commencent les cours des Facultés en France? en Amérique? 12. Vers quelles dates se terminent les cours en France? aux États-Unis? 13. En quoi l'étudiant français est-il plus libre que l'étudiant américain? 14. Est-ce que l'étudiant français travaille beaucoup? 15. Avez-vous beaucoup travaillé cette année? 16. Est-ce qu'un grand nombre d'étudiants américains échouent à leurs examens? 17. La moitié de la classe échoue-t-elle à ses examens de français?

DEVOIRS

A. Remplacez les tirets par les mots convenables:

1. —— -vous les universités de votre état? 2. Si vous avez fait la —— d'un étudiant, vous devez —— de l'occasion pour lui poser des questions. 3. Les cours de nos universités américaines commencent au —— du mois d'octobre, et ils se —— vers le milieu du mois de juin. 4. Les étudiants partent en vacances après avoir —— leurs examens. 5. Il y a quelques étudiants qui ne travaillent pas beaucoup, mais la —— de ces étudiants échoue aux examens.

B. Mettez les verbes des phrases suivantes au passé composé:

(a) 1. Les étudiants assistent aux cours de la Sorbonne. 2. Nous choisissons un président. 3. Vous entendez votre ami. 4. Ils ont de la difficulté. 5. Je fais beaucoup de choses. 6. Je connais Pierre. 7. Nous sommes en Espagne. 8. Ils disent leurs noms. 9. Nous voyons Notre Dame de Paris. 10. Elles reçoivent des fleurs.

(b) 1. Je ne parle pas de la vie des étudiants. 2. Il ne réussit pas à ses examens. 3. Vous ne perdez pas votre stylo. 4. Nous ne regardons pas la Sorbonne. 5. Elle n'obéit pas à son professeur. 6. Nous n'attendons pas Jean. 7. Je n'écris pas la lettre. 8. Il ne lit pas *Les Trois Mousquetaires.* 9. Vous ne voulez pas partir.

(c) 1. Rencontrons-nous des amis près de la Sorbonne? 2. Échouez-vous à l'examen? 3. Punit-il l'élève? 4. Est-il en Amérique? 5. Jean montre-t-il le quartier à Robert? 6. Robert rend-il la carte de France à Jean? 7. Les élèves ont-ils des difficultés? 8. Ne parle-t-il pas français? 9. Marie ne travaille-t-elle pas? 10. Jean n'écrit-il pas à sa mère?

C. Remplacez les tirets par une forme du verbe savoir *ou* connaître *selon le sens:*

1. Je —— Jean. 2. Je —— que Jean est à Paris. 3. Jean —— les oeuvres de Balzac. 4. —— -vous où est Marie? 5. —— -nous Marie? 6. Elle —— l'anglais. 7. Nous —— notre leçon. 8. Il —— très bien Paris. 9. Mon frère —— M. Dupont. 10. Ils —— que vous êtes ici.

<h3 style="text-align:center">VOCABULAIRE</h3>

1. profiter	3. la difficulté	5. la médecine	7. le système
2. se terminer	4. l'intérêt (m)	6. la pharmacie	8. sévère

<h3 style="text-align:center">GRAMMAIRE</h3>

1. In the negative of the *passé composé* the *ne* comes exactly where it would in the present. (§ 21 B) What is the position of *pas*? (§ 21 D)

2. What is the interrogative word order in the *passé composé* when there is a pronoun-subject? (§ 55 B) a noun-subject? (§ 55 C)

3. Both *connaître* and *savoir* mean *to know.* Yet they cannot be used interchangeably, for in French their meanings are distinct. Study the use of these two verbs in your reading lesson and state what the difference is.

4. Give the present of the irregular verb *connaître.* Give the irregular past participles of *avoir, connaître,* and *vouloir.* Review the irregular past participles of *dire, écrire, être, faire, lire, ouvrir,* and *recevoir.* (Page 108.)

TROISIÈME RÉVISION

Leçons 21 a 30

Questions

1. Si vous visitez la côte bretonne au mois de juillet, qu'est-ce que vous verrez? 2. En quelle saison de l'année trouve-t-on le moins de touristes le long de la côte bretonne? 3. Où est la Bretagne? 4. Comment s'appéllent les petites boutiques au coin des rues où l'on vend des journaux et des revues? 5. Quelle est la différence entre une papeterie et une librairie? 6. Citez des journaux français qu'on peut acheter le matin. 7. Qui est Honoré de Balzac? 8. En quoi consistent les «hors-d'oeuvre»? 9. Quelle est la différence entre le déjeuner et le dîner français? 10. Où achète-t-on des timbres à Paris? 11. Combien de fois par jour distribue-t-on le courrier chez vous? 12. Est-ce que les allumettes et le tabac sont des monopoles d'état en Amérique? 13. Y a-t-il un large espace entre les maisons de votre ville? 14. Qu'est-ce que la terrasse d'un café? 15. Quand vous serez en France, verrez-vous beaucoup de voitures américaines? 16. Qui s'occupe des appartements d'une maison à Paris? 17. Quels sont les romans les plus connus d'Alexandre Dumas? 18. Citez trois grands écrivains français. 19. Qu'est-ce qu'on trouve tout le long des quais de la Seine à Paris? 20. Quand vous êtes au centre de la Place de la Concorde et quand vous regardez l'Arc de Triomphe, qu'est-ce qui est à votre droite? à votre gauche? derrière vous? 21. Quand je suis au centre de la Place de la Concorde et quand je regarde la Madeleine, qu'est-ce qui est à ma droite? à ma gauche? derrière moi? 22. Comment s'appelle le jardin qui est situé entre la Place de la Concorde et le Louvre? 23. Qui est Watteau? 24. Quels sont les trois peintres les plus célèbres de la Renaissance italienne? 25. Dans quelle île se trouve Notre Dame de Paris? 26. A quelle époque Notre Dame a-t-elle été construite? 27. Citez des monuments qu'on peut voir du haut des tours de Notre Dame. 28. Où est la Sorbonne? 29. Qu'est-ce que la Sorbonne? 30. Quelle est la différence entre les universités françaises et les universités américaines?

Devoirs

A. *Mettez les verbes (1) au présent; (2) au futur; (3) au passé composé.*
Exemple: Ils —— (choisir) un roman de Victor Hugo. Ils (1) *choisissent* (2) *choisiront* (3) *ont choisi* un roman de Victor Hugo.

1. Nous —— (être) à Paris. 2. Nous —— (avoir) beaucoup de lettres à écrire. 3. —— -nous (corriger) nos fautes de français? 4. Nous —— (commencer) à visiter la ville. 5. Mon ami me —— (mener) chez lui. 6. La concierge —— (balayer) les corridors et —— (net-

toyer) l'escalier. 7. La mère de mon ami me —— (recevoir). 8. Elle —— (servir) à dîner aux jeunes gens. 9. Ils n'—— (entendre) pas la musique dans la rue. 10. Ils —— (finir) leurs devoirs et —— (quitter) la maison.

B. *Remplacez les mots en italique par des pronoms.* EXEMPLE: La concierge m'indique *l'appartement.* La concierge me l'indique.

11. Donnez-moi *des journaux.* 12. Il y a *des nouvelles* dans ce journal. 13. Je vais en classe avec *Marie.* 14. Ne nous montrez pas *de cahiers.* 15. Nous allons chez *Robert.* 16. Nous avons un stylo pour *Robert et son frère.* 17. Avez-vous un *crayon* pour moi? 18. Donnez-moi *cette boîte.*

C. *Introduisez les adjectifs indiqués dans les phrases suivantes, de sorte qu'ils modifient les noms en italique.* EXEMPLE: (bon) Cette *classe* a un *professeur.* Cette BONNE *classe* a un BON *professeur.*

19. (vieux) Cet *homme* habite une *maison* dans ce *quartier* de la ville. 20. (beau) Tous les jours il voit un *jardin* et un *édifice* qui se trouvent sur les *boulevards.* 21. (bleu) Le *ciel* fait contraste avec la *mer.* 22. (français) Les *élèves* aiment voyager en Bretagne. 23. (petit) Les *enfants* jouent dans le sable des plages. 24. (gros) Les *vagues* se brisent sur la côte.

D. *Remplacez les tirets par* il, elle, ils, elles *ou* ce:

25. Voilà Notre Dame. —— est une cathédrale. 26. —— est située dans l'Île de la Cité. 27. Qui a dit cela? —— est moi.

E. *Remplacez les expressions en italique par un pronom possessif.* EXEMPLE: Notre rue est plus jolie que *leur rue.* Notre rue est plus jolie que *la leur.*

28. Voici mon livre; où est *son livre?* 29. Sa plume est sur le bureau, et *ma plume* est dans ma chambre. 30. Nos villes sont modernes; *vos villes* sont anciennes.

F. *Remplacez les tirets par la forme convenable du présent de* connaître *ou* savoir:

31. Robert —— où nous sommes. 32. Il nous —— bien.

G. *Remplacez les tirets par l'équivalent français du mot anglais* what:[1]

33. Écrivez-moi —— vous avez vu. 34. Il m'a montré —— était dans la salle de classe. 35. Dites-nous —— font vos camarades.

[1] Remember that the French equivalent consists of two words.

H. Remplacez les tirets par le présent du verbe indiqué:

36. Mon petit frère —— (dormir) jusqu'à huit heures. 37. Il —— (se lever) tard. 38. Je le —— (mener) à l'école. 39. Je —— (partir) de la maison à neuf heures moins le quart. 40. Nous —— (se diriger) vers l'Avenue Lafayette.

COMPOSITION

Écrivez une composition sur un des sujets suivants:

1. La Côte bretonne 2. La Pension de famille 3. Ce qu'on voit à Paris 4. Votre Bibliothèque 5. La Place de la Concorde et la Place de l'Étoile 6. Les Tuileries et le Louvre 7. Notre Dame de Paris 8. L'Université de Paris

LES VERBES: LEÇONS 21 A 30

VINGT ET UNIÈME LEÇON

PRESENT OF *venir*		PRESENT OF *suivre*	
je viens	nous venons	je suis	nous suivons
tu viens	vous venez	tu suis	vous suivez
il vient	ils viennent	il suit	ils suivent

VINGT-DEUXIÈME LEÇON

A. THE PAST PARTICIPLE

CLASS	INFINITIVE	PAST PARTICIPLE
Regular verbs in -er	demand-er	demand-é
-ir	pun-ir	pun-i
-re	répond-re	répond-u

B. THE *Passé Composé*

demander	*punir*	*répondre*
j'ai demandé	j'ai puni	j'ai répondu
tu as demandé	tu as puni	tu as répondu
il a demandé	il a puni	il a répondu
nous avons demandé	nous avons puni	nous avons répondu
vous avez demandé	vous avez puni	vous avez répondu
ils ont demandé	ils ont puni	ils ont répondu

Roberts

Savez-vous où l'on achète les timbres?

Gendreau

Le café français n'est pas un restaurant

Pendant le repas on prend du vin

Keystone

Beaucoup de clients y passent une heure de l'après-midi ou du soir

Gendr

Dans le nord de la ville vous verrez une
grande église moderne de style byzantin

VINGT-TROISIÈME LEÇON

A. REFLEXIVE VERBS (conjugated like other verbs plus their reflexive objects)

B. -ir VERBS OF THE SECOND CLASS [1]

se laver	dorm-ir	sort-ir
je me lave	je dor -s	je sor -s
tu te laves	tu dor -s	tu sor -s
il se lave	il dor -t	il sor -t
nous nous lavons	nous dorm-ons	nous sort-ons
vous vous lavez	vous dorm-ez	vous sort-ez
ils se lavent	ils dorm-ent	ils sort-ent

C. SOME VERBS WITH A MUTE *e* IN THE STEM FOLLOWED BY A SINGLE CONSONANT

D. THE IRREGULAR VERBS

mener	devoir	faire
je mène	je dois	je fais
tu mènes	tu dois	tu fais
il mène	il doit	il fait
nous menons	nous devons	nous faisons
vous menez	vous devez	vous faites
ils mènent	ils doivent	ils font

VINGT-QUATRIÈME LEÇON

PRESENT OF *mettre*

je mets	nous mettons
tu mets	vous mettez
il met	ils mettent

PRESENT OF *écrire*

j'écris	nous écrivons
tu écris	vous écrivez
il écrit	ils écrivent

VINGT-CINQUIÈME LEÇON

A. FUTURE: Infinitive + present of *avoir*

demander		répondre
je demander-ai		je répondr-ai
tu demander-as	*punir*	tu répondr-as
il demander-a	je punirai, etc.	il répondr-a
nous demander-ons	*dormir*	nous répondr-ons
vous demander-ez	je dormirai, etc.	vous répondr-ez
ils demander-ont		ils répondr-ont

[1] This is a small but important class of verbs which differ from the larger class of -*ir* verbs only in the present indicative and subjunctive, the imperfect indicative, and the present participle. These verbs do not insert -*iss*- in these tenses. The following verbs and their compounds belong to this class: *dormir* (sleep), *mentir* (tell a lie), *partir* (leave), *sentir* (feel, smell), *servir* (serve), and *sortir* (go out).

B. FOUR IMPORTANT IRREGULAR FUTURES

aller	*avoir*	*être*	*voir*
j'irai	j'aurai	je serai	je verrai
tu iras	tu auras	tu seras	tu verras
il ira	il aura	il sera	il verra
nous irons	nous aurons	nous serons	nous verrons
vous irez	vous aurez	vous serez	vous verrez
ils iront	ils auront	ils seront	ils verront

VINGT-SIXIÈME LEÇON

PRESENT OF *ouvrir*	VERBS IN *-ayer balayer*	VERBS IN *-oyer nettoyer*	VERBS IN *-uyer appuyer*

Present Indicative

j'ouvre	je balaie	je nettoie	j'appuie
tu ouvres	tu balaies	tu nettoies	tu appuies
il ouvre	il balaie	il nettoie	il appuie
nous ouvrons	nous balayons	nous nettoyons	nous appuyons
vous ouvrez	vous balayez	vous nettoyez	vous appuyez
ils ouvrent	ils balaient	ils nettoient	ils appuient

FUTURE OF *recevoir*

je recevrai	nous recevrons
tu recevras	vous recevrez
il recevra	ils recevront

IRREGULAR PAST PARTICIPLES

dire	dit
écrire	écrit
lire	lu
ouvrir	ouvert
recevoir	reçu

Future

je balaierai	je nettoierai	j'appuierai
tu balaieras	tu nettoieras	tu appuieras
il balaiera	il nettoiera	il appuiera
nous balaierons	nous nettoierons	nous appuierons
vous balaierez	vous nettoierez	vous appuierez
ils balaieront	ils nettoieront	ils appuieront

Vingt-septième Leçon

A. IMPERATIVES

INFINITIVE	"let us" IMPERATIVE	vous IMPERATIVE
demander	demandons	demandez
punir	punissons	punissez
dormir	dormons	dormez
répondre	répondons	répondez
se promener	promenons-nous	promenez-vous
se tourner	tournons-nous	tournez-vous

B. PRESENT OF VERBS IN -cer

commencer

je commence
tu commences
il commence
nous commençons
vous commencez
ils commencent

C. PRESENT OF VERBS IN -ger

changer

je change
tu changes
il change
nous changeons
vous changez
ils changent

D. FUTURE OF VERBS SUCH AS *mener* (See Lesson 23, p. 105)

je mènerai
tu mèneras
il mènera
nous mènerons
vous mènerez
ils mèneront

être; *past participle*: été

E. VERBS IN -eler AND SOME IN -eter

appeler

Present	Future
j'appelle	j'appellerai
tu appelles	tu appelleras
il appelle	il appellera
nous appelons	nous appellerons
vous appelez	vous appellerez
ils appellent	ils appelleront

Vingt-huitième Leçon

retenir; *past participle*: retenu; *present like* appartenir. See Lesson 19, page 69.

revenir; *past participle*: revenu; *present like* venir. See Lesson 21, page 104.

Vingt-neuvième Leçon

voir; *past participle*: vu

TRENTIÈME LEÇON

NEGATIVE OF THE *Passé Composé*	INTERROGATIVE OF *Passé Composé*
je n'ai pas demandé	ai-je demandé?
tu n'as pas demandé	as-tu demandé?
il n'a pas demandé	a-t-il demandé?
nous n'avons pas demandé	avons-nous demandé?
vous n'avez pas demandé	avez-vous demandé?
ils n'ont pas demandé	ont-ils demandé?

Robert a-t-il demandé?
Les garçons ont-ils demandé?

PRESENT OF *connaître*

je connais	nous connaissons
tu connais	vous connaissez
il connaît	ils connaissent

IRREGULAR PAST PARTICIPLES

connaître	connu
avoir	eu
vouloir	voulu

Le Quartier Latin

Le Boulevard Saint-Michel est large et animé; il y a beaucoup de voitures et d'autobus. De nombreux étudiants se promènent sur le trottoir. Tout le long du boulevard se trouvent des cafés avec leurs petites tables à la fois à l'intérieur du café et sur le trottoir. Les cafés du Quartier Latin se distinguent surtout par le grand nombre d'étu- [5 diants qui vont y passer une ou deux heures l'après-midi ou le soir pour rencontrer des amis et pour discuter les nouvelles du jour. Le café français n'est pas un restaurant. On y prend des boissons, mais on n'y dîne pas. On peut y prendre de la bière, du café, du thé et d'autres boissons. [10

Jean et moi nous avons choisi une table. Jean a commandé deux bocks. Le garçon nous les a apportés tout de suite. Nous avons parlé longtemps de la vie des étudiants. Soudain Jean a aperçu un ami sur le Boulevard. Il lui a fait signe. Quand le jeune homme nous a vus, il nous a salués amicalement. Nous avons fini de boire, et Jean a [15 appelé le garçon. Il lui a donné dix francs. Sur les dix francs que Jean lui a donnés, le garçon a rendu sept francs à Jean. Nous avons laissé trente centimes de pourboire au garçon. Ainsi nous avons payé les bocks trois francs trente (centimes).

Alors nous avons continué notre promenade. J'ai remarqué un [20 grand jardin de l'autre côté du Boulevard Saint-Michel. Jean m'a dit: «Voilà le Jardin du Luxembourg.» Nous avons traversé le Boulevard, et nous avons regardé le Luxembourg. C'est un magnifique parc situé derrière le Palais du Sénat. De chaque côté il y a des arbres; au centre se trouvent des allées et des fleurs que nous avons admirées. [25

Nous avons trouvé beaucoup de monde dans le Jardin du Luxem- bourg: des hommes et des femmes de toutes conditions, mais surtout des étudiants. Nous avons vu de nombreux enfants. Il y a toujours des enfants qui jouent au Luxembourg. Nous avons vu beaucoup de chaises et de fauteuils. Jean m'a expliqué qu'on paie vingt-cinq cen- [30 times pour s'asseoir sur une chaise. On paie quarante centimes pour s'asseoir dans un fauteuil.[1] Il y a aussi des bancs où l'on peut s'asseoir sans payer.

---

[1] The custom of renting little metal chairs is very common in all French parks. These chairs belong to private concerns which are granted concessions to place their chairs in parks. At intervals, an employee collects the small sum of money and hands the person sitting in the chair a receipt which is good for that park for a day.

Questions

1. Qu'est-ce qu'on trouve sur le Boulevard Saint-Michel? 2. En quoi les cafés du Quartier Latin se distinguent-ils des cafés des autres quartiers de Paris? 3. Qu'est-ce qu'un café? 4. Y a-t-il des cafés en Amérique? 5. Quelle boisson les jeunes gens ont-ils commandée? 6. Quelles boissons boit-on en Amérique? 7. Que buvez-vous? 8. De quoi Jean et Robert ont-ils parlé? 9. Combien ont-ils payé les bocks? 10. Qu'est-ce que Jean a laissé au garçon? 11. Qu'est-ce que Robert a remarqué de l'autre côté du Boulevard Saint-Michel? 12. Qu'est-ce que le Luxembourg? 13. Qu'est-ce qui se trouve au Luxembourg? 14. Qui est au Luxembourg? 15. Qui s'assoit sur les bancs du Luxembourg? 16. Est-ce que vous vous asseyez sur une chaise ou dans un fauteuil quand vous entrez dans une salle? 17. Êtes-vous assis sur une chaise ou dans un fauteuil? 18. Combien paie-t-on pour s'asseoir dans un parc américain?

Devoirs

A. Remplacez les tirets par les mots convenables:

1. Les cafés se —— par les petites tables qui se trouvent sur la terrassé. 2. On y prend des boissons, mais on n'y —— pas. 3. Nous —— du lait en Amérique, mais on —— plutôt du vin en France. 4. Je suis assis sur une —— et mon ami est assis dans un ——. 5. Robert —— un camarade qui se promène sur le boulevard; il lui fait signe. 6. Quand un ami vient à votre table, vous lui dites: —— -vous. 7. Combien avez-vous —— les bocks que vous avez bus? 8. Lorsque les jeunes gens arrivent dans le jardin, ils s'—— sur une chaise. 9. Il y a toujours beaucoup de ——, c'est à dire beaucoup d'hommes et de femmes au Luxembourg.

B. Mettez les verbes en italique au passé composé. Faites l'accord du participe passé où il faut. EXEMPLE: Nous avons commandé la bière que le garçon *apporte.* Nous avons commandé la bière que le garçon *a apportée.*

1. Voilà le jardin que ma mère *admire.* 2. Aimez-vous les jolies fleurs que j'*achète*? 3. *Voyez*-vous ces livres allemands? 4. Les livres que je *vois* sont des livres français. 5. Quelle lettre *recevez*-vous? 6. Quels noms *écrivent*-ils? 7. C'est une oeuvre de Victor Hugo que je *lis.* 8. Quelles comédies *lirez*-vous cette année?

C. Remplacez les expressions en italique par des pronoms compléments. Faites l'accord du participe passé où il faut. Distinguez entre le, la, les *et* en. EXEMPLE: Nous avons montré *les journaux à ma mère*. Nous *les lui* avons montrés.

1. Elle a perdu *les livres*. 2. Nous avons visité *l'église*. 3. Avez-vous acheté *cette chaise*? 4. Nous avons vendu cinq *chaises*. 5. Il m'a donné *la lettre*. 6. Ont-ils raconté *cette histoire à ses parents*? 7. Il a lu *une revue*. 8. Avez-vous reçu *des lettres*? 9. J'ai écrit *tous les mots*. 10. Avons-nous fini *la leçon*? 11. Il a bu *le lait et le café*.

VOCABULAIRE

1. dîner 2. se distinguer 3. payer 4. l'autobus (m) 5. le signe

GRAMMAIRE

1. Past participles of verbs conjugated with *avoir* usually do not change their forms. Under what circumstances do they agree, and with what? (§ 70 A)

2. What about the agreement of the past participle with a preceding *en*? (§ 27 D)

3. Give the forms of the present and the past participle of the irregular verbs *apercevoir*, *boire*, and *s'asseoir*. (Page 142.)

TRENTE-DEUXIÈME LEÇON

Fontainebleau

Au cours de notre conversation au Luxembourg, j'ai demandé à Jean: «Quels endroits faut-il voir dans les environs de Paris?

— Avez-vous visité Fontainebleau?

— Non, je ne sais même pas où c'est.

— Fontainebleau est une petite ville située à soixante kilomètres [5 de Paris. Elle est intéressante par son château et par la célèbre forêt qui l'entoure. Si vous voulez, nous pouvons y aller.

— Je veux bien.»

Le lendemain matin, nous sommes allés à la gare de Lyon.[1] Nous avons pris nos billets[2] pour Fontainebleau. Puis, nous sommes [10 montés dans le train. Le train est parti de la gare à neuf heures dix.

Après un voyage d'une heure, nous sommes arrivés à Fontainebleau. Nous sommes descendus du train. Nous avons marché un peu, et bientôt nous sommes arrivés devant une grande forêt. Cette forêt

[1] The railroad station of the PLM (*Paris, Lyon, Méditerranée*) line.
[2] Note French manner of saying: *we bought our tickets*.

n'est pas une forêt comme une autre; elle s'en distingue d'abord par [15 son immense étendue; ensuite et surtout par la présence de grands rochers parmi les arbres.

Après une heure de promenade dans la forêt, nous en[1] sommes sortis. Nous avons marché jusqu'au château de Fontainebleau, grand édifice de la Renaissance française, qui a pourtant un aspect tout dif- [20 férent des châteaux de la Loire. Il est plus vaste, mais moins gracieux.

Jean est entré dans le château. Il a demandé au gardien la permission de le visiter. Le gardien lui a répondu qu'on le visite toutes les heures avec un guide.

A l'heure indiquée, nous sommes entrés dans le château avec le [25 guide. Il nous a expliqué que ce château contient entre autres choses, les souvenirs de Napoléon Ier. Nous avons parcouru de nombreuses salles meublées. Nous avons trouvé surtout très intéressante la bibliothèque de Napoléon.

Vers quatre heures nous avons commencé à traverser la ville pour [30 retourner à la gare. Jean a couru. Il est tombé. Ensuite, nous avons marché lentement vers la gare.

A cinq heures, nous y sommes retournés. Nous avons repris le train pour Paris. Le train est arrivé à la gare de Lyon à six heures et demie. Nous sommes descendus, et nous sommes allés dîner dans un restau- [35 rant.

QUESTIONS

1. Qu'est-ce que Fontainebleau? 2. Où est situé Fontainebleau? 3. De quelle gare de Paris les jeunes gens sont-ils partis pour aller à Fontainebleau? 4. A quelle heure est parti le train? 5. En combien de temps les jeunes gens sont-ils arrivés à Fontainebleau? 6. En quoi la forêt de Fontainebleau se distingue-t-elle des autres forêts? 7. Est-ce que vous courez quelquefois? 8. Est-ce que le château de Fontainebleau a le même aspect que les châteaux de la Loire? 9. Peut-on visiter le château de Fontainebleau? 10. Que contient le château? 11. Pourquoi les jeunes gens ont-ils commencé à courir vers la gare? 12. Qui est tombé? 13. A quelle heure les jeunes gens sont-ils retournés à la gare? 14. A quelle heure sont-ils arrivés à la gare de Lyon? 15. Qu'est-ce qu'ils ont fait quand ils sont arrivés à la gare? 16. Où sont-ils allés alors?

DEVOIRS

A. Remplacez les tirets par les mots convenables:

1. D'abord nous avons —— nos billets pour Fontainebleau; ensuite, nous sommes —— dans le train. 2. Le —— est parti de la gare

[1] *of it.* This special use of *en* is explained in § 27 E.

à dix heures du matin. 3. Quand nous sommes arrivés à la gare de Fontainebleau, nous sommes —— du train. 4. Le —— de Paris à Fontainebleau a duré une heure. 5. La forêt de Fontainebleau se distingue d'autres forêts par la —— de grands rochers parmi les arbres. 6. Robert est tombé dans la forêt parce qu'il a —— trop vite. 7. Nous avons —— le train à cinq heures du soir. 8. Le soir je suis resté chez Jean; le —— matin je suis rentré chez moi.

B. *Mettez les verbes des phrases suivantes au passé composé:*

1. Nous allons à Fontainebleau. 2. Les jeunes gens arrivent à la gare. 3. Ils montent dans le train. 4. J'entre dans la forêt. 5. Marie tombe dans la forêt. 6. Nous ne sortons pas de la forêt. 7. Les jeunes filles ne vont pas à Fontainebleau. 8. Jean ne retourne pas à la gare. 9. Les deux camarades ne rentrent pas le matin. 10. Va-t-il à Tours? 11. Descendez-vous à la gare de Lyon? 12. Montera-t-elle dans le train? 13. Louise ira-t-elle en classe aujourd'hui? 14. Les jeunes gens sortiront-ils de la forêt? 15. Ne partirons-nous pas le 30 mars?

C. *Remplacez les tirets par les participes passés des verbes indiqués et ensuite, mettez le verbe au présent.* EXEMPLE: Il a —— (vouloir) partir ce matin. Il a *voulu* partir ce matin. Il *veut* partir ce matin.

1. Les jeunes gens ont —— (courir) dans la forêt. 2. Elle a —— (boire) beaucoup de thé. 3. Avez-vous —— (prendre) du café? 4. Nous avons —— (parcourir) les salles du château. 5. Il a —— (être) en France. 6. A quelle heure a-t-il —— (reprendre) le train? 7. Où sont les lettres que vous avez —— (recevoir)? 8. Avez-vous —— (avoir) de la difficulté?

VOCABULAIRE

1. descendre	3. le guide	5. le train	7. gracieux,
2. le gardien	4. la présence	6. le voyage	gracieuse

GRAMMAIRE

1. What type of verb do you find conjugated with *être* in the *passé composé*? Give a list of the verbs conjugated with *être* in the compound tenses. What can you say of *marcher* and *courir*? (§ 54 C, D)

2. With what do the past participles of intransitive verbs of motion conjugated with *être* agree? (§ 70 C)

3. Give the forms of the *passé composé* of *arriver*; the present and past participle of the irregular verbs *courir, parcourir, prendre, reprendre,* and of the impersonal verb *falloir.* (Page 142.)

Versailles

Jeudi matin nous sommes allés à Versailles. Versailles est une ville de soixante-dix mille habitants située à vingt kilomètres de Paris.

Quand nous y sommes arrivés, Pierre m'a dit: «Il faut passer notre temps au château. La ville n'est pas aussi intéressante que le château. Ce château a été construit au dix-septième siècle pendant le règne de [5 Louis XIV; il a servi de palais aux rois de France jusqu'à la Révolution. En 1837 il est devenu musée national. Après cette date, deux événements très importants ont eu lieu dans le château de Versailles. Je vous en parlerai.»

Nous sommes allés à pied (nous avons marché) de la gare au [10 château. Nous avons vu devant nous une grande cour et au fond de la cour un château immense. Nous avons traversé cette cour et nous sommes arrivés à l'entrée du château.

Les salles du château de Versailles contiennent des peintures qui représentent les principales scènes de l'histoire de France. Il y en a [15 qui contiennent des statues de rois et de reines de France. D'autres encore sont remplies de meubles qui datent de différentes époques de l'histoire de France. On peut voir la chambre où Louis XIV est mort en 1715.

La plus belle salle du château est une longue pièce éclairée par [20 dix-sept grandes fenêtres qui ouvrent sur les jardins. En face des fenêtres se trouvent dix-sept grands miroirs. Cette salle s'appelle la Galerie des Glaces. Elle est célèbre dans l'histoire d'abord parce que c'est là qu'en 1871 le roi de Prusse a été proclamé empereur d'Allemagne et que l'Empire allemand a commencé. C'est là également qu'a été signé en [25 1919 le célèbre traité de Versailles qui a mis fin à la Grande Guerre (1914–1918).

Après la visite du château, nous sommes sortis dans les jardins. Il est impossible d'exprimer combien la vue de ces jardins réguliers évoque la beauté du passé. Les jardins réguliers sont l'expression du [30 goût classique du dix-septième siècle qui représente le point de vue français de cette époque à l'égard de la nature. Ils font contraste avec les jardins du style «rock garden», qui sont l'expression du romantisme populaire au dix-neuvième siècle. Les jardins de Versailles ont été imités partout en Europe: en Angleterre, en Allemagne et en Espagne. [35

Nous avons fait une longue promenade dans les jardins. Nous avons trouvé un peu partout des massifs, des plates-bandes, des fontaines. Nous avons vu le Grand Trianon, magnifique construction

Gendreau

... vous verrez la Tour Eiffel, construction moderne

La Madeleine est de style classique

Sur les quais on vend de vieux livres

Au centre se trouve un grand obélisque

On y vend des journaux et des revues

Roberts

Je vois en effet un beau jardin
et au loin un vaste édifice

On paie vingt-cinq centimes
pour s'asseoir sur une chaise

Keystone

en marbre de couleur, et nous avons visité le Petit Trianon que Marie-Antoinette, reine de France, a habité jadis. [40

Le soir nous sommes revenus à Paris très impressionnés par la beauté de Versailles et des vestiges du passé qu'on y rencontre à chaque pas.

QUESTIONS

1. Qu'est-ce que Versailles? 2. Où est situé Versailles? 3. Quand on va à Versailles, où faut-il passer son temps? 4. A quelle époque a été construit le château de Versailles? 5. Pendant le règne de quel roi a été construit ce château? 6. Qu'y a-t-il devant le château de Versailles? 7. Qu'est-ce qui se trouve dans les salles du château de Versailles? 8. Quelle est la plus belle salle du château? 9. Citez les deux événements historiques les plus importants que rappelle cette salle. 10. Qu'y a-t-il autour du château? 11. De quoi les jardins réguliers de Versailles sont-ils l'expression? 12. Avec quel style de jardin font-ils contraste? 13. Où a été imité ce style de jardin? 14. Quelle reine de France a habité jadis le Petit Trianon?

DEVOIRS

A. Remplacez les tirets par les mots convenables:

1. Le château de Versailles a été construit au dix-septième siècle; il est —— musée national au dix-neuvième. 2. Les salles du château sont —— de peintures, de sculptures et de meubles. 3. On peut voir la chambre où le roi Louis XIV est ——. 4. Les jardins de Versailles sont l'expression du —— classique du dix-septième siècle qui représentent son point de vue à l'égard de la ——. 5. La Galerie des Glaces est —— par dix-sept grandes fenêtres.

B. Mettez les verbes des phrases suivantes au passé composé. Quelques-uns de ces verbes se conjuguent avec avoir, *d'autres avec* être. *Attention aux participes passés irréguliers.*

1. Nous visitons Versailles. 2. Voyez-vous le château? 3. Pierre et moi irons à Versailles cet après-midi. 4. Ce château devient un musée en 1837. 5. Les autres châteaux de France deviennent-ils des musées? 6. Louis XIV est proclamé roi en 1643. 7. Il meurt dans une chambre du château. 8. Quand revenez-vous à Paris? 9. Qui reste à la maison? 10. Marie reste-t-elle à la maison? 11. Elle finira ses devoirs cet après-midi. 12. Elle les mettra sur la table. 13. Ouvrira-t-elle la porte quand vous arriverez? 14. Elle n'aura pas le temps de vous écrire. 15. Nous ne venons pas vous voir. 16. Quels camarades

attendez-vous? 17. Voilà les fleurs qu'il mettra dans votre chambre. 18. Nous prendrons une voiture à la gare. 19. Vous ne retournerez pas à Versailles. 20. Elle court et elle tombe.

C. *Mettez les verbes des phrases suivantes au présent. Attention aux verbes irréguliers.* EXEMPLE: Ils *ont pris* une voiture à Versailles. Ils *prennent* une voiture à Versailles.

1. Nous avons ouvert la porte. 2. Il est devenu musée national. 3. J'ai mis un crayon sur la table. 4. Nous avons pris un billet à la gare. 5. Ils sont morts pendant la guerre. 6. Elle est venue me voir. 7. Il a bu du café. 8. Marie a voulu partir. 9. J'ai couru dans la forêt. 10. Nous sommes revenus lundi.

VOCABULAIRE

1. imiter	6. l'empereur (m)	10. la scène
2. proclamer	7. l'expression (f)	11. le vestige
3. signer	8. la nature	12. impossible
4. la beauté	9. le point de vue	13. régulier [1]
5. le contraste		

GRAMMAIRE

1. Give the forms of the present and *passé composé* of the irregular verbs *devenir, mettre, mourir, ouvrir, revenir,* and *venir.* (Page 143.)

2. Explain with which auxiliary verb each main verb in exercise B of this lesson is conjugated and why.

═══ TRENTE-QUATRIÈME LEÇON ═══

La Chambre et le Petit Déjeuner d'un Étudiant

Après notre repas au restaurant, Jean m'a invité à venir chez lui, puisque j'habite le même quartier. Il a une chambre d'étudiant dans un petit hôtel du Quartier Latin. Il prend ses repas dans les restaurants du quartier. Beaucoup d'étudiants demeurent dans les hôtels du Quartier Latin. [5

Nous avons pris un autobus pour le Quartier Latin. Nous nous sommes dirigés ensuite vers l'hôtel où demeure Jean. Nous sommes

[1] In this lesson *régulier* is used to designate the formal French garden plotted in straight lines in contrast to the informal type associated with English landscapes.

montés dans sa chambre vers huit heures du soir. Jean a allumé la lumière électrique. Il m'a dit: «Asseyez-vous», et je me suis assis sur une chaise. J'ai commencé à examiner la chambre de Jean. C'est la [10 chambre typique d'un étudiant parisien. Il y a un lit, une table de nuit, une table de travail, une armoire à glace pour les vêtements et un lavabo avec l'eau chaude et l'eau froide. Il y a un miroir au-dessus du lavabo. D'un côté de la chambre se trouve une cheminée où on peut faire du feu. Il y a un grand tapis sur le plancher. [15

Jean et moi nous avons causé une heure. Quand je lui ai annoncé mon intention de partir, il m'a dit: «Venez de bonne heure demain matin, et nous prendrons notre petit déjeuner ensemble chez Capoulade.»

Je suis rentré chez moi. J'ai éteint la lumière peu après et je me [20 suis couché vers dix heures du soir; je me suis endormi tout de suite. J'ai bien dormi. Je me suis réveillé vers sept heures du matin. Je me suis levé vers sept heures et demie. Je me suis lavé, je me suis habillé, et ensuite, je suis allé chercher mon ami.

Je suis arrivé chez Jean vers huit heures et quart; il m'a dit: «Vous [25 venez tôt, mais puisque je vous ai prié de venir de bonne heure, j'en suis content. Je ne me suis couché qu'à minuit, mais je serai prêt dans une minute.»

Quand il a été prêt, nous sommes allés chez Capoulade. C'est un café au coin du Boulevard Saint-Michel et de la rue Soufflot. Beau- [30 coup d'étudiants y prennent leur petit déjeuner. On peut prendre son petit déjeuner au comptoir où l'on mange à très bon compte, ou bien on peut prendre place à une table, où les prix sont plus élevés.

Nous nous sommes installés au comptoir. Jean a commandé un «crème»,[1] c'est-à-dire une tasse de café au lait.[2] J'ai commandé un [35 «chocolat», c'est-à-dire une tasse de chocolat. Nous avons mangé des «tartines», c'est-à-dire des petits pains au beurre[2] et des croissants. Après avoir terminé le petit déjeuner, nous avons dit au garçon combien de tartines et de croissants nous avions mangés.[3] Jean a pris de l'argent[4] dans[5] sa poche. J'en ai cherché dans mon porte-feuille. [40 Nous avons payé, et le garçon nous a rendu la monnaie.[4] Nous lui avons laissé un pourboire de dix pour-cent de notre addition.

---

[1] *Crème* is feminine, but the term *un crème* is masculine, because it means UN *café au lait.*

[2] The preposition *à* here indicates an accompanying characteristic, i.e., coffee with milk, bread with butter.

[3] *we had eaten* (pluperfect tense)

[4] *Argent* indicates money in general (or silver) and *monnaie* is used for *small change.*

[5] Note the expression *prendre dans* for *to take from.*

QUESTIONS

1. Qu'est-ce que Jean a fait quand il est entré dans sa chambre?
2. Qu'est-ce qu'il y a dans la chambre de Jean? 3. Qu'y a-t-il dans votre chambre? 4. Qu'est-ce que Jean a dit à Robert quand il lui a annoncé son intention de partir? 5. A quelle heure s'est couché Robert? Jean? 6. Robert s'est-il endormi tout de suite? 7. A quelle heure s'est-il réveillé? 8. A quelle heure vous êtes-vous réveillé ce matin? 9. Quand s'est levé Robert? 10. Est-ce que Robert est arrivé chez Jean de bonne heure? 11. Qu'est-ce que Capoulade? 12. Qu'est-ce que les jeunes gens ont pris pour le petit déjeuner? 13. Qu'est-ce qu'une tartine? 14. Où est votre argent? 15. Qu'est-ce que le garçon a rendu à Jean et à Robert? 16. Qu'est-ce qu'ils ont laissé au garçon? 17. Pourquoi prend-on le petit déjeuner au comptoir chez Capoulade?

DEVOIRS

A. Remplacez les tirets par les mots convenables:

1. Dans la chambre d'un étudiant il y a un —— où l'on dort, un lavabo avec l'—— chaude et froide, une table de travail, une armoire à glace pour mettre les ——, et une cheminée où l'on peut faire du ——.
2. Quand nous sommes entrés dans la chambre, Jean a —— la lumière.
3. Il m'a dit: «Venez —— matin, et nous prendrons notre petit déjeuner chez Capoulade.» 4. J'ai —— mon intention de partir. 5. Jean m'a —— à aller chez Capoulade avec lui. 6. Chez Capoulade Jean a donné de l'—— au garçon, et le garçon lui a rendu la ——.

B. Mettez les verbes des phrases suivantes au passé composé. Attention à l'auxiliaire et à l'accord du participe passé.

1. Marie se couche à dix heures du soir. 2. Elle s'endort à dix heures et quart. 3. Marie et sa mère se réveilleront à sept heures du matin. 4. Elles se lèveront à sept heures et demie. 5. Elles se laveront. 6. Nous nous mettrons à table. 7. Vous prendrez le petit déjeuner. 8. Je me dirige vers le Boulevard Saint-Michel. 9. Vous ne vous promenez pas dans le Luxembourg. 10. Elle ne s'assoit pas dans un fauteuil. 11. Les étudiants n'assisteront pas au cours. 12. Ils ne se réuniront pas devant la Sorbonne. 13. Se couche-t-il de bonne heure? 14. Vous levez-vous à minuit? 15. Jean se met-il à table? 16. Marie se promène-t-elle dans le jardin? 17. Nous nous lavons le matin. 18. Ils parlent de la vie des étudiants. 19. Se saluent-ils quand ils se rencontrent? 20. Nous nous parlerons. 21. Nous vous parlerons.

Vocabulaire

1. annoncer
2. examiner
3. s'installer
4. inviter
5. l'intention (f)
6. la minute
7. typique

Grammaire

1. With which auxiliary are reflexive verbs conjugated in the *passé composé*? (§ 54 E) Give the forms of the *passé composé* of the reflexive verb *se coucher*. Watch the agreement of the past participles. (Page 143.)

2. When and with what does the past participle of a reflexive verb agree? When does it not agree? (§ 70 B)

3. From questions 7, 8, and 9 of this lesson, formulate a diagram for the word order of questions containing reflexive verbs in the *passé composé*.

TRENTE-CINQUIÈME LEÇON

L'Alsace

Il y avait beaucoup d'étudiants au comptoir quand nous sommes arrivés chez Capoulade. Ils mangeaient des croissants et discutaient les événements du jour. Jean et moi avons essayé de causer un peu pendant ce temps-là, mais il y avait trop de bruit pour engager une conversation sérieuse. Nous sommes assez vite sortis, et nous nous [5 sommes promenés sur le boulevard. Pendant que nous nous promenions, j'ai demandé à Jean:

— Avez-vous toujours habité Paris? Ou habitiez-vous ailleurs (autre part) quand vous étiez jeune?

— Quand j'étais plus jeune j'habitais la ville de Nancy. Je l'ai [10 habitée jusqu'au moment où [1] je suis sorti du lycée. Ensuite je suis venu à Paris pour [2] suivre les cours de la Faculté de Médecine. Nancy est la principale ville de la Lorraine. Vous avez entendu parler de l'Alsace-Lorraine?

— Oui, c'est la partie de la France qui est devenue allemande en [15 1871 et qui est redevenue française en 1918 après la Grande Guerre, n'est-ce pas?

— Oui, l'histoire de l'Alsace-Lorraine est intéressante. Cette Alsace-Lorraine est en réalité composée d'une province entière et d'une

[1] *the time when* (§ 36 E). [2] *in order to* (§ 71 B).

petite partie d'une autre, c'est-à-dire de toute l'Alsace et d'une petite [20 partie de la Lorraine. Ces deux provinces sont situées dans l'est de la France près de la frontière allemande. Le Rhin sépare l'Alsace de l'Allemagne. Dans les siècles qui ont suivi l'invasion des Francs, l'Alsace faisait [1] partie [2] de l'empire des Francs. Les Allemands ont fait beaucoup d'efforts pour la coloniser, et une première fois en 843, [25 elle est devenue allemande. Elle est restée un état allemand jusqu'en 1648. A ce moment-là elle est devenue française par le traité de Westphalie. Depuis cette époque jusqu'en 1871 elle a été française. A la fin de la guerre franco-allemande (1870–71) les Allemands ont enlevé l'Alsace à la France, et elle est restée allemande pendant quarante- [30 huit ans. Pendant ce temps, l'Allemagne a essayé de la transformer en terre allemande. Elle a défendu l'emploi du français dans les écoles. Naturellement, beaucoup d'Alsaciens sont restés fidèles à la France, et après trente ans d'occupation l'Allemagne avait encore beaucoup de difficultés en Alsace. Après la Grande Guerre, l'Alsace est redevenue [35 française, mais il reste encore partout des traces du régime allemand. Les habitants ne sont pas complètement français; ils ne sont pas allemands non plus. *Ils sont Alsaciens.* Ils forment presque une race à part.

Strasbourg, la principale ville de l'Alsace, se trouve tout près [40 du Rhin. Cette ville surtout, comme centre de l'administration du gouvernement, a subi l'influence allemande entre 1871 et 1918. La langue, l'architecture et la cuisine de cette ville sont particulières. A Strasbourg on trouve un vieux quartier français, construit avant 1871, un nouveau quartier allemand assez grand et un quartier encore plus [45 neuf construit par les Français depuis la guerre. On entend souvent parler allemand dans la rue et dans les magasins; à Strasbourg on mange beaucoup de charcuterie, et on boit de la bière plutôt que du vin. Pourtant, les habitants sont en général très fidèles à la France et ne veulent nullement redevenir Allemands. La cathédrale de Stras- [50 bourg est une des plus célèbres de France. Elle est connue surtout pour son horloge.

QUESTIONS

1. Pourquoi Jean et Robert ne sont-ils pas restés longtemps au comptoir chez Capoulade? 2. Jean a-t-il toujours habité Paris? 3. Quelle ville habitait-il quand il était jeune? 4. Dans quelle province se trouve Nancy? 5. Qu'est-ce que l'Alsace-Lorraine? 6. Où est située l'Alsace? 7. Quel est le fleuve qui sépare l'Alsace de l'Alle-

---

[1] imperfect of *faire*. [2] *was a part.*

magne? 8. Quand l'Alsace est-elle devenue française pour la première fois? 9. Par quel traité est-elle devenue française en 1648? 10. A la fin de quelle guerre l'Allemagne a-t-elle enlevé l'Alsace à la France? 11. Qu'est-ce que l'Allemagne a essayé de faire en Alsace pendant la période entre la guerre franco-allemande et la Grande Guerre? 12. Tous les Alsaciens sont-ils devenus allemands pendant cette période? 13. Quelles traces les Allemands ont-ils laissées en Alsace? 14. Quelle est la principale ville de l'Alsace? 15. De quels quartiers cette ville est-elle composée? 16. Pourquoi la cathédrale de Strasbourg est-elle connue?

Devoirs

A. Remplacez les tirets par le mot convenable:

1. Nous avons essayé d'—— une conversation, mais il y avait trop de ——. 2. Nous ne pouvions pas y parler; nous sommes allés ——. 3. Savez-vous que l'Allemagne a —— l'Alsace à la France en 1871? 4. Elle a essayé de la —— en terre allemande.

B. Mettez les verbes suivants à l'imparfait:

1. je cause 2. vous avez dansé 3. ils sont 4. vous vous habillez 5. il ira 6. je mange 7. nous nous promenons 8. il y a 9. j'ai 10. j'habite 11. elle se dirige 12. nous effaçons 13. vous serez 14. elle s'est levée 15. il a apporté 16. vous changerez 17. elles auront 18. il traverse 19. nous avons eu 20. je me coucherai 21. il y aura 22. il a été 23. elles commencent 24. nous essayons

C. Mettez les verbes des phrases suivantes à l'imparfait ou au passé composé selon le sens. Ces phrases forment un récit.

1. Je rencontre mon ami dans la rue. 2. Il est Français. 3. Il me demande où je vais. 4. Je lui réponds que je me promène sur le Boulevard Saint-Michel. 5. Nous entrons dans un café. 6. Nous nous asseyons à une table. 7. Il y a beaucoup de monde dans le café. 8. Mon ami appelle le garçon. 9. Il vient tout de suite. 10. Nous commandons un bock. 11. Le garçon nous apporte les bocks. 12. Pendant que nous y sommes, un ami nous salue. 13. Il est cinq heures. 14. Nous laissons un pourboire au garçon. 15. Nous nous levons pour partir.

Vocabulaire

1. coloniser
2. engager
3. transformer
4. l'administration (f)
5. l'effort (m)
6. l'influence (f)
7. l'invasion (f)
8. l'occupation (f)
9. le régime
10. en réalité

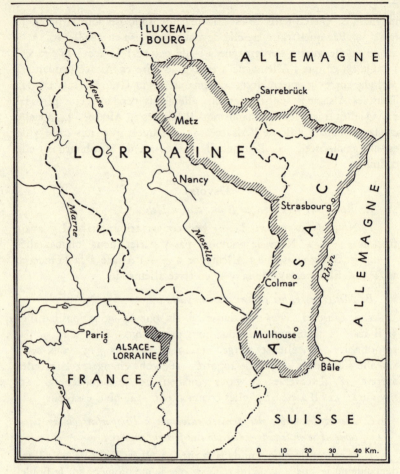

L'Alsace et la Lorraine

GRAMMAIRE

1. How is the imperfect of an *-er* verb formed? (§ 46 A)

2. What is done in the imperfect of *-cer* and *-ger* verbs to retain the soft sounds of *c* and *g*? (§ 82 A, B)

3. Give the imperfect forms of *parler, manger, commencer*, and of the irregular verbs *avoir* and *être*. What is the imperfect of the expression *il y a*? (Page 143; § 88 A)

4. Give and illustrate the three principal uses of the imperfect. How is the French imperfect expressed in English? (§ 47 A 1, 2, 3) Explain the use of each imperfect in your reading lesson.

La Lorraine

— Et la Lorraine? Vous disiez tout à l'heure que la Lorraine était une autre province. On parle toujours de l'Alsace-Lorraine. Ces deux provinces n'étaient-elles pas réunies dans l'histoire?

— La Lorraine était un duché indépendant, qui, comme l'Alsace, a été allemand à une certaine époque. Mais pendant des siècles la [5 Lorraine a eu des rapports avec la France plutôt qu'avec l'Allemagne. En 1766, à la mort du duc Stanislas, elle est devenue province française. En 1871, après la guerre franco-allemande, les Allemands ont pris le nord-est de la Lorraine, c'est-à-dire la région des mines de fer et de charbon. Metz[1] est la principale ville de cette partie de la Lorraine. [10 Les Allemands n'ont pris que le tiers de la Lorraine. Les deux-tiers sont donc restés français.

— Vous m'avez dit que vous êtes né à Nancy, n'est-ce pas? Est-ce que Nancy est une grande ville?

— Oui, Nancy est une ville de 120,000 habitants. Elle est très [15 belle. Au centre se trouve la Place Stanislas ainsi appelée en l'honneur du dernier duc de Lorraine. Nancy, comme Strasbourg, a un vieux quartier et un quartier neuf. Dans le vieux quartier il y a une ancienne porte du treizième siècle.

— Y a-t-il d'autres villes importantes en Lorraine? [20
— Il y en a plusieurs. Domrémy est très célèbre au point de vue historique. Jeanne d'Arc y est née au quinzième siècle d'une famille de paysans. Connaissez-vous son histoire? C'était pendant la Guerre de Cent Ans (1337–1453). Les Français se battaient contre les Anglais. Les Anglais s'établissaient dans tout le pays. Partout en France les [25 paysans pleuraient sur les malheurs de leur pays. Jeanne gardait les moutons de son père. Un jour elle était seule aux champs. Elle a cru entendre des voix qui lui disaient: «Jeanne, Jeanne, allez sauver la France.» Ces paroles l'ont effrayée. Elle n'a su que faire.[2] Ses parents ont essayé de la retenir, mais enfin, à l'âge de dix-huit ans, la [30 jeune fille a quitté Domrémy. Elle est allée à Chinon, ville de Touraine, pour demander une armée à Charles VII, roi de France. D'abord le roi n'a pas voulu lui accorder ce qu'elle désirait; il n'avait pas confiance en elle. Mais il a fini par consentir à lui donner une armée. Elle a attaqué les Anglais, qui mettaient le siège devant Orléans. Après avoir [35 repris cette ville, elle est allée à Reims[3] où le roi devait[4] être couronné.

[1] pronounced *messe* [mɛs].

[2] *She did not know what to do.* For omission of *pas*, see § 21 J.

[3] final *-s* is pronounced (rɛs).

[4] *was to.* Note meanings of *devoir* in various tenses. (§ 90 B)

Ensuite, elle a voulu marcher sur Paris. Elle a été blessée au siège de la ville. Le roi n'a rien fait pour la soutenir, malgré son courage. Puis, elle a été faite prisonnière par les Bourguignons,[1] qui l'ont livrée aux Anglais. Les Anglais la détestaient. Ils l'ont condamnée à être [40 brûlée. On a dressé un bûcher sur la place du marché de Rouen. Jeanne était habillée d'une longue robe blanche. Elle est morte héroïquement. Elle est devenue l'héroïne nationale de la France, car peu après, les Français ont enfin forcé les Anglais à retirer leurs troupes de France. [45

QUESTIONS

1. Dans quelle ville Jean est-il né? 2. Dans quelle ville êtes-vous né? 3. Combien d'habitants a Nancy? 4. Comment s'appelle la grande place au centre de Nancy? 5. Pourquoi la Place Stanislas s'appelle-t-elle ainsi? 6. La Lorraine a-t-elle toujours été française? 7. Quand la Lorraine est-elle devenue française? 8. Quelle partie de la Lorraine les Allemands ont-ils prise après la guerre franco-allemande? 9. Quelle est la principale ville de la partie de la Lorraine prise par les Allemands? 10. Pourquoi la ville de Domrémy est-elle connue? 11. Pendant quelle guerre Jeanne d'Arc est-elle née? 12. Que faisait-elle quand elle était jeune? 13. Avec qui les Français se battaient-ils à cette époque? 14. Qu'est-ce que Jeanne d'Arc a cru entendre dans les champs? 15. A-t-elle obéi aux voix? 16. Où est-elle allée? 17. Qu'est-ce qu'elle a demandé à Charles VII? 18. Le roi lui a-t-il donné une armée? 19. Où a-t-elle attaqué l'ennemi? 20. Où a été couronné le roi? 21. Qui a pris Jeanne d'Arc? 22. Où l'a-t-on brûlée? 23. Qu'est-ce qu'elle est devenue?

DEVOIRS

A. Remplacez les tirets par les mots convenables:

1. Jeanne d'Arc est —— à Domrémy d'une —— de paysans. 2. Elle pleurait sur les —— de son pays. 3. Un jour elle a cru entendre des —— qui lui disaient d'aller —— la France. 4. Ces paroles l'ont ——. 5. Le roi n'a pas voulu lui donner de troupes, car il n'avait pas —— en elle. 6. Les Bourguignons l'ont faite prisonnière, et le roi n'a rien fait pour la soutenir —— son courage.

B. Mettez les verbes suivants à l'imparfait:

1. il finit 2. nous entendons 3. nous servons 4. il est né 5. je veux 6. nous choisissons 7. nous nous sommes battus 8.

---

[1] *the Burgundians*, inhabitants of the province of eastern France which was often at war with the central government during the Middle Ages.

elle dort 9. elle a vu 10. elle écrit 11. ils ont couru 12. il sait 13. ils sentent 14. ils peuvent 15. vous avez perdu 16. je consentirai 17. elles ont mis 18. il croit 19. ils attendront 20. elle boit 21. connaît-il 22. vous dites 23. font-ils 24. je lis 25. je reçois 26. il vient

C. Mettez les verbes des phrases suivantes à l'imparfait ou au passé composé selon le sens. Ces phrases forment un récit.

1. Un matin d'octobre je rencontre Jean dans la rue. 2. Il porte ses livres et son cahier. 3. Il est très gai. 4. Je lui demande où il va. 5. Il me répond qu'il va à l'école. 6. Notre école n'est pas loin. 7. Nous arrivons en classe ensemble. 8. Quand nous entrons dans la salle de classe, nos camarades causent avec d'autres élèves. 9. La salle de classe est agréable; il y a cinq fenêtres d'un côté et un tableau noir de l'autre côté. 10. Le professeur arrive après nous. 11. Peu après l'heure sonne. 12. Immédiatement le professeur commence à parler aux élèves de l'histoire du moyen âge. 13. Il leur explique pourquoi Jeanne d'Arc quitte Domrémy. 14. Ensuite il fait une dictée. 15. Pendant qu'il fait la dictée, un élève lui pose une question. 16. Il répond à la question, et puis il continue la dictée.

VOCABULAIRE

1. attaquer	6. le duc	10. la robe
2. consentir (2)	7. l'héroïne (f)	11. le siège
3. détester	8. la mine	12. la troupe
4. forcer	9. le prisonnier	13. certain
5. le courage	la prisonnière	14. héroïquement

GRAMMAIRE

1. How do the imperfects of most *-ir* verbs differ from the imperfects of other verbs? Conjugate the verb *finir* in the imperfect. (Page 143; § 46 B)

2. What are the forms of the present and the past participle of the irregular verbs *se battre*, *croire*, and *naître*? Give the imperfects of *dormir* and *perdre*. (Pages 143–144.)

3. How is the imperfect stem of any verb, regular or irregular (except those of *être* and *falloir*), found? (§ 46 C) What endings are added? (§ 46 A) Practice saying the imperfects of the irregular verbs in § 86.

Une Soirée au Théâtre

— Aimeriez-vous aller au théâtre un de ces soirs, Robert?

— Oui, j'irais avec plaisir.   A quel théâtre iriez-vous?

— Paris, comme les autres grandes villes européennes, a beaucoup de théâtres, mais à côté des théâtres privés, il y a quatre théâtres nationaux, c'est-à-dire, quatre théâtres qui appartiennent à l'État et qui [5 sont subventionnés par le gouvernement: la Comédie Française, qui s'appelle aussi le Théâtre Français, l'Odéon, l'Opéra et l'Opéra Comique. Nous pourrions aller à un de ces théâtres.   Ce serait une bonne idée d'en connaître un.   D'ailleurs, nous verrions une bonne pièce ou un bon opéra, car on y joue les meilleurs.[1]   Lequel de ces théâtres [10 préféreriez-vous?

— J'aimerais mieux voir une pièce de théâtre qu'un opéra.   Quels sont les meilleurs auteurs français?   Qui est le Shakespeare français?

— J'aurais beaucoup de difficulté à le nommer, mais je dirais que Corneille et Racine sont nos meilleurs auteurs tragiques tandis que [15 Molière est notre meilleur écrivain de comédies.   Tous les trois[2] sont des auteurs du dix-septième siècle.   Corneille et Racine ont écrit beaucoup de tragédies dont[3] l'action se passe dans l'ancienne Grèce ou à Rome.   Mais la pièce la plus célèbre de Corneille est une tragi-comédie et son action se passe dans l'Espagne du moyen âge.   Cette pièce [20 s'appelle le Cid.   Elle a été représentée dès 1637.[4]   C'est la première fois qu'une pièce de théâtre a eu un gros succès dans l'histoire du théâtre de France.   Je crois qu'on joue le Cid au Théâtre Français demain ou après-demain.   Nous pourrions y aller.   Mais il vaudrait mieux prendre nos billets d'avance pour avoir une bonne place.   [25

Les jeunes gens sont allés prendre leurs billets et réserver leurs places.   Robert a trouvé le prix des billets moins élevé qu'en Amérique. Le soir, quand ils sont arrivés au théâtre, ils ont remis leurs billets à une employée qui leur a indiqué leurs places.   Les femmes qui indiquent les places dans un théâtre s'appellent des ouvreuses.   On ne donne pas [30 les programmes dans les théâtres en France; aussi Robert et Jean ont-ils acheté un programme à l'ouvreuse.   Ensuite ils ont donné à l'ouvreuse

---

[1] *the best*.   This is the irregular superlative of *bon*.   (§ 12 E)

[2] *all three*.   *Tous les deux* would be *both*; *tous les quatre* would be *all four*.

[3] *whose*.   (§ 36 D)

[4] 1636 is often given as the date for the first production of the *Cid*.   However, Henry Carrington Lancaster in *A History of French Dramatic Literature in the Seventeenth Century* (Baltimore, Md.: The Johns Hopkins Press, 1932), Part II, vol. I, pp. 118–119, claims that 1637 was the date of the first production.

Gendreau

C'est le Louvre

*... un grand édifice qui semble
dater du moyen âge ...*

Roberts

Nesmith

Quand nous arrivons au sommet de la cathédrale...

Gendreau

*Au-dessus de la porte centrale
il y a une splendide rosace*

*Les Facultés des Lettres et des Sciences
se trouvent dans un grand bâtiment . .*

Keystone

Nous sommes allés à la gare

... des hommes et des femmes de toutes
conditions mais surtout des étudiants

Gendreau

un pourboire d'un franc. Le pourboire au théâtre ou au cinéma est une autre coutume française.

Robert a trouvé *le Cid* très intéressant. La prononciation des [35 acteurs était très claire. Ils ont prononcé chaque son absolument comme on devrait[1] le prononcer. Robert a trouvé la langue française plus belle que jamais.

Mais de tous les usages du théâtre, ce sont les entr'actes qui ont le plus étonné Robert. L'entr'acte est un intervalle entre chaque acte [40 qui dure de quinze à vingt-cinq minutes. Au milieu de la pièce il y a un entr'acte plus long que les autres. Pendant les entr'actes les gens peuvent sortir de la salle. Ils vont souvent au foyer, grande salle avec les statues de tous les grands auteurs dramatiques de France. Ils se promènent au foyer. Il y a là des écrivains, des critiques, des auteurs [45 connus. Quelquefois on quitte le théâtre pour aller vite dans un café boire quelque chose.

QUESTIONS

1. Quels sont les quatre théâtres de Paris qui appartiennent à l'État? 2. Quels sont les meilleurs écrivains de tragédie? 3. Connaissez-vous Molière? 4. Lesquelles de ses oeuvres avez-vous lues? 5. Où se passe l'action de beaucoup des tragédies de Racine et de Corneille? 6. Laquelle des pièces de Corneille est la plus populaire? 7. Il y a quatre théâtres nationaux à Paris. Lequel de ces théâtres est le plus célèbre? 8. Qu'est-ce qu'une ouvreuse? 9. Comment Robert a-t-il trouvé la prononciation des acteurs? 10. Qu'est-ce que c'est qu'un entr'acte? 11. Que fait-on pendant les entr'actes?

DEVOIRS

A. Remplacez les tirets par les mots convenables:

1. Comment —— -vous le son «u»? 2. Quand nous sommes arrivés au théâtre, nous avons —— nos billets à l'ouvreuse. 3. Robert a trouvé la prononciation des acteurs très ——. 4. *Le Cid* a eu beaucoup de —— en France. 5. C'est une pièce dont l'—— se passe en Espagne.

B. Mettez les verbes suivants au conditionnel:

1. ils choisissent 2. il traverse 3. nous servons 4. j'ai mis 5. elle a entendu 6. elle est morte 7. j'obéis 8. vous courez 9. il a 10. ils ont reçu 11. vous racontez 12. il pleut 13. j'écris 14. je suis allé 15. ils ont cru 16. je perds 17. elle se bat 18. nous avons vu 19. il faut 20. il est 21. elle dort 22. vous voulez 23.

[1] *should.* Note different meanings of this verb in different tenses. (§ 90 B)

nous avons lu 24. elles doivent 25. elle a fait 26. nous pouvons 27. il est né 28. vous avez pris 29. je sais 30. nous avons connu 31. il a suivi 32. elle vient

C. Remplacez les tirets par la forme convenable de lequel:

1. Il y a quatre théâtres nationaux en France. —— des théâtres préférez-vous? 2. *Faust, Phèdre* et *Macbeth* sont des pièces très célèbres. —— de ces pièces est française? 3. Madison, Polk, Lincoln, McKinley et Wilson ont été à la tête des États-Unis pendant une guerre. —— de ces présidents ont eu les plus grandes difficultés? 4. Victor Hugo a écrit beaucoup d'oeuvres. —— sont les plus populaires? 5. Vous m'avez dit que vous connaissez presque tous les pays d'Europe. Dans —— de ces pays avez-vous passé l'été?

D. Remplacez les tirets par une forme de meilleur *s'il faut un adjectif et par* mieux *s'il faut un adverbe:*

1. Racine et Corneille sont les —— écrivains de tragédie de la littérature française. 2. J'aime —— le théâtre que le cinéma. 3. Jean est un —— élève que Robert. 4. Il comprend —— que son frère. 5. Victor Hugo écrit bien, mais il y a d'autres auteurs qui écrivent —— que lui. 6. Les romans de Balzac sont —— que les romans de Victor Hugo.

Vocabulaire

1. prononcer	6. la comédie	10. l'opéra (m)	14. l'usage (m)
2. réserver	7. le critique	11. le succès	15. dramatique
3. l'acte (m)	8. le dialogue	12. le théâtre	16. tragique
4. l'acteur (m)	9. l'intervalle (m)	13. la tragédie	17. absolument
5. l'action (f)			

Grammaire

1. How is the conditional formed? (§ 50) Give the conditional of *arriver.* (Page 144.)

2. How is the conditional used? (§ 51 A, B)

3. Have you noted that both the future and the conditional are formed on the infinitive? If one is irregular, the other will be irregular in the same way. There are seventeen common verbs (and their compounds) which are irregular in the future and conditional. It may help you to learn these irregular tenses by dividing the verbs into classes. Give the irregular conditionals of *aller, avoir, courir, devoir,*

envoyer, être, faire, falloir, mourir, pleuvoir, recevoir, savoir, tenir, valoir, venir, voir, and *vouloir.* (§ 85 D)

4. Like what simple verbs will the irregular verbs *appartenir* and *remettre* be conjugated? When in doubt, consult the final vocabulary, which will refer you to the proper simple verb. Conjugate *valoir* in the present and *passé composé.* (Page 145.)

5. How is the interrogative pronoun *which one* expressed in French? (§ 35 E)

6. The French *meilleur* and *mieux* both mean *better.* Yet they cannot be used interchangeably. Distinguish between them. (§§ 12 E, 20 B)

═══════════ *TRENTE-HUITIÈME LEÇON* ═══════

Les Parties du Corps

Le corps humain se compose de plusieurs parties. Sur la tête ou partie supérieure du corps se trouvent les cheveux. Le visage ou la figure se compose des yeux, du nez, de la bouche et du menton. De chaque côté de la tête se trouvent les oreilles. Nous entendons avec les oreilles. Nous voyons avec les yeux. Nous sentons avec le nez. Celui [5 qui ne voit pas est aveugle. Celui qui n'a qu'un oeil est borgne. On dit en français «un oeil», mais «deux yeux». Le pluriel d'*oeil* est *yeux.* Celui qui n'entend pas est sourd, et celui qui ne parle pas est muet. Celui qui ne peut ni entendre ni parler est sourd-muet. Dans la bouche se trouvent la langue, avec laquelle nous goûtons, et les dents avec [10 lesquelles nous mangeons. La langue, les dents et les lèvres sont des parties du mécanisme avec lequel nous parlons.

La tête est sur le cou. Le cou est entre la tête et le tronc. Le tronc contient les organes importants du corps: le coeur, les poumons, l'estomac et d'autres organes. Le coeur sert à faire circuler le sang, [15 liquide qui circule dans les artères et dans les veines. Les poumons sont nécessaires à la respiration et l'estomac est l'organe le plus important de la digestion.

Les bras et les jambes sont les membres du corps humain. Les bras se terminent par les mains, qui ont cinq doigts. Les jambes se terminent [20 par les pieds, qui ont aussi cinq doigts. Le bras est divisé en deux parties par le coude. La partie qui est près de l'épaule est le bras, la partie inférieure (près des mains) s'appelle l'avant-bras. La jambe est divisée en deux parties par le genou.

Le squelette, les muscles et les nerfs sont aussi des parties du corps. [25

QUESTIONS

1. De quoi se compose le corps humain? 2. Quelles sont les parties principales du corps humain? 3. Avec quoi parle-t-on? 4. Avec quoi sent-on? 5. Avec quoi entendons-nous? 6. Avec quoi voit-on? 7. Quelle est la différence entre un aveugle et un borgne? 8. Comment s'appelle la partie du corps entre le tronc et la tête? 9. Qu'est-ce qu'il y a sur la tête? 10. Quelles sont les organes importants du tronc? 11. A quoi sert le coeur? les poumons? 12. Qu'est-ce qu'il y a dans la bouche? A quoi servent-elles? 13. Par quoi se terminent les bras? les jambes? 14. Comment s'appelle la partie du corps entre le bras et l'avant-bras? 15. Où se trouve le genou? 16. Quel est le liquide qui circule dans les artères? 17. Qu'est-ce qui fait circuler ce liquide? 18. Comment s'appelle celui qui ne peut pas entendre? 19. Qu'est-ce qu'un muet? 20. Êtes-vous muet quand vous parlez français? 21. Où sont les cheveux?

DEVOIRS

A. Remplacez les tirets par les mots convenables:

1. Le —— humain se compose de plusieurs parties. 2. Nous voyons avec les —— et entendons avec les ——. 3. Ceux qui ne peuvent voir qu'avec un —— sont borgnes. 4. Les —— sont sur la tête. 5. Dans la —— se trouvent les dents et la langue. 6. Le —— ou la figure se compose des yeux, de la bouche, du nez, des lèvres et du menton. 7. Les mains sont les extrémités des —— ; les pieds sont les extrémités des ——. 8. Le —— circule dans les artères et dans les veines.

B. Remplacez les tirets par la forme convenable du pronom démonstratif:

1. —— qui ne peut pas voir est aveugle. 2. —— qui vont à l'école sont des élèves. 3. —— qui ne peut pas entendre est sourde. 4. —— qui ne parlent pas sont muettes. 5. Les montagnes de France sont plus élevées que —— d'Angleterre. 6. Les journaux de Paris sont plus connus que —— de Tours. 7. Le lycée français est plus sévère que —— que vous avez visité au Mexique.

C. Remplacez les tirets par la forme convenable du pronom relatif:

1. Dans la bouche se trouve la langue, avec —— nous goûtons. 2. Il y a aussi des dents, avec —— nous mangeons. 3. Les yeux avec —— nous voyons sont des parties importantes du corps. 4. Le nez avec —— on sent est une partie du visage. 5. La porte par —— les élèves entrent dans la salle est à gauche. 6. La ville dans —— vous demeurez est en Bretagne. 7. Voilà la table sur —— j'ai mis les livres. 8. Les arbres vers —— vous vous dirigez sont très loin.

Vocabulaire

1. circuler
2. l'artère (f)
3. la digestion
4. l'extrémité (f)
5. le liquide
6. le mécanisme
7. le muscle
8. le nerf
9. l'organe (m)
10. la respiration
11. la veine
12. humain
13. nécessaire
14. supérieur

Grammaire

1. What are the definite demonstrative pronouns? How are they used in this lesson? (§ 32 A)

2. Which relative pronoun is used after a preposition when the pronoun refers to a thing? (§ 36 F)

══ TRENTE-NEUVIÈME LEÇON ══

Les Colonies et la Période Avant la Guerre

Comme je me promenais dans la rue avec Jean, j'ai remarqué un homme qui portait un vêtement tout différent des nôtres. J'ai demandé quel[1] était cet homme et pourquoi il était en France.

«Cet homme est un Arabe, a répondu Jean. Il y en a beaucoup en France. Ils viennent des colonies vendre leurs marchandises.   [5

— La France a-t-elle donc des colonies?

— Oh oui, elle en a beaucoup. Vous savez bien que pendant la période de colonisation de l'histoire américaine, la France a envoyé de nombreux explorateurs en Amérique. Le Français Jacques Cartier a découvert le Saint-Laurent en 1534. Champlain a fondé Québec en [10 1608. La Salle a exploré le Mississipi et a fondé la ville de Saint-Louis. Au dix-septième siècle, la France possédait tout le centre de l'Amérique du Nord et la plus grande partie du Canada. Mais après la Guerre de Sept Ans (1756–63), la France a perdu presque tout le Canada. En 1803 Napoléon a vendu l'immense territoire de la Louisiane aux [15 États-Unis pour quinze millions de dollars.

Au dix-neuvième siècle, la France a essayé peu à peu de reconstituer son empire colonial. Après la guerre franco-allemande, dont vous avez déjà entendu parler, elle a fait la conquête de l'Algérie, de la Tunisie et du Maroc dans le nord de l'Afrique. Elle a pris possession de tout le [20 désert du Sahara. Elle a d'autres colonies en Afrique; elle possède l'Île de Madagascar, qui est tout près du continent africain. En Asie elle

[1] See § 15 D.

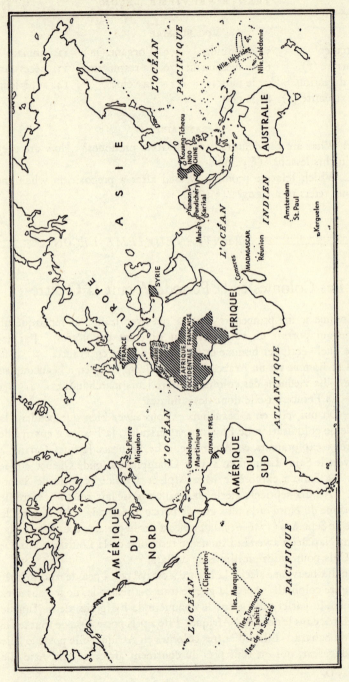

Une carte du monde: la France et ses colonies

possède l'Indo-Chine et quelques îles dans l'Océanie. En Amérique elle possède entre autres la Guyane.

La France a acquis cet empire colonial pendant les dernières [25 années du dix-neuvième siècle et les premières années du vingtième. La formation de cet empire colonial est un des faits les plus importants du début du vingtième siècle.

— C'est une période dont mon père m'a souvent parlé. C'est l'époque où il y a eu tant de difficultés dans le sud-est de l'Europe et [30 tant de complications à cause des colonies africaines. Ce sont les années pendant lesquelles est apparu l'ensemble des circonstances qui ont amené la Grande Guerre, n'est-ce pas?

— Entre 1908 et 1914 il y a eu une série de guerres dans les états balkaniques pendant lesquelles chacune des grandes nations d'Europe [35 essayait de gagner plus d'influence. Il existait deux grands systèmes d'alliance: la Triple Alliance entre l'Allemagne, l'Autriche-Hongrie et l'Italie et la Triple Entente entre la France, la Russie et la Grande Bretagne. Il y avait une rivalité entre toutes ces nations pour dominer non seulement les territoires africains mais aussi les petites nations [40 européennes, surtout les états balkaniques dont nous avons parlé. Chaque grande puissance cherchait à obtenir la suprématie commerciale. Toutes les nations, mais surtout l'Allemagne, se préparaient à la guerre. Ces préparatifs et ces rivalités rendaient une guerre presque inévitable. Pourtant, tout semblait calme en 1914 quand soudain la guerre a [45 éclaté.»

QUESTIONS

1. Quel[1] était l'homme que Robert a remarqué pendant que les jeunes gens se promenaient dans la rue? 2. D'où est-il venu? 3. Pendant quelle période la France a-t-elle envoyé beaucoup d'explorateurs en Amérique? 4. Qui a découvert le Saint-Laurent? 5. Quelle ville d'Amérique Champlain a-t-il fondée? 6. Qui a exploré le Mississipi? 7. Quelle ville La Salle a-t-il fondée? 8. Après quelle guerre la France a-t-elle perdu presque tout le Canada? 9. Quel territoire Napoléon a-t-il vendu aux États-Unis en 1803? 10. Combien les États-Unis ont-ils payé le territoire de la Louisiane? 11. Citez une ville dans ce territoire où on parle encore la langue française. 12. Quelles sont les trois colonies françaises du nord de l'Afrique? 13. Comment s'appelle l'île qui est tout près de l'Afrique et qui est maintenant une colonie française? 14. Quel est le pays que la France possède en Asie? 15. Citez un pays que la France possède en Amérique. 16. Pendant quelle

[1] See § 15 D.

période la France a-t-elle acquis cet empire colonial? 17. Dans quelle partie de l'Europe y avait-il beaucoup de difficultés pendant cette période? 18. Mentionnez les deux grands systèmes d'alliance qui existaient en Europe avant la guerre. 19. Quelles sortes de rivalités ont existé entre les nations d'Europe avant la Grande Guerre? 20. Quand cette guerre a-t-elle éclaté?

DEVOIRS

A. Remplacez les tirets par les mots convenables:

1. Qui a —— l'Amérique en 1492? 2. Pendant la période de colonisation, la France a —— beaucoup d'explorateurs en Amérique. 3. En 1803 la France —— tout le territoire de la Louisiane, mais Napoléon l'a vendu aux États-Unis. 4. Tout semblait —— en Europe quand —— le 28 juillet 1914 la guerre a ——.

B. Remplacez les tirets par la forme convenable du pronom relatif:

1. Cet après-midi Paul va chez un camarade —— a acheté une voiture. 2. Il veut voir cette voiture —— son camarade lui a parlé. 3. La rue —— son camarade demeure est dans un quartier peu connu. 4. Le tramway —— Paul prend n'est pas celui —— va dans ce quartier. 5. Au moment —— il cause avec des gens dans le tramway, Paul apprend qu'il doit changer de direction. 6. Il prend un autre tramway —— le mène près de la maison de son ami. 7. Cet ami, —— s'appelle René, travaille dans la maison. 8. Paul demande —— —— René fait. 9. René vient et il mène Paul dans la salle —— il travaille. 10. Ensuite il lui montre la voiture —— il a achetée. 11. Les jeunes gens sortent dans la voiture et visitent des monuments —— Paul ne sait rien. 12. Les rues par —— ils passent sont au centre de la ville. 13. Ils rencontrent un jeune homme avec —— René parle. 14. Savez-vous —— —— est intéressant à voir dans votre ville?

C. Introduisez dans la phrase les mots indiqués entre parenthèses.
EXEMPLE: La France est un pays (whose inhabitants) travaillent beaucoup. La France est un pays *dont les habitants* travaillent beaucoup.

1. Nous avons vu un homme (whose wife) visitait l'Amérique. 2. Où est ce professeur (whose pupils) sont au tableau? 3. Montrez-moi la maison (whose windows) sont ouvertes.

D. Introduisez dans la phrase les mots indiqués entre parenthèses.
EXEMPLE: (whose title) Avez-vous lu ce livre . . . je vous ai

indiqué . . . ? Avez-vous lu ce livre *dont* je vous ai indiqué *le titre*?

1. (whose father) Nous avons vu un garçon . . . nous connaissons. . . . 2. (whose book) Où est l'élève . . . vous avez acheté . . . ? 3. (whose daughter) Je vous présente à M. Dupont . . . vous avez vu . . . à Paris.

VOCABULAIRE

1. explorer	8. le dollar	15. la suprématie
2. obtenir *	9. l'explorateur (m)	16. le territoire
3. posséder	10. la formation	17. africain
4. l'alliance (f)	11. la marchandise	18. calme
5. la colonisation	12. le million	19. colonial
6. la complication	13. la possession	20. commercial
7. le désert	14. la série	21. inévitable

GRAMMAIRE

1. Outline the relative pronouns in tabular form. (§ 36 B)

2. What is the use of *dont*? Give two types of sentences in which the English and French construction differ in the use of this word. (§ 36 D)

3. What is the relative pronoun of place and time? (§ 36 E)

4. How is the relative pronoun *what* expressed in French? (§ 36 G)

5. Give the present tense and the past participles of the irregular verbs *acquérir, apparaître, obtenir, découvrir,* and *envoyer*. What are the irregular futures of *obtenir* and *envoyer*? (Page 145.)

===== *QUARANTIÈME LEÇON* =====

La Grande Guerre et le Traité de Versailles

Le 28 juin 1914, un jeune Serbe assassina l'archiduc héritier d'Autriche-Hongrie. Pendant quatre semaines l'Autriche-Hongrie n'agit pas. Tout resta tranquille pendant cette période, mais pendant ces semaines, semble-t-il, l'Autriche-Hongrie songeait à profiter de cet incident pour dominer enfin le sud-est de l'Europe. Soudain, le 23 juillet [5 elle envoya à la Serbie un ultimatum humiliant. La Serbie refusa d'accepter trois seulement des cinquante conditions qui composaient cet ultimatum. Pourtant, l'Autriche-Hongrie, sans utiliser de moyens pacifiques pour régler les difficultés, lui déclara immédiatement la guerre. [10

La Russie, nation slave comme la Serbie, ne voulait pas voir ce pays écrasé par un pays germanique. Elle craignait aussi la domination des états balkaniques par l'Autriche. Pour ces raisons, elle procéda à la mobilisation générale. L'Allemagne, alliée de l'Autriche-Hongrie, croyait en la circonstance devoir soutenir son alliée. Elle pria la Russie [15 d'interrompre sa mobilisation, et sur une réponse négative de la Russie, elle lui déclara la guerre et demanda à la France si elle avait l'intention de soutenir la Russie. La France répondit qu'elle ferait ce qui servirait le mieux ses propres intérêts. Comme l'Allemagne avait peur d'être attaquée plus tard par la France, elle lui déclara la guerre aussi. La [20 frontière entre la France et l'Allemagne était bien fortifiée des deux côtés. La frontière belge n'était pas fortifiée, parce que la France ne pensait pas être attaquée par la Belgique. Pour gagner la guerre le plus rapidement possible, l'Allemagne demanda donc à la Belgique la permission de traverser son territoire pour attaquer la France par le nord. [25 La Belgique refusa; l'Allemagne viola le traité qui garantissait la neutralité de la Belgique et pénétra dans le pays. Les Belges résistèrent héroïquement à l'invasion, mais en peu de temps les troupes allemandes occupèrent le pays entier.

La violation du territoire belge provoqua l'entrée en guerre de [30 l'Angleterre, qui à son tour craignait la domination allemande dans l'ouest de l'Europe.

Dès les premiers mois de la guerre, les Allemands arrivèrent tout près de Paris. A la première bataille de la Marne, cependant, les Français repoussèrent l'ennemi au nord et au nord-est. Après cette bataille [35 le front se stabilisa à peu près jusqu'aux derniers mois de la guerre. Il faut remarquer que ce front s'étendait sur plus de mille kilomètres et que c'était le nord-est de la France qui éprouvait d'énormes ruines pendant la guerre.

En 1915 l'Italie entra en guerre du côté des alliés parce qu'elle [40 espérait prendre quelque territoire à l'Autriche-Hongrie. En avril 1917 les États-Unis d'Amérique déclarèrent la guerre à l'Allemagne en raison de la guerre sous-marine que l'Allemagne faisait même aux nations neutres.

Après une lutte acharnée, qui coûta la vie à des millions d'hommes [45 et qui détruisit [1] quelques-uns des plus beaux monuments de la France, et après plusieurs victoires célèbres comme Verdun, St. Mihiel, etc., les alliés, tant par la guerre économique que par la guerre des armes, forcèrent l'Allemagne à se rendre le 11 novembre 1918.

[1] The irregular *passé simple* of *détruire*.

Après la Grande Guerre les représentants des nations se réunirent [50 à Versailles pour chercher une solution aux problèmes soulevés par le conflit. Le Président des États-Unis Wilson joua un rôle important dans l'établissement des conditions de ce traité.

Le Traité de Versailles organisa la Société des Nations pour développer la coopération entre les pays et pour garantir la paix. Par [55 ce traité la France reprit[1] l'Alsace-Lorraine. L'Allemagne perdit beaucoup de territoires à sa frontière est. L'Angleterre et la France lui enlevèrent toutes ses colonies. Le traité forma une nouvelle Pologne et créa la Hongrie, la Tchécoslovaquie, la Yougoslavie et plusieurs autres pays. L'Allemagne dut[2] reconnaître qu'elle était seule re- [60 sponsable de la guerre. Elle fut[3] obligée de payer des réparations énormes à la France pour compenser les dégâts causés par la guerre. La France et ses alliés reçurent le droit d'occuper une partie de l'Allemagne jusqu'au paiement des réparations. De plus, l'Allemagne dut[2] limiter son armée et sa flotte. [65

QUESTIONS

Répondez aux questions suivantes en français. N'employez pas le passé simple dans la réponse.

1. Qui a assassiné l'archiduc héritier d'Autriche-Hongrie? 2. Quand le jeune Serbe l'a-t-il assassiné? 3. Qu'est-ce que l'Autriche-Hongrie a envoyé à la Serbie? 4. La Serbie a-t-elle accédé aux demandes de l'ultimatum? 5. Pourquoi la Russie est-elle entrée en guerre? 6. Pourquoi l'Allemagne est-elle entrée en guerre? 7. Pourquoi l'Allemagne a-t-elle traversé la Belgique? 8. Pourquoi la frontière belge n'était-elle pas fortifiée? 9. Pourquoi l'Angleterre est-elle entrée en guerre? 10. Où les Allemands sont-ils arrivés dès les premiers mois de la guerre? 11. A quelle bataille les Français ont-ils repoussé l'ennemi par leur héroïsme? 12. Pourquoi l'Italie est-elle entrée en guerre? les États-Unis? 13. Qui a gagné la guerre? quand? 14. Pourquoi les représentants des nations se sont-ils réunis à Versailles après la Grande Guerre? 15. Qui a joué un rôle important dans l'établissement des conditions de ce traité? 16. Pourquoi le Traité de Versailles a-t-il organisé la Société de Nations? 17. Quel territoire la France a-t-elle repris par ce traité? 18. Quels sont les pays créés par le Traité de Versailles? 19. Qu'est-ce que l'Allemagne a dû reconnaître par le Traité de Versailles? 20. Qu'est-ce qu'elle a été obligée de payer?

[1] The irregular *passé simple* of *reprendre.*
[2] The irregular *passé simple* of *devoir.*
[3] The irregular *passé simple* of *être.*

DEVOIRS

A. Remplacez les tirets par les mots convenables:

1. Pendant quatre semaines après la mort de l'archiduc héritier de l'Autriche-Hongrie, tout est resté ——; l'Autriche-Hongrie n'a pas ——. 2. La Russie —— la domination de l'Autriche dans les états balkaniques. 3. La France a réussi à —— l'ennemi à la Marne et à Verdun. 4. Le front s'—— sur plus de mille kilomètres. 5. Plusieurs millions d'hommes ont été —— pendant la guerre. 6. Les alliés ont gagné la guerre après une —— qui a duré quatre ans.

B. Mettez les verbes suivants (1) au présent; (2) au passé composé.
EXEMPLE: ils parlèrent (1) ils parlent (2) ils ont parlé.

1. il vota 2. nous écoutâmes 3. elle répondit 4. ils semblèrent 5. nous finîmes 6. vous marchâtes 7. je dormis 8. nous perdîmes 9. je refusai 10. ils punirent 11. nous sonnâmes 12. il servit 13. vous choisîtes 14. nous nous dirigeâmes

C. Écrivez les questions suivantes sans employer ... est-ce que....
Écrivez les questions de deux façons où il est possible. EXEMPLE: Quand est-ce que la guerre commence? (1) Quand commence la guerre? (2) Quand la guerre commence-t-elle?

1. A quel pays est-ce que l'Autriche-Hongrie envoie un ultimatum? 2. Quand est-ce que la Russie déclare la guerre? 3. Pourquoi est-ce que l'Allemagne traverse la Belgique? 4. Où est-ce que la frontière française est fortifiée? 5. Quel traité est-ce que l'Allemagne a violé? 6. Combien d'années est-ce que la guerre a duré? 7. Comment est-ce que les alliés ont gagné la guerre? 8. Quels territoires est-ce que la France et l'Angleterre ont enlevés à l'Allemagne? 9. Pourquoi est-ce que les alliés ont créé beaucoup de petits pays après la guerre? 10. Où est-ce que les représentants des nations se sont réunis après la guerre?

VOCABULAIRE

1. allier
2. assassiner
3. causer
4. compenser
5. déclarer
6. développer
7. fortifier
8. garantir
9. interrompre
10. limiter
11. organiser
12. pénétrer
13. procéder
14. provoquer
15. résister
16. se stabiliser
17. utiliser
18. violer
19. l'allié (m)
    l'alliée (f)
20. l'archiduc (m)
21. les armes (f)
22. la bataille
23. la condition
24. la coopération
25. la domination
26. le front

27. l'incident (m)
28. la mobilisation
29. la neutralité
30. le paiement
31. la réparation
32. la réponse
33. le rôle

34. la solution
35. l'ultimatum (m)
36. la violation
37. belge
38. économique
39. énorme
40. germanique

41. humiliant
42. négatif, négative
43. pacifique
44. possible
45. responsable
46. slave
47. tranquille

GRAMMAIRE

1. How is the *passé simple* of -er, -ir, -re, and -oir verbs formed? (§ 52)

2. What orthographical changes would be made in the *passé simple* of verbs in -cer and -ger? (§ 82 A, B)

3. Give the forms of the *passé simple* of the verbs *déclarer, choisir, répondre, recevoir, forcer,* and *changer.* Give the present and the past participles of the irregular verbs *craindre, détruire,* and *reconnaître.* (Page 145.)

4. When is the *passé simple* used? (§ 53)

5. From your examination of the questions in the lesson, what word order is used in a question with a noun-subject when the question begins with *où, comment, quand, combien,* or *quel* modifying a noun? How does a direct object in such a sentence limit the word order? What about questions which begin with *pourquoi?* (§ 87 F, G)

LEÇONS 31 A 40

QUESTIONS

1. Où est le Boulevard Saint-Michel? 2. Que verriez-vous vers quatre heures de l'après-midi au Quartier Latin? au Luxembourg? 3. Quelle est la différence entre un café et un restaurant? 4. Où est Fontainebleau? 5. Qu'est-ce qu'on peut visiter à Fontainebleau? 6. A quelle époque a été construit le château de Fontainebleau? le château de Versailles? 7. Qu'est-ce qu'on peut voir à l'intérieur du château de Versailles? 8. Comment s'appelle la salle où a été signé le Traité de Versailles en 1919? 9. Quelle est la différence entre les jardins de Versailles et ceux qui étaient populaires en Europe au dix-neuvième siècle? 10. Quels sont les meubles typiques de la chambre d'un étudiant français? 11. En quoi consiste le petit déjeuner d'un étudiant parisien? 12. Avant de vous coucher hier soir, avez-vous allumé ou éteint la lumière de votre chambre? 13. Quand l'Alsace-Lorraine est-elle devenue allemande? 14. Quelle est la principale ville de l'Alsace? 15. En quoi la ville de Strasbourg est-elle différente de Tours? 16. Dans quelle ville de France se trouve la Place Stanislas? 17. Qui a forcé les Anglais à se retirer d'Orléans et puis de beaucoup d'autres villes françaises pendant la Guerre de Cent Ans? 18. Pourquoi le village de Domrémy est-il célèbre? 19. Qui est le Shakespeare français? 20. Les prix des billets de théâtre sont-ils plus élevés en France qu'en Amérique? 21. Citez une pièce célèbre de Corneille. 22. Avec quel organe du corps voyons-nous? 23. A quoi sert le coeur? l'estomac? les poumons? 24. Les mains ont cinq doigts; et les pieds? 25. Qui a découvert le Saint-Laurent? 26. Citez des colonies françaises en Afrique; en Asie. 27. Quels sont les deux systèmes d'alliance qui existaient juste avant la Grande Guerre? 28. Pourquoi les Allemands ont-ils envahi la Belgique en 1914? 29. A quelle bataille les Français ont-ils repoussé les Allemands? 30. Quels nouveaux pays le Traité de Versailles a-t-il créés?

DEVOIRS

A. Mettez les verbes des phrases suivantes à l'imparfait ou au passé composé selon l'emploi du verbe. Faites l'accord du participe passé où il le faut. Ces phrases forment un récit.

1. Marie rentre chez elle à neuf heures du soir. 2. Elle n'a pas de clef. 3. Elle frappe à la porte. 4. Sa mère vient et lui ouvre la porte. 5. Marie se couche à dix heures. 6. Elle dort toute la nuit. 7. Elle se réveille à sept heures du matin, elle se lève et elle s'habille. 8. Ensuite, elle descend à la salle à manger. 9. Ses parents sont à table. 10. Ils parlent de la situation politique quand elle entre dans la salle à

manger. 11. Elle s'assoit à table, et elle commence à manger. 12. Les oranges qu'elle mange sont très bonnes. 13. Son père sort de la maison. 14. Il part tous les matins vers huit heures; il va à son bureau, il travaille toute la journée, et il finit son travail vers quatre heures de l'après-midi. 15. Dans la rue il achète deux journaux; les journaux qu'il achète donnent des nouvelles de la guerre.

B. *Mettez au conditionnel les verbes des phrases suivantes:*

16. Lisez-vous le journal? 17. Mon père a beaucoup à faire. 18. J'étais avec lui.

C. *Remplacez les tirets par une forme du pronom relatif:*

19. C'est la Grande Guerre —— le professeur a parlé. 20. Cette guerre, —— a commencé en 1914, a coûté la vie à des millions d'hommes. 21. Sarajevo est l'endroit —— l'archiduc autrichien a été assassiné. 22. Savez-vous —— —— l'Autriche a fait le 23 juillet? 23. La lettre —— l'empereur d'Allemagne a envoyée à l'empereur de Russie n'a pas empêché la guerre. 24. Les pays avec —— les États-Unis ont fait la guerre à l'Allemagne sont la France et l'Angleterre. 25. Le jour —— la guerre a commencé tout le monde voulait lire les journaux. 26. Savez-vous —— —— se trouvait dans ces journaux?

D. *Remplacez les tirets par un pronom démonstratif:*

27. —— qui lit un journal peut parler des événements du jour. 28. —— qui ne lisent pas les journaux ne savent pas les événements du jour. 29. La guerre de 1914 a duré plus longtemps que —— de 1870.

E. *Remplacez les tirets par la forme convenable du participe passé du verbe indiqué:*

30. Quand Jeanne d'Arc est-elle —— (mourir)? 31. La France et l'Angleterre se sont —— (battre) de 1337 à 1453. 32. Nous sommes —— (naître) au vingtième siècle. 33. Quels camarades avez-vous —— (voir)? 34. Ils ont —— (croire) entendre un bruit. 35. J'ai —— (recevoir) la lettre qu'il a —— (mettre) à la poste.

F. *Écrivez les questions suivantes en employant la forme... est-ce que.... *EXEMPLE:* De quoi Jean et Robert ont-ils parlé? De quoi *est-ce que* Jean et Robert ont parlé?

36. Combien paie-t-on pour s'asseoir dans un parc américain? 37. En combien de temps les jeunes gens sont-ils arrivés à Fontainebleau? 38. Pourquoi Jean et Robert ont-ils commencé à courir?

39. A quelle heure votre père a-t-il pris le train? 40. A quelle époque a été construit le château de Versailles?

COMPOSITION

Écrivez une composition sur un des sujets suivants:

1. Le Quartier Latin et le Luxembourg 2. Fontainebleau 3. Versailles 4. La Chambre d'un étudiant parisien 5. L'Alsace-Lorraine 6. Jeanne d'Arc 7. Le Théâtre 8. Les Parties du corps 9. Les Colonies françaises 10. La Grande Guerre

LES VERBES: LEÇONS 31 A 40

TRENTE ET UNIÈME LEÇON

apercevoir, aperçu[1]	*boire, bu*	*s'asseoir, assis*
j'aperçois	je bois	This verb has two distinct conju-
tu aperçois	tu bois	gations in several tenses. These
il aperçoit	il boit	may be found on page 300. The
nous apercevons	nous buvons	forms of the present given below
vous apercevez	vous buvez	are the most commonly used in
ils aperçoivent	ils boivent	conversation.

		je m'assois	nous nous asseyons
		tu t'assois	vous vous asseyez
j'ai aperçu, etc.[1]	j'ai bu, etc.	il s'assoit	ils s'assoient

TRENTE-DEUXIÈME LEÇON

Passé Composé OF A VERB OF MOTION

CONJUGATED WITH *être*

je suis arrivé(e)	nous sommes arrivé(e)s	*courir, couru*	
tu es arrivé(e)	vous êtes arrivé(e)(s)	je cours	nous courons
il est arrivé	ils sont arrivés	tu cours	vous courez
elle est arrivée	elles sont arrivées	il court	ils courent

falloir, fallu, il faut
prendre; *past participle*: pris
reprendre, repris, *conjugated like*
prendre. See page 69.

j'ai couru, etc.

parcourir, parcouru, *conjugated like* courir

---

[1] In this review, the infinitive, past participle, and the first person singular of the *passé composé* of each new irregular verb will be given. When the verb is a compound of one already studied or belongs to the same group, you will be referred to this verb.

TRENTE-TROISIÈME LEÇON

mourir, mort

IRREGULAR PAST PARTICIPLES

je meurs	nous mourons	devenir	devenu
tu meurs	vous mourez	mettre	mis
il meurt	ils meurent	mourir	mort
		ouvrir	ouvert
je suis mort(e), etc.		revenir	revenu
devenir, *conjugated like* venir. See page 104.		venir	venu

TRENTE-QUATRIÈME LEÇON

Passé Composé OF A REFLEXIVE VERB WITH A REFLEXIVE DIRECT OBJECT

je me suis couché(e)	nous nous sommes couché(e)s
tu t'es couché(e)	vous vous êtes couché(e)(s)
il s'est couché	ils se sont couchés
elle s'est couchée	elles se sont couchées

TRENTE-CINQUIÈME LEÇON

THE IMPERFECT

-er *verbs*	-cer *verbs*	-ger *verbs*
je parlais	je commençais	je changeais
tu parlais	tu commençais	tu changeais
il parlait	il commençait	il changeait
nous parlions	nous commencions	nous changions
vous parliez	vous commenciez	vous changiez
ils parlaient	ils commençaient	ils changeaient

IRREGULAR IMPERFECTS

avoir		*être*	
j'avais	nous avions	j'étais	nous étions
tu avais	vous aviez	tu étais	vous étiez
il avait	ils avaient	il était	ils étaient

redevenir, redevenu, *conjugated like* venir. See page 104.

TRENTE-SIXIÈME LEÇON

THE IMPERFECT

most -ir *verbs*	2d class -ir *verbs*	-re *verbs*	*falloir*
je punissais	je dormais	je répondais	il fallait
tu punissais	tu dormais	tu répondais	
il punissait	il dormait	il répondait	
nous punissions	nous dormions	nous répondions	
vous punissiez	vous dormiez	vous répondiez	
ils punissaient	ils dormaient	ils répondaient	

IMPERFECTS OF IRREGULAR VERBS

§ 46 C of the *Grammaire* gives directions about the formation of the imperfects of all irregular verbs except *être* and *falloir*. You will find the imperfects of all irregular verbs or classes of verbs in the third column of the paradigms beginning page 300. Notice that this stem is exactly the same as the stem of the first person plural of the present indicative, which is in the second column of these paradigms.

IRREGULAR VERBS

se battre, battu

je me bats   nous nous battons
tu te bats   vous vous battez
il se bat   ils se battent
je me suis battu(e), etc.

croire, cru

je crois   nous croyons
tu crois   vous croyez
il croit   ils croient
j'ai cru, etc.

naître, né

je nais   nous naissons
tu nais   vous naissez
il naît   ils naissent
je suis né(e), etc.

savoir; *past participle*: su

TRENTE-SEPTIÈME LEÇON

THE CONDITIONAL

-er *verbs*	-ir *verbs*	-re *verbs*
je demanderais	je punirais	je répondrais
tu demanderais	tu punirais	tu répondrais
il demanderait	il punirait	il répondrait
nous demanderions	nous punirions	nous répondrions
vous demanderiez	vous puniriez	vous répondriez
ils demanderaient	ils puniraient	ils répondraient

IRREGULAR FUTURES AND CONDITIONALS

Futures and conditionals of irregular verbs may be found in Columns 6 and 7 of the paradigms beginning page 300. Students are advised to become acquainted with the forms of the common verbs irregular in the future and conditional as outlined in § 85 D.

valoir, valu

je vaux nous valons   *Future:* je vaudrai, etc.[1]
tu vaux vous valez   *Conditional:* je vaudrais, etc.
il vaut ils valent
j'ai valu, etc.

remettre, remis, *conjugated like* mettre. See page 105.

TRENTE-NEUVIÈME LEÇON

acquérir, acquis   *envoyer, envoyé*

j'acquiers nous acquérons   j'envoie nous envoyons
tu acquiers vous acquérez   tu envoies vous envoyez
il acquiert ils acquièrent   il envoie ils envoient

Passé Composé: j'ai acquis, etc.   *Passé Composé:* j'ai envoyé, etc.
Future: j'acquerrai, etc.   *Future:*   j'enverrai, etc.

apparaître, apparu, *conjugated like* connaître. See page 108.
découvrir, découvert, *conjugated like* ouvrir. See page 106.
obtenir, obtenu, *conjugated like* appartenir. See page 69.

Future of obtenir: j'obtiendrai, etc.

QUARANTIÈME LEÇON

THE SIMPLE PAST

je déclarai   choisis   répondis   reçus   forçai   changeai
tu déclaras   choisis   répondis   reçus   forças   changeas
il déclara   choisit   répondit   reçut   força   changea
nous déclarâmes   choisîmes   répondîmes   reçûmes   forçâmes   changeâmes
vous déclarâtes   choisîtes   répondîtes   reçûtes   forçâtes   changeâtes
ils déclarèrent   choisirent   répondirent   reçurent   forcèrent   changèrent

craindre, craint   *détruire, détruit*

je crains nous craignons   je détruis nous détruisons
tu crains vous craignez   tu détruis vous détruisez
il craint ils craignent   il détruit ils détruisent
j'ai craint, etc.   j'ai détruit, etc.

reconnaître, reconnu, *conjugated like* connaître. See page 108.

---

[1] From this lesson on, the future will be indicated only *if* the verb is irregular in the future and conditional.

Après le Traité de Versailles

Dans la période qui suivit la guerre, la France eut beaucoup de difficultés à adopter une politique vis-à-vis de l'Allemagne. Les réparations de guerre étaient tellement énormes que l'Allemagne ne pouvait que difficilement les payer. En 1923 les troupes françaises occupèrent la Ruhr, partie de l'Allemagne où se trouvaient des mines [5 de charbon. Les Allemands résistèrent passivement. L'inflation vint. Les industries allemandes furent ruinées. La France finit par retirer ses troupes de l'Allemagne. Ce dernier pays commença alors à reconstruire ses industries, grâce à l'argent prêté par des puissances étrangères. Mais en 1929, avec la crise financière mondiale, l'Alle- [10 magne ne pouvait plus payer les réparations. La situation à l'intérieur du pays, devenue de plus en plus mauvaise, amena en 1933 la dictature des Nationaux-Socialistes avec M. Hitler. A partir de ce moment les Allemands n'eurent plus que deux buts:[1] répudier le Traité de Versailles et reconquérir les territoires perdus par la Grande Guerre. Ils com- [15 mencèrent par réarmer; en 1936 ils réoccupèrent la rive gauche du Rhin.

La France aussi éprouva des difficultés économiques. La crise, devenue sérieuse, amena en 1936 un gouvernement «front populaire», qui fut le triomphe des classes ouvrières. Ce gouvernement fit beaucoup de réformes sociales telles que la semaine de quarante heures et [20 les congés payés. En même temps il y eut beaucoup de manifestations et de grèves; le gouvernement dépensait des sommes énormes pour aider les ouvriers sans travail. Malheureusement, il négligea la défense nationale et en particulier l'aviation.

L'Allemagne continuait la réalisation de ses projets. Entre 1936 [25 et 1939, pendant la Guerre Civile d'Espagne, elle aida activement les forces nationalistes. En mars 1938 elle annexa l'Autriche, en septembre 1938 une partie de la Tchécoslovaquie. En mars 1939 elle annexa la moitié ouest de la Tchécoslovaquie et l'ancien territoire allemand de Memel qui appartenait à la Lithuanie. Peu de temps après, elle com- [30 mença une campagne de propagande par la presse et par la radio, où elle parlait continuellement de son besoin d'espace vital et réclamait tous les territoires autrefois allemands. Pendant tout l'été de 1939 elle menaça de prendre la ville libre de Dantzig, port qui était important pour la Pologne. [35

La France et l'Angleterre comprirent enfin les ambitions de conquête et de domination de l'Allemagne. Elles savaient qu'il serait

[1] The -t is usually pronounced. [byt] or [by]

dangereux de permettre à l'Allemagne de s'étendre davantage sans l'arrêter.[1] Elles firent alors avec la Pologne un traité d'assistance mutuelle.

Le 1er septembre, l'Allemagne, qui espérait continuer à faire des [40 conquêtes, envahit la Pologne et bombarda ses villes. La France et l'Angleterre envoyèrent un ultimatum à l'Allemagne et lui demandèrent de retirer ses troupes de la Pologne. Elle refusa. Le 3 septembre l'Angleterre et la France déclarèrent la guerre à l'Allemagne une fois de plus. [45

La guerre commença immédiatement sur terre, sur mer et par air. Les Allemands ne tardèrent pas à vaincre la Pologne. Les mines et les sous-marins allemands commencèrent à couler des bateaux alliés. Mais, grâce aux deux lignes de forteresses, la Ligne Maginot en France et la Ligne Siegfried en Allemagne, la guerre sur terre était très limitée. Il [50 n'y eut pas non plus de bombardement de la population civile pendant les premiers mois de la guerre.

QUESTIONS

N'employez pas le passé simple dans la réponse:

1. Pourquoi la France a-t-elle eu des difficultés avec l'Allemagne après la Grande Guerre? 2. Pourquoi a-t-elle occupé la Ruhr en 1923? 3. Pourquoi l'Allemagne n'a-t-elle pas voulu payer ses réparations de guerre? 4. Comment a-t-elle pu reconstruire ses industries? 5. Pourquoi ne pouvait-elle pas payer ses réparations de guerre après 1929? 6. Qui est devenu chef de l'Allemagne en 1933? 7. Quand a-t-il réoccupé la rive gauche du Rhin? 8. Quelle sorte de gouvernement la crise a-t-elle amenée en France? 9. Quelles sortes de réformes ce gouvernement a-t-il faites? 10. Quel pays l'Allemagne a-t-elle annexé en mars 1938? 11. Quels territoires a-t-elle annexés en septembre 1938? 12. De quoi la presse et la radio allemandes ont-elles parlé pendant tout l'été de 1939? 13. Quels pays ont commencé à comprendre les ambitions de conquête de l'Allemagne? 14. Avec quel pays ont-ils fait un traité d'assistance mutuelle? 15. Comment a commencé la nouvelle guerre? 16. Pourquoi la guerre sur terre était-elle très limitée au commencement du conflit? 17. Y a-t-il eu des bombardements de la population civile?

DEVOIRS

A. Remplacez les tirets par les mots convenables:

1. Après l'inflation les autres nations ont —— de l'argent à l'Allemagne. 2. Elle devait payer une —— énorme à la France.

---

[1] *without stopping her.* (§ 71 A)

3. Le traité de Versailles ne —— pas à l'Allemagne d'occuper la rive gauche du Rhin avec des troupes. 4. Mais la France n'a rien fait pour —— l'Allemagne quand, en 1936, elle a réoccupé cette région. 5. Elle n'a pas demandé à l'Allemagne non plus de —— ses troupes de l'Autriche en mars 1938.

B. *Les verbes suivants sont au passé simple. Mettez-les (1) au présent; (2) au passé composé.* EXEMPLE: ils apprirent (1) ils apprennent (2) ils ont appris.

1. ils mirent   2. je reçus   3. elles coururent   4. il fallut   5. il vint   6. nous nous battîmes   7. ils écrivirent   8. il fut   9. je craignis   10. il crut   11. nous fûmes   12. il naquit   13. il dit   14. nous allâmes   15. j'offris   16. elle vit   17. ils burent   18. il sut   19. vous dûtes   20. il connut   21. elle eut   22. ils voulurent   23. elle mourut   24. j'envoyai   25. il put   26. il lut   27. nous suivîmes   28. ils eurent   29. ils prirent

C. *Dans le premier paragraphe de cette leçon, il y a seize verbes au passé simple ou à l'imparfait. Expliquez le temps[1] de chaque verbe.*

D. *Écrivez les questions suivantes sans employer . . . est-ce que . . . :*

1. Quand est-ce qu'elle a fini?   2. Pourquoi est-ce qu'elle a eu beaucoup de difficultés après la guerre?   3. Pendant combien de temps est-ce qu'elle a duré?   4. Où est-ce qu'ils se réunissent pour discuter ces problèmes?   5. Avec quel pays est-ce qu'ils font un traité?   6. En quelle année est-ce qu'ils reprendront leurs colonies?

VOCABULAIRE

1. adopter	12. le bombardement	23. civil
2. annexer	13. la force	24. dangereux, dangereuse
3. bombarder	14. l'inflation (f)	
4. réarmer	15. la manifestation	25. mutuel, mutuelle
5. reconquérir,* reconquis	16. la population	26. nationaliste
	17. la presse	27. social
6. réoccuper	18. la propagande	28. vital
7. répudier	19. la radio	29. activement
8. ruiner	20. la réalisation	30. continuellement
9. l'ambition (f)	21. la réforme	31. difficilement
10. l'assistance (f)	22. la situation	32. passivement
11. l'aviation (f)		

[1] *tense*

GRAMMAIRE

1. Study the *passé simple* of each irregular verb given on pages 182 and 183 until you can recognize it and give its infinitive.

2. Give the present and past participle of the irregular verb *permettre*, *reconstruire*. What are the irregular past participles of the verbs *reconquérir* and *vaincre*? (Page 183.)

3. What types of word order may be used in asking a question with a pronoun-subject which begins with *où*, *comment*, *combien*, *quand*, *pourquoi*, or *quel* modifying a noun? (§ 87 E)

QUARANTE-DEUXIÈME LEÇON

Les Moyens de Transport à Paris

Paris, le 6 août 1939

Cher Lewis,

Je suis en France depuis six semaines. Voici un mois que je passe mon temps à visiter Paris et à apprendre le français. Je vais vous écrire quelques-unes de mes impressions.

Hier Pierre et sa soeur sont venus avec moi visiter le quartier de l'Opéra. Nous avons pris le métro. Le métro est un train souterrain [5 qui constitue un des moyens de transport les plus importants de Paris. Il y a une première et une deuxième classe dans les trains du métro. La plupart[1] des voyageurs voyagent en deuxième, mais il y en a qui voyagent en première, surtout quand il y a beaucoup de monde. On entre dans le métro par un escalier. Dans toutes les stations de métro il y a [10 des plans de Paris qui indiquent très clairement le parcours des trains. Nous sommes descendus à la station de métro Odéon. Nous avons pris nos billets au guichet. Les billets de métro ne coûtent pas très cher. Nous voulions aller à la Place de l'Opéra. Nous avons cherché le quai où passe le train que nous devions prendre. Nous avons attendu l'ar- [15 rivée du train sur le quai. Nous avons pris ce train jusqu'à la station Châtelet. Là, nous sommes descendus du train pour prendre la correspondance. «Prendre la correspondance» veut dire «changer de train». Pour prendre la correspondance, il faut suivre des passages souterrains jusqu'au quai où s'arrête le train qu'on cherche. Nous avons suivi [20 les passages souterrains. Enfin, nous sommes arrivés au quai. Nous y avons attendu longtemps. Marie s'impatientait. Elle nous a dit:

---

[1] Note that *la plupart* is followed by *de* + the definite article. (§ 5 C 1 a)

«Il y a trois minutes que nous attendons et le train n'est pas encore arrivé.»

Le train est arrivé; il était rempli de voyageurs. Heureusement il [25 n'y a que quatre stations entre le Châtelet et l'Opéra. Nous sommes sortis du métro Place de l'Opéra. Nous nous sommes trouvés devant un magnifique édifice: l'Opéra National de France. C'est là que sont représentés les opéras les plus célèbres du monde.

Ce quartier est un des plus élégants et des plus cosmopolites de Paris. Il y a beaucoup d'étrangers dans ce quartier; surtout des touristes. [30 Vous voulez savoir s'il y a d'autres moyens de transport à Paris? Il y a l'autobus. Les autobus coûtent parfois plus cher que le métro, mais on a l'avantage d'aller plus vite et quelquefois par une route plus directe et surtout de voir le spectacle de la rue. Autrefois il y avait des tramways, mais depuis plusieurs années, il n'y en a plus. Il y a de [35 nombreux taxis, qui gênent la circulation comme en Amérique. (*à suivre*)

QUESTIONS

1. Depuis combien de temps Robert est-il en France? 2. A quoi passe-t-il son temps à Paris? 3. Comment les jeunes gens sont-ils arrivés au quartier de l'Opéra? 4. Qu'est-ce que le métro? 5. Y en a-t-il à New York? 6. Dans quelles autres villes des États-Unis y en a-t-il? 7. Qu'est-ce qui indique le parcours des trains dans le métro parisien? 8. A quelle station Pierre et ses amis sont-ils descendus? 9. Où prend-on les billets? 10. Combien coûtent les billets de deuxième classe? 11. Qu'est-ce que l'Opéra? 12. Jusqu'à quelle station les jeunes gens ont-ils pris le train? 13. Pourquoi sont-ils descendus au Châtelet? 14. Comment ont-ils fait pour prendre la correspondance? 15. Combien de temps ont-ils attendu sur le quai où devait passer leur train? 16. Comment était le train qui est arrivé? 17. Combien de stations y a-t-il entre le Châtelet et l'Opéra? 18. Où sont-ils sortis du métro? 19. Qu'est-ce qu'il y a dans le quartier de l'Opéra? 20. Quel est l'avantage de l'autobus? 21. Quel moyen de transport y avait-il autrefois à Paris? 22. Citez encore un autre moyen de transport. 23. Quels sont les moyens de transport de votre ville?

DEVOIRS

A. Remplacez les tirets par les mots convenables:

1. Nous sommes entrés dans le métro; nous avons regardé le —— de Paris pour savoir quel train il fallait prendre. 2. Il y avait beaucoup de —— dans le train. 3. La —— des voyageurs voyagent en deuxième. 4. Le train s'est —— au Châtelet; nous avons suivi un long —— souterrain pour prendre la correspondance. 5. Le métro a l'—— de coûter moins cher que l'autobus.

B. Écrivez les phrases suivantes avec (1) il y a; (2) voilà. EXEMPLE: Nous sommes à Paris depuis deux semaines. (1) *Il y a* deux semaines *que* nous sommes à Paris. (2) *Voilà* deux semaines *que* nous sommes à Paris.

1. Jean travaille depuis une heure. 2. Ils parlent depuis dix minutes. 3. Nous prenons l'autobus depuis plusieurs mois.

C. Remplacez les tirets par la forme convenable du verbe indiqué:

1. Cher Robert: Je vous —— (écrire) le 14 juin. 2. J'—— (recevoir) votre lettre le 17 juin. 3. Dans cette lettre vous m'—— (demander) ce que je —— (faire) cet été. 4. Il y a un mois que je —— (être) dans un camp. 5. Je —— (arriver) ici le 1er juillet. 6. D'abord je —— (se promener) en bateau et à bicyclette, mais je —— (travailler) dans le camp depuis quinze jours. 7. Voilà deux mois que vous —— (être) en France. 8. Quand vous —— (revenir) en Amérique, vous nous —— (raconter) ce que vous —— (faire) en France, n'est-ce pas?

D. Écrivez cinq phrases originales en employant depuis, il y a, voici *ou* voilà *avec le présent. Employez des verbes différents dans chaque phrase.* EXEMPLE: Il y a deux heures que j'apprends cette leçon.

VOCABULAIRE

1. s'impatienter
2. voyager
3. l'arrivée (f)
4. l'avantage (m)
5. le passage
6. la route
7. la station
8. le taxi
9. le transport
10. le voyageur
11. cosmopolite
12. direct

GRAMMAIRE

1. Explain the idiomatic use of *depuis, il y a, voici,* and *voilà* with the present. (§ 45 B)

2. In English one says: I *wait for* the train. In French one says: J'ATTENDS *le train.* Give other constructions in which English uses a preposition and French uses a verb with a direct object. (§ 42 A, B)

—————— *QUARANTE-TROISIÈME LEÇON* ——————

Le Repas au Restaurant
(*suite*)

A midi Pierre m'a dit en regardant sa montre: «Avez-vous faim? Venez avec nous. Nous allons déjeuner dans un restaurant du quartier.»

Le restaurant français, comme le café, a souvent des tables non seulement à l'intérieur, mais aussi sur le trottoir. Dans les meilleurs restaurants, il y a des nappes et des serviettes de toile; dans quelques [5 restaurants populaires il y a des nappes et des serviettes de papier. De nombreux garçons ou des serveuses servent les clients. Chaque garçon se charge d'un certain nombre de tables.

Nous sommes entrés dans un restaurant où il y avait déjà beaucoup de personnes à table. En nous asseyant près d'une fenêtre nous avons [10 pu voir ce qui se passait à la fois dans le restaurant et dans la rue.

Un garçon nous a apporté la carte. Nous l'avons regardée en choisissant les plats qui nous plaisaient. En France, comme en Amérique, on peut manger à prix fixe ou à la carte. Il est plus coûteux de manger à la carte. [15

Le repas de midi commence d'ordinaire par un hors-d'oeuvre: radis, oeufs durs, tomates, poissons, pâté. Puis on choisit un plat du jour: poisson ou viande. Un légume est servi avec ou après la viande. On mange du pain avec tous les plats. Le pain français ne ressemble pas au[1] nôtre. Ensuite, on apporte la salade. La salade de laitue est très [20 populaire en France. On la prépare en mettant dans un grand saladier de la laitue, du sel, du poivre, du vinaigre et de l'huile et en mélangeant le tout. Après la salade, on mange du fromage. Les fromages de France et de Suisse, comme le Roquefort, le Gruyère, le Camembert, le Brie et le Chèvre, sont célèbres, et les Français en mangent au repas de [25 midi et au repas du soir. Le dessert consiste souvent en fruits ou en pâtisseries. Il y a parfois de la glace, mais on prend de la glace moins souvent en France que chez nous.

En France on boit surtout du vin et quelquefois de la bière au déjeuner et au dîner. Le vin rouge et le vin blanc sont très populaires [30 en France.

Après le repas, nous avons demandé l'addition au garçon. Dans les meilleurs restaurants le garçon apporte l'addition ou quelquefois il la fait sur un petit carnet devant les clients; dans les restaurants où il y a des nappes de papier, le garçon fait souvent l'addition sur la nappe. [35 Le garçon nous a apporté notre addition, et nous l'avons payée, lui laissant un pourboire de dix pour-cent. Le pourboire de dix pour-cent pour le service est une coutume française.

L'après-midi nous avons visité les grands magasins du centre de Paris. En nous promenant près de la gare Saint-Lazare, nous avons [40 aperçu un cinéma avec un film qui nous plaisait. Nous avons donc passé l'après-midi au cinéma.

---

[1] *Ressembler* is regularly followed by *à* in French but takes a direct object in English. (§ 42 C)

J'ai beaucoup d'autres impressions à vous raconter, mais je n'ai pas le temps d'en écrire davantage. Au lieu de vous en écrire plus, je vous en parlerai en détail dès mon retour en Amérique. [45

Je termine en espérant recevoir bientôt de vos nouvelles et en vous envoyant mon meilleur souvenir.

ROBERT

QUESTIONS

1. Comment s'appelle l'endroit où l'on dîne en France? 2. Où se sont assis les jeunes gens? 3. En quoi les restaurants français sont-ils différents des nôtres? 4. Qu'est-ce que le garçon a apporté aux jeunes gens? 5. Qu'est-ce qu'ils ont choisi? 6. Quelles sont les deux façons de commander un repas dans un restaurant français? 7. Est-il plus coûteux de manger à prix fixe qu'à la carte? 8. Par quoi commence le repas de midi? 9. Citez quelques hors-d'oeuvre. 10. En quoi consiste le plat du jour? 11. Mentionnez une salade populaire en France. 12. Comment prépare-t-on la salade de laitue? 13. Qu'est-ce qu'on boit pendant le repas? 14. Qu'est-ce qu'on prend après la salade? 15. Citez des fromages français et suisses. 16. En quoi consiste le dessert? 17. Comment les jeunes gens ont-ils passé l'après-midi? 18. Pourquoi Robert n'écrit-il pas toutes ses impressions de Paris à Lewis?

DEVOIRS

A. Remplacez les tirets par les mots convenables:

1. Dans un restaurant où il y a beaucoup de garçons, le —— est bon. 2. La cuisine française est très bonne; vous —— -elle? 3. Le hors-d'oeuvre consiste quelquefois en salade ou en oeufs ——. 4. Votre lettre sur le restaurant français me plaît; j'—— bientôt aller en France et manger dans un restaurant français.

B. Écrivez les participes présents des verbes suivants:

1. il parle 2. nous perdons 3. je perds 4. elle choisit 5. il a pris 6. nous aurons 7. elle suit 8. vous avez plu 9. elle lisait 10. il peut 11. avez-vous envoyé 12. elle meurt 13. je veux 14. il mange 15. devez-vous 16. il sait 17. il boit 18. elle a vu 19. j'offre 20. il ira 21. il dit 22. elle est née 23. il crut 24. elle a commencé 25. nous avons écrit 26. elles se battent 27. je viens 28. ils coururent 29. j'ai reçu 30. il mit 31. vous connaissez 32. elle craint 33. vous avez été

C. *Lisez dans la leçon les phrases qui contiennent des participes présents. Étudiez l'emploi des participes présents. Ensuite, écrivez quatre phrases originales avec des participes présents. Employez des verbes différents et des idées différentes dans chaque phrase.*

D. *Remplacez les tirets par le participe présent, le présent de l'infinitif ou le passé de l'infinitif selon le cas:*

1. En —— (marcher) vite, nous sommes arrivés tôt au restaurant. 2. Avant d'—— (aller) à Tours il faut lire l'histoire de la Renaissance. 3. —— (obéir) à ses parents, il est resté à la maison. 4. Au lieu de —— (prendre) un billet à la gare, il a causé avec Marie. 5. Avant de —— (dire) son nom il a regardé cet homme. 6. —— (savoir) qu'il était là, je ne pouvais rien dire. 7. Après —— (voir) le professeur il a annoncé son intention de partir pour Bordeaux. 8. En —— (sortir) de la maison, elle a rencontré sa soeur. 9. Avant de —— (recevoir) l'argent, il devait apporter les livres. 10. Après —— (regarder) sa montre il a dit qu'il fallait se dépêcher. 11. Sans —— (parler) il est sorti de la maison. 12. Après —— (arriver) à la gare, il m'a téléphoné.

E. *Dans chacune des phrases suivantes, on aurait un participe présent en anglais. En français, on n'emploie pas un participe présent dans ces phrases. Introduisez les mots entre parenthèses dans les phrases et expliquez ce qu'on emploie au lieu du participe présent:*

1. (are writing) Nous —— une lettre. 2. (were eating) Ils —— du pain quand il est entré dans la salle. 3. (receiving) Avant de —— son ami, il a fermé la porte de la chambre. 4. (reading) Après —— le journal, il est monté dans sa chambre. 5. (knowing) Ils sont allés au cinéma sans —— où vous étiez.

VOCABULAIRE

1. le cinéma	3. le film	5. la tomate
2. le dessert	4. le service	6. le vinaigre

GRAMMAIRE

1. What is the sign of the present participle in English? in French? (§ 66 A) How is the present participle usually formed? (§ 66 B) What about most -*ir* verbs? (§ 66 C) What general rule may be applied for all verbs? (§ 66 D)

2. Give the present participles of *demander, punir, dormir, répondre, être, avoir,* and *savoir.* (Page 183.)

3. How is the present participle used? (§ 67 A) With what prepo-

sition and in what sense is it sometimes used? (§ 67 B) When and with what does the present participle agree? (§ 67 C)

4. In English we normally use the present participle after prepositions. We say: *without thinking, instead of telling*, etc. What construction does French use here? How does French express the very common *before* —— *-ing* and *after* —— *-ing*? (§ 71 A; page 274, note 1)

5. In English the present participle is often used to form what are known as the "progressive tenses." One says: I am *reading*, he was *speaking*. Such forms do not exist in French. How does French express these progressive tenses? (§§ 45 A, 47 A 2)

6. What are the principal parts of a verb? Why are they valuable to a student of French? What are the principal parts of the verb *plaire*? (§ 84 A, B, C, D; pages 183–184.)

================ *QUARANTE-QUATRIÈME LEÇON* ================

Projets de Vacances

Madame Antoine et madame Morel, deux dames d'environ trente ans, se rencontrent l'après-midi aux Champs-Élysées. Madame Antoine se promène avec son petit chien Chou-Chou.

— Bonjour, Marie.

— Bonjour, Suzanne.   [5

— Comment vas-tu?

— Assez bien, merci; mais ce matin j'avais un peu mal à la tête. Il fait très chaud à Paris depuis huit jours.

— Oh, oui; moi, j'ai eu chaud cette nuit.[1] Je ne pouvais pas m'endormir. Aussi[2] j'ai sommeil cet après-midi.   [10

— Je crois que nous avons besoin de vacances. Ce sera bientôt la saison. Dès que mon mari sera revenu[3] d'Angleterre, je lui en parlerai.

— Il est parti en Angleterre, ton mari?

— Il est parti il y a[4] quinze jours[5] pour un voyage d'affaires. Il

---

[1] *last night.* Note this expression.

[2] *So* or *Therefore.* This is the regular meaning of *aussi* at the beginning of the sentence.

[3] *returns.* This is the *futur antérieur* or future perfect, used by the French much more frequently than by the English. (§§ 59, 60)

[4] *ago.* This meaning of *il y a* is also fairly common.

[5] *two weeks.* For the French *huit jours* is a week, *quinze jours* is two weeks.

a passé quelques jours en Allemagne, un jour au Danemark, deux jours [15 en Suède, un jour en Norvège et huit jours dans la brumeuse Angleterre. Je viens de[1] recevoir une lettre de Londres. Il revient en France après-demain. Mais où passeras-tu tes vacances cet été?

— Nous avons pensé aller[2] au Portugal et en Espagne. Peut-être irons-nous[3] aussi en Algérie ou au Maroc. Mais j'aimerais bien [20 passer un mois dans la vieille Espagne. On est tellement tranquille là-bas. Mais ne restons pas sur ce trottoir. Si nous allions nous asseoir à la terrasse de ce café?[4] J'ai soif. Viens, Chou-Chou. Tu as faim? Pauvre petite bête!

A la terrasse d'un café élégant des Champs-Élysées devant une [25 tasse de thé, madame Antoine ajoute:

— Et toi, où vas-tu passer tes vacances?

— Si je pouvais, j'aimerais bien aller en Amérique. Ce serait merveilleux de passer quelques jours au Canada, de faire un séjour à Québec, de voyager aux États-Unis, de rester huit jours à New York [30 et de voir la Californie. Mais je crois que nous finirons par aller tout simplement en Suisse. Y es-tu déjà allée?

— Oui. L'été dernier, pour la seconde[5] fois. Nous avons fait le voyage en auto. D'abord nous sommes allés à Chamonix. Nous nous sommes promenés au pied du Mont Blanc. Nous avons eu froid là-haut [35 même au mois d'août. Tu n'es jamais allée à Chamonix? Ça vaut la peine.

— Mais Chamonix est en France. Qu'est-ce que tu as vu en Suisse?

— Chamonix n'est pas loin de Genève. Genève est en Suisse, mais c'est une ville où l'on parle français. Il y a des plages magnifiques au [40 bord du Lac de Genève. Nous allions nous y baigner tous les jours. Ensuite, nous avons longé le bord du lac en bateau jusqu'à Lausanne.

— Ça a dû[6] être magnifique.

— Puisque je te vois, j'en profite pour te demander si tu peux venir dîner chez nous jeudi soir. Il y aura un ami qui vient d'arriver de [45 Chine et du Japon.

— Mais avec plaisir. Oh, il est déjà cinq heures! Je dois rentrer.

— Alors, au revoir. A jeudi.

---

[1] *have just*, a very important French idiom.

[2] *thought of going.* Note this construction of *penser* followed by the infinitive.

[3] After *peut-être* and a few other adverbial constructions, inverted word-order is often used. (§ 19 D)

[4] *What about sitting on a café terrasse?* Note this construction of *si* followed by the imperfect.

[5] For the difference between *second* and *deuxième*, see § 17 C.

[6] *must have been.* (§ 90 B)

QUESTIONS

1. Où se rencontrent madame Antoine et madame Morel? 2. Comment va madame Morel? 3. Dans quels pays voyage le mari de madame Morel? 4. Où madame Antoine a-t-elle voulu passer ses vacances? 5. Où madame Morel aimerait-elle passer ses vacances? 6. Où madame Antoine et son mari ont-ils passé leurs vacances il y a un an? 7. A-t-on froid à la montagne en été? 8. Où est Chamonix? 9. Citez une ville suisse où l'on parle français. 10. Pourquoi la ville de Genève attire-t-elle beaucoup de touristes? 11. D'où arrive l'ami de madame Antoine?

DEVOIRS

A. Remplacez les tirets par les mots convenables:

1. Je —— de recevoir une lettre d'un camarade. 2. Il fait un voyage d'—— en Californie. 3. Pour voyager on a —— d'argent. 4. Madame Dupont et madame Fleurier sont deux ——. 5. Monsieur Dupont est le —— de madame Dupont. 6. J'ai eu beaucoup de —— à trouver un chien. 7. La petite —— coûtait très cher. 8. On dit bonjour en rencontrant un ami et —— —— en le quittant.

B. Remplacez les tirets par la préposition convenable (avec l'article défini où il le faut):

1. Cet été je suis allé —— France. 2. Je suis parti —— États-Unis le 15 juin. 3. Je suis arrivé —— France le 22 juin. 4. Nous ne sommes pas restés —— Cherbourg. 5. Nous sommes allés —— Paris. 6. Nous sommes sortis —— Paris pour faire des voyages —— Versailles, —— Fontainebleau et —— Chartres. 7. Le 30 juin nous sommes partis —— France. 8. Nous sommes allés —— Allemagne, —— Danemark, —— Norvège et —— Suède. 9. N'êtes-vous pas allés —— Italie, —— Espagne et —— Portugal? 10. Non, mais nous avons rencontré des amis qui venaient —— Portugal et d'autres qui venaient —— Russie. 11. Ils avaient l'intention d'aller —— Chine et —— Japon. 12. Et vous, êtes-vous allés —— Mexique? Oui, nous y avons passé quinze jours. 13. Nous sommes partis —— Mexique le 31 août. 14. L'année prochaine, j'irai —— Canada. 15. Moi, j'aimerais aller —— belle France ou —— vieille Espagne.

C. Écrivez une phrase avec chaque expression pour montrer que vous en comprenez le sens:

1. avoir besoin 2. avoir chaud 3. avoir froid 4. avoir mal 5. avoir soif 6. avoir sommeil 7. valoir la peine

*D. Remplacez les verbes, les adjectifs et les pronoms de la deuxième per-
sonne du pluriel par des verbes, des adjectifs et des pronoms de la
deuxième personne singulier.*   EXEMPLE: *Vous* ne *pouvez* pas trouver
votre stylo; *prenez* le mien avec *vous*.   *Tu* ne *peux* pas trouver *ton*
stylo; *prends* le mien avec *toi*.

1. Vous avez reçu la lettre que je vous ai écrite.   2. Écrivez-moi où
vous allez passer vos vacances.   3. Racontez-moi l'histoire de votre
ami.   4. Serez-vous à Paris avec votre fille?   5. Vous étiez à Paris
quand votre soeur y est arrivée.   6. Je serai avec vous demain.

VOCABULAIRE

1. second [1]   2. simplement

GRAMMAIRE

1. When do the French use the familiar pronoun *tu*? (§ 22 B)   Give
the *tu* forms of present, imperfect, future, conditional, and *passé composé*
of *parler, finir, dormir, perdre, entrer,* and *se tourner*.   (Page 184.)   What
can you say of the familiar imperatives? (§ 72 C, D)   What are the
familiar imperatives of these verbs?

2. Give the *tu* forms of the possessive adjectives (§ 13 A), of the
possessive pronouns (§ 31 B), of the direct object (§ 23 A), the indirect
object (§ 24 A), the reflexive pronouns (§ 25 A), and the disjunctive
pronouns (§ 26 A).

3. How are *in, at,* or *to* expressed with feminine countries? with
masculine countries? with cities? with any place modified by an adjective? (§ 39 A, B, C, D, E)

4. How is *from* expressed with places in French? (§ 40 A, B, C)

5. Which countries are masculine? which feminine? (§ 6 B 3 b)

6. List the personal idiomatic expressions used with *avoir*.   (§ 91 B)

=========== *QUARANTE-CINQUIÈME LEÇON* ===========

Les Vacances en France

L'été est la saison des grandes vacances en France.   Dès le 1ᵉʳ juin
commencent les examens des Grandes Écoles et des Facultés; les universités se vident peu à peu; on n'entend plus personne dans leurs grands
couloirs déserts, accoutumés pourtant au bruit.   Après le 14 juillet ni

[1] For the difference between *second* and *deuxième*, see § 17 C.

les écoles primaires ni les lycées ne sont ouverts. Ni étudiants ni [5 professeurs ne fréquentent les salles de conférence. On ne voit plus dans les rues les élèves portant négligemment leurs livres sous le bras.

Un élève négligent, ayant oublié[1] son livre d'anglais, entre au lycée pour n'y trouver que le silence. Racontant cette histoire à un camarade, il lui demande: [10

— Devine qui j'ai trouvé après deux heures de recherches.

— Personne, répond l'autre, qui connaît bien l'absence de toute personne à l'école pendant les vacances.

— Comment, personne? N'y a-t-il pas toujours un concierge, même en été? [15

— Jamais. N'ayant trouvé[1] personne, tu n'as pu rien faire?

— Rien. Pour cette raison, j'ai décidé de prendre de vraies vacances.

L'été est la saison des vacances, non seulement pour les étudiants mais aussi pour les ouvriers, les employés, les propriétaires, les domes- [20 tiques, les femmes de ménage, en somme, pour toutes les classes de la société française. Les vacances prennent une importance de plus en plus grande. Il n'y a guère de Français qui se passe de vacances. Récemment le gouvernement français a voté des lois pour donner un congé payé de quinze jours par an aux ouvriers et aux employés des [25 bureaux et des magasins. Il a facilité également les voyages en créant des trains spéciaux de vacances à prix réduits.[2] Un si grand nombre de personnes quittent Paris qu'on dit: «Il n'y a personne à Paris après le quatorze juillet. Il n'y a que des étrangers.» Évidemment, c'est exagéré. Mais sans aucun doute, il y a moins de Parisiens à Paris en [30 été qu'en hiver.

En général les Français passent leurs vacances en France. Ils voyagent relativement peu à l'étranger. Ils vont à la montagne, au bord de la mer ou à la campagne. Les voyages dans le nord de l'Afrique deviennent de plus en plus courants. [35

Les vacances de familles s'organisent selon la classe sociale de chacune d'elles, ses ressources et ses goûts. Beaucoup de familles qui habitent Paris ont des parents en province. De telles familles ont souvent l'habitude de passer quelques jours ou quelques semaines chez leurs parents. Elles n'ont que le voyage à payer; aussi[3] les vacances [40 ne reviennent-elles pas trop cher. D'ailleurs, leurs parents de province leur rendent visite l'hiver quand ils viennent à Paris. D'autres familles

---

[1] *having forgotten, having found.* Note the compound form of the past participle.

[2] *at reduced prices.* Note the force of the preposition *à*.

[3] Meaning at beginning of sentence?

partent dans leur voiture; on commence même à voir des roulottes sur les routes et souvent les soirs d'été la grande place de la ville est pleine de ces grosses voitures.   [45

L'enfant français a souvent l'occasion d'aller pendant quelques semaines en été quelque part au bord de la mer ou à la campagne même si ses parents n'ont pas les moyens de partir pour longtemps.   Des sociétés particulières s'occupent des enfants pauvres; sans ces organisations beaucoup d'entre eux ne connaîtraient jamais ces bons moments. [50

Les jeunes gens partent souvent ensemble à la mer ou à la montagne.   Il y en a qui voyagent de ville en ville à bicyclette.   Le sac sur le dos, ils connaissent ainsi leur pays mieux que par aucun autre moyen. Ils passent la nuit dans des établissements réservés spécialement aux jeunes gens.   Ces établissements s'appellent «les auberges de la [55 jeunesse».   On y vit à très bon marché.   Le mouvement «boy scout» est aussi répandu en France et permet à beaucoup de jeunes gens de passer des vacances profitables, puisqu'ils apprennent à se rendre en même temps utiles et agréables.

QUESTIONS

1. Quelle est la saison des grandes vacances en Amérique?   2. Quand commencent les examens des lycées américains? des universités américaines?   3. Qui est dans les lycées américains pendant l'été? dans les universités?   4. Si vous alliez chercher un livre dans un lycée pendant les vacances d'été, qui trouveriez-vous?   5. Comment le gouvernement français aide-t-il les employés qui prennent des vacances? 6. Qui reste à Paris pendant l'été?   7. Où les Français passent-ils leurs vacances?   8. Comment des familles modestes peuvent-elles passer leurs vacances à la campagne?   9. Les Français ont-ils l'habitude de voyager en voiture?   10. Comment les enfants peuvent-ils aller au bord de la mer ou à la montagne en été?   11. Pour quels endroits partent les jeunes gens?   12. Qu'est-ce que les «auberges de la jeunesse»? 13. Pourquoi le mouvement «boy scout» est-il utile?

DEVOIRS

A. Remplacez les tirets par les mots convenables:

1. Je ne sais plus quelle est la capitale du Portugal; je l'ai ——. 2. Les Français qui habitent la ville aiment aller à la ——.   3. Les jeunes gens partent à bicyclette, le sac sur le ——.   4. En été il n'y a pas de bruit dans les corridors des écoles; il n'y a que le ——.   5. Le —— «boy scout» est aussi répandu en France.

B. Donnez les adverbes qui correspondent aux adjectifs suivants:

1. vrai   2. négligent   3. relatif   4. particulier   5. agréable
6. récent   7. élégant   8. général   9. évident   10. suffisant

C. Introduisez les mots indiqués entre parenthèses dans les phrases suivantes. EXEMPLE: (never) Nous parlons français en classe. Nous *ne* parlons *jamais* français en classe.

1. (only) Nous avons quinze jours de vacances.   2. (scarcely) Il y a assez de temps pour aller au Canada.   3. (not at all) Écrivez-moi [1] cet été.   4. (never) J'ai visité Québec.   5. (no longer) Il veut passer ses vacances à Montréal.   6. Combien de lettres avez-vous reçues? (None.)   7. Quand irez-vous au Canada?   (Never.)   8. Assistez-vous aux cours de l'université?   (Not any longer.)

D. Remplacez les expressions en italique par les mots indiqués entre parenthèses. EXEMPLE: (nothing) Nous cherchons *quelque chose*. Nous *ne* cherchons *rien*.

1. (no one) *On* parle allemand au Canada.   2. (no one) Nous avons vu *quelqu'un* dans la rue.   3. (no one) J'ai donné mon livre à *quelqu'un*.   4. (nothing) Il y a *quelque chose* pour vous dans le courrier. 5. (nothing) Il a fait *quelque chose*.[2]   6. (nothing) Il y a *quelque chose* sur la table.   7. (no) J'ai *une* raison pour le faire.   8. (no) *Un* élève a frappé à la porte.   9. Qui est à la porte?   (No one.)   10. Qu'est-ce que vous avez?   (Nothing.)

E. Introduisez neither . . . nor *dans les phrases suivantes. Faites tous les changements nécessaires.* EXEMPLES: 1. Il y a des professeurs et des élèves dans les corridors du lycée.   Il *n'y* a *ni* professeurs *ni* élèves dans les corridors du lycée.   2. Il m'a montré l'église et les écoles de la ville.   Il *ne* m'a montré *ni* l'église *ni* les écoles de la ville.

1. Les élèves portent des stylos et des cahiers.   2. Nous lisons des journaux et des revues.   3. Ils écriront le nom et l'adresse de leurs parents.   4. Vous connaissez la capitale et les principales villes de ce pays.   5. J'ai trouvé des mers et des montagnes en Norvège.   6. En se promenant en voiture, on voit des arbres et des fleurs.

---

[1] What happens to *-moi* in the negative imperative?
[2] What change in word-order is necessary?

VOCABULAIRE

1. décider	7. l'importance (f)	13. profitable
2. exagérer	8. le mouvement	14. spécial
3. faciliter	9. la ressource	15. évidemment
4. fréquenter	10. le silence	16. négligemment
5. s'organiser	11. la société	17. récemment
6. l'absence (f)	12. négligent	18. spécialement

GRAMMAIRE

1. How are adverbs usually formed from adjectives? adverbs from adjectives in -ant and -ent? (§ 18 A, B)

2. List the negative words commonly used with *ne*. Give their English equivalents. (§ 21 E)

3. What can you say of the position of *ne* in the negative sentence? (§ 21 F 1) of *guère, jamais, plus,* and *point*? (§ 21 F 2) of *personne* and *rien*? (§ 21 F 3) of *que*? (§ 21 F 4) of *aucun*? (§ 21 F 5)

4. What can you say of negatives used in a sentence without a verb? (§ 21 G)

5. When a sentence is made negative by *ne ... ni ... ni,* which article is retained before the noun it governs and which is dropped? (§ 21 H)

6. What are the principal parts of *vivre*? What is the past participle of *réduire*? (Page 184.)

============ *QUARANTE-SIXIÈME LEÇON* ============

Napoléon III

Vous souvenez-vous de l'Alsace-Lorraine, ce territoire que l'Allemagne enleva à la France en 1871 et que la France lui reprit après la Grande Guerre? Pour comprendre comment la France a pu perdre ce territoire il faut remonter aux premières années du dix-neuvième siècle.

Le dix-neuvième siècle fut une période de révolutions et de change- [5 ments de gouvernement. En 1815, après la chute de Napoléon Ier, les grandes puissances d'Europe avaient remis le roi Louis XVIII sur le trône de France. En 1830 le peuple s'était révolté contre le roi Charles X, son frère, et avait mis Louis Philippe sur le trône. En 1848, au moment d'une crise industrielle causée par le manque de travail, le [10 peuple s'était révolté encore une fois. On avait proclamé la Deuxième

République. Louis Napoléon, neveu de Napoléon Ier, avait été élu président de la Deuxième République. Mais il était ambitieux comme son oncle. Il s'empara du pouvoir et en 1852 se proclama empereur. Il établit ainsi ce qu'on appelle le Second Empire. [15

Le règne de Napoléon III fut marqué par des progrès matériels énormes. Ce fut une des époques les plus prospères de la France. L'empereur fit embellir Paris. Il fit construire une partie des grands boulevards qu'on admire tant aujourd'hui. Pendant cette époque le Français de Lesseps fit percer le Canal de Suez, et la France contrôla [20 cet important canal pendant plusieurs années. Par une série de guerres, elle commença à acquérir l'empire colonial qui la rend si puissante aujourd'hui.

Mais la France n'était pas la seule nation qui s'agrandissait à cette époque. Pendant ces mêmes années, l'Allemagne, qui avait été une [25 confédération d'états indépendants, réussissait à s'unifier avec le roi de Prusse comme chef. Bismarck, homme d'état très habile, organisait une des armées les plus fortes du monde. Entre 1864 et 1870, il réussit à libérer l'Allemagne des puissances étrangères et à unifier son pays. A ce moment-là Bismarck rêvait d'une guerre pour achever l'unification [30 des états allemands du nord et du sud.

L'occasion se présenta bientôt. En 1868 les Espagnols avaient renversé leur reine Isabelle II. Ils avaient offert la couronne à un cousin du roi de Prusse, qui avait accepté. Le gouvernement français protesta; le prince retira sa candidature. Mais quand la France de- [35 manda à l'Allemagne la promesse de ne jamais [1] mettre ce prince sur le trône d'Espagne, l'Allemagne refusa. La France interpréta ce refus comme une insulte et déclara la guerre à l'Allemagne.

La guerre, commencée en 1870, dura moins d'un [2] an. La France ne pouvait rien contre l'immense organisation militaire de Bismarck. [40 Elle fut forcée de céder l'Alsace et une partie de la Lorraine à l'Allemagne et de payer une indemnité de guerre de cinq milliards de francs. [3]

Pendant la guerre, les Français renversèrent le Second Empire. Napoléon III se sauva en Angleterre. On fonda la Troisième Répu- [45 blique, et en 1875, on établit la Constitution qui est à la base du gouvernement français actuel.

La guerre franco-allemande et les suites de cette guerre sont très importantes dans l'histoire diplomatique de l'Europe et dans le développement des événements qui amenèrent la Grande Guerre en 1914. [50

---

[1] Why are the negatives together? (§ 21 I)   [2] For *than* see § 12 B.

[3] This amounted to about $1,000,000,000 in contemporary American currency.

QUESTIONS

1. A quand faut-il remonter pour comprendre la guerre franco-allemande? 2. Qui avait été remis sur le trône de France en 1815? 3. Qu'avait fait le peuple français en 1830? en 1848? 4. Qui s'était emparé du pouvoir pendant la Deuxième République? 5. Qu'est-ce qu'il a établi? 6. Par quoi a été marqué le règne de Napoléon III? 7. Qui a fait percer le Canal de Suez? 8. Quelle était la situation politique en Allemagne pendant ces années-là? 9. Qui était le chef de la confédération allemande? 10. Qui a organisé l'armée allemande? 11. Quelle est la reine que les Espagnols avaient renversée? 12. A qui avaient-ils offert la couronne d'Espagne? 13. Qu'est-ce que le gouvernement français a fait alors? 14. Et ensuite, qu'est-ce que le gouvernement français a demandé à l'Allemagne? 15. Quelle a été la cause de la guerre avec l'Allemagne? 16. Combien de temps a duré la guerre? 17. Qui a gagné la guerre? 18. Qu'est-ce que la France a perdu après cette guerre? 19. Quelle était la situation politique en France à la fin de la guerre? 20. Qu'a-t-on établi en France en 1875?

DEVOIRS

A. Remplacez les tirets par le mot convenable:

1. En 1914, j'avais quinze ans; je me —— bien de la guerre. 2. Guillaume II, empereur d'Allemagne, avait —— d'une guerre pour dominer le monde. 3. Il voulait s'—— des colonies françaises en Afrique. 4. Il pensait pouvoir —— la guerre en peu de temps. 5. Après la guerre, Guillaume II n'est jamais —— sur le trône.

B. Mettez les verbes suivants au plus-que-parfait. Attention à l'auxiliaire.

1. il cause 2. nous étions 3. je croirai 4. perdez-vous 5. je prends 6. elle recevra 7. voyez-vous 8. elles montent 9. elle sait 10. je dis 11. nous nous levons 12. elle ne doit pas 13. finira-t-il 14. se lève-t-il 15. il ira 16. il boit 17. vous descendrez 18. connaissez-vous 19. il dort 20. j'ai 21. faites-vous 22. ils ne se tournent pas 23. elle lit 24. il envoie 25. peut-il 26. mettez-vous 27. il meurt 28. il plaît 29. il veut 30. ils viennent 31. suivez-vous 32. elle naît 33. nous écrivons

C. Remplacez les tirets par le plus-que-parfait du verbe indiqué:

1. Nous —— (lire) trois romans français lorsque nous sommes allés en France. 2. Il —— (vivre) cinquante ans quand il est sorti de son village. 3. —— -vous (mettre) la lettre à la poste avant son ar-

rivée? 4. Elle —— (mourir) pendant la nuit. 5. J'—— (ouvrir) la porte pour lui. 6. Cela —— (plaire) à votre mère. 7. Il —— (venir) voir le nouveau film. 8. Tu —— (pouvoir) le faire, n'est-ce pas? 9. Elle —— (croire) qu'il était riche. 10. Elles —— (se voir) à Bordeaux.

D. *Introduisez la construction causative dans les phrases suivantes.* EXEMPLE: Nous avons construit une maison. Nous *avons fait construire* une maison.

1. Le professeur ouvre la fenêtre. 2. Il corrige les fautes des élèves. 3. Ils ont lavé leur voiture. 4. Nous vendrons le chien. 5. Cet homme d'affaires avait écrit des lettres.

VOCABULAIRE

1. contrôler	11. la candidature	21. l'unification (f)
2. interpréter	12. la confédération	22. ambitieux,
3. libérer	13. le cousin	ambitieuse
4. offrir*, offert	14. le développement	23. diplomatique
5. se proclamer	15. l'indemnité (f)	24. industriel,
6. protester	16. l'insulte (f)	industrielle
7. se révolter	17. le prince	25. matériel,
8. s'unifier	18. le progrès	matérielle
9. la base	19. la promesse	26. prospère
10. le canal	20. le refus	

GRAMMAIRE

1. Of what two parts does the pluperfect consist? With what auxiliary is it conjugated? (§ 57 A, B) Give the pluperfect forms of *demander, entrer,* and *se laver.* (Page 184.)

2. How is the pluperfect used? (§ 58)

3. Use in sentences the irregular past participles of the verbs on page 185.

4. How is the causative construction (to have something done) expressed in French? (§ 89 A)

5. Give the principal parts and the present of the irregular verbs *construire, offrir, remettre,* and *se souvenir.* What is the past participle of *pouvoir?* (Page 185.)

La Révolution Française: La Prise de la Bastille

L'histoire de France peut se diviser en deux grandes périodes: celle d'avant 1789 et celle d'après 1789. Celle-ci s'appelle le nouveau régime; celle-là l'ancien régime. 1789 est la date de la Révolution française. Avant cette date, la France était gouvernée par des rois. Peu à peu ces rois avaient acquis un pouvoir absolu. Ce pouvoir absolu menait à [5 des abus. Il y avait dans le pays trois classes sociales: la noblesse, le clergé et le peuple. De ces trois classes le peuple seul payait les impôts. Cette classe était très pauvre, et la misère était générale, parce que les impôts étaient extrêmement lourds. Pendant le règne de Louis XVI, le trésor étant vide, le roi pour obtenir de l'argent, fut obligé de con- [10 voquer les États-Généraux, assemblée nationale qui devait aider le roi à gouverner le pays. Ceux-ci se composaient des représentants de la noblesse, du clergé et du peuple. Les représentants du peuple formaient le Tiers-État. Cette assemblée n'avait pas été convoquée depuis longtemps (1614), au moment où le besoin d'argent obligea Louis XVI à le faire. [15

Les États-Généraux se réunirent à Versailles. Les membres du Tiers-État refusèrent de voter de nouveaux impôts sans la garantie de quelques libertés pour le peuple. Après que les représentants de la noblesse et du clergé eurent refusé de se mettre d'accord avec le Tiers-État, celui-ci s'en sépara, constitua une assemblée nationale, et jura [20 de ne pas¹ se séparer avant d'avoir établi une constitution. Ce serment mémorable s'appelle le Serment du Jeu de Paume. Dès que le clergé se fut aperçu que le Tiers-État tenait ferme, il se mit de son côté.

Le roi décida alors d'agir. Il rassembla des troupes. Pendant ce temps, le peuple de Paris commençait à se soulever contre l'autorité [25 royale. On sentait la révolution partout. Après que le roi eut refusé d'éloigner ses troupes, le peuple s'arma de trente mille fusils et prit quatre canons.

Le 14 juillet 1789 le peuple attaqua la Bastille, forteresse où l'on mettait les prisonniers politiques. Cette prison était le symbole de [30 l'autorité royale. Elle fut défendue par cent dix soldats environ. Quand la foule entra dans la cour de la prison, le gouverneur de la Bastille donna l'ordre de lui tirer dessus.² Les soldats tirèrent; les canons et les fusils tuèrent plus de cent personnes. Enfin, après une bataille de plus de deux heures, le peuple s'empara de la prison, [35 libéra les sept prisonniers qui y étaient enfermés, et démolit la Bastille.

¹ Why are the two parts of the negative together? (§ 21 I)
² on it

La prise de la Bastille marqua le commencement de la Révolution française. Le 14 juillet devint la fête nationale de la France.

QUESTIONS

1. Quelles sont les deux grandes périodes qui divisent l'histoire de France? 2. Quelle est la date de la Révolution française? 3. Par qui était gouvernée la France avant la Révolution? 4. Les rois ont-ils eu beaucoup d'autorité avant la Révolution? 5. Quelles étaient les trois classes sociales en France? 6. Y a-t-il des classes sociales aux États-Unis? 7. Quelle était la situation du trésor pendant le règne de Louis XVI? 8. Pourquoi le roi a-t-il convoqué les États-Généraux? 9. De quoi se composaient les États-Généraux? 10. Comment s'appelaient les représentants du peuple? 11. Pourquoi le Tiers-État a-t-il refusé de consentir à de nouveaux impôts? 12. Quand les représentants de la noblesse et du clergé ont refusé de se mettre d'accord avec le Tiers-État, qu'ont fait les représentants du peuple? 13. Comment s'appelle le serment qu'a prononcé le Tiers-État? 14. Qu'est-ce que le roi a fait alors? 15. Qui a commencé à protester contre l'autorité royale? 16. Qu'est-ce que la Bastille? 17. Quand le peuple de Paris a-t-il attaqué la Bastille? 18. Quel ordre le gouverneur de la prison a-t-il donné? 19. Combien de personnes ont été tuées? 20. Que marque la prise de la Bastille? 21. Qu'est devenu le 14 juillet?

DEVOIRS

A. Remplacez les tirets par les mots convenables:

1. En 1789 les impôts étaient ——. 2. Une —— s'était rassemblée devant la Bastille. 3. Elle avait demandé au roi d'—— les soldats. 4. Le gouverneur de la prison a donné l'ordre aux soldats de —— sur la foule. 5. La foule a démoli la prison, et le 14 juillet est devenu la —— nationale.

B. Remplacez les tirets par la forme convenable du pronom démonstratif. Attention à -ci *et* -là. EXEMPLES: 1. Regardez ces deux cathédrales. —— est plus belle que ——. *Celle-ci* est plus belle que *celle-là.* 2. Regardez tous ces livres. —— sont plus intéressants que —— que vous avez achetés. *Ceux-ci* sont plus intéressants que *ceux* que vous avez achetés.

1. Cette nation-ci est plus puissante que ——. 2. J'aime mieux l'histoire de France que —— d'Angleterre. 3. Les repas à prix fixe coûtent moins cher que —— qu'on commande à la carte. 4. Ce professeur-ci parle plus vite que ——. 5. Le roi de France était plus puis-

sant que —— d'Angleterre. 6. Les fleurs du midi sont plus belles que —— du nord. 7. Cette jeune fille-ci travaille moins que —— qui demeure de l'autre côté de la rue. 8. Ces élèves-ci sont plus jeunes que ——. 9. Ce livre-ci est moins intéressant que —— qui est sur la table. 10. Ces pays-ci ont plus de liberté que —— qui sont gouvernés par les dictateurs.

C. *Remplacez les tirets par* celui, celle, ceux, celles, ceci, *ou* cela *selon le sens, en mettant* -ci *ou* -là *où il le faut:*

1. Faites ——, ne faites pas ——. 2. Ce garçon-ci est plus jeune que ——. 3. Ne lisez pas ——. 4. Lisez ce livre-ci, ne lisez pas ——. 5. Voilà deux fleurs. Laquelle préférez-vous? —— ? Non, ——. 6. Voici trois desserts. Choisissez ——. 7. Ne dites pas ——. 8. Voilà deux restaurants. Indiquez-moi —— que vous préférez. 9. Ne regardez pas ——. 10. —— prend beaucoup de temps. 11. Voici mes stylos. —— est plus vieux que —— qui est sur la table.

VOCABULAIRE

1. s'armer	5. la garantie	9. le prisonnier	13. royal
2. l'abus (m)	6. la liberté	10. le symbole	14. extrêmement
3. l'autorité (f)	7. l'ordre (m)	11. absolu	
4. le canon	8. la prison	12. mémorable	

GRAMMAIRE

1. In Lesson 38 you have studied the definite demonstrative pronouns. Outline them. How do they agree with their antecedents? (§ 32 A, B) When are *-ci* and *-là* used with the definite demonstrative pronouns and when not? (§ 32 C)

2. How are *the former* and *the latter* expressed in French? (§ 32 D)

3. When are the definite and when the indefinite demonstrative pronouns used? (§ 33 D)

4. Like what verb is the irregular *s'apercevoir* conjugated? What are its principal parts? those of *tenir*? (Page 186.)

5. In this lesson the *passé antérieur* has been used several times. This is a tense which is avoided in conversation but which is fairly common in literary style. Of what two parts does it consist? With what auxiliary is it conjugated? (§ 61 A, B) When is it used? (§ 62)

Gendreau

... grand édifice de la Renaissance française...

Cette forêt n'est pas une forêt comme une autre

Roberts

*C'est là qu'a été signé en 1919
le célèbre traité de Versailles*

*... la vue de ces jardins réguliers
évoque la beauté du passé*

La langue et l'architecture de
cette ville sont particulières

Cette ville surtout a subi
l'influence allemande

Pix

Raeder

*... la Place Stanislas, ainsi appelée
en l'honneur du dernier duc ...*

*Le restaurant français a souvent
des tables sur le trottoir*

La Révolution Française: La Convention et la Terreur

Après la prise de la Bastille, les États-Généraux, qu'on appela ensuite Assemblée Nationale, votèrent l'abolition de tous les privilèges, détruisant ainsi les principes sur lesquels reposait l'Ancien Régime. Louis XVI et sa cour s'amusaient au château de Versailles. Poussé par son entourage, le roi refusa d'admettre l'abolition de ces principes. Le [5 peuple apprit avec colère que le roi méprisait le nouveau gouvernement; il marcha sur Versailles avec des canons, en criant, «Du pain! Du pain!» La reine, Marie-Antoinette, qui s'était fait de nombreux ennemis, ne fut sauvée que par le dévouement de quelques-uns de ses gardes qui se firent tuer en défendant sa porte. La foule força la [10 famille royale à retourner à Paris. Marie-Antoinette demanda de l'aide à l'Autriche et aux autres pays d'Europe. Depuis deux ans la famille royale restait prisonnière à Paris, quand en 1791 le roi, la reine et leur fils, déguisés, essayèrent de s'échapper et d'atteindre l'Allemagne, d'où ils espéraient revenir avec une armée pour rétablir l'ordre. Mais ils [15 furent découverts dans une auberge à Varennes et reconduits sous bonne escorte à Paris.

A ce moment-là apparut le parti républicain, et on commença à demander l'abolition de la monarchie. Vers 1792 une nouvelle assemblée se réunit et prit le nom de Convention Nationale. Cette con- [20 vention proclama la République en France et promit de donner au pays une constitution. Elle jugea Louis XVI et le condamna à la guillotine. Avec la mort du roi, presque tout l'ordre établi fut renversé. On changea le système des dates. On donna de nouveaux noms aux mois. On adopta le système métrique de poids et mesures. On nia l'exis- [25 tence de Dieu et on lui substitua la déesse Raison.

Le changement du système politique alarma les autres pays d'Europe. Ils s'armèrent contre la France. Ainsi attaquée, la France décida de répandre ses idées de liberté à l'étranger. Elle combattit contre les princes allemands et les rois des autres pays. Pendant ces guerres, [30 Rouget de Lisle, jeune officier de l'armée française, composa la *Marseillaise*, qui devint l'hymne national de la France:

> Allons, enfants de la patrie.[1]
> Le jour de gloire[2] est arrivé;
> Contre nous de la tyrannie[3]
> L'étendard[4] sanglant[5] est levé,[6]

[35

[1] *fatherland*   [2] *glory*   [3] *tyranny*   [4] *standard*   [5] *bloody*   [6] *raised*

Entendez-vous dans ces campagnes
Mugir[1] ces féroces soldats?
Ils viennent jusque dans nos bras
Égorger[2] nos fils, nos compagnes![3] [40

Aux armes, citoyens! formez vos bataillons![4]
Marchons, marchons!
Qu'un sang impur abreuve[5] nos sillons.[6]

Mais plusieurs provinces n'approuvaient pas la Révolution. La Bretagne et la Vendée surtout restaient fidèles au roi. Une contre- [45 révolution éclata dans ces provinces-là et il y eut de féroces batailles entre les royalistes et les républicains. Victor Hugo raconte l'histoire de cette contre-révolution dans son roman *Quatre-vingt-treize*. Alors commença la Terreur. Le Comité de Salut public, dirigé par Robespierre, envoya tous les jours de nombreuses victimes à la guillotine. [50 Les prisons étaient remplies d'hommes et de femmes qu'on soupçonnait de ne pas aimer la République. Parmi les hommes célèbres guillotinés se trouvèrent André Chénier, jeune poète, et Lavoisier, fondateur de la chimie moderne.

Il y avait deux ans que la Terreur durait quand elle se termina [55 en 1795 avec l'établissement du Directoire. C'était un groupe de cinq hommes chargés de gouverner la nouvelle république. La situation était très grave. Toutes les nations de l'Europe se réunissaient pour attaquer la nouvelle république. A ce moment Napoléon parut.

QUESTIONS

1. Qu'est-ce que l'Assemblée Nationale a voté? 2. Où étaient Louis XVI et sa cour alors? 3. Le roi a-t-il reconnu l'abolition des privilèges? 4. Qui a marché sur Versailles avec des canons? 5. Comment a été sauvée Marie-Antoinette? 6. Où a-t-elle demandé de l'aide? 7. Où le roi et sa famille ont-ils essayé de s'échapper? 8. Où ont-ils été découverts? 9. Qu'est-ce que le parti républicain a commencé à demander alors? 10. Qu'est-ce que la convention de 1792 a proclamé? 11. Qu'est-ce qu'on a fait de Louis XVI? 12. Quels changements ont été faits par la nouvelle république? 13. Pourquoi les autres pays d'Europe se sont-ils armés contre la France? 14. Y a-t-il des exemples plus modernes de pays qui voulaient intervenir dans les affaires d'une nation en révolution? 15. Qui a composé la *Marseillaise*? 16. Citez des provinces qui n'approuvaient pas la révolution. 17. Dans quel roman peut-on trouver l'histoire de la contre-révolution en Bretagne

[1] *bellow*   [2] *slaughter*   [3] *companions*   [4] *battalion*   [5] *water*   [6] *fields, furrows*

et en Vendée? 18. Quand s'est terminée la Révolution? 19. Qui est Lavoisier? André Chénier? 20. Qu'est-ce que la Terreur? 21. Qui se chargeait de gouverner la nouvelle république? 22. Pourquoi la situation était-elle très grave à ce moment-là?

DEVOIRS

A. Remplacez les tirets par les mots convenables:

1. Le roi, —— par son entourage, a refusé de reconnaître les droits du peuple. 2. Lui et sa cour s'—— à Versailles. 3. Le roi et sa famille ont essayé de s'—— en Allemagne. 4. Marie-Antoinette a cherché de l'—— à l'Autriche. 5. Pendant la Révolution on a nié l'existence de ——. 6. On a établi le système métrique de poids et ——.

B. Remplacez les tirets par L'ARTICLE PARTITIF *ou par* de. *Expliquez la forme que vous mettez dans chaque phrase.*

1. La salle était remplie —— personnes. 2. Avez-vous remarqué —— cafés à Paris? 3. Nous avons eu beaucoup —— difficultés. 4. Il n'y a pas —— fleuves importants au Mexique. 5. Nous prendrons —— café. 6. La maison est entourée —— arbres. 7. C'est une maison —— pierre. 8. —— autres élèves sont venus me voir. 9. La plupart —— élèves sont en classe. 10. Avez-vous —— cahiers? 11. Ils gagnent très peu —— argent. 12. Apportez-moi —— papier et —— encre. 13. Il y a —— graves problèmes dans le monde. 14. Bien —— hommes étudient ces problèmes. 15. Votre composition est pleine —— fautes. 16. On n'a pas assez —— temps pour le faire. 17. Les États-Unis se composent —— états. 18. Il y a —— crème sur la table. 19. Nous avons besoin —— encre. 20. On n'a pas trouvé —— livres.

C. Étudiez dans le texte les exemples de depuis, voilà... que, voici... que, *et* il y avait... que *avec l'imparfait. Écrivez trois bons exemples originaux de cette construction en employant des verbes différents dans chaque phrase.* EXEMPLE: Il NEIGEAIT *depuis* deux heures quand le soldat est arrivé à l'auberge.

VOCABULAIRE

1. admettre*, admis	8. l'aide (f)	15. la monarchie
2. alarmer	9. l'escorte (f)	16. le poète
3. combattre*, combattu	10. l'existence (f)	17. le principe
4. guillotiner	11. le garde	18. le privilège
5. juger	12. la guillotine	19. la victime
6. substituer	13. l'hymne (m)	20. féroce
7. l'abolition (f)	14. la mesure	21. métrique

GRAMMAIRE

1. Explain the omission of the definite article after *de* in sentences such as: *Les prisons étaient remplies* DE *suspects*; and *La France se compose* DE *plaines et* DE *montagnes*. (§ 5 C 5) List four other cases in which *de* is used instead of the partitive article. Give an illustration of each case. (§ 5 C 1, 2, 3, 4)

2. How do the French use the imperfect with *depuis*, *il y avait . . . que*, *voilà . . . que*, and *voici . . . que*? (§ 47 B)

3. What are the principal parts of the irregular verbs *admettre*, *atteindre*, *combattre*, *promettre*, and *reconduire*? (Page 186.)

QUARANTE-NEUVIÈME LEÇON

Napoléon Ier

Napoléon parut, comme les dictateurs modernes, à un moment où la situation de son pays était très critique. De même aussi que les dictateurs modernes, il fit beaucoup de bien à l'intérieur de son pays, tout en menaçant la paix de l'Europe par ses ambitions de conquête. Si Napoléon n'était pas venu, que se serait-il passé? Que serait-il ar- [5 rivé à la France? La situation créa-t-elle Napoléon ou Napoléon créa-t-il la situation?

Si Napoléon Bonaparte était né un an plus tôt, il aurait été Italien, car il naquit en Corse en 1769 un an après que cette île fut devenue française. Il était général à vingt-quatre ans, et à vingt-sept il com- [10 mandait en chef l'armée d'Italie. Il remporta une série de victoires sur l'empereur d'Autriche au cours de la campagne d'Italie. En revenant à Paris il fut l'objet de l'admiration générale. Il proposa au Directoire de conquérir l'Égypte, d'où les Français pourraient menacer les pos- sessions anglaises de l'Inde. Il lui promit que s'il avait une armée, il [15 remporterait des victoires sur l'ennemi héréditaire de la France. Le Directoire, jaloux des succès de Bonaparte, lui donna une armée pour se débarrasser de lui. En Égypte Bonaparte gagna la célèbre bataille des Pyramides.

La France était entrée dans une période de graves difficultés. Le [20 Directoire était très faible, et en 1799, par un coup d'état, Bonaparte prit le pouvoir. Il fut nommé premier consul. C'est ainsi que l'oeuvre de la Révolution fut détruite et la liberté du peuple supprimée. Mais si le Directoire avait pu durer, aurait-il sauvé la France de l'invasion étrangère? [25

Les guerres d'Italie continuaient. Une fois victorieux, Bonaparte s'occupa de l'administration intérieure de la France. Il l'améliora beaucoup. Il réunit toutes les lois dans ce qu'on appelle le Code Napoléon ou le Code Civil. Ce code forme encore aujourd'hui la base des lois de France, de Belgique, de Hollande, de Suisse et même de la [30 Louisiane. Bonaparte établit un nouveau système financier, dont la Banque de France était la partie la plus importante. Il rétablit l'ordre dans les départements. Il conclut avec le pape un concordat rétablissant la religion catholique en France. En 1802 il se fit nommer consul à vie et en 1804 en se proclamant empereur il prit le nom de Napoléon [35 Ier.

Les autres pays d'Europe, craignant le développement de sa puissance, s'unirent contre lui. Si Napoléon devenait trop fort, il serait le maître de l'Europe. L'Angleterre, la Russie, la Suède et l'Autriche s'allièrent pour le combattre. Napoléon aurait aimé faire passer les [40 armées en Angleterre, mais la flotte française n'était pas assez forte pour cela. Napoléon dut se contenter de faire la guerre en Europe, à l'Autriche et à la Russie, alliées de l'Angleterre. Dans une série de victoires, il sépara l'Autriche et la Prusse de l'Allemagne. Il entra à Berlin et devint maître des états allemands. Il établit le blocus con- [45 tinental contre les Anglais, en défendant à tous les autres pays de vendre leurs produits à l'Angleterre. En 1808 il fit monter son frère Joseph sur le trône d'Espagne. Au nord il prit possession de la Hollande. En 1812 il envahit la Russie. Mais au lieu d'accepter la bataille, les Russes reculaient toujours, brûlant tout sur leur passage. En arrivant [50 à Moscou, les troupes de Napoléon ne trouvèrent rien à manger. Vaincu par le froid et la faim, Napoléon décida de battre en retraite. Poursuivie par les Russes, une petite partie seulement de la Grande Armée réussit à rentrer en France. Victor Hugo décrit d'une manière saisissante la retraite de Moscou dans son oeuvre l'Expiation: [55

Il neigeait. On était vaincu par sa conquête.
Pour la première fois l'aigle[1] baissait[2] la tête.
Sombres jours! l'empereur revenait lentement,
Laissant derrière lui brûler Moscou fumant.[3]
Il neigeait. L'âpre[4] hiver fondait[5] en avalanche. [60
Après la plaine blanche une autre plaine blanche.
On ne connaissait plus les chefs ni le drapeau.[6]
Hier la grande armée, et maintenant troupeau.[7]

[1] eagle [2] lowered, bowed [3] smoking [4] harsh [5] rushed forth as [6] flag [7] herd

Épuisé, Napoléon continua la lutte contre les armées d'Europe. Peu à peu ses forces diminuèrent, et il fut enfin vaincu à la bataille de [65 Leipzig en 1813. Cette bataille s'appelle la Bataille des Nations. Les alliés victorieux suivirent Napoléon jusqu'au Rhin et ensuite la France fut envahie à son tour. Enfin Napoléon abdiqua et les alliés l'exilèrent à l'île d'Elbe, dans la Méditerranée. Six mois après, il rentra en France, reprit Paris à Louis XVIII, roi de France, et réorganisa l'armée. Mais [70 il fut battu de nouveau en 1815 à la bataille de Waterloo, et cette fois il fut envoyé à Sainte-Hélène, île africaine de l'Atlantique, où il mourut en 1821. Louis XVIII reprit son trône, et la France redevint un royaume.

Si Napoléon n'avait pas fait sa désastreuse campagne de Russie, [75 peut-être aurait-il pu rester empereur beaucoup plus longtemps. S'il avait gagné la bataille de Waterloo, toute l'histoire d'Europe aurait été changée. Napoléon fut vaincu, mais il inspire toujours de l'admiration à beaucoup de Français, et il reste un des plus grands héros de la France.

QUESTIONS

1. A quel moment est venu Napoléon? 2. Si Napoléon n'était pas venu, qu'est-ce qui se serait passé? 3. Qu'est-ce que Napoléon a fait pour son pays? 4. Où est-il né? 5. S'il était né un an avant, qu'est-ce qu'il aurait été? 6. Quels postes Napoléon a-t-il eus encore jeune? 7. Qu'est-ce qu'il a proposé au Directoire? 8. Pourquoi le Directoire lui a-t-il donné une armée? 9. Quelle est la bataille que Napoléon a gagnée en Égypte? 10. Quand Napoléon s'est-il mis à la tête du gouvernement? 11. Quel est le titre qu'il a pris? 12. Qu'est-ce que le Code Napoléon? 13. Dans quels pays le Code Napoléon est-il encore appliqué? 14. Qu'est devenu Napoléon en 1802? 15. Quel titre a-t-il pris en 1804? 16. Pourquoi les autres pays d'Europe se sont-ils unis contre lui? 17. Pourquoi Napoléon n'a-t-il pas envahi l'Angleterre? 18. Racontez ses conquêtes. 19. Qu'est-ce que le blocus continental? 20. Racontez ce qui est arrivé en Russie. 21. Dans quelle oeuvre Victor Hugo a-t-il décrit la retraite de Moscou? 22. A quelle bataille Napoléon a-t-il été vaincu? 23. Où Napoléon a-t-il été exilé? 24. Qu'a-t-il fait six mois après? 25. Où a-t-il été battu de nouveau? 26. S'il n'avait pas été battu, qu'est-ce qui serait arrivé? 27. Où a-t-il été exilé la deuxième fois? 28. Quand est-il mort? 29. Qui est devenu roi de France après Napoléon?

DEVOIRS

A. Remplacez les tirets par les mots convenables:

1. Si Napoléon n'était pas venu, que serait-il —— en France? 2. Au lieu d'accepter la bataille, les Russes —— toujours devant l'armée de Napoléon. 3. Victor Hugo décrit la retraite de Moscou d'une —— saisissante.

B. Mettez les verbes suivants au conditionnel passé. EXEMPLE: nous nous débarrassons — nous nous serions débarrassés.

1. ils devraient 2. elle a fait 3. elles sont nées 4. nous nous couchions 5. ils viendront 6. il perd 7. il irait 8. je dis 9. elle s'était arrêtée 10. vous offriez 11. vous recevrez 12. je verrais 13. vous croyez 14. elle finissait 15. elle écrira 16. ils tinrent 17. je peux 18. nous aurons 19. vous mourrez 20. ils s'aperçurent 21. elle voudrait 22. je me bats 23. nous enverrions 24. vous étiez 25. j'ai lu 26. elle mit 27. il pleuvra 28. elle avait su 29. ils suivirent 30. nous tiendrions 31. nous prîmes 32. il faut 33. nous eûmes parlé

C. Remplacez les tirets par la forme convenable du verbe indiqué:

1. Je vous verrai au restaurant, si vous y —— (aller). 2. Si vous saviez mon nom, vous —— (se souvenir) de moi. 3. Nous —— (être) en France si nous avions l'argent pour y aller. 4. S'il —— (voir) le président, il aurait changé de projet. 5. Si on m'avait raconté cela, je l'—— (croire). 6. S'il y a une guerre, beaucoup d'hommes —— (être) tués. 7. Si Napoléon n'était pas venu, toute l'histoire —— (être) différente. 8. Si Jean —— (vouloir) venir à Paris, je lui montrerai la ville. 9. Si le roi n'avait pas dépensé tant d'argent, la Révolution n'—— pas —— (éclater). 10. Si elle —— (punir) l'enfant, elle perdrait son poste. 11. Si le Traité de Versailles —— (être) différent, l'Allemagne n'aurait pas pris les territoires des autres pays d'Europe. 12. Si nos amis prennent le train, ils —— (avoir) moins de difficultés. 13. Elle ne travaillerait pas si elle —— (être) mariée. 14. Si vous —— (être) à Tours, je vous y verrai. 15. Si le pays était plus fort, il —— (pouvoir) faire la guerre. 16. Si vous venez chez moi, je vous —— (donner) mon cahier. 17. Si nous n'avions pas été au Mexique, nous n'—— pas —— (pouvoir) comprendre les habitants de ce pays. 18. Si j'—— (avoir) plus de temps, je lirais plus de livres. 19. —— -vous (venir) avec moi si j'allais en voiture? 20. Qu'est-ce que vous auriez fait si vous —— (savoir) cela? 21. Si nous —— (finir) notre travail, nous irons au cinéma.

D. Dans § 65 B de la GRAMMAIRE, *vous trouverez trois genres de phrases conditionnelles. Étudiez chaque genre de phrase. Cherchez des exemples de chaque sorte de phrase dans la leçon. Ensuite, écrivez deux exemples de chaque genre de phrase conditionnelle, six phrases en tout. Employez des verbes différents et des idées différentes dans chaque phrase.*

VOCABULAIRE

1. abdiquer
2. s'allier
3. commander (une armée)
4. diminuer
5. exiler
6. inspirer
7. réorganiser
8. l'admiration (f)
9. la banque
10. le consul
11. le dictateur
12. le héros
13. la manière
14. la religion
15. catholique
16. continental
17. désastreux, désastreuse
18. héréditaire
19. victorieux, victorieuse

GRAMMAIRE

1. How is the past conditional formed? With what auxiliary verbs is it conjugated? (§ 63 A, B) Conjugate *demander, entrer,* and *se laver* in the past conditional. (Page 186.)

2. How is the past conditional used? (§ 64)

3. Of what two parts does a conditional sentence consist? Outline and illustrate three types of conditional sentences common in French. (§ 65 A, B)

4. Give the third person singular of the past conditional of the irregular verbs listed under Lesson 46, page 185. What are the principal parts of the irregular verbs *battre, décrire,* and *poursuivre?* the past participles of the less common verbs *conclure* and *conquérir?* (Pages 186–187.)

CINQUANTIÈME LEÇON

Pasteur

La science et ses découvertes sont bien plus importantes dans l'évolution du progrès humain que les rois, les dictateurs, les manœuvres diplomatiques et les guerres. La science n'a pas de patrie. Ses bienfaits se font sentir[1] partout. Chaque nation y a apporté sa contribution. En France, aucun savant n'est plus connu que Pasteur. [5

[1] *are felt*

Avant Pasteur on n'avait qu'une idée très vague de la cause des maladies contagieuses. Les recherches de ce savant firent une véritable révolution scientifique. Grâce à ses travaux[1] et à ceux de savants anglais et allemands, beaucoup de vies humaines furent sauvées.

Pasteur consacra sa vie à la science. Professeur de chimie à [10 l'Université de Strasbourg, il commença par des études sur la fermentation du lait et des alcools. Grâce à ces études, un nouveau procédé de stérilisation fut découvert; on l'appela «pasteurisation». Plus tard, il établit la théorie des germes et fixa son application à la médecine.

A ce moment-là beaucoup d'animaux domestiques mouraient [15 d'une maladie contagieuse contre laquelle Pasteur venait de[2] découvrir un vaccin. La Société d'Agriculture de Melun voulant des preuves de l'efficacité de ce vaccin, proposa de faire une expérience publique de la nouvelle méthode. Vingt-cinq moutons et six vaches devaient être vaccinés; on leur inoculerait ensuite la maladie, ainsi qu'à vingt-cinq [20 autres moutons et quatre vaches non-vaccinés. Pasteur accepta. L'expérience fut couronnée de succès, car tous les animaux vaccinés survécurent, tandis que tous les autres moururent.

Or, Pasteur n'avait jamais oublié l'impression que lui avait faite dans son enfance une personne mordue par un chien enragé. Il se mit à [25 étudier la rage. Il expérimentait une méthode de guérison, qu'il avait déjà appliquée à des animaux, quand le 6 juillet 1885 une femme arriva chez lui avec son enfant Joseph Meister, âgé de neuf ans. L'enfant avait été sérieusement mordu le 4 juillet. Le chien avait été examiné et on avait vu qu'il était enragé. [30

Pasteur savait que son traitement avait déjà guéri des chiens malades. La question se posa: avait-il le droit d'essayer une telle guérison sur un être humain? L'enfant avait été mordu pas moins de[3] quatorze fois et sa vie était perdue. Seul restait le secours éventuel du vaccin.

Pasteur hésita encore. Après avoir pris l'avis d'un médecin, [35 affirmant que le malheureux enfant ne pouvait pas échapper à la rage, il se décida à tenter l'expérience qui avait jusqu'alors réussi sur les chiens.

Les inoculations furent faites chaque jour du 7 au 16 juillet; treize inoculations furent faites en quinze jours.[4] Tout le temps que dura [40 le traitement Pasteur fut très inquiet. Le jour il passait de longues heures à marcher seul dans les bois. Mais ce fut un grand succès: Joseph Meister ne présenta plus le moindre symptôme de rage. A partir de ce jour la méthode de Pasteur se pratiqua couramment.

[1] plural of *travail*. (§ 7 D)
[2] *had just*. The imperfect of the idiom *venir de* is expressed by a pluperfect in English.
[3] For *de* see § 12 B.   [4] meaning?

QUESTIONS

1. Pourquoi la science est-elle plus importante dans l'évolution du progrès humain que les rois et les guerres? 2. Quel nouveau procédé de stérilisation a été découvert grâce aux études de Pasteur sur la fermentation du lait? 3. Racontez l'expérience de Pasteur avec les animaux de Melun. 4. Qui est arrivé chez Pasteur le 6 juillet 1885? 5. Pourquoi Pasteur a-t-il hésité à appliquer son traitement à Joseph Meister? 6. Qu'est-ce qui l'a décidé à tenter l'expérience sur un être humain? 7. Combien d'inoculations ont été faites en quinze jours? 8. Quels ont été les résultats de cette expérience?

DEVOIRS

A. *Remplacez les tirets par les mots qui conviennent:*

1. Quand on est ——, on va chez le médecin. 2. La Société d'Agriculture de Melun voulait des —— de l'efficacité du vaccin de Pasteur. 3. Si on ne sait pas la —— d'une maladie, il est difficile de la guérir. 4. C'est le —— qui guérit les malades.

B. *Remplacez la forme active du verbe par la forme passive.* EXEMPLE: Dix soldats défendaient le château. Le château était défendu par dix soldats.

1. Le Président des États-Unis nomme les membres de la Cour Suprême. 2. Le Président et le Congrès gouvernent les États-Unis. 3. Tout le monde admirait les peintures du Louvre. 4. On a reçu la lettre vers la fin du mois.[1] 5. La concierge avait ouvert la porte. 6. Le journal a raconté les événements du jour. 7. On a commencé Notre Dame de Paris vers le douzième siècle.[1] 8. Un grand général sauvera le pays. 9. Les Anglais ont brûlé Jeanne d'Arc à Rouen. 10. On avait représenté *le Cid* pour la première fois en 1637.[1] 11. Les Français et les Anglais exploraient le Nouveau Monde. 12. Le peuple proclamera une nouvelle république. 13. Des progrès énormes avaient marqué le règne de Napoléon III.

C. *Mettez les phrases suivantes à la forme active.* EXEMPLES: 1. Ces lettres ont été écrites par ma mère. Ma mère a écrit ces lettres. 2. Le livre a été vendu. On a vendu le livre.

1. L'enfant avait été sérieusement mordu par un chien. 2. Les inoculations ont été faites immédiatement. 3. La France serait attaquée par l'Allemagne. 4. Plus de cent personnes avaient été tuées

---

[1] When the active form has *on* as the subject, agent is not expressed at all in the passive form. EXAMPLE: On vendra la maison. La maison sera vendue.

par les soldats. 5. Le gouvernement a été renversé. 6. La neutralité de la Belgique ne sera pas violée par la France. 7. La cathédrale de Strasbourg est connue pour son horloge. 8. Les préfets sont nommés par le Président de la République. 9. Ces maisons seront bientôt vendues.

VOCABULAIRE

1. affirmer	12. la cause	23. la théorie
2. appliquer	13. la contribution	24. le vaccin
3. consacrer	14. l'évolution (f)	25. âgé
4. expérimenter	15. la fermentation	26. contagieux
5. fixer	16. le germe	contagieuse
6. hésiter	17. l'inoculation (f)	27. domestique
7. inoculer	18. la manoeuvre	28. éventuel, éventuelle
8. vacciner	19. la méthode	29. scientifique
9. l'alcool (m)	20. la pasteurisation	30. vague
10. l'animal (m)	21. la stérilisation	31. sérieusement
11. l'application (f)	22. le symptôme	

GRAMMAIRE

1. Give examples of the English passive voice. With what auxiliary is it conjugated? With what auxiliary is the French passive formed? (§ 79 A, B; page 187.)

2. How does the past participle of the passive verb agree? (§ 79 C)

3. How is the passive voice used in French? (§ 80 A)

4. How do the French avoid the use of the passive? (§ 80 B)

5. How is *by* expressed in French after the passive verb? (§ 80 C)

CINQUIÈME RÉVISION

Leçons 41 à 50

Questions

1. Quelles ont été les difficultés de la France après la Grande Guerre? 2. Quels territoires l'Allemagne a-t-elle annexés en 1938 et en 1939? 3. Quelles sont les causes de la guerre de 1939? 4. Qu'est-ce que le métro? 5. Quel est l'avantage de prendre un autobus à Paris? 6. Y a-t-il des tramways à Paris? 7. Comment s'appellent les employés qui servent les clients d'un restaurant? 8. Comment prépare-t-on la salade de laitue en France? 9. En quoi consiste un dessert français? 10. Dans quelle ville de Suisse parle-t-on français? 11. Citez une ville française près du Mont Blanc. 12. Au bord de quel lac de Suisse y a-t-il des plages? 13. Comment le gouvernement français a-t-il facilité les vacances pour les Français? 14. Où les Français passent-ils leurs vacances? 15. Comment les enfants de familles pauvres peuvent-ils passer quelques semaines de vacances à la campagne ou au bord de la mer? 16. Qui a fait percer le Canal de Suez? 17. Qui est Bismarck? 18. Quelles provinces ont été cédées à l'Allemagne après la guerre franco-allemande? 19. Pourquoi Louis XVI a-t-il convoqué les États-Généraux en 1789? 20. Qu'est-ce que la Bastille? 21. Quelle est la date de la prise de la Bastille? 22. Comment Louis XVI et Marie-Antoinette ont-ils essayé de s'échapper de France? 23. Qui a composé la *Marseillaise*? 24. Citez deux provinces qui sont restées fidèles au roi pendant la Révolution française. 25. Où est né Napoléon? 26. Comment Napoléon a-t-il changé l'administration intérieure de la France? 27. Pourquoi les batailles de Leipzig et de Waterloo sont-elles importantes dans l'histoire de l'Europe? 28. Citez trois hommes de science français. 29. Comment Pasteur a-t-il prouvé l'efficacité de son vaccin contre la maladie contagieuse des animaux domestiques? 30. Quelle est la découverte la plus importante de Pasteur?

Devoirs

A. Mettez les verbes des phrases suivantes au plus-que-parfait:

1. Louis XVI régna de 1774 à 1793. 2. Marie-Antoinette se maria en France. 3. Elle partit avec la famille royale pour l'étranger. 4. La famille royale fut découverte à Varennes.

B. Remplacez les tirets par le participe présent ou l'infinitif:

5. Au lieu de —— (se dépêcher), Marie-Antoinette s'habilla lentement pour le voyage. 6. En —— (arriver) à Varennes, le roi et la reine furent arrêtés. 7. Ils rentrèrent à Paris —— (espérer) se sauver bientôt.

C. Faites les changements nécessaires pour introduire dans les phrases suivantes les mots entre parenthèses. EXEMPLE: (plus) Le roi était le chef du pays. Le roi *n'était plus* le chef du pays.

8. (ni . . . ni) Le roi et la reine étaient contents de leur retour à Paris. 9. (jamais) Marie-Antoinette avait cru qu'elle serait condamnée à mourir. 10. (personne) *Qui* les aimait?

D. Mettez les phrases suivantes à la forme passive:

11. On a guillotiné le roi. 12. La Révolution avait changé la forme du gouvernement. 13. Plusieurs hommes liront l'histoire de la mort du roi.

E. Remplacez les tirets par la préposition convenable:

14. Napoléon avait conduit ses troupes jusqu'—— Moscou, il est parti —— Russie, et il est revenu —— France. 15. Il a établi un gouvernement —— Italie et —— Espagne, mais il n'en a pas établi —— Angleterre et —— Portugal. 16. Son neveu Napoléon III a essayé d'établir un gouvernement —— Mexique.

F. Remplacez les tirets par une forme du pronom démonstratif:

17. Le gouvernement qu'il a établi au Mexique n'était pas aussi fort que —— des Mexicains. 18. Napoléon III a voulu dominer le Mexique. Les Mexicains aimaient-ils ——? 19. Les Mexicains et les Canadiens habitent l'Amérique du Nord; —— parlent anglais et —— parlent espagnol.

G. Remplacez les tirets par la forme convenable du verbe indiqué:

20. Si les Anglais —— (explorer) le Mexique, les Mexicains n'auraient pas appris à parler espagnol. 21. Les Espagnols n'auraient pas perdu leur flotte en 1588 s'ils —— (avoir) un meilleur chef. 22. Si la France gagne la guerre, l'Allemagne —— (perdre) les territoires qu'elle a annexés en 1938 et 1939. 23. Il y avait trois ans que la Grande Guerre —— (durer) quand les Américains y sont entrés. 24. Nous —— (écrire) depuis une demi-heure.

H. Remplacez les tirets par L'ARTICLE PARTITIF *ou de selon le sens:*

25. La salle était pleine —— soldats. 26. La plupart —— soldats parlaient de la guerre. 27. Auront-ils assez —— temps pour revoir leurs familles?

I. Écrivez les adverbes qui correspondent aux adjectifs suivants:

28. évident 29. vrai 30. élégant

J. Introduisez la construction causative dans les phrases suivantes.
EXEMPLE: Jean a éteint le feu. Jean *a fait éteindre* le feu.

31. Elle fera une robe. 32. Ils ont construit un grand château.

K. Remplacez toutes les formes de la deuxième personne du pluriel par des formes de la deuxième personne du singulier. EXEMPLE: Vous vous êtes levés de bonne heure, n'est-ce pas? *Tu t'*es levé de bonne heure, n'est-ce pas?

33. Quand aurez-vous votre voiture? 34. Montrez-nous ce que vous faites. 35. Je vous donnerai cent francs. 36. Vous n'avez pas encore mis la lettre à la poste.

L. Écrivez les questions suivantes en employant la forme . . . est-ce que . . . :

37. Pourquoi est-il en France? 38. A quelle heure se sont-elles levées? 39. Quand fera-t-il ce long voyage? 40. Où avez-vous trouvé ce jeune homme?

COMPOSITION

Écrivez une composition sur un des sujets suivants:

1. Les Événements du jour 2. Le Restaurant français 3. Les Vacances en France et en Amérique 4. L'Histoire de France au 19ᵉ siècle 5. La Révolution française 6. La Science française

LES VERBES: LEÇONS 41 A 50

QUARANTE ET UNIÈME LEÇON

FAMILIAR VERBS IRREGULAR IN THE SIMPLE PAST

Infinitive	Simple Past		Infinitive	Simple Past	
	il	ils		il	ils
acquérir	acquit	acquirent	écrire	écrivit	écrivirent
apparaître	apparut	apparurent	être	fut	furent
appartenir	appartint	appartinrent	faire	fit	firent
apprendre	apprit	apprirent	falloir	fallut	
s'asseoir	s'assit	s'assirent	lire	lut	lurent
avoir	eut	eurent	mettre	mit	mirent
boire	but	burent	mourir	mourut	moururent
comprendre	comprit	comprirent	naître	naquit	naquirent
connaître	connut	connurent	obtenir	obtint	obtinrent
contenir	contint	continrent	ouvrir	ouvrit	ouvrirent
courir	courut	coururent	permettre	permit	permirent
craindre	craignit	craignirent	pleuvoir	plut	
croire	crut	crurent	pouvoir	put	purent
détruire	détruisit	détruisirent	prendre	prit	prirent
devenir	devint	devinrent	recevoir	reçut	reçurent
devoir	dut	durent	reconnaître	reconnut	reconnurent
dire	dit	dirent	reconquérir	reconquit	reconquirent

| Infinitive | Simple Past | | Infinitive | Simple Past | |
	il	ils		il	ils
reconstruire	reconstruisit	reconstruisirent	vaincre	vainquit	vainquirent
remettre	remit	remirent	valoir	valut	valurent
retenir	retint	retinrent	venir	vint	vinrent
revenir	revint	revinrent	voir	vit	virent
savoir	sut	surent	vouloir	voulut	voulurent
suivre	suivit	suivirent			

permettre, permis, *conjugated like* mettre.   See page 105.

Certain verbs are used frequently in the past tenses but seldom in the present or future tense. The student should be familiar with the past participle of these verbs and should recognize the simple past but need not learn the other parts of the verb for active use. Such verbs will hereafter be marked † in this section of the book.

† reconquérir, reconquis, *simple past*: je reconquis
† reconstruire, reconstruit, *simple past*: je reconstruisis
† vaincre, vaincu, *simple past*: je vainquis

Quarante-troisième Leçon

THE PRESENT PARTICIPLE

-er *verbs*	-ir *verbs*	-ir *verbs* (second class)	-re *verbs*
demander	punir	dormir	répondre
demandant	punissant	dormant	répondant

The rule for the formation of present participles of all verbs is found in § 66 D.

Three exceptions: *être*   *avoir*   *savoir*
                     étant   ayant   sachant

The present participles of irregular verbs are given in the first column of the paradigms beginning page 300. Note that the stem is the same as that of the first person plural of the present indicative.

THE PRINCIPAL PARTS

You have now studied all the simple tenses of the indicative of the French verb.

Irregular verbs may be more conveniently studied by arranging the tenses under stems from which these tenses are formed. The five stems of the verb are known as *the principal parts* (LES TEMPS PRIMITIFS). Study the discussion of these principal parts and the arrangement of the tenses under them as presented in § 84 A, B, C, D.

Hereafter, the principal parts of new irregular verbs will be given here along with the present tense.

plaire, plaisant, plu, je plais, je plus.   *Present*:   je plais   nous plaisons
                                                 tu plais   vous plaisez
                                                 il plaît   ils plaisent

Quarante-quatrième Leçon

Up to this lesson, the *tu*-forms of the verb have not been used in the text. In this lesson you meet these forms. You should learn to recognize the tenses in which these forms are frequently used, but you should avoid using the *tu*-form yourself at this stage of learning French.

	-er *verb*	-ir *verb*	-ir (2d)	-re *verb*	*intransitive verb of motion*	*reflexive verb*
PRESENT	tu demandes	punis	dors	réponds	entres	te tournes
IMPERFECT	tu demandais	punissais	dormais	répondais	entrais	te tournais
FUTURE	tu demanderas	puniras	dormiras	répondras	entreras	te tourneras
CONDITIONAL	tu demanderais	punirais	dormirais	répondrais	entrerais	te tournerais
COMPOUND PAST	tu as demandé	as puni	as dormi	as répondu	es entré(e)	t'es tourné(e)
FAMILIAR IMPERATIVE	demande	punis	dors	réponds	entre	tourne-toi

Quarante-cinquième Leçon

vivre, vivant, vécu, je vis, je vécus.   *Present*:   je vis   nous vivons
                                                  tu vis   vous vivez
                                                  il vit   ils vivent

† réduire, réduit, *simple past*: je réduisis

Quarante-sixième Leçon

THE PLUPERFECT

Verbs conjugated with avoir	*Verbs of Motion conjugated with* être	*Reflexive Verbs conjugated with* être
j'avais demandé	j'étais entré(e)	je m'étais lavé(e)
tu avais demandé	tu étais entré(e)	tu t'étais lavé(e)
il avait demandé	il était entré	il s'était lavé
elle avait demandé	elle était entrée	elle s'était lavée
nous avions demandé	nous étions entré(e)s	nous nous étions lavé(e)s
vous aviez demandé	vous étiez entré(e)(s)	vous vous étiez lavé(e)(s)
ils avaient demandé	ils étaient entrés	ils s'étaient lavés
elles avaient demandé	elles étaient entrées	elles s'étaient lavées

IRREGULAR PAST PARTICIPLES

In this lesson and in the next two, you will use past participles to form compound tenses. The past participle is one of the most frequently used forms of the language. Practice using the following irregular past participles in sentences.

Infinitive	Past Participle	Infinitive	Past Participle
acquérir	acquis	naître	né
apparaître	apparu	obtenir	obtenu
appartenir	appartenu	offrir	offert
apprendre	appris	ouvrir	ouvert
s'asseoir	assis	permettre	permis
avoir	eu	plaire	plu
boire	bu	pleuvoir	plu
comprendre	compris	pouvoir	pu
connaître	connu	prendre	pris
construire	construit	recevoir	reçu
contenir	contenu	reconnaître	reconnu
courir	couru	reconquérir	reconquis
craindre	craint	reconstruire	reconstruit
croire	cru	réduire	réduit
détruire	détruit	remettre	remis
devenir	devenu	retenir	retenu
devoir	dû, due [1]	revenir	revenu
dire	dit	savoir	su
écrire	écrit	suivre	suivi
être	été	vaincre	vaincu
faire	fait	valoir	valu
falloir	fallu	venir	venu
lire	lu	vivre	vécu
mettre	mis	voir	vu
mourir	mort	vouloir	voulu

The past participles of irregular verbs may be found in the first column of the paradigms beginning page 300.

† construire, construisant, construit, je construis, je construisis
offrir, offrant, offert, j'offre, j'offris, *conjugated like* ouvrir. See page 106.
se souvenir, se souvenant, souvenu, je me souviens, je me souvins, *conjugated like* venir. See page 104.

[1] The past participle of *devoir* has the circumflex only in the masculine singular form, to prevent confusion with the contraction of *de* and the article. The forms, then, are *dû*, *due*, *dus*, *dues*.

QUARANTE-SEPTIÈME LEÇON

PAST ANTERIOR

Verbs conjugated with avoir	*Verbs of Motion conjugated with* être	*Reflexive Verbs conjugated with* être
j'eus demandé	je fus entré(e)	je me fus lavé(e)
tu eus demandé	tu fus entré(e)	tu te fus lavé(e)
il eut demandé	il fut entré	il se fut lavé
elle eut demandé	elle fut entrée	elle se fut lavée
nous eûmes demandé	nous fûmes entré(e)s	nous nous fûmes lavé(e)s
vous eûtes demandé	vous fûtes entré(e)(s)	vous vous fûtes lavé(e)(s)
ils eurent demandé	ils furent entrés	ils se furent lavés
elles eurent demandé	elles furent entrées	elles se furent lavées

s'apercevoir, s'apercevant, aperçu, je m'aperçois, je m'aperçus, *conjugated like* recevoir. See page 69.

tenir, tenant, tenu, je tiens, je tins. *Present*: je tiens nous tenons

tu tiens vous tenez

il tient ils tiennent

Future: je tiendrai, etc.

QUARANTE-HUITIÈME LEÇON

admettre, admettant, admis, j'admets, j'admis, *conjugated like* mettre. See page 105.

† atteindre, atteignant, atteint, j'atteins, j'atteignis

promettre, promettant, promis, je promets, je promis, *conjugated like* mettre. See page 105.

† reconduire, reconduisant, reconduit, je reconduis, je reconduisis

QUARANTE-NEUVIÈME LEÇON

THE PAST CONDITIONAL

Verbs conjugated with avoir	*Verbs of Motion conjugated with* être	*Reflexive Verbs conjugated with* être
j'aurais demandé	je serais entré(e)	je me serais lavé(e)
tu aurais demandé	tu serais entré(e)	tu te serais lavé(e)
il aurait demandé	il serait entré	il se serait lavé
elle aurait demandé	elle serait entrée	elle se serait lavée
nous aurions demandé	nous serions entré(e)s	nous nous serions lavé(e)s
vous auriez demandé	vous seriez entré(e)(s)	vous vous seriez lavé(e)(s)
ils auraient demandé	ils seraient entrés	ils se seraient lavés
elles auraient demandé	elles seraient entrées	elles se seraient lavées

Review the irregular past participles given in the *Verbes* of Lesson 46.

battre, battant, battu, je bats, je battis, *conjugated like* se battre. See page 144.

† conclure, concluant, conclu, je conclus, je conclus

† conquérir, conquérant, conquis, je conquiers, je conquis

décrire, décrivant, décris, je décris, je décrivis, *conjugated like* écrire. See page 304, no. 13.

† poursuivre, poursuivant, poursuivi, je poursuis, je poursuivis

PRESENT OF *décrire*

je décris

tu décris

il décrit

nous décrivons

vous décrivez

ils décrivent

CINQUANTIÈME LEÇON

THE PASSIVE VOICE

The passive voice consists of the auxiliary verb *être* with the past participle of the verb. This past participle agrees in gender and number with the subject.

Present Passive	*Imperfect Passive*	*Compound Past Passive*
je suis choisi(e)	j'étais choisi(e)	j'ai été choisi(e)
tu es choisi(e)	tu étais choisi(e)	tu as été choisi(e)
il est choisi	il était choisi	il a été choisi
elle est choisie	elle était choisie	elle a été choisie
nous sommes choisi(e)s	nous étions choisi(e)s	nous avons été choisi(e)s
vous êtes choisi(e)(s)	vous étiez choisi(e)(s)	vous avez été choisi(e)(s)
ils sont choisis	ils étaient choisis	ils ont été choisis
elles sont choisies	elles étaient choisies	elles ont été choisies

The passive of all other tenses is formed in a similar manner. Consult § 79 B.

† survivre, survivant, survécu, je survis, je survécus

Conversation entre Jeunes Gens

Il y a quelques mois maintenant que vous apprenez le français. Vous savez déjà beaucoup de mots. Vous lisez facilement. Mais il faut que vous appreniez des expressions tout à fait banales si vous voulez parler couramment. Il est peu probable que vous trouviez ces expressions-là dans la littérature, mais il est impossible que vous compreniez [5 une conversation courante sans les connaître. Il est bon que vous sachiez saluer un ami, prendre un billet de cinéma, etc. Il est nécessaire aussi que vous étudiiez le subjonctif. Le subjonctif s'emploie très peu en anglais, mais on s'en sert souvent en français. Le subjonctif indique des actions ou des états douteux, vagues, des désirs, des [10 craintes, etc. Par conséquent, il faut employer le subjonctif après des verbes tels que *vouloir, désirer, douter* et *craindre,* et après des expressions telles que *c'est dommage, il faut, il est possible, il est peu probable, il est nécessaire, il est bon,* etc.

Je voudrais que vous imaginiez une conversation entre Jacques [15 Dupont et Roger Leblanc, deux jeunes Français qui se rencontrent dans la rue. Ils se serrent la main, car les Français se serrent la main d'ordinaire en se rencontrant et en se quittant. Écoutez leur conversation:

«Bonjour, mon vieux, comment ça va?

— Ça va bien, et toi?

— Moi, aussi. [20

— Qu'est-ce que tu fais en ce moment?

— Je vais en classe, je travaille un petit peu, je me promène, et je m'amuse.

— Qu'est-ce que tu fais ce soir? [25

— Mon père veut que je reste à la maison, mais je voudrais bien aller au cinéma.

— Moi, aussi, j'ai envie de voir le dernier film de.... Mais j'ai des devoirs à faire.

— Qu'est-ce que tu vas faire, alors? [30

— Il vaudrait mieux que je finisse mon travail avant de sortir. Il est peu probable que je sorte avant neuf heures et demie. Mais après, il est possible que j'aille au cinéma quand même.

— Avec qui?

— Je n'en sais rien. Veux-tu venir avec moi? [35

— Je voudrais bien. Il est possible que je sois libre à cette heure. Veux-tu que je te donne un coup de téléphone ce soir vers neuf heures et quart?

— Oui, c'est ça, si tu peux sortir.

— Bon.   A tout à l'heure.   [40

* * * * * * * * * * * *

Le soir arrive.   Vers neuf heures Jacques entend sonner le téléphone.

— Allô!

— Jacques?   C'est toi?

— Oui; tu as fini ton travail?

— Oui, si tu veux aller au cinéma, allons-y tout de suite, car il [45
faut que je sois à la maison à onze heures et demie.

— Bon; je vais te chercher avec la voiture.   A tout à l'heure.

— A tout à l'heure.

QUESTIONS

1. Depuis quand apprenez-vous le français? 2. Que faut-il que vous appreniez pour parler couramment? 3. Pourquoi faut-il connaître des expressions courantes? 4. Le subjonctif s'emploie-t-il plus souvent en anglais ou en français? 5. Quelles sortes d'actions le subjonctif indique-t-il? 6. Après quels verbes le subjonctif s'emploie-t-il? 7. Après quelles expressions le subjonctif s'emploie-t-il? 8. Comment Jacques et Roger se saluent-ils? 9. Qu'est-ce que Roger veut faire le soir? 10. Qu'est-ce que son père veut qu'il fasse? 11. Vaudrait-il mieux que Jacques finisse ses devoirs avant de sortir? 12. Vaudrait-il mieux que vous fassiez vos devoirs avant de venir en classe? 13. Est-il nécessaire que vous ayez vos devoirs avec vous quand vous venez en classe? 14. Qu'est-ce que Jacques entend sonner vers neuf heures du soir? 15. Roger a-t-il fini son travail? 16. Avec quoi Roger va-t-il chercher son camarade? 17. A quelle heure faut-il que Roger revienne à la maison?

DEVOIRS

A. Remplacez les tirets par les mots convenables:

1. Vous n'avez rien à faire; avez-vous —— d'aller au cinéma? 2. Le subjonctif s'—— plus souvent en français qu'en anglais. 3. Il —— mieux que vous finissiez d'abord votre travail. 4. Je serai —— , c'est-à-dire, je n'aurai plus rien à faire vers dix heures.

B. Mettez les verbes suivants au present du subjonctif. EXEMPLE: il a entendu, qu'il entende.

1. je raconte 2. tu as puni 3. elle entendra 4. vous saviez 5. nous sommes restés 6. il sait 7. il a obéi 8. il sert 9. elle avait appris 10. il parle 11. ils choisiraient 12. nous remplissons

13. vous avez attendu 14. je pars 15. nous aurons 16. tu es 17. j'ai pris 18. je finirais 19. vous avez réussi 20. tu es sorti 21. nous dormirions 22. j'ai perdu 23. elles servaient 24. vous avez salué 25. je vais 26. nous serons 27. vous faites

C. *Remplacez les tirets par l'infinitif ou par une forme du subjonctif du verbe indiqué:*

1. Il est possible de —— (partir) à neuf heures. 2. Voulez-vous que je —— (rester) à la maison? 3. Il faut que je —— (sortir) tout à l'heure. 4. Il faut —— (donner) un coup de téléphone à votre mère. 5. Il est important que nous —— (savoir) s'il viendra. 6. Il vaudrait mieux —— (payer) un peu plus. 7. M. Dupont veut que ses enfants —— (apprendre) le français. 8. Il veut —— (aller) en France avec eux. 9. Faut-il que nous —— (être) là? 10. Il est possible que votre professeur —— (aller) à Détroit. 11. Est-il possible qu'il —— (finir) son travail avant le mois de mars? 12. Il est bon que vous —— (être) en classe. 13. Je voudrais —— (aller) au cinéma. 14. Il est peu probable que nous —— (comprendre) ce monsieur.

D. *Les verbes des phrases suivantes sont au subjonctif. Faites les changements nécessaires pour écrire les phrases en employant l'infinitif. Remarquez le changement du sens de la phrase.*[1] EXEMPLE: Je voudrais que *vous* APPRENIEZ le français. Je voudrais APPRENDRE le français.

1. Il veut que je sois à la maison. 2. Il est possible que vous parliez français. 3. Il vaudrait mieux que je parte tout de suite. 4. Il est impossible que vous compreniez ces pages. 5. Il faut que nous soyons à Paris.

E. *Les verbes des phrases suivantes sont à l'infinitif. Faites les changements nécessaires pour employer* vous *avec le subjonctif.* EXEMPLE: Il voudrait ALLER au cinéma. Il voudrait que *vous* ALLIEZ au cinéma.

1. Je désire parler à votre père. 2. Il vaudrait mieux savoir une langue moderne. 3. Il est possible de choisir plusieurs cours. 4. Faut-il demander le prix?

---

[1] In other words, the subjunctive is used when the subject of the second clause is not the same as the subject of the main clause. When the two subjects would be the same, the infinitive is used. The above example is translated: *I wish that you would learn French.* Changing to the infinitive, it may be translated: *I wish that I would learn French;* or *I should like to learn French.*

VOCABULAIRE

1. douter
2. imaginer
3. le désir
4. le subjonctif
5. le verbe
6. probable

GRAMMAIRE

1. What is the nature of the subjunctive? (§ 76) How is the subjunctive of regular verbs formed? (§ 73 A) Give the present subjunctive of *demander*, *punir*, *dormir*, and *répondre*. (Page 215.)

2. How is the subjunctive of irregular verbs formed? (§ 73B) Give the subjunctives of *être*, *avoir*, *faire*, *savoir*, *aller*, *prendre*, *apprendre*, and *comprendre*. (Page 215.)

3. What two uses of the subjunctive do you find in this lesson? (§ 76 A, B)

4. When does one use the infinitive instead of the subjunctive after impersonal expressions and after verbs of wishing? (§ 78 A, B)

===== *CINQUANTE-DEUXIÈME LEÇON* =====

Le Problème des Bonnes

«Bonjour, chère madame, vous paraissez bien pressée ce matin.

— Je vais voir si je puis[1] trouver une bonne qui sache faire la cuisine et qui ne soit pas paresseuse. Il y a[2] vingt jours, ma bonne Marie est partie travailler dans une famille où il y a moins de travail que dans ma maison. C'est dommage qu'elle soit partie, elle travaillait [5 bien. Elle était très gentille aussi. J'ai même été étonnée qu'elle ait quitté ma maison, car elle était chez moi depuis deux ans. Et voilà maintenant toutes les difficultés de la remplacer.»

Ainsi s'exprimait madame Bozier, propriétaire de la Pension Jeanne d'Arc dans la rue Victor Hugo à Bourges. C'était une petite [10 pension de famille, une de ces maisons avec une dizaine de chambres, mais qui reçoit une demi-douzaine de personnes de plus pour les repas. Souvent ces pensions-là n'ont qu'une bonne qui fait tout le travail: la cuisine, les chambres, etc. Actuellement,[2] notre propriétaire cherche une domestique qui convienne, problème qui devient de plus en plus [15 difficile en France comme ailleurs.

— J'ai peur que vous n'en trouviez pas facilement, madame.

[1] alternate form for *peux*. This form is used regularly in the interrogative.

[2] meaning?

— De ça, je suis convaincue moi-même. Je regrette que les jeunes filles d'aujourd'hui ne soient pas aussi dévouées à leur travail et à leurs patrons qu'autrefois. Avant la guerre, nous en avons eu, je vous as- [20 sure, qui seraient restées avec nous quoi qu'il arrive. Mais plus[1] maintenant. Les jeunes filles d'aujourd'hui ne veulent plus travailler. Elles ne veulent que sortir. On n'ose même pas leur dire tout ce qu'on voudrait. On a peur qu'elles quittent la maison tout de suite. Je me mets en colère, je me fâche, mais je me tais devant elles. [25

— Et combien donnez-vous à votre bonne?

— Je lui donne cent cinquante francs par mois. Évidemment, ce n'est pas grand'chose. Mais nous avons presque toujours environ quinze pensionnaires. Ils donnent souvent quelque chose à la bonne. Et ensuite, elle a ses repas, sa chambre. Elle sort le dimanche [30 après-midi et soir.

— Je crains que vous ne lui donniez pas assez. C'est dommage que vous ne puissiez pas trouver une bonne qui fasse bien votre travail. Mais pourquoi ne donnez-vous pas davantage? Ou bien, vous pourriez prendre une femme de ménage en plus. Comme ça, il n'y aurait pas [35 tant de travail pour la bonne.

— Mais vous savez, monsieur, je ne gagne pas grand'chose. Le prix du pain, du beurre, de tout, a augmenté, tandis que moi, je n'ai pas augmenté mes prix. J'ai peur de les augmenter, parce que je crains que mes pensionnaires ne viennent plus chez moi. [40

— Écoutez, madame, je crois que vous avez tort. Je vous conseille d'augmenter un peu vos prix, de servir un peu plus à table, de donner plus à la bonne. Vous gagnerez davantage et d'autre part vous aurez moins d'ennuis si vous faites cela. Suivez mes conseils.

— Peut-être. [45

— Du moins, tâchez de les suivre. Demain, je vous enverrai une bonne sérieuse que je connais. Elle est jeune; elle a à peine seize ans. Je lui expliquerai ce que vous voulez, et vous, de votre côté, si vous tenez à la garder, ne lui donnez pas trop à faire.

— Je vous remercie, monsieur. Je serai très contente de la voir. [50 Bonjour, monsieur.

— Au revoir, madame.

QUESTIONS

1. Pourquoi madame Bozier semble-t-elle bien pressée? 2. Qu'est devenue sa bonne Marie? 3. Madame Bozier regrette-t-elle que sa bonne soit partie? 4. Quel travail fait souvent la bonne d'une pension

___
[1] Meaning of *plus* without verb?

de famille? 5. Quelle est la différence entre les jeunes filles d'aujourd'hui et celles d'avant-guerre? 6. Combien madame Bozier paie-t-elle ses bonnes? 7. Quand sortent les bonnes? 8. Quels conseils a-t-on donnés à madame Bozier? 9. Pourquoi madame Bozier ne veut-elle pas augmenter ses prix? 10. Madame Bozier est-elle contente qu'on lui envoie une bonne? 11. Est-ce qu'elle tient à garder cette bonne? 12. Que faut-il faire pour la garder?

DEVOIRS

A. Remplacez les tirets par les mots convenables:

1. Il est très pauvre; il a à —— vingt francs. 2. Jean a vingt-cinq ans; il ne veut plus suivre les —— de sa mère. 3. Quand on n'ose pas parler, on se ——. 4. Si vous —— à garder une bonne, il ne faut pas lui donner trop de travail. 5. Nous savons qu'il fait des fautes, mais nous n'—— pas les lui montrer.

B. Mettez les verbes suivants (1) *au présent du subjonctif* (2) *au passé du subjonctif.* EXEMPLE: *elle dormait* (1) qu'elle dorme (2) qu'elle ait dormi.

1. nous avons trouvé 2. elle finira 3. nous avons 4. vous partez 5. ils entendent 6. elle viendra 7. vous pouvez 8. il a été 9. nous nous tournons

C. Remplacez les tirets par la forme convenable du présent ou du passé du subjonctif ou par l'infinitif du verbe indiqué:

1. Nous cherchons un stylo qui ne —— (coûter) pas beaucoup. 2. Je crains que vous n'en —— (trouver) pas. 3. Êtes-vous content de —— (rester) ici? 4. C'est dommage que votre soeur —— (être) malade hier. 5. J'ai peur de —— (sortir) de la maison. 6. Il regrette que nous —— (aller) au cinéma. 7. Nous regrettons de —— (quitter) New York. 8. Avez-vous peur de —— (traverser) l'Atlantique? 9. Nous craignons qu'il y —— (avoir) trop de monde sur le bateau. 10. C'est dommage que vous —— (voyager) en troisième. 11. Nous allons voir si nous pouvons trouver une chambre qui —— (avoir) l'eau chaude et froide.

D. Un des verbes dans chacune des phrases suivantes est au subjonctif. Faites les changements nécessaires pour mettre ce verbe à l'infinitif. Remarquez le changement de sens. EXEMPLES: 1. J'ai peur qu'*il parte.* J'ai peur de PARTIR. 2. Craignez-vous qu'*ils aient perdu* leur argent? Craignez-vous d'AVOIR PERDU leur argent?

1. Il est content que vous puissiez venir. 2. Nous regrettons

qu'ils soient en retard.   3. Je suis étonné que vous ayez trouvé ce livre.
4. Il a peur que nous partions sans Robert.

*E. Un des verbes des phrases suivantes est à l'infinitif.   Faites les change-
ments nécessaires pour l'écrire avec* ils *et le subjonctif.*   EXEMPLE:
Nous avons peur de *sortir.*   Nous avons peur qu'*ils* SORTENT.

1. Elle est étonnée de trouver leurs cahiers.   2. Nous craignons de
partir plus tôt.   3. Je suis content d'avoir entendu de la musique.   4.
Il a peur de faire le voyage.

VOCABULAIRE

1. regretter   2. augmenter

GRAMMAIRE

1. What types of verbs and expressions used in this lesson are
followed by the subjunctive in a dependent clause?   (§ 76 C, D)

2. When is the subjunctive and when is the infinitive used after
such verbs and expressions?   Give examples of sentences with each
type of construction.   (§ 78 A, B, C)

3. In a sentence such as: *Je vais voir si je puis trouver une bonne qui*
SACHE *faire la cuisine,* why would the subordinate verb *sache* be put in the
subjunctive?   (§ 76 E)

4. What kind of time is expressed by the *passé du subjonctif?*
(§ 77 B)   How is the *passé du subjonctif* formed?   (§ 75 A)   Conjugate
parler, entrer, and *se laver* in the *passé du subjonctif.*   (Page 216.)

5. What are the present subjunctives of the verbs *venir* and *pouvoir?*
(Page 216.)   What are the principal parts of the irregular verbs
convenir and *se taire.*   What is the past participle of the verb *convaincre?*
(Page 216.)

═══════*CINQUANTE-TROISIÈME LEÇON*═══════

La Course Cycliste

Un jour, en me promenant dans une petite ville de France avec un
camarade, j'ai remarqué une grande foule qui se massait des deux
côtés de la rue.   Des gendarmes empêchaient les gens de passer.

«Dépêche-toi, à moins que tu veuilles rester ici, m'a dit mon
camarade.   Il y aura quinze minutes avant que nous puissions con- [5
tinuer notre promenade.

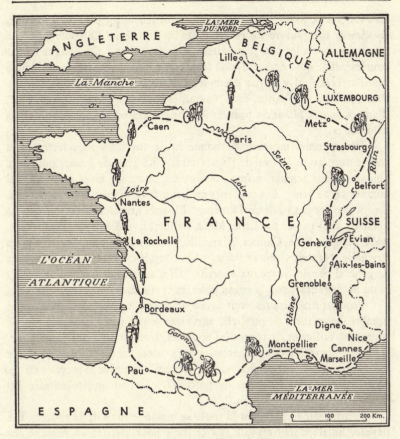

La France: route du «Tour de France»

— Ça m'est égal si c'est quelque chose d'intéressant.[1] Mais qui sont tous ces gens-là?

— Ce sont les habitants de la ville qui attendent les coureurs-cyclistes du «Tour de France». Tu vois ces gendarmes? Ils dégagent [10 la route jusqu'à ce que les cyclistes aient traversé la ville. Dépêche-toi pour que nous passions de l'autre côté de la route tout de suite — à moins que tu préfères rester ici.

— Pourvu que ça ne dure pas trop longtemps, j'aimerais bien voir passer les coureurs-cyclistes. Mais explique-moi comment ça se fait. [15 Je n'y comprends rien du tout.

— Tu n'as jamais entendu parler des courses-cyclistes? Bien que

---

[1] *something interesting.* Note the use of *de* with *quelque chose* + an adjective.

les Français ne soient pas aussi sportifs que les autres peuples d'Europe, ils aiment bien suivre les résultats de ces courses. La course-cycliste est un des sports les plus populaires que je connaisse. On désigne les [20 courses par le nom de la ville où le départ a lieu et celui de la ville où a lieu l'arrivée. Il y a, par exemple, Paris-Lille, Paris-Nice, Bordeaux-Paris, le Tour de France, etc. Certaines courses ne durent qu'un jour, d'autres durent plusieurs jours et se font par étapes de cent à trois cents kilomètres. [25

Les coureurs montent de bonne heure sur leurs bicyclettes et la course dure jusqu'à la fin de l'après-midi. Le Tour de France qui est la course la plus populaire que nous ayons, dure un mois environ. Il commence à Paris. Les coureurs-cyclistes font le tour de tout le pays. La route n'est pas toujours la même. L'année dernière, les coureurs- [30 cyclistes sont passés par Lille, Metz, Belfort, Évian, Aix-les-Bains, Grenoble, Digne, Nice, Cannes, Marseille, Montpellier, Pau, Bordeaux, La Rochelle, Nantes, Caen et Paris. Les courses-cyclistes sont organisées en général par des journaux sportifs. Il y aurait beaucoup d'accidents si on ne dégageait pas la route pour les cyclistes. Mais les voilà![1] [35

Pendant dix minutes nous avons vu défiler les coureurs. Un grand nombre de voitures de publicité suivaient le peloton. Il y en avait de toutes les tailles et de toutes les couleurs, formant une vraie caravane. Il y avait des voitures commerciales qui avaient acheté le droit de suivre les coureurs. Ils offrent des prix au coureur qui arrive le premier en [40 haut des plus grandes côtes du parcours. La valeur publicitaire des courses est énorme.

Partout sur le parcours la foule se masse le long de la route. Les paysans quittent leur travail aux champs pour assister au passage des coureurs et pour encourager leur favori. [45

Après le passage des coureurs, la foule s'est dispersée et mon camarade m'a dit, «Tu as vu ta première course-cycliste. Mais la course-cycliste n'est pas le seul sport que nous pratiquions. Quoique les Français ne fassent pas autant de sports que les Anglais et les Américains, ils en font. Écoute.» *(à suivre)* [50

QUESTIONS

1. Qu'est-ce qui empêchaient les jeunes gens de traverser la route? 2. Qu'est-ce que ces gens attendaient? 3. Quel est le sport le plus populaire que vous ayez aux États-Unis? 4. Quel est le sport le plus populaire de la France? 5. Citez quelques courses-cyclistes. 6. Quelle est la course-cycliste la plus populaire? 7. Combien de jours durent les

---

[1] The pronoun object precedes *voici* and *voilà*. (§ 88 C)

courses-cyclistes? 8. Comment sont organisées les courses-cyclistes qui durent plusieurs jours? 9. Par quelles villes passent le «Tour de France»? 10. Qui suit les coureurs-cyclistes? 11. Qui offre des prix aux coureurs-cyclistes?

DEVOIRS

A. Remplacez les tirets par les mots convenables:

1. Dans les courses-cyclistes on voit des coureurs de toute ——. 2. Si les gendarmes ne dégageaient pas la route pour les courses-cyclistes, il y aurait beaucoup d'——. 3. Il y a toujours beaucoup de personnes au —— des coureurs-cyclistes et à leur arrivée. 4. On donne des prix à celui qui arrive le premier en haut des plus grandes —— du parcours.

B. Remplacez les tirets par le présent ou le passé du subjonctif selon le sens:

1. *Quatre-vingt-treize* est le dernier roman de Victor Hugo qui —— (être) intéressant. 2. Nous lui avons donné cent francs quoiqu'il —— (avoir) plus d'argent que nous. 3. Pasteur est peut-être le plus grand homme de science que la France —— (avoir). 4. On vous verra pourvu que vous y —— (être). 5. Nice est la seule ville qu'ils —— (visiter) l'été passé. 6. Faites cela jusqu'à ce qu'on vous —— (dire) de vous arrêter. 7. Balzac est le meilleur écrivain français que nous —— (connaître). 8. J'irai à Chamonix à moins que ma mère me —— (défendre) d'y aller. 9. Bien que vous —— (apprendre) le français, vous ne pourrez pas aller en France pendant la guerre. 10. *Souvenir* est la plus belle poésie de Musset que nous —— (lire). 11. Avant que nous —— (partir), je voudrais vous dire son nom. 12. Je vous le dis pour que vous —— (pouvoir) lui écrire.

C. Un des verbes dans chacune des phrases suivantes est au subjonctif. Faites les changements nécessaires pour le mettre à l'infinitif. Remarquez le changement de sens. EXEMPLE: Robert a ouvert la porte pour que vous *entriez* dans la maison. Robert a ouvert la porte pour ENTRER dans la maison.

1. Paul me donnera un journal avant que je sorte. 2. Marie restera à la maison pour que les enfants entendent cette histoire. 3. J'écrirai à mes parents afin que vous sachiez où est Roger.

D. Un des verbes dans chacune des phrases suivantes est à l'infinitif. Faites les changements nécessaires pour employer le subjonctif avec vous. EXEMPLE: Hélène montrera les livres à tout le monde avant de *sortir.* Hélène montrera les livres à tout le monde avant que *vous* SORTIEZ.

1. J'achèterai une voiture afin de voir le pays. 2. Jean prendra les billets avant de monter dans le train. 3. Suzanne ira au restaurant avec nous pour faire la connaissance de ce jeune homme.

VOCABULAIRE

1. se disperser
2. encourager
3. l'accident (m)
4. la caravane
5. le départ
6. la publicité
7. le résultat
8. le sport

GRAMMAIRE

1. After what subordinate conjunctions is the subjunctive used? With which three of these is the infinitive sometimes used? When? How does the conjunction change in that case? (§ 76 F)

2. What types of words sometimes require a subjunctive in a following modifying clause? (§ 76 G)

3. Give the irregular present subjunctive of the verbs *valoir* and *vouloir*. (Page 217.)

4. Study the irregular subjunctives of the common simple verbs. (Page 216.)

CINQUANTE-QUATRIÈME LEÇON

Le Sport en France
(*suite*)

«En parlant de sports, il faut distinguer entre le sport des professionnels et le sport des amateurs, entre les sports qui se jouent par équipes, comme le football et le basketball, et ceux qui sont individuels et auxquels chacun peut participer. Je crois qu'en France nous nous intéressons presque autant aux sports professionnels que dans les autres [5 pays, mais je ne crois pas qu'il y ait autant de gens qui font du sport. Il est certain en tout cas que nous portons plus d'intérêt aux sports actuellement qu'auparavant.

— Crois-tu que le football, par exemple, soit aussi populaire en France qu'en Amérique? [10

— Il est très difficile de faire une comparaison, parce que l'organisation et même la façon de jouer sont tout à fait différentes. Il est sûr, d'ailleurs, qu'après les courses-cyclistes, le football professionnel est le sport le plus populaire et le plus répandu dans le pays. Avant 1932 le football était uniquement un sport d'amateurs. A ce moment-là il a [15 été organisé comme sport professionnel. Je ne crois pas qu'il soit comme votre football américain. Chez nous la saison commence vers la fin d'août et ne se termine qu'au mois de mai. Les équipes sont organisées par les villes plutôt que par les écoles. Et puis, je crois que la façon de jouer au football français est différente. En France, on y [20 joue véritablement avec les pieds. On n'a pas le droit de toucher le ballon avec les mains. Je pense que votre football américain ressemble au rugby, qui se joue aussi en France.

— Et le basketball?

— Le basketball se joue surtout l'hiver. Il est organisé par [25 des équipes d'amateurs.

— Et le baseball?

— Il est presque inconnu en France. Je suis sûr que la plupart des Français n'ont jamais entendu parler du baseball.

— Y a-t-il d'autres sports d'équipe? [30

— Le hockey se joue l'hiver. Mais c'est l'athlétisme qui est surtout populaire. L'athlétisme consiste en course à pied,[1] saut,[2] lancement du poids,[3] du javelot,[4] du marteau,[5] etc. L'athlétisme est généralement organisé par des clubs.

— Mais les lycées et les grandes écoles? Je suis sûr qu'on fait [35 des sports dans les écoles. Chez nous, c'est une partie du programme.

— Je ne crois pas que tu comprennes la mentalité française. Tout récemment, les autorités des lycées ont commencé à s'intéresser aux récréations. Autrefois et même encore aujourd'hui dans beaucoup de lycées et dans les grandes écoles,[6] les sports qui existent étaient [40 organisés par les élèves eux-mêmes et tolérés par l'administration. Des équipes de football, par exemple, organisaient des rencontres entre elles, mais sans l'intervention de l'administration.

— Ça m'étonne. Je n'aurais pas pensé que les Français soient si peu sportifs. En tout cas, le tennis et le golf doivent se jouer couram- [45 ment.

— Je suis certain que tu verras souvent jouer au tennis en France. Mais il se joue parmi les gens d'un certain milieu. Il est beaucoup moins répandu qu'en Amérique. Je ne crois pas qu'il y ait beaucoup de joueurs de golf dans le pays. Le golf existe, évidemment, mais il ne [50 se joue pas beaucoup; les hommes d'affaires français ne s'y habituent pas.

---

[1] *track* [2] *high jump* [3] *shot-put* [4] *javelin* [5] *hammer-throw*
[6] *higher institutions of learning*, including universities and technical schools

— D'où vient cette différence?

— Chaque peuple a sa façon de s'amuser. Le Français est plus individualiste. Et pourtant, il faut te rappeler que c'est un Français, Pierre de Coubertin, qui a fondé les nouveaux Jeux Olympiques [55 en 1894.

QUESTIONS

1. Croyez-vous que nous nous intéressions trop aux sports? 2. Les Français s'intéressent-ils beaucoup aux sports? 3. Quel est le sport le plus répandu de la France? 4. Le football français est-il un sport amateur ou professionnel? 5. Quelle est la différence entre le football américain et le football français? 6. A quoi ressemble le football américain? 7. Croyez-vous que le basketball soit plus intéressant que le football? 8. Le basketball se joue-t-il en France? 9. Le baseball est-il connu en France? 10. Citez d'autres sports d'équipe qui se jouent en France. 11. Quelle est la différence entre l'importance des sports dans les écoles américaines et dans les écoles françaises? 12. Le golf se joue-t-il en France? 13. Le tennis est-il populaire en France? 14. Qui est Pierre de Coubertin?

DEVOIRS

A. Remplacez les tirets par les mots convenables:

1. Aimez-vous les sports? Oui, je m'—— au football et au basketball. 2. Dans le football français on n'a pas le droit de —— le ballon avec les mains. 3. Le baseball est presque —— en France, c'est-à-dire, on ne le connaît guère. 4. Êtes-vous —— qu'on ne connaisse pas ce sport?

B. Remplacez les tirets par l'indicatif ou le subjonctif des verbes indiqués. Expliquez pourquoi vous employez le mode que vous avez mis. Attention au temps des verbes.

1. Je crois qu'il —— (pleuvoir) demain. 2. Est-il certain que vous —— (recevoir) de l'argent hier? 3. Il pense que vous —— (être) à Paris lundi dernier. 4. Elle ne croit pas que nous —— (avoir) une voiture. 5. Êtes-vous sûr que votre père —— (partir) demain? 6. Êtes-vous sûr que votre mère —— (partir) hier? 7. Nous croyons que vous —— (faire) trop pour lui. 8. Croyez-vous qu'il —— (vouloir) connaître M. Dupont? 9. Je suis certain qu'il —— (être) chez lui. 10. Nous ne croyons pas qu'il —— (pouvoir) arriver à Chicago avant dix heures. 11. Ils croient que nous —— (aller) les voir. 12. Je ne pense pas que mon frère —— (savoir) jouer au tennis. 13. Nous

Keystone

On entre dans le métro par un escalier

C'est là que sont représentés les opéras
les plus célèbres du monde

Gendreau

Ce quartier est un des plus élégants
et des plus cosmopolites de Paris

Gendreau

Gendreau

Tu n'es jamais allée à Chamonix? Ça vaut la peine

Gendreau

Pendant dix minutes nous
avons vu défiler les coureurs

En tête il y avait une jeune
fille habillée de blanc

Keystone

sommes sûrs qu'il n'y —— (avoir) pas de guerre. 14. Ils ne croient pas que j'—— (entendre) ce qu'ils disent. 15. Croit-il que vous —— (venir) chez moi?

VOCABULAIRE

1. distinguer
2. participer
3. tolérer
4. toucher
5. l'amateur (m)
6. le baseball
7. le basketball
8. le club
9. le golf
10. le hockey
11. le professionnel
12. le rugby
13. le tennis
14. individualiste
15. individuel, individuelle
16. professionnel, professionnelle
17. généralement

GRAMMAIRE

1. When does one use the subjunctive after expressions of thinking and believing? after expressions such as *Je suis sûr*, etc.? (§ 76 H)

2. How do you account for the subjunctive after verbs of thinking and believing used negatively and interrogatively but not affirmatively? Do the French always use the subjunctive in this case?

3. What is the difference in time between the present and the past subjunctive in clauses following such verbs?

========== CINQUANTE-CINQUIÈME LEÇON ==========

Les Français en Amérique

Les Français créèrent une civilisation et une culture toutes [1] différentes de celles des autres nations d'Europe. De même, quoique la France ait perdu presque toutes ses possessions dans le Nouveau Monde, elle y a laissé [2] des traces très originales.

Avant que la France envoyât des explorateurs au Canada, l'Espagne [5 et l'Angleterre en avaient déjà envoyé dans plusieurs régions du Nouveau Monde. Mais en 1534, Jacques Cartier fut chargé par François Ier, roi de France, de chercher au nord de l'Amérique un passage vers l'Asie. Il traversa l'Atlantique et découvrit le Saint-Laurent. Au cours d'un second voyage, il remonta le Saint-Laurent et prit pos- [10

---

[1] *Toutes* is here an adverb. It agrees like an adjective when immediately preceding a feminine adjective with an initial consonant or aspirate *h*. Elsewhere it is invariable.

[2] For this use of the *passé composé*, see § 56 B.

La France en Amérique

session de la «Nouvelle France» au nom du roi. En 1608 Champlain fonda la ville de Québec. Peu après, les missionnaires français atteignirent la région des Grands Lacs. Ils renoncèrent à une vie confortable en France pour convertir les Indiens à leur religion. Ils ne se plaignaient pas de leur rude existence au Nouveau Monde. Ils allaient dans les [15 endroits les plus dangereux, s'exposant à la fatigue, à la maladie, à la torture. Ils étaient plus amis des Indiens que les Anglais. Plus que les Anglais, les Français explorèrent les plaines inconnues de l'intérieur du vaste continent. Au milieu du dix-septième siècle la France possédait une grande partie du Canada et tout le centre des États-Unis, connu [20 sous le nom de Louisiane. Après une série de guerres il fallut que la France livrât le Canada à l'Angleterre en 1763.

La perte de ce vaste territoire n'empêcha pas la France de continuer sa lutte contre l'Angleterre dans le Nouveau Monde. Quoique le

gouvernement français n'eût pas reconnu l'indépendance des treize [25
colonies en 1776, il leur envoya des secours peu après. De nombreux
enthousiastes français se présentèrent à Washington, parmi lesquels se
trouvait le Marquis de Lafayette. Celui-ci avait eu de grandes difficultés à quitter la France, car Louis XVI craignait que les idées libérales,
base de la Révolution américaine, ne [1] se répandissent en France. A la [30
longue, pourtant, il ne s'opposa pas à ce que des ressources matérielles
et de l'argent fussent mis à la disposition des Américains. L'aide de la
France pendant la Révolution fut très importante, et sans ces secours
l'histoire américaine eût été différente.

Après la Révolution de 1789, la France commença une nouvelle [35
guerre contre l'Angleterre. Cette guerre dura pendant des années;
Napoléon craignait que le territoire de la Louisiane ne [1] tombât aux
mains des Anglais. Pour cette raison, il le vendit aux États-Unis en
1803. Cette vente marqua la fin de la colonisation des Français dans
l'Amérique du Nord.   [40

Mais cette période de colonisation laissa beaucoup de traces. On
voit des noms français partout au centre des États-Unis. Il y a Détroit,
Saint-Louis, la Nouvelle Orléans, etc. L'état de la Louisiane conserve
encore beaucoup de coutumes françaises. On parle encore français à la
Nouvelle Orléans; la cuisine française de cette ville est renommée. [45
Les «Cajans» des états de l'Alabama, du Mississipi et de la Louisiane
sont des «Acadiens», célébrés dans le poème *Evangeline* de Long-
fellow. *Acadien* devint *Cajan*. Le système des lois de la Louisiane
est basé sur le Code Napoléon.

Au Canada toute la province de Québec parle français. Montréal [50
est la deuxième ville du monde au point de vue de la langue française.
Mais la prononciation du canadien-français est différente du français de
Paris, et le vocabulaire du canadien-français a subi l'influence de la langue
anglaise. Les Canadiens français se distinguent nettement des autres
Canadiens. Ils conservent leurs vieilles traditions. Dans les villes [55
de cette province on trouve partout l'influence de l'architecture française. Aucune ville de l'Amérique n'est plus pittoresque que la ville de
Québec; aucune ville n'a plus de traces de la période de colonisation des
Français en Amérique. Tout le pays a un aspect particulier qui rappelle bien la France elle-même.   [60

QUESTIONS

1. Quelles nations avaient envoyé des explorateurs dans le Nouveau
Monde avant que la France en ait envoyé? 2. Qui a découvert le Saint-

---

[1] For the use of this *ne*, see page 278, note 2.

Laurent? 3. Quelle ville Champlain a-t-il fondée en 1608? 4. Qui a exploré la région des Grands Lacs? 5. Comment la France a-t-elle perdu le Canada? 6. Comment la France a-t-elle aidé les treize colonies américaines pendant la Révolution? 7. Pourquoi Louis XVI craignait-il d'aider ces colonies? 8. Qui est Lafayette? 9. Pourquoi Napoléon a-t-il vendu la Louisiane aux États-Unis en 1803? 10. Citez des traces laissées par les Français en Amérique. 11. D'où vient le nom «Cajan»? 12. Quelle est la deuxième ville du monde au point de vue de la langue française? 13. En quoi le canadien-français est-il différent du français de Paris? 14. Citez des influences de la civilisation française dans le Canada français.

DEVOIRS

A. Remplacez les tirets par les mots convenables:

1. Les missionnaires ont —— à une vie confortable pour aller au Nouveau Monde. 2. Ils ne se —— pas de leur rude existence dans ce pays. 3. Ils s'—— à la maladie, à la fatigue et à la torture. 4. Ils —— les fleuves et les rivières pour explorer les vastes plaines. 5. La France a été obligée de —— le Canada à l'Angleterre en 1763.

B. Les verbes suivants sont à l'imparfait ou au plus-que-parfait du subjonctif. Mettez-les au présent de l'indicatif. EXEMPLE: elle fût — elle est.

1. il allât 2. il choisît 3. ils eussent 4. ils eussent entendu 5. elle eût connu 6. elle demandât 7. ils eussent cru 8. il eût voulu 9. il dût 10. ils fussent venus 11. j'eusse dit 12. il sût 13. elle eût envoyé 14. il reçût 15. nous fussions 16. il pût 17. il eût fait 18. il fût mort 19. ils eussent mis 20. il eût lu 21. il eût fallu

C. Expliquez pourquoi on emploie l'imparfait ou le plus-que-parfait du subjonctif dans la leçon. Étudiez chaque phrase où il y en a.

D. Écrivez une phrase avec le présent de l'indicatif ou le passé composé de chacun des verbes suivants:

    1. attendre   2. chercher   3. demander
    4. écouter   5. payer   6. regarder

VOCABULAIRE

1. baser	6. la disposition	11. le poème
2. célébrer	7. l'enthousiaste (m f)	12. la torture
3. convertir	8. la fatigue	13. canadien,
4. s'exposer	9. l'indépendance (f)	canadienne
5. s'opposer	10. le missionnaire	14. confortable[1]

[1] referring to a thing. One does not use *confortable* when referring to a person.

GRAMMAIRE

1. In this lesson and in previous lessons you have found such words as *chercher* (look for), which require a preposition before an object in English but not in French. Make a list of such words and practice using them in sentences. (§ 42 B)

2. Arrange the tenses of the verb *se plaindre* under the five main stems (principal parts) as done in § 84 C, D. See page 297 for more specific directions.

3. In what type of writing are the imperfect and pluperfect subjunctives used? Which forms are least disliked by the French? Distinguish between the use of the imperfect and pluperfect in the subjunctive. (§ 77 C, D)

4. Explain the use of the pluperfect subjunctive in contrary-to-fact conditions. (§§ 65 C, 76 J)

5. How is the imperfect subjunctive formed? (§ 74) Give the imperfect subjunctives of *demander*, *punir*, and *répondre*. (Page 217.) Of what is the pluperfect subjunctive composed? (§ 75 B) Conjugate *demander*, *entrer*, and *se laver* in the pluperfect subjunctive. (Page 217.)

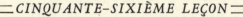

CINQUANTE-SIXIÈME LEÇON

Le Mariage en France

— Hier matin je me promenais lentement dans une petite ville pas loin d'ici. Tout à coup j'ai entendu de la musique. Je me suis vite retourné. J'ai vu de nombreuses personnes sortir d'une église. En tête il y avait une jeune fille habillée de blanc. Elle avait l'air d'une nouvelle-mariée. Était-ce un mariage, ou est-ce que je me trompais? [5

— Non, a répondu mon camarade en souriant, c'est ainsi que se passent les mariages dans les petites villes de France.

— Je me suis souvent demandé quelles étaient les coutumes de mariage en France. Peut-être pourriez-vous me le dire.

— C'est un peu difficile de parler de ces coutumes, car elles ont [10 beaucoup changé depuis la guerre. A présent, par exemple, il y a beaucoup moins de mariages de convenance.

— Qu'entendez-vous par un mariage de convenance?

— Autrefois, quand les différences entre les classes sociales étaient plus grandes, le mariage était souvent une alliance entre certaines [15 familles. On épousait une jeune fille pour sa dot ou un jeune homme pour sa position sociale. A ce moment-là, les jeunes gens suivaient plus aveuglément[1] les désirs de leurs parents, et ils se mariaient pour des raisons sociales, souvent sans s'aimer.

— Et aujourd'hui? [20

— C'est beaucoup plus comme en Amérique, a répondu mon camarade en riant. On se marie en général par amour. Et pourtant, les coutumes de mariage ne sont pas tout à fait pareilles. Voici ce qui se passe. Un jeune homme peut apprendre à connaître une jeune fille de plusieurs façons. Quelquefois les parents des jeunes gens se connais- [25 sent, et le jeune homme rencontre la jeune fille chez elle. Parfois il fait sa connaissance à une réception, à une soirée ou à un mariage. Les vacances d'été aux plages et à la montagne fournissent souvent aux jeunes gens l'occasion de se connaître. Un jeune homme qui désire revoir une jeune fille lui demande s'il pourra la revoir à un bal ou chez [30 des amis communs. Quand il la connaît assez bien, il peut la prier de sortir avec lui, mais souvent il demande d'abord la permission aux parents de la jeune fille. Autrefois on ne sortait qu'avec un chaperon, mais cette habitude a presque disparu. Et pourtant, la jeune fille française ne sort pas avec la même liberté que l'Américaine. Les [35 parents s'occupent toujours beaucoup plus qu'en Amérique des démarches qui mènent leurs enfants au mariage.

— Le jeune homme demande-t-il au père la main de la jeune fille qu'il aime?

— Non, le jeune homme consulte d'abord ses propres parents. [40 Ce sont eux qui vont chez les parents de la jeune fille pour régler les détails du mariage. En France on fait souvent un contrat de mariage, dont le principal objet est la dot. La dot est la somme d'argent qu'apporte la jeune fille au mari au moment du mariage. Souvent le mari n'a pas le droit de disposer de la dot, mais il a toujours droit aux [45 revenus. La dot doit être en rapport avec la situation financière du jeune homme.

— Est-ce que les jeunes gens restent fiancés longtemps?

— Généralement d'un à six mois. Il y a d'abord les fiançailles, qui sont une promesse officielle de mariage. On invite tous les parents [50 et les amis de la famille à un grand dîner de fiançailles où l'on félicite les fiancés. Ensuite, quand la date du mariage approche, les bans, c'est-à-dire la proclamation publique du mariage, sont publiés à l'église, à la mairie et dans les journaux. En France il y a deux cérémonies de mariage: le mariage civil, établi par le Code Napoléon, et le mariage [55 religieux si on le désire. Le mariage civil se passe à la mairie dans une

---

[1] For the formation of this type of adverb, see § 18 C.

salle spéciale qui s'appelle la Salle des Mariages. Le maire lit aux deux jeunes gens les articles du Code Civil, puis le maire demande aux jeunes gens s'ils veulent être mari et femme. Ils disent «oui» et signent un régistre devant deux témoins. Le même jour ou un autre jour, si l'on [60 désire le mariage religieux, une grande cérémonie a lieu à l'église. Le prêtre fait un discours sur les devoirs du mari et de la femme. Ensuite, tous les invités vont à un grand banquet souvent suivi d'un bal. Voilà ce que vous avez vu hier matin en vous promenant dans la petite ville. [65

QUESTIONS

1. Les coutumes de mariage en France sont-elles différentes des coutumes de mariage en Amérique? 2. Qu'est-ce que vous entendez par un mariage de convenance? 3. Qu'est-ce que c'est qu'une dot? 4. Comment un jeune homme peut-il faire la connaissance d'une jeune fille française? 5. Le chaperon existe-t-il toujours en France? 6. La jeune fille française sort-elle avec la même liberté que la jeune fille américaine? 7. A qui le jeune homme français demande-t-il la main de la jeune fille? 8. Pourquoi fait-on un contrat de mariage en France? 9. Reste-t-on fiancé longtemps en France? 10. Qu'est-ce que c'est que les fiançailles? 11. Quelles sont les deux sortes de cérémonies de mariage en France? 12. Où se passe le mariage civil? 13. Où va-t-on après le mariage religieux?

DEVOIRS

A. Remplacez les tirets par le mot qui convient:

1. Nous nous —— si les coutumes de mariage sont les mêmes en France qu'en Amérique. 2. Si vous croyez que ces coutumes sont tout à fait pareilles, vous vous ——. 3. On ne sort plus beaucoup avec un chaperon; cette habitude a presque ——. 4. Le mari n'a pas toujours le droit de —— de la dot de sa femme. 5. Nous nous promenions dans une petite ville; tout à —— nous avons vu des gens sortir de l'église.

B. Quel est le genre des mots suivants? Comment pouvez-vous reconnaître le genre de ces mots? EXEMPLES: bateau: le bat*eau*; ambition: l'ambi*tion* (f)

nation	monsieur	plateau
question	région	division
prononciation	tempérament	village
monument	château	roi
tableau	opinion	tradition

boeuf	femme	fromage
reine	vieillard	civilisation
serment	entourage	athlétisme
olivier	jeudi	été
printemps	garçon	frère
latin	homme	réception
pêcheur	information	musée
ménage	changement	chapeau
mère	paysage	moitié
occasion	arbre	romantisme
vêtement	invasion	courage
duc	action	tragédie
mécanisme	condition	commencement

C. *Écrivez une phrase avec chacun des verbes suivants au présent de l'indicatif ou au passé composé:*

    1. entrer   2. obéir   3. plaire   4. répondre
    5. ressembler   6. se servir   7. se souvenir

D. *Introduisez les adverbes entre parenthèses dans les phrases suivantes.*
EXEMPLE: (bien) Vous avez parlé. Vous avez *bien* parlé.

    1. (hier) J'ai voulu voir un petit village français. 2. (encore) Je n'en avais pas vu. 3. (lentement) Je me dirigeais vers le petit village. 4. (peut-être) Je verrais un mariage. 5. (déjà) J'en avais vu à Paris. 6. (demain) Vous verrez un mariage. 7. (certainement) Il y en aura samedi. 8. (toujours) On trouve des mariages vers cinq heures de l'après-midi. 9. (souvent) On va de la mairie à l'église. 10. (tard) Je suis arrivé au mariage. 11. (beaucoup) J'avais travaillé tout l'après-midi. 12. (trop) Vous avez écrit. 13. (assez) C'est parce que je n'ai pas pensé à ce que j'écrivais. 14. (aujourd'hui) Je suis allé au cinéma. 15. (ici) Non, je ne suis pas venu. 16. (peut-être) Vous viendrez demain. 17. (hier) Mon frère a trouvé son chapeau. (aussi) Il est heureux.

VOCABULAIRE

1. consulter	7. le contrat	11. la proclamation
2. disposer	8. le fiancé	12. le régistre
3. l'article (m)	la fiancée	13. commun
4. le banquet	9. la position	14. officiel, officielle
5. la cérémonie	10. le mariage	15. religieux, religieuse
6. le chaperon		

GRAMMAIRE

1. In what ways can one recognize the gender of French words? (§ 6 B 1, 4, 5, 6, C)

2. How may adverbs be compared? (§ 20 A) Which adverbs are compared irregularly? (§ 20 B)

3. What is the usual position of adverbs in a French sentence? (§ 19 A) Where is the adverb placed in sentences with compound tenses? in negative sentences with compound tenses? (§ 19 B) What about long adverbs and adverbs of time and place in sentences with compound tenses? (§ 19 C) What special word-order is often found with *peut-être* and *aussi* (so)? (§ 19 D)

4. List verbs which require a preposition with an object in French but not in English. (§ 42 C)

5. Arrange the tenses of the verbs *disparaître* and *rire* under the five main stems (principal parts) as done in § 84 C, D. How does this help you to form the tenses? (Page 217.)

========== *CINQUANTE-SEPTIÈME LEÇON* ==========

La T. S. F. et les Langues

Il y a cent cinquante ans on apprenait les nouvelles avec beaucoup de retard. On apprenait à peine ce qui se passait dans une ville même située à quarante kilomètres. On allait de village en village à cheval ou dans des voitures tirées par des chevaux. Au dix-neuvième siècle des inventions telles que le chemin de fer, le télégraphe, le téléphone, [5 l'automobile et l'avion contribuèrent à réduire les distances, mais c'est l'invention et surtout le perfectionnement de la T. S. F., installée actuellement dans chaque maison, qui eurent le plus d'influence sur la rapidité des communications et qui permirent aux hommes de se rapprocher les uns des autres. [10

Que penserait l'homme du dix-huitième siècle de la facilité avec laquelle l'homme du vingtième apprend une chose de la moindre importance? Quelle serait sa surprise de voir une famille moderne assise tranquillement dans un salon à côté d'un appareil qui non seulement annonce les nouvelles importantes du jour mais encore joue de la musique [15 et apporte à la maison des informations sur toutes sortes de sujets? Que dirait-il d'entendre le Président des États-Unis parler à tous les citoyens du pays ou d'entendre un discours du roi d'Angleterre radiodiffusé dans le monde entier? Et qui pourrait dire ce qu'on fera dans plusieurs années? [20

On entend déjà par ondes courtes des radiodiffusions de toutes les capitales de l'Europe, de l'Amérique du Sud et de l'Amérique Centrale. Vous servez-vous de votre poste de T. S. F. pour vous aider à apprendre le français? On peut comparer la prononciation et l'intonation du français avec celle de l'italien ou de l'espagnol. On peut aussi com- [25 parer les prononciations de la même langue dans les différentes parties du monde. Les élèves peuvent étudier ces langues et les comparer chez eux ou même en classe, si leur école possède un poste de T. S. F.

Dans l'avenir toutes les salles de classe auront des postes de T. S. F. et on entendra de Paris des programmes spéciaux pour les élèves [30 américains qui étudient le français. Il y aura des leçons sur le théâtre, sur les romans, sur la poésie, en somme, sur toutes les formes de la littéra-ture. On entendra des leçons sur l'histoire de France et de l'Europe, des discussions sur les événements contemporains dans la politique et dans l'économie, etc., spécialement préparées pour les étudiants de [35 français par des auteurs dramatiques, des romanciers, des poètes, des historiens et des économistes français.

La T. S. F. est une science d'un avenir si grand qu'elle pourrait être l'objet de nombreux volumes. En mentionnant seulement la télévision, branche de la T. S. F. qui vient de naître, ou bien en con- [40 sidérant combien les informations et la propagande radiodiffusées ont tendance à exciter les habitants des différentes nations, on en aurait assez pour remplir plusieurs livres.

Questions

1. Comment allait-on de village en village il y a cent cinquante ans? 2. Quelle a été l'importance de l'invention du chemin de fer, du télégraphe, du téléphone et de l'automobile? 3. Comment la T. S. F. a-t-elle permis aux hommes de se rapprocher les uns des autres? 4. Que penserait l'homme du dix-huitième siècle des inventions modernes? 5. Qui l'homme moderne peut-il entendre parler par T. S. F.? 6. Qui les élèves de français pourront-ils entendre parler par T. S. F.? 7. Qui est-ce que l'homme de 1950 pourra voir par un appareil de télévision? 8. Qu'est-ce que l'élève de français peut apprendre en écoutant les pro-grammes par ondes courtes? 9. Que peut-il comparer en écoutant des programmes en français des différentes parties du monde? 10. Comment la T. S. F. aide-t-elle la diffusion de la propagande?

DEVOIRS

A. Remplacez les tirets par le mot convenable:

1. La salle où l'on reçoit ceux qui viennent à la maison s'appelle le ——. 2. Autrefois on voyageait souvent par le —— de fer. 3. A cette époque-là les voitures étaient tirées par des ——. 4. Quels animaux —— les voitures en Chine et au Japon? 5. A l'—— l'Europe sera beaucoup plus près de l'Amérique qu'avant.

B. Écrivez les questions suivantes sans employer . . . est-ce que . . .
EXEMPLE: Qui est-ce que les élèves ont vu dans la salle de classe? Qui les élèves ont-ils vu dans la salle de classe?

1. Qui est-ce que Robert rencontre dans la rue? 2. Qu'est-ce que l'auteur dira? 3. Qu'est-ce que ces gens-là font sur le bateau? 4. Qui est-ce que le professeur a envoyé au tableau? 5. Qu'est-ce que ces écrivains ont dit des événements du jour? 6. Qui est-ce que votre camarade verra cet après-midi?

C. Remplacez les tirets par une préposition où il faut:

1. Aimez-vous —— apprendre le français? 2. Nous commencerons —— étudier une pièce de théâtre. 3. Ou préfériez-vous —— lire un roman? 4. Si vous hésitez —— choisir, regardez les livres de français de votre professeur. 5. Il essaiera —— vous montrer plusieurs pièces de théâtre. 6. Il faut vous habituer —— lire des romans. 7. Vous devez —— lire rapidement. 8. Si vous pouvez —— comprendre sans chercher les mots dans le vocabulaire, vous lirez avec plus de facilité. 9. Le professeur vous dira —— choisir plusieurs livres. 10. Avez-vous réussi —— comprendre la grammaire française? 11. Oseriez-vous —— aller en France tout seul? 12. N'oubliez pas —— répéter les phrases après le professeur. 13. Cela vous aidera —— prononcer mieux. 14. N'ayez pas peur —— causer. 15. Si vous refusez —— parler, vous n'apprendrez jamais —— parler. 16. Savez-vous —— écrire une composition française? 17. Il est facile —— écrire une composition si vous lisez bien la leçon.[1] 18. Une composition n'est pas difficile —— écrire.[1] 19. Est-ce que le professeur vous a demandé —— travailler? 20. Vous a-t-il dit —— faire vos devoirs? 21. Espérez-vous —— aller bientôt en France? 22. Est-il possible —— traverser l'Atlantique?[1] 23. Désirez-vous —— voir Paris? 24. Paris est intéressant —— visiter.[1] 25. Si les circonstances nous permettent —— aller en Europe, nous ne tarderons pas —— y aller.

[1] For this construction, study the examples given on page 258, note 1.

D. Donnez les temps[1] *des verbes suivants et mettez-les au présent de l'indicatif.* EXEMPLE: elle a appris — PASSÉ COMPOSÉ; elle apprend.

1. il faudra   2. ils pourraient   3. ils avaient cru   4. il sut   5. elles viendraient   6. j'étais   7. elle est morte   8. il tint   9. j'enverrais   10. nous craignîmes   11. j'ai pris   12. nous avons connu   13. elles reçurent   14. j'aurais lu   15. avez-vous ouvert   16. il naquît   17. vous vous êtes assis   18. il dît   19. nous riions   20. ils se mirent   21. vous suivîtes   22. ils firent   23. vous aviez écrit   24. je vécus   25. elle eût   26. ils iront   27. elle ait bu   28. je devrais   29. il aurait couru   30. elles voudraient   31. il vit

VOCABULAIRE

1. comparer
2. contribuer
3. exciter
4. la branche
5. la communication
6. l'économiste (m)

7. l'historien (m)
8. l'intonation (f)
9. l'invention (f)
10. la rapidité
11. le sujet
12. la surprise

13. le télégraphe
14. la télévision
15. le volume
16. contemporain
17. tranquillement

GRAMMAIRE

1. Study the word-order used after the interrogative pronoun-objects *qui* and *que* in questions having noun-subjects. (§ 87 H, I)

2. Which prepositions often connect a French verb with a dependent infinitive? (§ 41 A) Practice using in sentences the verbs in the lists in § 41 B, C, D until it becomes natural for you to use the proper preposition.

3. In what forms is the present indicative of the verb most often irregular? How do you account for this? (§ 85 B) Study the present indicative of irregular verbs. (Pages 217 and 300 ff.)

[1] *tenses*

LEÇONS 51 A 57

QUESTIONS

1. Le subjonctif s'emploie-t-il souvent en français? 2. Avec quelles sortes d'expressions faut-il employer le subjonctif? 3. A quelle heure du soir faut-il que vous soyez à la maison? 4. Pourquoi est-il difficile en France de trouver une bonne qui convienne? 5. Quand vous vous fâchez, vaudrait-il mieux parler ou vous taire? 6. Si on tient à garder une bonne, est-ce qu'on la fait travailler davantage ou est-ce qu'on la paie mieux? 7. Les Français s'intéressent-ils aux sports autant que les autres peuples d'Europe? 8. Comment sont organisées les courses-cyclistes? 9. Quelle est la valeur commerciale des courses-cyclistes? 10. Quel sport américain est presque inconnu en France? 11. Quel est le sport le plus populaire de France? 12. En quoi consiste l'athlétisme? 13. Dans quelles régions du Nouveau Monde les Français ont-ils envoyé des explorateurs? 14. Comment la France a-t-elle aidé les treize colonies pendant la Révolution américaine? 15. Quelles traces les Français ont-ils laissées au Nouveau Monde? 16. En quoi les coutumes de mariage françaises sont-elles différentes de celles de chez nous? 17. Où les bans de mariage sont-ils publiés? 18. Où se passe le mariage civil? le mariage religieux? 19. Quelles inventions du dix-neuvième siècle ont aidé à réduire les distances? 20. Comment la T. S. F. peut-elle aider les étudiants de langues étrangères? 21. A l'avenir comment l'étudiant de français pourra-t-il se servir de la radio pour apprendre cette langue?

DEVOIRS

A. Remplacez les tirets par la forme convenable du verbe indiqué:

1. Je suis certain que vous —— (s'intéresser) aux coutumes françaises. 2. C'est dommage que nous n'—— (avoir) pas assez de temps pour vous —— (dire) quelques mots sur les autres coutumes françaises, mais vous —— (pouvoir) lire des livres qui —— (parler) uniquement de ces coutumes. 3. Noël est peut-être la fête la plus populaire qu'il y —— (avoir) en France. 4. Il y a quinze jours de vacances pour que les étudiants —— (pouvoir) passer Noël dans leur famille. 5. Bien que la France —— (être) plus au nord que le centre des États-Unis, il ne —— (neiger) pas souvent à Paris. 6. Mais dans la région des Alpes il y —— (avoir) beaucoup de neige en hiver. 7. Aimeriez-vous —— (être) en France à ce moment-là, ou craignez-vous que les sports d'hiver —— (être) trop dangereux? 8. Les Français —— (faire) plus de sports si l'hiver —— (être) plus rude. 9. Êtes-vous content qu'il ne —— (pleuvoir) pas souvent l'hiver? 10. A moins que notre température

ne —— (changer) beaucoup, il ne —— (pleuvoir) jamais ici l'hiver autant qu'en France.

B. *Les phrases suivantes sont au subjonctif. Faites les changements nécessaires pour remplacer le subjonctif par un infinitif. Attention aux prépositions et au changement de sens.* EXEMPLE: Je suis content que vous *soyez* ici. Je suis content *d'être* ici.

11. Il voudrait que nous allions au cinéma avec Georges. 12. Ils ont peur que nous ne trouvions pas notre voiture. 13. Nous achèterons une voiture pour que vous puissiez visiter l'ouest du pays. 14. Regrettez-vous que nous ayons cet argent? 15. Il est étonné que je sache cela.

C. *Les phrases suivantes ont un infinitif. Faites les changements nécessaires pour remplacer l'infinitif par* vous *avec le verbe au subjonctif.* EXEMPLE: Nous voulons *arriver* au cinéma de bonne heure. Nous voulons que VOUS *arriviez* au cinéma de bonne heure.

16. Il craint de montrer la lettre à vos parents. 17. Il achète un stylo pour écrire une lettre. 18. Regrettent-ils de ne pas être avec nous? 19. Je voudrais aller en France. 20. Il me donnera ce livre avant de partir.

D. *Remplacez les tirets par le présent ou le passé composé de l'indicatif ou par le présent ou le passé du subjonctif selon le sens:*

21. Voilà le gratte-ciel le plus haut que je —— (connaître). 22. Je ne suis pas sûr que Monsieur Dupont —— déjà —— (arriver). 23. Je crois qu'il —— (aller) chez sa soeur. 24. A moins que vous me —— (dire) votre nom, je ne pourrai pas vous envoyer le livre. 25. Je suis content que vous —— (recevoir) ce livre il y a huit jours. 26. Il est vrai que nous —— (habiter) Paris longtemps, mais nous ne l'—— (habiter) plus aujourd'hui. 27. C'est la seule langue qu'il —— (savoir). 28. Il est peu probable qu'il —— (apprendre) cette langue avant la dernière guerre. 29. Il se peut que nous —— (arriver) en retard demain. 30. Je regrette que vous —— (trouver) la porte fermée quand vous —— (sonner) hier.

E. *Introduisez les adverbes indiqués dans les phrases suivantes.* EXEMPLE: (déjà) Il a fait ses devoirs. Il a *déjà* fait ses devoirs.

31. (encore) Il n'a pas écrit une lettre. 32. (bientôt) Nous serons en France. 33. (demain) Vous verrez la Madeleine. 34. (peut-être) Il est parti. 35. (tard) Nous nous sommes couchés.

F. Remplacez les tirets par une préposition où il est nécessaire:

36. Avez-vous appris —— parler français? 37. Allez-vous —— continuer —— étudier le français? 38. Voulez-vous —— visiter la France? 39. N'oubliez pas —— regarder tous ces beaux édifices dont vous avez lu la description. 40. Nous espérons que vous continuerez —— aimer la France et les Français.

COMPOSITIONS

Écrivez une composition sur un des sujets suivants:

1. Une Conversation entre étudiants 2. Les Français au Canada 3. Les Français aux États-Unis 4. Les Sports en Amérique 5. Les Sports en France 6. Comment on apprend le français par T. S. F. 7. Le Mariage en France

LES VERBES: LEÇONS 51 À 57

CINQUANTE ET UNIÈME LEÇON

THE PRESENT SUBJUNCTIVE

a. Regular verbs:

-er *verbs*	Most -ir *verbs*	-ir *verbs of the* Second Class	-re *verbs*
que je demande	que je punisse	que je dorme	que je réponde
que tu demandes	que tu punisses	que tu dormes	que tu répondes
qu'il demande	qu'il punisse	qu'il dorme	qu'il réponde
que nous demandions	que nous punissions	que nous dormions	que nous répondions
que vous demandiez	que vous punissiez	que vous dormiez	que vous répondiez
qu'ils demandent	qu'ils punissent	qu'ils dorment	qu'ils répondent

b. Irregular verbs following principle given in § 73 B:

prendre – apprendre – comprendre

que je prenne	que nous prenions
que tu prennes	que vous preniez
qu'il prenne	qu'ils prennent

c. Verbs completely irregular in the present subjunctive:

être	*avoir*	*aller*	*faire*	*savoir*
que je sois	aie	aille	fasse	sache
que tu sois	aies	ailles	fasses	saches
qu'il soit	ait	aille	fasse	sache
que nous soyons	ayons	allions	fassions	sachions
que vous soyez	ayez	alliez	fassiez	sachiez
qu'ils soient	aient	aillent	fassent	sachent

Cinquante-deuxième Leçon

THE PAST SUBJUNCTIVE

Verbs conjugated with avoir	*Verbs of Motion conjugated with* être	*Reflexive Verbs conjugated with* être
que j'aie demandé	que je sois entré(e)	que je me sois lavé(e)
que tu aies demandé	que tu sois entré(e)	que tu te sois lavé(e)
qu'il ait demandé	qu'il soit entré	qu'il se soit lavé
qu'elle ait demandé	qu'elle soit entrée	qu'elle se soit lavée
que nous ayons demandé	que nous soyons entré(e)s	que nous nous soyons lavé(e)s
que vous ayez demandé	que vous soyez entré(e)(s)	que vous vous soyez lavé(e)(s)
qu'ils aient demandé	qu'ils soient entrés	qu'ils se soient lavés
qu'elles aient demandé	qu'elles soient entrées	qu'elles se soient lavées

THE PRESENT SUBJUNCTIVE OF TWO IRREGULAR VERBS

	pouvoir			*venir*	
que je puisse	que nous puissions		que je vienne	que nous venions
que tu puisses	que vous puissiez		que tu viennes	que vous veniez
qu'il puisse	qu'ils puissent		qu'il vienne	qu'ils viennent

† ¹ convaincre, convainquant, convaincu, je convaincs, je convainquis
convenir, convenant, convenu, je conviens, je convins, *conjugated like*
venir. See page 310.

se taire, se taisant, tu, je me tais, je me tus, *conjugated like* plaire. See
page 306. But third person singular present indicative is *il se tait*.

Cinquante-troisième Leçon

The following simple verbs follow the principles given in § 73 B
to form their irregular present subjunctives. You can also find the
complete present subjunctive of these verbs by consulting column 9
of the paradigms beginning on page 300.

INFINITIVE	PRESENT SUBJUNCTIVE		INFINITIVE	PRESENT SUBJUNCTIVE	
	que je	*que nous*		*que je*	*que nous*
boire	boive	buvions	mettre	mette	mettions
connaître	connaisse	connaissions	mourir	meure	mourions
courir	coure	courions	naître	naisse	naissions
craindre	craigne	craignions	ouvrir	ouvre	ouvrions
croire	croie	croyions	plaire	plaise	plaisions
devoir	doive	devions	pleuvoir	(il) pleuve	
dire	dise	disions	recevoir	reçoive	recevions
écrire	écrive	écrivions	suivre	suive	suivions
envoyer	envoie	envoyions	tenir	tienne	tenions
falloir	(il) faille		vivre	vive	vivions
lire	lise	lisions	voir	voie	voyions

¹ The student should be familiar with the past participle of this verb and should recognize the simple past but need not learn the other parts of the verb for active use.

IRREGULAR SUBJUNCTIVES NOT FOLLOWING RULE IN § 73 B

valoir

que je vaille	que nous valions		
que tu vailles	que vous valiez		
qu'il vaille	qu'ils vaillent		

vouloir

que je veuille	que nous voulions
que tu veuilles	que vous vouliez
qu'il veuille	qu'ils veuillent

Cinquante-cinquième Leçon

THE IMPERFECT SUBJUNCTIVE

-er verbs	Most -ir verbs	-ir verbs of the Second Class	-re verbs
que je demandasse	que je punisse	que je dormisse	que je répondisse
que tu demandasses	que tu punisses	que tu dormisses	que tu répondisses
qu'il demandât	qu'il punît	qu'il dormît	qu'il répondît
que nous demandassions	que nous punissions	que nous dormissions	que nous répondissions
que vous demandassiez	que vous punissiez	que vous dormissiez	que vous répondissiez
qu'ils demandassent	qu'ils punissent	qu'ils dormissent	qu'ils répondissent

THE PLUPERFECT SUBJUNCTIVE

Verbs conjugated with avoir	Verbs of Motion conjugated with être	Reflexive Verbs conjugated with être
que j'eusse demandé	que je fusse entré(e)	que je me fusse lavé(e)
que tu eusses demandé	que tu fusses entré(e)	que tu te fusses lavé(e)
qu'il eût demandé	qu'il fût entré	qu'il se fût lavé
qu'elle eût demandé	qu'elle fût entrée	qu'elle se fût lavée
que nous eussions demandé	que nous fussions entré(e)s	que nous nous fussions lavé(e)s
que vous eussiez demandé	que vous fussiez entré(e)(s)	que vous vous fussiez lavé(e)(s)
qu'ils eussent demandé	qu'ils fussent entrés	qu'ils se fussent lavés
qu'elles eussent demandé	qu'elles fussent entrées	qu'elles se fussent lavées

se plaindre, se plaignant, plaint, je me plains, je me plaignis.   See page 302, no. 9.

Cinquante-sixième Leçon

disparaître, disparaissant, disparu, je disparais, je disparus.   See page 302, no. 7.

rire, riant, ri, je ris, je ris.   See page 308, no. 28.

Cinquante-septième Leçon

THE PRESENT INDICATIVE

Read the discussion of irregularities in the present indicative in § 85 B.

You should be able to use the following simple verbs, their compounds,[1] and other verbs of the same class [2] in sentences.   Turn to the

---

[1] Compounds of *venir* would be *devenir, revenir*, etc.

[2] Verbs of the same class as *connaître* would be *apparaître, disparaître*, etc.

paradigms which begin on page 300 and consult column 2 for irregular forms you do not remember.

aller	connaître	écrire	mettre	pouvoir	tenir
s'asseoir	courir	envoyer	mourir	prendre	valoir
avoir	craindre	être	naître	recevoir	venir
battre	croire	faire	ouvrir	rire	vivre
boire	devoir	falloir	plaire	savoir	voir
conduire	dire	lire	pleuvoir	suivre	vouloir

GRAMMAIRE

The Article – L'Article

1. THE FORMS OF THE DEFINITE ARTICLE – *Les Formes de l'Article Défini*

In English the definite article has but one form: *the*. In French the definite article has four forms.

A. The singular forms of the definite article are:

le: used before a masculine singular noun or adjective beginning with a consonant or an aspirate *h*.[1] EXAMPLES: *le* nord, *le* sud, *le* Havre, *le* héros, *le* petit pays.

la: used before a feminine singular noun or adjective beginning with a consonant or an aspirate *h*.[1] EXAMPLES: *la* capitale, *la* grande ville, *la* haute montagne.

l': used before a masculine or feminine noun or adjective beginning with a vowel or a mute *h*.[1] When a word following the singular form of the definite article begins with a vowel or a mute *h*, this contraction must be made.[2] EXAMPLES: *l'*est, *l'*ouest, *l'*Atlantique, *l'*homme, *l'*excellente frontière.

B. The plural of the French definite article is always *les*, regardless of the gender or initial letter of the noun. EXAMPLES: *les* continents, *les* montagnes, *les* plaines, *les* États-Unis, *les* héros, *les* hautes montagnes, *les* hommes.[3]

2. THE CONTRACTIONS OF THE DEFINITE ARTICLE
Les Contractions de l'Article Défini

A. The definite article regularly contracts with *de* as follows:

$$de + le = du$$
$$de + les = des$$
de la *and* de l' *do not contract.*

EXAMPLES: le centre *du* pays, la capitale *des* États-Unis, le centre *de la* France, les pays *de l'*Europe.

---

[1] See page 319.

[2] See the discussion of elision on page 321.

[3] The final *-s* of *les* is silent unless the following word begins with a vowel or a mute *h*. Then it is pronounced like z [lez].

B. The definite article regularly contracts with *à* as follows:

$$à + le = au$$
$$à + les = aux$$
$$à \text{ la } and \text{ à l' } do\ not\ contract.$$

EXAMPLES: situé *au* nord de la France, *aux* frontières de la Belgique, *à* l'embouchure du fleuve, *à l'*est de la France.

3. THE USES OF THE DEFINITE ARTICLE – *Les Emplois de l'Article Défini*

A. In English the definite article points out a definite object. In French the definite article is used in the same way.

Paris est *la* capitale de la France. — Paris is *the* capital of France.
La Seine est *le* fleuve qui traverse *le* pays. — The Seine is *the* river which crosses *the* country.

B. In English a noun unmodified by any article is used to designate an object taken in a general sense. In French nouns used in this general sense *must* be accompanied by the definite article.

Le CIDRE est populaire en Normandie. — CIDER is popular in Normandy.
Le VIN est un produit important de la France. — WINE is an important product of France.
J'aime *la* MUSIQUE. — I like MUSIC.

C. In English no article is used with names of countries and continents. One says: France, Spain, Europe, America. The definite article *is* used with names of rivers and mountains. One says: *the* Rhine, *the* Seine, *the* Alps, *the* Rockies. In French the definite article is used with the names of all countries, continents, rivers, and mountains. EXAMPLES: *la* France, *l'*Espagne, *l'*Europe, *l'*Amérique, *le* Rhin, *la* Seine, *les* Alpes, *les* Rocheuses.

1. But when the name of a continent or a feminine country is preceded by the preposition *en* (meaning *in* or *to*) or by *de* (meaning *from*),[1] the article is omitted.

en France — *in* France, *to* France
de France — *from* France

en Espagne — *in* Spain, *to* Spain
*d'*Espagne — *from* Spain

en Europe — *in* Europe, *to* Europe
*d'*Europe — *from* Europe

en Amérique — *in* America, *to* America
*d'*Amérique — *from* America

D. The days of the week are regularly used *without* the definite article in French as in English.

Il va à Paris *lundi*. — He is going to Paris (on) *Monday*.
Ils ont un jour de congé *samedi*. — They have a day off *Saturday* (just this Saturday).

---

[1] For exceptions to this statement concerning *de*, see § 40 C.

But the definite article *is* used before the days of the week to indicate a regular occurrence each week on the day mentioned. In English an *-s* is often added to the day of the week to express this idea.

Il va à Paris *le lundi*.   He goes to Paris *Mondays*.
Ils ont un jour de congé   They have a day off *Saturdays*
le samedi.   (every Saturday).

E. Nouns in apposition, that is, words explaining other nouns, usually omit the article in French.

Pierre me montre un portrait de   Peter shows me a portrait of Fran-
François Iᵉʳ, *roi* de France au   cis I, *a king* of France in the six-
seizième siècle.   teenth century.
Dans une autre salle se trouve   In another room is "The Embarka-
«l'Embarquement pour Cy-   tion for Cytherea" of Watteau,
thère» de Watteau, *peintre* très   *the* well-known *painter* of the
connu du dix-huitième siècle.   eighteenth century.

4. THE INDEFINITE ARTICLE – *L'Article Indéfini*

In English the indefinite article has the forms *a* and *an*. In French the indefinite article has three forms, two in the singular and one in the plural.

A. The singular forms of the indefinite article are:

un: used before all masculine singular nouns or adjectives. EXAMPLES: *un* pays, *un* continent, *un* nombre, *un* endroit, *un* homme.
une: used before all feminine singular nouns or adjectives. EXAMPLES: *une* ville, *une* partie, *une* capitale, *une* femme, *une* embouchure, *une* hache, *une* haute montagne.

B. In French the plural form of the indefinite article is *des*[1] and must be expressed. In English the unmodified plural form of the noun often expresses indefiniteness. Or the indefinite adjectives *some* or *any* may express the same indefiniteness.

La France et l'Italie sont *des* PAYS.   France and Italy are COUNTRIES.
Citez *des* VILLES dans le nord de   Mention *some* CITIES in the north of
la France.   France.
La Seine traverse-t-elle *des* VILLES?   Does the Seine cross *any* CITIES?

C. The indefinite article is omitted in French, however, before nouns unmodified by any adjective when these nouns designate profession or position.

Il est *professeur*.   He is *a teacher*.
Elle est *reine*.   She is *a queen*.
M. Dupont est *médecin*.   Mr. Dupont is *a doctor*.

5. THE PARTITIVE ARTICLE – *L'Article Partitif*

A. In English, to express an indefinite quantity or a part of a whole, we often use *some* or *any* or a noun unmodified by any article. We say: He has *some* HOUSES. Have they *any* SILK? Tours has STREETCARS. In these sentences, HOUSES, SILK, and STREETCARS indicate an indefinite part of the houses, silk,

---

[1] Des *is* de + les. It is discussed in §5 as the Partitive Article.

and streetcars which exist. French expresses this same indefinite part of the whole by a special set of articles known as partitive articles. When these articles modify a noun, they show that the object is indefinite. These partitive articles *must* be expressed in French even when they are omitted in English. The above sentences are expressed in French: Il a *des* MAISONS. Ont-ils *de la* SOIE? Tours a *des* TRAMWAYS. Note these further examples:

On trouve en grand nombre dans toute la région *des* VACHES, *des* BOEUFS et *des* MOUTONS.	One finds cows, STEERS, and SHEEP in great numbers in the whole region.
Le nord-ouest de la France fournit à tout le pays *du* LAIT, *de la* CRÈME, *du* BEURRE, *du* FROMAGE et *de la* VIANDE.	The northwest of France furnishes MILK, CREAM, BUTTER, CHEESE, and MEAT to the whole country.
Il y a *des* MONTAGNES dans l'est de la France.	There are (*some*) MOUNTAINS in the east of France.

B. The partitive articles, which consist of a combination of *de* and the definite article, are:

du: used before a masculine singular noun beginning with a consonant or an aspirate *h*. EXAMPLES: *du* lait, *du* beurre, *du* fromage.

de la: used before a feminine singular noun beginning with a consonant or an aspirate *h*. EXAMPLES: *de la* crème, *de la* soie, *de la* haine.

de l': used before a masculine or feminine noun beginning with a vowel or mute *h*. EXAMPLE: *de l'*encre.

des: used before all plural nouns. EXAMPLES: *des* villes, *des* pays, *des* hommes, *des* héros.

Note that when used as partitive articles, these combinations do not mean *of the*. When used literally as *de* + the article, they do mean *of the*.

Les habitants *des* villes ont DES voitures.	The inhabitants *of the* cities have (SOME) cars.
La capitale *du* pays fournit DU lait aux autres villes.	The capital *of the* country furnishes (SOME) milk to the other cities.

C. *De* is used instead of the partitive article in the following five cases:

1. After expressions of quantity, such as *beaucoup* (much, many), *assez* (enough), *trop* (too much, too many), *plus* (more), *moins* (less), *tant* (so much, so many), *autant* (as much, as many), *combien* (how much, how many), *peu* (little, few);

Dans le midi on cultive *beaucoup* DE fruits et de légumes.	In the south they cultivate *many* fruits and vegetables.
Il y a *trop* DE gens sur les plages.	There are *too many* people on the beaches.
Y a-t-il *assez* D'hôtels à Cannes et à Nice?	Are there *enough* hotels at Cannes and at Nice?

a. but the partitive article is used with the expressions *bien* (many) and *la plupart* (the majority);

Bien DES élèves partiront en vacances.	*Many* (OF THE) pupils will go on vacations.
Il a vu *la plupart* DES restaurants.	He saw *the majority* OF THE restaurants.

2. after negatives such as *pas*;[1]

Il n'y a *pas* D'oliviers dans le nord.

There aren't *any* olive trees in the north.

On ne trouve *pas* D'oranges dans le nord du pays.

One finds *no* oranges in the north of the country.

3. when a preceding adjective separates the partitive from the noun it modifies;[2]

Il y a toujours DE *nombreux touristes* sur la Riviéra.

There are always *numerous tourists* on the Riviera.

A Nice et dans D'*autres villes* de la Riviéra se trouvent DE *charmantes plages* avec des endroits agréables et D'*élégants hôtels* pour passer l'hiver.

At Nice and in *other cities* of the Riviera are *charming beaches* with agreeable spots and *elegant hotels* to pass the winter.

4. before a noun denoting quality or material used in an adjectival sense to modify a preceding noun;

une robe DE *soie*　　a *silk* dress

un chapeau DE *paille*　　a *straw* hat

5. after expressions containing *de*. They may be

a. verbs

La France se compose DE plaines et DE montagnes.

France is composed OF plains and mountains.

b. adjectives

Les prisons étaient remplies DE suspects.

The prisons were filled WITH persons suspected.

c. or other expressions

Nous avons besoin D'encre.　　We need ink.

In each of these cases *de* is normally found with the word which precedes it. One finds: *se composer* DE, *rempli* DE, *avoir besoin* DE. In each case, also, the following noun is partitive and not definite. If it were definite, the definite article would be used. Compare:

Nous avons besoin D'encre.　　We need ink.

Nous avons besoin DE L'encre que vous avez achetée.

We need *the* ink you bought.

The Noun–Le Nom

6. THE GENDER OF NOUNS – *Le Genre des Noms*

A. In English nouns that refer to males are masculine, nouns that refer to females are feminine, and all other nouns are neuter. EXAMPLES: man

---

[1] *a. De* is used with most negative words, but it is not used with the expression *ne ... que* (only), which is not negative in meaning. EXAMPLE: Il *n'a que* DU lait. He has *only* milk.

b. When the negative word follows the verb *être*, the partitive article is retained. EXAMPLES: Ce ne *sont* pas DES vaches. Those are *not* cows. Ce *n'est* pas DE LA crème. That is *not* cream.

[2] It is becoming more and more common to find the partitive article with a singular noun modified by a preceding adjective. EXAMPLE: Nous avons DU *bon vin*.

(masculine), girl (feminine), book (neuter). The gender of English nouns therefore constitutes no difficulty at all. In French nouns are either masculine or feminine. There are no neuters! EXAMPLES: le nord (masculine), la capitale (feminine). It is important to know these genders because various forms of the language depend upon the gender of the noun.

B. While there is no complete set of rules for determining gender, the following hints will help to indicate whether a noun is masculine or feminine.

1. Nouns denoting males are masculine; those denoting females are feminine.

le roi	king	masculine
la reine	queen	feminine
le boeuf	steer	masculine
la vache	cow	feminine
l'homme	man	masculine
la femme	woman	feminine

2. Cities are usually masculine, but *Marseille, Bruxelles, la Nouvelle Orléans,* and a few others are considered feminine.

3. Countries and continents:

   a. All continents are feminine. EXAMPLES: l'Asie, l'Afrique, l'Amérique du Nord, l'Amérique du Sud, l'Europe, l'Australie, l'Océanie.

   b. All countries ending in *-e* are feminine; all others are masculine.[1] One important exception: *le Mexique.*

4. Names of months, days, and seasons are always masculine; names of languages and trees are usually masculine. EXAMPLES: le français, l'anglais, juin, août, le lundi, le mardi, le printemps, l'hiver, l'olivier.

5. Nouns ending in *-age, -eau, -isme,* and *-ment* are usually masculine; those in *-ié* and *-ion* are usually feminine. EXAMPLES: le village, le tableau, le plateau, le classicisme, le changement, l'amitié, la question.

6. Nouns which were masculine or neuter in Latin are likely to be masculine in French; nouns which were feminine in Latin tend to be feminine in French.

LATIN	FRENCH	ENGLISH
status (m)	l'état (m)	state
amicus (m)	l'ami (m)	friend
villa (f)	la ville (f)	city
insula (f)	l'île (f)	island
vinum (n)	le vin (m)	wine
castellum (n)	le château (m)	castle
lyceum (n)	le lycée (m)	high school

C. The most expedient way to learn genders is to associate the article with the noun, learning them together as a word group.

7. THE PLURAL OF NOUNS – *Le Pluriel des Noms*

A. In English most nouns form their plurals by adding *-s* to the singular. EXAMPLE: mountain, mountains. In French most nouns also form their

---

[1] This means that all European countries are feminine except *le Danemark, le Portugal,* and *le Luxembourg,* and that the three major countries of North America are masculine: *le Canada, les États-Unis, le Mexique.*

plurals by adding -s to the singular. EXAMPLES: le continent, les continents; la ville, les villes. This -s is silent.

B. Nouns ending in -s, -x, and -z do not change in the plural. EXAMPLES: le pays, les pays; un fils, des fils; la voix, les voix; le nez, les nez.

C. Nouns ending in -eau and in -eu generally add -x to the singular form.

un feu	des feux	fire
le neveu	les neveux	nephew
le château	les châteaux	castle
un tableau	des tableaux	picture

D. Nouns ending in -al and seven nouns ending in -ail change the -al or -ail to -aux in the plural. The two important nouns in -ail are given here.

le journal	les journaux	newspaper
un animal	des animaux	animal
le travail	les travaux	work
le vitrail	les vitraux	stained-glass window

but

| le détail | les détails | detail |

The Adjective – L'Adjectif

8. THE AGREEMENT OF ADJECTIVES – *L'Accord des Adjectifs*

A. In English the adjective does not change in form to indicate gender and number. In French the adjective agrees with the noun in gender and number.

le *petit* pays	the *small* country
les *petits* pays	the *small* countries
la *petite* ville	the *small* city
les *petites* villes	the *small* cities

B. When an adjective modifies a masculine and feminine noun or two masculine nouns at the same time, it takes the masculine plural form.

La Seine, le Rhône et *la Garonne* sont IMPORTANTS pour le commerce.

The Seine, the Rhone, and *the Garonne* are IMPORTANT for commerce.

Here *importants* is masculine plural to agree with a masculine singular and two feminine singular nouns.

9. THE FEMININE OF ADJECTIVES – *Le Féminin des Adjectifs*

A. Most adjectives form their feminines by adding -e to the masculine form.

MASCULINE	FEMININE	
situé	située	situated
petit	petite	small, little
grand	grande	large, great

B. Adjectives whose masculine form ends in (unaccented) -e do not change in the feminine.

MASCULINE	FEMININE	
difficile	difficile	difficult
facile	facile	easy
grave	grave	serious

C. Certain adjectives whose masculine form ends in e + a consonant place a grave (`) accent over this e (è) as well as adding the regular -e to form the feminine.

MASCULINE	FEMININE	
premier	première	first
étranger	étrangère	foreign
complet	complète	complete

D. Adjectives whose masculine form ends in -f change the -f to -ve.

MASCULINE	FEMININE	
neuf	neuve	new
actif	active	active

E. Adjectives whose masculine form ends in -x change the -x to -se.

MASCULINE	FEMININE	
nombreux	nombreuse	numerous
heureux	heureuse	happy

F. Adjectives whose masculine forms end in -el, -eil, -ien, -as, and -os double the final consonant before adding -e. Thus,

MASCULINE ENDING	FEMININE ENDING	EXAMPLES MASCULINE	FEMININE	MEANING
-el	-elle	quel	quelle	which
-eil	-eille	pareil	pareille	similar
-ien	-ienne	ancien	ancienne	old
-as	-asse	bas	basse	low
-os	-osse	gros	grosse	large

G. Some adjectives have two masculine forms, one of which is used when the word it directly precedes begins with a consonant, the other when the word it directly precedes begins with a vowel or mute h. These adjectives are also somewhat irregular in the feminine.

SINGULAR			PLURAL		
MASCULINE	FEMININE	MASCULINE	FEMININE		
the following word beginning with a consonant	vowel or mute h				
beau	bel	belle	beaux	belles	beautiful
fou	fol	folle	fous	folles	foolish
mou	mol	molle	mous	molles	soft
nouveau	nouvel	nouvelle	nouveaux	nouvelles	new
vieux	vieil	vieille	vieux	vieilles	old

un beau pays	a beautiful country
un bel homme	a handsome man
une belle ville	a beautiful city
un nouveau crayon	a new pencil
un nouvel état	a new state
une nouvelle architecture	a new architecture
un vieux pont	an old bridge
un vieil homme	an old man
une vieille église	an old church

H. Certain masculine adjectives form their feminines irregularly. The most common irregular adjectives are:

SINGULAR		PLURAL		
MASCULINE	FEMININE	MASCULINE	FEMININE	
blanc	blanche	*blancs*	*blanches*	white
bon	bonne	*bons*	*bonnes*	good
doux	douce	*doux*	*douces*	soft, sweet
épais	épaisse	*épais*	*épaisses*	thick
faux	fausse	*faux*	*fausses*	false
frais	fraîche	*frais*	*fraîches*	fresh
gentil	gentille	*gentils*	*gentilles*	nice
grec	grecque	*grecs*	*grecques*	Greek
long	longue	*longs*	*longues*	long
public	publique	*publics*	*publiques*	public
sec	sèche	*secs*	*sèches*	dry

10. THE PLURAL OF ADJECTIVES – *Le Pluriel des Adjectifs*

A. English adjectives do not change their forms in the plural. Most French adjectives form their masculine plurals by adding -*s* to the masculine singular and their feminine plurals by adding -*s* to the feminine singular.

	SINGULAR	PLURAL	
MASCULINE	situé	situés	
FEMININE	située	situées	situated
MASCULINE	petit	petits	
FEMININE	petite	petites	small
MASCULINE	long	longs	
FEMININE	longue	longues	long
MASCULINE	facile	faciles	
FEMININE	facile	faciles	easy

B. Adjectives whose masculine singular ends in -*s*, -*x*, or -*z* do not change in the masculine plural. The feminine plural is formed by adding -*s* to the feminine singular.

	SINGULAR	PLURAL	
MASCULINE	gris	gris	
FEMININE	grise	grises	gray
MASCULINE	heureux	heureux	
FEMININE	heureuse	heureuses	happy

C. Adjectives whose masculine singular ends in -eau add -x to form the masculine plural. EXAMPLES: beau, beaux; nouveau, nouveaux.

D. Adjectives whose masculine singular ends in -al change the -al to -aux in the masculine plural.

	SINGULAR	PLURAL	
MASCULINE	national	nationaux ⎱	national
FEMININE	nationale	nationales ⎰	
MASCULINE	principal	principaux ⎱	principal
FEMININE	principale	principales ⎰	

E. *Tout* (all) has a special plural in *tous*.[1] The rest of the forms are regular: *tout* (masculine singular), *toute* (feminine singular), *toutes* (feminine plural).

11. THE POSITION OF ADJECTIVES – *La Place des Adjectifs*

A. In English adjectives are placed *before* the nouns they modify. In French some adjectives habitually precede the noun they modify; many usually follow. A number of adjectives may either precede or follow the noun, often with a slight change of meaning, sometimes depending upon the rhythm of the sentence. The position of the adjective must be learned largely from observation.

un *petit* pays	a *small* country
des montagnes *élevées*	*high* mountains
les *hautes* montagnes	the *high* mountains
une *excellente* frontière ⎫ or une frontière *excellente* ⎭	an *excellent* boundary
un *magnifique* château ⎫ or un château *magnifique* ⎭	a *magnificent* château

B. Adjectives of color and nationality follow the nouns they modify.

une maison *blanche*	a *white* house
un tableau *noir*	a *black*board
un touriste *anglais*	an *English* tourist
une ville *française*	a *French* city

C. Numerals, both cardinal and ordinal, and demonstrative, interrogative, possessive, and indefinite adjectives precede their nouns.

trois livres	*three* books
la *troisième* leçon	the *third* lesson
cette ville	*this* city
quel pays	*what* country
mon crayon	*my* pencil
quelques livres	*some* books
chaque année	*each* year

---

[1] *Tous* has two distinct pronunciations. The -*s* is silent [tu] when it is used as an adjective. EXAMPLE: *Tous* les pays ont des problèmes. The -*s* is pronounced as *s* [tus] when *tous* is used as a pronoun. EXAMPLE: *Tous* fournissent des produits aux autres nations.

D. A number of short adjectives usually precede the noun they modify. The most common of these are:

autre	other	joli	pretty
beau	beautiful	long	long
bon	good	mauvais	bad
grand	great, large, tall	méchant	naughty, wicked
gros	big	meilleur	better, best
haut	high	nouveau	new
jeune	young	petit	small, little, short
		vieux	old

E. Certain adjectives have *one* meaning when they precede and *another* when they follow the noun they modify. The most common of these are:

ADJECTIVE	MEANING WHEN PRECEDING	MEANING WHEN FOLLOWING
ancien	former, old	old, ancient
brave	worthy, fine	brave
cher	dear (loved)	dear (expensive)
grand	great, large	tall
pauvre	poor (unfortunate)	poor (without money)

12. THE COMPARISON OF ADJECTIVES – *La Comparaison des Adjectifs*

A. In French as in English, there are three degrees of comparison: the positive, the comparative, and the superlative. The English adjective is compared by adding *-er* (comparative) and *-est* (superlative) to the positive form or by placing *more* or *less* (comparative) and *most* or *least* (superlative) before the positive form.

POSITIVE	COMPARATIVE	SUPERLATIVE
narrow	{ narrower { less narrow	narrowest least narrow
important	{ more important { less important	most important least important

The comparative form of the French adjective is obtained by placing *plus* (more) or *moins* (less) before the positive form. The superlative form is obtained by placing the definite article (*le, la, les*) before the comparative form.

POSITIVE	COMPARATIVE	SUPERLATIVE
étroit	{ plus étroit { moins étroit	le plus étroit [1] le moins étroit
important	{ plus important { moins important	le plus important le moins important

The following examples show how these forms are used:

COMPARATIVE

La Russie est *plus grande* que la France.   Russia is *larger* than France.

Les Alpes sont *moins difficiles* à défendre que le Rhin.   The Alps are *less difficult* to defend than the Rhine.

---

[1] This is the masculine singular form. The feminine singular form is *la plus étroite*, the masculine plural *les plus étroits*, and the feminine plural *les plus étroites*.

SUPERLATIVE

Orléans, Tours et Nantes sont les trois villes *les plus importantes* situées sur la Loire.	Orleans, Tours, and Nantes are the three *most important* cities situated on the Loire.
De toutes les frontières, les Alpes sont *les moins difficiles* à défendre.	Of all the borders, the Alps are the *least difficult* to defend.

B. *Than* is usually expressed by *que*.

La Loire est plus longue *que* la Seine.	The Loire is longer *than* the Seine.
Les États-Unis sont plus grands *que* l'Italie.	The United States is larger *than* Italy.

But before numerals, *than* is expressed by *de*.

Tours a plus *de* cent mille habitants.	Tours has more *than* a hundred thousand inhabitants.
Versailles est à moins *de* trente kilomètres de Paris.	Versailles is less *than* thirty kilometers from Paris.

C. Adjectives which usually precede their nouns may precede them in the superlative, but may equally well follow their nouns.

La Loire est *le plus long* fleuve de France.	The Loire is *the longest* river in France.

When adjectives in the superlative follow their nouns, the definite article must always directly precede *plus* (more) or *moins* (least).

La Seine est le fleuve *le plus connu* de France.	The Seine is the *best known* river of France.
Les Alpes et les Pyrénées sont les frontières *les plus faciles* à défendre.	The Alps and the Pyrenees are the *easiest* borders to defend.
Le Havre est un des trois ports *les plus importants* situés sur la Manche.	Le Havre is one of the three *most important* ports situated on the English Channel.

D. In English the superlative is usually followed by *in*. In French *de* is regularly used after the superlative.

Paris est la plus grande ville *de* France.	Paris is the largest city *in* France.

E. Certain adjectives are compared irregularly. The most common of these are:

POSITIVE	COMPARATIVE	SUPERLATIVE
bon (good)	meilleur (better)	le meilleur (best)
mauvais (bad)	{ plus mauvais { pire (worse)	le plus mauvais { le pire (worst)

F. In English one says: Germany is *as large as* France. Brest is *not so important as* Bordeaux. This comparison with *as ... as* and with *not so ... as* is known as the comparison of equality. In French this comparison of equality is expressed by *aussi ... que* in the affirmative and by *pas aussi ... que* or occasionally by *pas si ... que* in the negative.

Mais la différence de prononciation entre le nord et le sud est *aussi grande* en France *qu'*aux États-Unis.	But the difference in pronunciation between the north and the south is *as great* in France *as* in the United States.
La cathédrale de Tours n'est *pas aussi célèbre que* Notre Dame de Paris.	The cathedral of Tours is *not so famous as* Notre Dame de Paris.

One could also say: La cathédrale de Tours n'est *pas si célèbre que* Notre Dame de Paris.

13. THE POSSESSIVE ADJECTIVES – *Les Adjectifs Possessifs*

A. The English possessive adjectives are *my, his, her, its, our, your, their*. They do not change in form. The French possessive adjectives have masculine, féminine, singular, and plural forms:

	PERSON	MASCULINE SINGULAR	FEMININE SINGULAR	MASCULINE AND FEMININE PLURAL	
SINGULAR	1	mon	ma	mes	my
	2	ton[1]	ta[1]	tes[1]	your[1]
	3	son	sa	ses	his, her, its
PLURAL	1	notre	notre	nos	our
	2	votre	votre	vos	your
	3	leur	leur	leurs	their

B. In English the possessive adjective agrees with the possessor. EXAMPLES: *his* book, *her* book. In French the possessive adjective agrees in person with the possessor, as in English, and it agrees with the thing possessed in gender and number. In other words, *his, her,* and *its* are expressed by the same word in French if the thing possessed is the same. If not, the French word varies with the gender and number of the thing possessed.

son livre	*his, her, its* book
sa colonie	*his, her, its* colony
ses industries	*his, her, its* industries

In the above examples, the form of *son* depended upon the gender and number of the noun. Note this in sentences:

Jean a *son* livre, et Marie a *son* livre.	John has *his* book, and Mary has *her* book.
Jean a *sa* bicyclette, et Marie a *sa* bicyclette.	John has *his* bicycle, and Mary has *her* bicycle.

C. The forms *mon, ton,* and *son* are used to modify feminine singular nouns when the use of *ma, ta,* and *sa* would cause two vowels to come together.

mon encre (f)	*my* ink
ton école (f)	*your* school
son île (f)	*his, her, its* island

---

[1] These forms are used only under the same conditions as the subject-pronoun *tu*. (See § 22 B.)

14. THE DEMONSTRATIVE ADJECTIVES – *Les Adjectifs Démonstratifs*

A. In English the demonstrative adjectives, which point out an object more definitely than the definite article, are *this*, *that*, *these*, and *those*. In French, these demonstrative adjectives are:

ce: used before a masculine singular noun or adjective beginning with a consonant. EXAMPLES: *ce* château, *ce* pays, *ce* petit jardin.

cet: used before a masculine singular noun or adjective beginning with a vowel or a mute *h*. EXAMPLES: *cet* endroit, *cet* état, *cet* autre pays.

cette: used to modify feminine singular nouns. EXAMPLES: *cette* montagne, *cette* ville, *cette* frontière.

ces: used to modify all plural nouns. EXAMPLES: *ces* châteaux, *ces* jardins, *ces* endroits, *ces* états, *ces* autres pays, *ces* montagnes, *ces* villes.

B. French does not ordinarily distinguish between *this* and *that* or between *these* and *those* unless a contrast of objects demands that distinction.

Cette ville est dans le nord du pays.	*This* (or *that*) city is in the north of the country.

No distinction is necessary here since *cette* merely points out *ville* more definitely than would the definite article *la*.

To distinguish between *this* and *that* or between *these* and *those*, the proper demonstrative adjective (*ce, cet, cette, ces*) is placed before the noun, and *-ci* (from *ici* meaning here) or *-là* (there) is appended to the noun. In other words, "this here" and "that there," expressions which in English would be incorrect, are the correct form in French. To connect *-ci* and *-là* to the noun, a hyphen is used. One rarely finds *-ci* in one part of the sentence without *-là* in the other.

Cette carte-*ci* est plus moderne que *cette* carte-*là*.	*This* map is more modern than *that* map.
Je demeure dans *cet* état-*ci*, mais mon ami demeure dans *cet* état-*là*.	I live in *this* state, but my friend lives in *that* state.

15. THE INTERROGATIVE ADJECTIVES – *Les Adjectifs Interrogatifs*

A. In English *which* and *what* are used as interrogative adjectives to modify a noun and to ask a question. In French some form of *quel* is used to express the same idea. In French the interrogative adjective agrees with the noun it modifies in gender and number.

Quel cours préférez-vous?	*Which* course do your prefer?
Quelles matières apprenez-vous?	*What* subjects are you studying?

B. The interrogative adjectives are:

	MASCULINE	FEMININE
SINGULAR	quel	quelle
PLURAL	quels	quelles

C. The interrogative adjective is used with the verb *être* followed by a noun to ask which one of a number of possible answers.[1]

---

[1] When the noun has been mentioned before, the interrogative pronoun *lequel* (*laquelle*, *lesquels*, *lesquelles*) must be used. EXAMPLE: La Russie, la Suède, la France, et l'Espagne sont des nations d'Europe. *Lesquelles* sont dans l'ouest de l'Europe? (See § 35 E.)

Quelle est la capitale de la France?	*What* is the capital of France?
Quels sont les pays de l'Amérique du Nord?	*What* are the countries of North America?
Quel est votre nom?	*What* is your name?

D. The interrogative adjective is also used with the verb *être* followed by the name of a person or thing to ask the nature of that person or thing.

Quel est cet homme?	*Who* is that man?[1]
Quels sont ces édifices?	*What* buildings are those?

16. THE CARDINAL NUMERALS – *Les Adjectifs Numéraux Cardinaux*

A. The cardinal numerals are:

1	un, une	[œ̃] [yn]	50	cinquante	[sɛ̃kãt]
2	deux	[dφ]	60	soixante	[swasãt]
3	trois	[trwa]			
4	quatre	[katr]	70	soixante-dix	[swasãtdis]
5	cinq	[sɛ̃k]	71	soixante et onze	[swasãteɔ̃z]
6	six	[sis]	72	soixante-douze	[swasãtduz]
7	sept	[sɛt][2]	73	soixante-treize	[swasãttrɛz]
8	huit	[ɥit]			
9	neuf	[nœf][2]	80	quatre-vingts	[katrəvɛ̃]
			81	quatre-vingt-un	[katrəvɛ̃œ̃]
10	dix	[dis]	82	quatre-vingt-deux	[katrəvɛ̃dφ]
11	onze	[ɔ̃z]	83	quatre-vingt-trois	[katrəvɛ̃trwa]
12	douze	[duz]			
13	treize	[trɛz]	90	quatre-vingt-dix	[katrəvɛ̃dis]
14	quatorze	[katɔrz]	91	quatre-vingt-onze	[katrəvɛ̃ɔ̃z]
15	quinze	[kɛ̃z]			
16	seize	[sɛz]	100	cent	[sã]
17	dix-sept	[disɛt]	101	cent un	[sãœ̃]
18	dix-huit	[dizɥit]			
19	dix-neuf	[diznœf]	200	deux cents	[dφsã]
			201	deux cent un	[dφsãœ̃]
20	vingt	[vɛ̃]	202	deux cent deux	[dφsãdφ]
21	vingt et un	[vɛ̃teœ̃]			
22	vingt-deux	[vɛ̃tdφ]	300	trois cents	[trwasã]
23	vingt-trois	[vɛ̃ttrwa]	400	quatre cents	[katrəsã]
24	vingt-quatre	[vɛ̃tkatr]			
25	vingt-cinq	[vɛ̃tsɛ̃k]	1000	mille	[mil]
26	vingt-six	[vɛ̃tsis]	1001	mille un	[milœ̃]
30	trente	[trãt]	2000	deux mille	[dφmil]
31	trente et un	[trãteœ̃]	100,000	cent mille	[sãmil]
32	trente-deux	[trãtdφ]	1,000,000	un million	[œ̃miljɔ̃]
			2,000,000	deux millions	[dφmiljɔ̃]
40	quarante	[karãt]			

[1] Meaning: *What is the nature* of that man?

[2] These words are still occasionally pronounced sep(t) [sɛ] and neu(f) [nφ] when the next word begins with a consonant. It is now more common to sound the *-t* and *-f*.

B. The pronunciations indicated above are those of the numbers pronounced without any following noun. When the numerals are followed by an adjective or a noun beginning with a consonant or an aspirate *h*, they are pronounced as follows:

un port	[œpɔr]	si(x) ports	[sipɔr]
deu(x) ports	[dɸpɔr]	sep*t* ports [1]	[sɛtpɔr]
troi(s) ports	[trwapɔr]	hui(t) ports	[ɥipɔr]
quatre ports	[katrəpɔr]	neu*f* ports [1]	[nœfpɔr]
cin(q) ports	[sɛ̃pɔr]	di(x) ports	[dipɔr]

When the numerals are followed by an adjective or a noun beginning with a vowel or a mute *h*, the final consonant of the numeral is generally linked to the next word. Final -*x* is linked as *z*. Final -*f* remains -*f* in most words, but becomes *v* in the expressions *neuf ans* [nœvã], *neuf heures* [nœvœr], and *neuf hommes* [nœvɔm].

un état	[œneta]	six états	[sizeta]
deux états	[dɸzeta]	sept états	[sɛteta]
trois états	[trwazeta]	huit états	[ɥiteta]
quatre états	[katreta]	neuf états	[nœfeta]
cinq états	[sɛ̃keta]	dix états	[dizeta]

There is a difference of usage as to the pronunciation of the final consonant of numerals in dates. Some Frenchmen say *le dix mai* [lədismɛ]; others *le di(x) mai* [lədimɛ].

Neither elision nor linking occurs before *huit* and *onze*. One says: *le huit février* [ləɥifevrje], *le onze mars* [ləɔ̃zmars], *les huit enfants* [leɥitãfã], *les onze livres* [leɔ̃zlivr].

The final -*t* of *cent* is linked to the following noun, but is not linked to a following *un*. EXAMPLES: cent ans [sãtã] *but* cent un [sãœ̃], deux cent un [dɸsãœ̃], quatre cent un [katrəsãœ̃]

C. From 60 to 100 the French count by 20's. Note the formation of 70 (*soixante-dix*) and of 90 (*quatre-vingt-dix*) and of the other numbers in the same group. Note that the -*s* of *quatre-vingts* is dropped before another numeral. EXAMPLES: quatre-vingt-sept, quatre-vingt-quinze.

D. Multiples of *cent* (*deux cents*, *trois cents*, *quatre cents*, etc.) take an -*s* in the plural. There is no -*s* when these multiples are followed by another numeral. EXAMPLES: deux cent trente, trois cent deux, quatre cent soixante-sept, etc. *Mille* does not change in form. EXAMPLES: deux mille, trois mille, quatre mille, etc.

E. The numerals *cent* and *mille* are not preceded by the indefinite article (*un*) in French. EXAMPLES: cent deux (102) (*a hundred and two*), cent quatre-vingts (180) (*a hundred and eighty*); mille soixante (1060) (*a thousand and sixty*), mille quatre-vingt-deux (1082) (*a thousand and eighty-two*).

F. In reading dates from 1000 to 1100, *mille* is used. For dates beyond 1100, either *mille* [2] or a multiple of *cent* is used. The latter is somewhat more com-

---

[1] These words are still occasionally pronounced sep(t) [sɛ] and neu(f) [nɸ] when the next word begins with a consonant. It is now more common to sound the -*t* and -*f*.

[2] However, *mille* formerly became *mil*. EXAMPLES: *mil soixante-six* (1066), *mil huit cent soixante-dix* (1870).

mon. The word *cent* may not be omitted when reading French dates, as it is currently in English. EXAMPLES: 1215 (*douze* CENT *quinze* or *mille deux* CENT *quinze*), 1939 (*dix-neuf* CENT *trente-neuf* or *mille neuf* CENT *trente-neuf*), 1870 (*dix-huit* CENT *soixante-dix* or *mille huit* CENT *soixante-dix*). The French express B.C. by *av. J.-C.* (*avant Jésus Christ*), and A.D. by *apr. J.-C.* (*après Jésus Christ*). EXAMPLES: 44 av. J.-C., 476 apr. J.-C.

17. THE ORDINAL NUMERALS – *Les Adjectifs Numéraux Ordinaux*

A. In English the ordinals are: first, second, third, fourth, etc. In French the ordinals are regularly formed by adding *-ième* to the corresponding cardinals. Note particularly the method of expressing 1st, 2d, 21st, 31st, etc. The ordinals are abbreviated: *1ᵉʳ, 2ᵉ, 3ᵉ*, etc. There are also the abbreviations *1°, 2°, 3°*, etc. (*primo, secundo*, etc.).

B. The ordinal numerals are:

1st	premier, première	18th	dix-huitième
2d	{ second	19th	dix-neuvième
	{ deuxième	20th	vingtième
3d	troisième	21st	vingt et unième
4th	quatrième	22d	vingt-deuxième
5th	cinquième	23d	vingt-troisième
6th	sixième	30th	trentième
7th	septième	31st	trente et unième
8th	huitième	40th	quarantième
9th	neuvième	50th	cinquantième
10th	dixième	60th	soixantième
11th	onzième	70th	soixante-dixième
12th	douzième	71st	soixante et onzième
13th	treizième	80th	quatre-vingtième
14th	quatorzième	81st	quatre-vingt et unième
15th	quinzième	90th	quatre-vingt-dixième
16th	seizième	100th	centième
17th	dix-septième	101st	cent unième

C. *Second* is expressed preferably by *second* when there are only two in a series and by *deuxième* when there are more than two. Note that the *c* in *second* is pronounced *g* [səg5].

D. In indicating kings and emperors, the French use the ordinal for the *first* and cardinals for *all others* of a house of dynasty.

WRITTEN	READ	
Napoléon Iᵉʳ	Napoléon premier	Napoleon I
Napoléon III	Napoléon trois	Napoléon III
Charles Iᵉʳ	Charles premier	Charles I
Charles VII	Charles sept	Charles VII
Louis XIV	Louis quatorze	Louis XIV
Louis XV	Louis quinze	Louis XV

E. To indicate the day of the month, French uses the ordinal for the *first* day and the cardinals for *all the others*. French dates are written without capitals and without commas. EXAMPLES: le 1er février 1939, le 10 mai 1942, le 4 juillet 1776. These are read (but not written) *le premier février dix-neuf cent trente-neuf, le dix mai dix-neuf cent quarante-deux, le quatre juillet dix-sept cent soixante-seize.*

The Adverb – L'Adverbe

18. THE FORMATION OF ADVERBS – *La Formation des Adverbes*

A. In English most adverbs are formed by adding *-ly* to the adjective. In French adverbs are often formed by adding *-ment* to the masculine form of adjectives ending in a vowel and to the feminine form of adjectives whose masculine form ends in a consonant.

ADJECTIVE	ADVERB	
rapide	rapidement	rapidly
immédiate	immédiatement	immediately
sévère	sévèrement	severely
direct	directement	directly
seul	seulement	only
naturel	naturellement	naturally
sérieux	sérieusement	seriously

B. Adverbs are formed from adjectives of more than one syllable ending in *-ent* by changing the *-ent* to *-emment*. The first *e* of this suffix is pronounced *a*. Adjectives of more than one syllable ending in *-ant* change the *-ant* to *-amment*.

ADJECTIVE	ADVERB	
évident	évidemment	evidently
récent	récemment	recently
négligent	négligemment	negligently
élégant	élégamment	elegantly
suffisant	suffisamment	sufficiently

C. In certain adverbs the final *-e* of the adjective is replaced by *-é*:

aveuglément	blindly	conformément	suitably
commodément	properly	communément	commonly
confusément	confusedly	énormément	enormously
immensément	immensely	obscurément	obscurely
précisément	precisely	profondément	deeply
profusément	profusely	uniformément	uniformly

D. Some adverbs are not so formed and may be regarded as irregular, as *bien* (*bon*), *vite* (*vite*), *mal* (*mauvais*).

19. THE POSITION OF ADVERBS – *La Place des Adverbes*

A. The adverb usually follows a simple verb directly.

Roger et Louise vont *ensemble* à la classe de français.
Roger and Louise go to French class *together*.

Il aime *beaucoup* la France.
He likes France *very much*.

B. In the compound tenses the adverb is usually placed between the auxiliary and the past participle of a compound verb. In negative sentences the adverb follows *pas*.

Nous avons *déjà* acheté deux paquets de papier.	We have *already* bought two packages of paper.
Vous avez *bien* travaillé.	You worked *well*.
Il n'a *pas encore* lu le journal.	He hasn*'t yet* read the newspaper.

C. Long adverbs and certain adverbs of time and place, such as *aujourd'hui*, *hier*, *demain*, *tôt*, *tard*, *ici*, and *là*, follow the past participle. They may also be put at the beginning of the sentence in most cases.

Nous avons fait cela *hier*.	We did that *yesterday*.
Votre ami est arrivé *tôt*.	Your friend arrived *early*.
Il est venu *ici*.	He came *here*.
Marie a écrit la lettre *lentement*.	Mary wrote the letter *slowly*.
Aujourd'hui nous avons parlé avec Robert.	*Today* we spoke with Robert.

D. After *peut-être* (perhaps) and *aussi* (at the beginning of the sentence and in this position meaning *thus* or *therefore*) and after the expression *à peine* (scarcely), the subject and verb are usually inverted.

| *Peut-être* VIENDRA-T-IL ce soir. | *Perhaps* HE WILL COME this evening. |
| Un voyage en Amérique coûterait trop cher. *Aussi* IRONS-NOUS en Algérie. | A trip to America would cost too much. *Therefore*, WE SHALL GO TO Algeria. |

There is a tendency in conversational French to use *que* followed by normal word order after *peut-être*.

| Vous ne pouvez-pas trouver votre porte-feuille? *Peut-être que* vous l'avez perdu. | Can't you find your billfold? *Perhaps* you've lost it. |

20. THE COMPARISON OF ADVERBS – *La Comparaison des Adverbes*

A. The English adverb is compared by placing *more* or *less* (comparative) and *most* or *least* (superlative) before the positive form. EXAMPLE: rapidly, *more* rapidly, *most* rapidly, *less* rapidly, *least* rapidly. French adverbs, like adjectives, are compared by placing *plus* (more) or *moins* (less) before the positive form of the adverb to express the comparative degree and by placing *le plus* or *le moins* before the positive form of the adverb, to express the superlative degree. Since the adverb has no gender, the *le* of the superlative degree is invariable.

POSITIVE	COMPARATIVE	SUPERLATIVE
rapidement	plus rapidement	le plus rapidement
récemment	plus récemment	le plus récemment

B. Certain adverbs are compared irregularly:

POSITIVE	COMPARATIVE	SUPERLATIVE
bien	mieux	le mieux
mal	{ plus mal { pis	le plus mal le pis
peu	moins	le moins
beaucoup	plus	le plus

21. THE NEGATIVE – *Le Négatif*

A. The English sentence is made negative by means of the adverb *not*. The French sentence is usually made negative by placing *ne* before and *pas* after the verb.

La source de la Garonne *n'*est *pas* en France.	The source of the Garonne is *not* in France.
La Seine *ne* traverse *pas* Lyon.	The Seine does *not* cross Lyons.

B. In an ordinary negative sentence, the *ne* comes directly after the subject with all its modifiers, that is to say, *ne* precedes all other words which come before the verb.

Berlin *n'*est *pas* en France.	Berlin is *not* in France.
Les fleuves importants de France *ne* sont *pas* au centre du pays.	The important rivers of France are *not* in the center of the land.
La Loire *ne* se jette *pas* dans la Manche.	The Loire does *not* empty into the English Channel.
Je *ne* le lui donne *pas*.	I do *not* give it to him.
Il *n'*en a *pas*.	He has*n't* any.

C. In a question with a pronoun-subject the following word order is used:

ne VERB - PRONOUN-SUBJECT *pas* FOLLOWING WORDS

*N'*est-il *pas* en France?	Is*n't* it in France?
Ne forment-elles *pas* une frontière entre les deux pays?	Don*'t* they form a frontier between the two countries?
Ne se jette-t-il *pas* dans la Méditerranée?	Doesn*'t* it empty into the Mediterranean?
Ne la racontez-vous *pas* aux élèves?	Don*'t* you tell it to the pupils?
Ne la leur écrit-il *pas*?	Doesn*'t* he write it to them?

In a question with a noun-subject, the following word order is used:

NOUN-SUBJECT *ne* VERB - PRONOUN-SUBJECT *pas* FOLLOWING WORDS

Le Rhône *n'*est-il *pas* en France?	Is*n't* the Rhone in France?
Les Alpes *ne* forment-elles *pas* une frontière entre les deux pays?	Don*'t* the Alps form a frontier between the two countries?
Le Rhône *ne* se jette-t-il *pas* dans la Méditerranée?	Doesn*'t* the Rhone empty into the Mediterranean?
Marie *ne* la raconte-t-elle *pas* à son frère?	Doesn*'t* Mary tell it to her brother?
Paul *ne* la leur écrit-il *pas*?	Doesn*'t* Paul write it to them?

D. In the compound tenses, the *auxiliary verb only* is regarded as the verb as far as the position of the negative words is concerned. In other words, *pas* comes directly after the auxiliary verb.

Il *n'*a *pas* acheté un cahier.	He did*n't* buy a notebook.
Nous *n'*avons *pas* trouvé un journal.	We did*n't* find a newspaper.
Les Français *n'*ont *pas* choisi un président.	The French did*n't* choose a president.

Notice the same negative sentences in interrogative form:

N'a-t-il *pas* acheté un cahier?	Has*n't* he bought a notebook?
N'avons-nous *pas* trouvé un journal?	Did*n't* we find a newspaper?
Les Français *n'*ont-ils *pas* choisi un président?	Did*n't* the French choose a president?

E. Certain other words are always used with *ne* in a complete sentence.   Among these are:

ne...aucun	no, not any	ne...plus	no longer, no more
ne...guère	scarcely	ne...point	not at all
ne...jamais	never	ne...que	only
ne...ni...ni	neither...nor	ne...rien	nothing
ne...personne	no one		

F. In sentences containing these negative combinations

1. *ne* comes where it ordinarily would with *pas* (§21 B, C);
2. *guère* (scarcely), *jamais* (never), *plus* (no longer, no more), and *point* (not at all) follow the same rules for position as *pas* (§21 A, C, D).

Il *n'*y a *guère* de Français qui se passe de vacances.	There is *scarcely* a Frenchman who does without vacations.
Il *n'*a *jamais* acheté une voiture.	He *never* bought a car.
Les provinces *n'*existent *plus*.	The provinces *no longer* exist.

3. *Personne* (no one) and *rien* (nothing) begin the sentence if they are used as the subject and follow the verb if they are used as objects.

Personne ne va en Bretagne.	*No one* is going to Brittany.
Il *n'*y a *personne* à Paris.	There is *no one* at Paris.
*Rien n'*est sur le bureau.	*Nothing* is on the desk.
Je *ne* trouve *rien*.	I find *nothing*.

Note the difference of order in the compound tenses:

Il *n'*a vu *personne*.	He saw *no one*.
Il *n'*a *rien* vu.	He saw *nothing*.

4. *Que* (only) follows the entire verb.

Nous *n'*avons *que* trois livres.	We have *only* three books.
Vous *n'*avez acheté *que* six crayons.	You bought *only* six pencils.

5. *Aucun* (no, not any) is an adjective and comes directly before its noun.

Il *n'*a trouvé *aucun* élève dans la salle de classe.	He found *no* pupil in the classroom.
Aucune voiture *n'*est dans la rue.	*No* car is in the street.

G. Negative words are used alone (without *ne* and without verb) in answer to a question.

Devine qui j'ai trouvé après deux heures de recherches. *Personne*.	Guess whom I found after two hours of searching. *No one*.
N'y a-t-il pas toujours un concierge, même en été? *Jamais*.	Isn't there always a janitor, even in summer? *Never*.

H. In case of sentences made negative by *ne...ni...ni* (neither...nor), if th words governed by *...ni...ni* are modified by the definite article in the affirmative sentence, the definite article is retained in the negative sentence.

Après le 14 juillet *les* écoles primaires et *les* lycées sont ouverts.	After the 14th of July *the* primary schools and *the* high schools are open.
Après le 14 juillet *ni les* écoles primaires *ni les* lycées ne sont ouverts.	After the 14th of July *neither the* primary schools *nor the* high schools are open.

If the words governed by *...ni...ni* are modified by an indefinite article or by a partitive in the affirmative sentence, this indefinite or partitive article disappears in the negative.

Des étudiants et *des* professeurs fréquentent les salles de conférence.	Students and professors frequent the lecture halls.
Ni étudiants *ni* professeurs ne fréquentent les salles de conférence.	*Neither* students *nor* professors frequent the lecture halls.
Nous avons *du* papier et *un* crayon.	We have paper and *a* pencil.
Nous n'avons *ni* papier *ni* crayon.	We have *neither* paper *nor* a pencil.

I. The second part of the negation follows *ne* directly when the negative modifies a present infinitive.

Il est impossible de *ne pas* parler français en France.	It is impossible *not* to speak French in France.
Il demanda à l'Allemagne de *ne jamais* mettre un prince allemand sur le trône d'Espagne.	It asked Germany *never* to put a German prince on the throne of Spain.

J. *Pas* may be omitted after the verbs *pouvoir*, *savoir*, *oser*, and *cesser* followed by a dependent infinitive.

Je *ne* savais que faire.	I did*n't* know what to do.
Il *n'*ose le dire.	He does*n't* dare to say it.

The Pronoun – Le Pronom

22. THE SUBJECT PERSONAL PRONOUNS – *Les Pronoms Personnels – Sujet*

A. The subject personal pronouns are:

PERSON	SINGULAR		PLURAL	
1st	je	I	nous	we
2d	tu	thou, you	vous	you
3d	{ il	he, it	ils	they (masculine)
	{ elle	she, it	elles	they (feminine)

B. In English we no longer use the pronoun *thou* (singular of you) except in prayer. The French use the second person singular pronoun *tu* only when speaking to intimate friends, relatives, children, pets, sometimes servants. Students, soldiers doing military service, and others in the same general social class, usually speak to each other in the *tu* form. Otherwise *vous* is used in the second person plural to indicate either one or more persons.

23. THE DIRECT OBJECT PERSONAL PRONOUNS

Les Pronoms Personnels – Complément Direct

A. In the sentences: He writes *it*; We like *them*; They see *us*; the italicized pronouns are direct objects because they receive the direct action of the verbs write, like, and see. In French the direct object personal pronouns are:

me [1,2]	me	nous	us
te [1,2]	you	vous	you
le [1]	him, it	les	them
la [1]	her, it		

B. These pronouns take the place of *definite noun objects*, that is, noun objects modified by a definite article, a possessive adjective, a demonstrative adjective, or any other definite modifier, just as do *him, her, it, them,* etc. in English.

Paul lit *la leçon*.	Paul reads *the lesson*.
Paul *la* lit.	Paul reads *it*.
Les élèves font *leurs devoirs*.	The pupils do *their exercises*.
Les élèves *les* font.	The pupils do *them*.
Avez-vous *ce livre*?	Have you *that book*?
L'avez-vous?	Do you have *it*?

24. THE INDIRECT OBJECT PERSONAL PRONOUNS

Les Pronoms Personnels – Complément Indirect

A. In the sentences: I write *him* a letter; We show *them* the house; He tells *me* the story; the italicized words receive the indirect action of the verb. These are the indirect objects. They usually answer the question: To or for whom? In each case we might have said: I write a letter *to him*; We show the house *to them*; etc. *To*, understood or written, is the sign of the indirect object in English. In French the indirect object pronouns are:

me [1,2]	to me	nous	to us
te [1,2]	to you	vous	to you
lui	to him, to her	leur	to them

---

[1] When the forms *me, te, se, le,* or *la* precede a verb beginning with a vowel or a mute *h,* they elide, becoming *m', t', s',* or *l'*. (See Pr. § 5 A, B, page 321.)

Robert apprend *le français*.	Robert learns *French*.
Robert *l'*apprend.	Robert learns *it*.
Écrit-il *la lettre*?	Does he write *the letter*?
L'écrit-il?	Does he write *it*?

[2] The forms *me* and *te* are known as weak forms because very little force is put upon them when pronouncing the sentence as a whole. In the affirmative imperative, where pronouns follow the verb, *me* becomes *moi* and *te* becomes *toi*, because here they are strong forms upon which considerable emphasis is placed in speaking. Note the changes between the affirmative and negative:

Ne *me* le donnez pas. (weak)	Don't give it *to me*.
Donnez-le-*moi*. (strong)	Give it *to me*.
Ne *me* dites pas ce que vous faites. (weak)	Don't tell *me* what you are doing.
Dites-*moi* ce que vous faites. (strong)	Tell *me* what you are doing

B. These pronouns indicate an indirect object already mentioned.

Je raconte l'histoire *à Pierre*.   I tell *Peter* the story.
Je *lui* raconte l'histoire.   I tell *him* the story.

Il dit son nom *aux élèves*.   He tells *the pupils* his name.
Il *leur* dit son nom.   He tells *them* his name.

Demande-t-il un livre *à sa soeur?*   Does he ask *his sister* for a book?
Lui demande-t-il un livre?   Does he ask *her* for a book?

In French an *à* before a noun object is usually the sign of an indirect object.

25. THE REFLEXIVE PRONOUNS – *Les Pronoms Réfléchis*

A. Reflexive pronouns are those which refer to the subject. In English they are distinguished by the word *-self*. EXAMPLES: myself, himself. The French reflexive pronouns may be used as direct or indirect object.

DIRECT OBJECT

Je *me* lave.   I wash *myself*.

INDIRECT OBJECT

Elle *se* parle.   She speaks *to herself*.

The reflexive pronouns are used in conjunction with verbs, making the verbs *reflexive verbs*. (See § 81.) The reflexive pronouns are:

me[1] myself, to myself   nous ourselves, to ourselves

te[1,2] yourself, to yourself   vous { yourself, to yourself / yourselves, to yourselves

se[1] { himself, to himself / herself, to herself / itself, to itself   se[1] themselves, to themselves

B. When the reflexive pronoun is used in the sense of *each other*, it is known as a reciprocal pronoun, but its form in French is the same as if it were a reflexive pronoun. For example, *Ils* SE *parlent*, may mean: They talk *to themselves* (reflexive meaning); or, They talk *to each other* (reciprocal meaning). To make the meaning clearly reciprocal, the French often use *l'un l'autre*, *l'une l'autre*, *les uns les autres*, *les unes les autres* meaning *each other* as direct objects and *l'un à l'autre*, *l'une à l'autre*, *les uns aux autres*, *les unes aux autres* meaning *to each other* as indirect objects.

Ils *s'*aiment *l'un l'autre*.   They love *each other*.
Elles *se* parlent *l'une à l'autre*.   They speak *to each other*.

26. THE DISJUNCTIVE PRONOUNS – *Les Pronoms Absolus*

A. The disjunctive pronouns are:

moi	me	nous	us
toi	you	vous	you
lui	him	eux	them (masculine)
elle	her	elles	them (feminine)

1,2. See footnotes on page 241.

B. Disjunctive pronouns are used in emphatic positions such as:
   1. after prepositions;

Il parle *de* MOI.	He is speaking *of* ME.
Elle est *avec* LUI.	She is *with* HIM.
Ils rentrent *chez* EUX.	They go *to their* HOUSE.
Il le fait *pour* VOUS.	He is doing it *for* YOU.

   2. in compound subjects and objects when one or more of the compound parts is a pronoun;

Pierre et *moi* descendons dans la rue.[1]	Pierre and *I* go down to the street.
Lui et sa soeur sont à Paris.	*He* and his sister are at Paris.
Nous rencontrons Marie et *elle*.	We meet Marie and *her*.

   3. to emphasize the subject of the sentence or when the subject is separated from the verb;

Lui, il connaît très bien Paris.	*He* knows Paris very well.
Eux seuls peuvent le faire.	*They* alone can do it.
Je ne sais pas, *moi*.	*I* don't know.

   4. after *que* meaning *as* or *than* in comparisons;

Vous êtes aussi intelligent *que lui*.	You are as intelligent *as he*.
Nous sommes plus riches *qu'eux*.	We are richer *than they*.

   5. following *ce* + a form of the verb *être*;

C'est *moi*.	It is *I*.
C'est *lui*.	It is *he*.
C'est *elle*.	It is *she*.
C'est *nous*.	It is *we*.
C'est *vous*.	It is *you*.
Ce sont *eux*.	It is *they*.
Ce sont *elles*.	It is *they*.

   6. alone, in answer to questions;

Qui est là? *Moi*.	Who is there? *I*.
Qui regardez-vous? *Lui*.	At whom are you looking? *Him*.

   7. compounded with *même* (self).

moi-même	myself
lui-même	himself
elles-mêmes	themselves (feminine)

27. THE PRONOUN *en* – *Le Pronom* en

A. *En* is a special pronoun which does not exist in English. It may be expressed by *some*, *any*, *of it*, *of them*, etc., depending upon the sentence in which it is used. Without it, many French sentences are not complete. Study the cases where it is used in order to accustom yourself to it.

Avez-vous des cahiers?	Have you any notebooks?
Oui, j'*en* ai.	Yes, I have (*some*).
En a-t-il?	Has he *any*?
Il *en* a deux.	He has two (*of them*).

---

[1] One may say also: *Pierre et moi nous descendons dans la rue.*

B. *En* is used as the direct object pronoun whenever the indefinite nature of the noun object would make *some, any, of it, of them,* etc., expressed or understood, the English pronoun object.[1] Study the following examples which show the difference between the two types of pronoun objects:

Nous avons *les livres.*		We have *the books.*
Nous *les* avons.	DEFINITE	We have *them.*
Nous avons *des livres.*		We have *some books.*
Nous *en* avons.	INDEFINITE	We have *some.*
A-t-il *ce crayon?*		Has he *that pencil?*
*L'*a-t-il?	DEFINITE	Does he have *it?*
A-t-il *un crayon?*		Has he *a pencil?*
En a-t-il (un)?	INDEFINITE	Does he have *one (of them)?*

La Normandie a beaucoup *de vaches.* — Normandy has many *cows.*
La Normandie *en* a beaucoup. — Normandy has many *(of them).*

Il a acheté trois *livres.* — He bought three *books.*
Il *en* a acheté trois. — He bought three *(of them).*

Vend-on *du papier?* — Do they sell *(any) paper?*
En vend-on? — Do they sell *any?*

C. *En* replaces a phrase introduced by *de* if the object refers to a thing. But if the object is a person, *de* is used with a disjunctive pronoun.

Elle se charge *du* TRAVAIL. — She takes charge *of* THE WORK.
Elle s'*en* charge. — She takes charge *of* IT.

Elle se charge *de* SON FRÈRE. — She takes charge *of* HER BROTHER.
Elle se charge *de* LUI. — She takes charge *of* HIM.

Nous parlons *de* LA FRANCE. — We speak *of* FRANCE.
Nous *en* parlons. — We speak *of* IT.

Nous parlons *de* VOTRE FRÈRE. — We speak *of* YOUR BROTHER.
Nous parlons *de* LUI. — We speak *of* HIM.

Je me souviens *de* VOTRE NOM. — I remember YOUR NAME.
Je m'*en* souviens. — I remember IT.

Je me souviens *de* MARIE. — I remember MARY.
Je me souviens *d'*ELLE. — I remember HER.

D. *En* does not have gender and number. Normally, then, the past participle remains unchanged after *en* in a compound tense with *avoir.*

Nous avons acheté *des cahiers.* — We have bought *some notebooks.*
Nous *en* avons ACHETÉ. — We have bought *some.*

Il a écrit *une lettre.* — He wrote *a letter.*
Il *en* a ÉCRIT. — He wrote *one.*

---

[1] One may say, then, that *en* replaces (1) a partitive, (2) a noun modified by an indefinite article, (3) a noun modified by a numeral. EXAMPLES: Nous avons *des* livres. Nous *en* avons. Vous achetez *un* journal. Vous *en* achetez (un). Louise a *six* crayons. Louise *en* a six. This *en* must be expressed with numbers when the noun object is omitted, except that, when the number is *un,* the use of *un* is optional.

E. *En* is used as an adverb of place meaning *from there*.

Nous sommes sortis *de la forêt*. We left *the forest*.
Nous *en* sommes sortis. We left *it*.

Je reviens *de* FRANCE. I am returning *from* FRANCE.
J'*en* reviens. I am returning *from* THERE.

28. THE PRONOUN-ADVERB *y* – *Le Pronom-Adverbial* y

A. *Y* is a special pronoun-adverb which indicates a place already mentioned. It often means *there*.

Roger va *à* L'ÉCOLE tous les jours.. Roger goes *to* SCHOOL every day.
Roger *y* va tous les jours. Roger goes *there* every day.

Les élèves entrent *dans* LA SALLE DE CLASSE. The pupils enter THE CLASSROOM.
Les élèves *y* entrent. The pupils enter IT.

In other words, *y* replaces French prepositions of place such as *à* and *dans* used with a noun object. In this book *y* will be considered a pronoun for convenience in wording directions for exercises.

B. *Y* is contrasted with *là*, which also means *there*. *Là* points out something whose place has not yet been mentioned or emphasizes the place.

Où est le livre? Il est *là*. Where is the book? It is *there*.

C. *Y* is used as a pronoun to replace the object of a verb which is habitually followed by *à* when the object refers to a thing. If *à* is followed by a person, this person is replaced by a disjunctive pronoun placed after *à*.

Il répond *à* MA LETTRE. He answers MY LETTER.
Il *y* répond. He answers IT.

Je m'intéresse *aux* LANGUES. I am interested *in* LANGUAGES.
Je m'*y* intéresse. I am interested *in* THEM.

Je m'intéresse *à* MON FRÈRE. I am interested *in* MY BROTHER.
Je m'intéresse *à* LUI. I am interested *in* HIM.

Nous faisons attention *à* NOS DEVOIRS. We pay attention *to* OUR EXERCISES.
Nous *y* faisons attention. We pay attention *to* THEM.

Nous faisons attention *à* ROGER. We pay attention *to* ROGER.
Nous faisons attention *à* LUI. We pay attention *to* HIM.

29. THE POSITION OF OBJECT PRONOUNS (RELATIVE TO THE VERB)
La Place des Pronoms Compléments

A. The object pronouns usually immediately precede the verb.

Roger *les* compte. Roger counts *them*.
Les élèves *y* vont. The pupils go *there*.
L'écrit-il? Does he write *it*?
Le lui montre-t-il? Does he show *it to him*?

B. But object pronouns follow the verb when this verb is an affirmative imperative. This is not true of the negative imperative, however.

Lisez-*les*.	Read *them*.
Ne *les* lisez pas.	Do not read *them*.
Montrez-*la-leur*.	Show *it to them*.
Ne *la leur* montrez pas.	Do not show *it to them*.
Dites-*moi* ce que vous faites.	Tell *me* what you are doing.
Ne *me* dites pas ce que vous faites.	Do not tell *me* what you are doing.

C. The object pronoun *me* becomes *moi* and *te* becomes *toi* when placed after the verb. (See page 241, note 2.)

Ne *me* le donnez pas.	Don't give it *to me*.
Donnez-le-*moi*.	Give it *to me*.

30. THE ORDER OF OBJECT PRONOUNS
L'Ordre des Pronoms Compléments

In English we say our object pronouns without worrying about the order because we learned at an early age to do it automatically. In French we should also try to get the feeling of the order. Repeating sentences with these pronouns helps to make the order become automatic. The order of object pronouns may be learned either by the few simple rules in A, B, C, D, of this section or by the table given in E. You are advised to learn *one* or the *other*.

A. *Y* and *en* follow all other object pronouns.

Je lui *en* parle.	I speak to him of it.
Lui *en* donnez-vous?	Do you give any to him?
Donnez-lui-*en*.	Give him some of them.
Montrez-m'*en*.	Show me some.

B. *Y* always precedes *en*.

Il *y en* a.	There are some.

C. Except for *y* and *en*, the object pronouns beginning with *l-* always come nearest the verb.

Elle me *le* dit.	She tells it to me.
Il vous *le* montre.	He shows it to you.
Elle me *les* indique.	She shows them to me.
Me *le* dites-vous?	Do you tell it to me?
Dites-*le*-moi.	Tell it to me.
Donnez-*les*-moi.	Give them to me.
Montrez-*les*-nous.	Show us them.

D. When there are two *l-* forms in the same sentence:

le		lui
la	*always precede*	leur
les		

Les élèves *la lui* montrent.	The pupils show it to him.
Il *le leur* raconte.	He tells it to them.

Nous *les lui* indiquons	We indicate them to him.
Les leur donne-t-il?	Does he give them to them?
Montrez-*la-lui*.	Show it to him.
Racontez-*le-leur*.	Tell it to them.
Dites-*les-lui*.	Tell them to him.

E. Table for order of object pronouns.

me										
te		le		lui						
se	*before*	la	*before*	leur	*before*	y	*before*	en	*before*	VERB
nous		les								
vous										

				moi [1]				
		le		toi [1]				
VERB	*before*	la	*before*	lui	*before*	y	*before*	en
		les		nous				
				vous				
				leur				

31. THE POSSESSIVE PRONOUNS – *Les Pronoms Possessifs*

A. A possessive pronoun is one which indicates possession. Possessive pronouns should be distinguished from possessive adjectives. EXAMPLES: This is *my* book (possessive adjective because it modifies *book*). This book is *mine* (possessive pronoun because it takes the place of *book*).

B. The possessive pronouns consist of the definite article and the pronoun itself:

	SINGULAR		PLURAL		
	MASCULINE	FEMININE	MASCULINE	FEMININE	
PERSON					
1st	le mien	la mienne	les miens	les miennes	mine
2d	le tien	la tienne	les tiens	les tiennes	yours
3d	le sien	la sienne	les siens	les siennes	his, hers, its
1st	le nôtre	la nôtre	les nôtres	les nôtres	ours
2d	le vôtre	la vôtre	les vôtres	les vôtres	yours
3d	le leur	la leur	les leurs	les leurs	theirs

C. The forms *nôtre* and *vôtre* differ from the corresponding possessive adjective forms *notre* and *votre* in the pronunciation of the *o*. The *ô* in *nôtre* and *vôtre* is pronounced *ô* [o] and the *o* in *notre* and *votre* is pronounced *o* [ɔ] (see pages 326 and 333).

D. The possessive pronouns agree with their antecedents in gender and number and with the possessor in person. They do not depend upon the gender of the possessor as is the case in English.

Robert et moi sommes ici. Voici	Robert and I are here. Here is
ma bicyclette et voilà *la sienne*.	my bicycle and there is *his*.

La sienne is feminine, although referring to Robert, because it agrees with its antecedent *bicyclette*.

---

[1] *Moi* and *toi* elide to *m'* and *t'* before *en*. EXAMPLE: Donnez-*m'*en. (Give me some.)

E. The possessive pronouns indicate possession in an emphatic manner.

> Ce livre est *le mien*.   This book is *mine* (not yours).

The French usually indicate possession either by the verb *être* with *à* and a disjunctive pronoun or by using the verb *appartenir* (belong).

> Ce livre est *à moi*.   This book is *mine*.
> Ce livre *m'appartient*.   This book *belongs to me*.

32. THE DEFINITE DEMONSTRATIVE PRONOUNS
Les Pronoms Démonstratifs Définis

A. In English we say: Look at those pencils; *This one* is longer than *that*. Here *this* and *that* are demonstrative pronouns referring to objects with definite gender and number. We also say: *He* who cannot hear is deaf; *One* who cannot see is blind. In these sentences *he* and *one* are demonstratives in French. The definite demonstratives in French are a combination of *ce* and the third person disjunctive pronouns (*lui, elle, eux, elles*) (cf. §§ 34 and 26). Thus:

$$ce + \begin{cases} \text{lui} \\ \text{elle} \\ \text{eux} \\ \text{elles} \end{cases} = \begin{cases} \text{celui} \\ \text{celle} \\ \text{ceux} \\ \text{celles} \end{cases}$$

The definite demonstrative pronouns are then:

	MASCULINE	FEMININE
SINGULAR	celui	celle
PLURAL	ceux	celles

B. The definite demonstrative pronouns agree with their antecedents in gender and number.

> L'histoire de France peut se diviser en deux grandes périodes: *celle* d'avant 1789 et *celle* d'après 1789.   French history can be divided into two great periods: *that* before 1789 and *that* after 1789.

C. The definite demonstrative pronouns *must* be followed by *-ci* or *-là* or by a *relative pronoun* or by the preposition *de*. They cannot be followed by *-ci* or *-là* when they are followed by a relative pronoun or by the preposition *de*.

> Ce livre-ci est plus difficile que *celui-là*.   This book is more difficult than *that one*.
> Ce livre-ci est plus facile que *celui* QUI est sur la table.   This book is easier than *the one* WHICH is on the table.
> *Celui* QUI ne peut pas entendre est sourd.   *He* WHO cannot hear is deaf.
> Ce livre-ci est plus intéressant que *ceux* DE mon frère.   This book is more interesting than *those* OF my brother.

Note that *-ci* and *-là* are really the adverbs *ici* (here) and *là* (there).

D. When the definite demonstrative pronouns are used in connection with two nouns previously mentioned, *celui-ci* (or other forms with *-ci*) refers to the nearer of the two nouns (the latter) and *celui-là* (or other forms with *-là*) to the more distant of the two (the former).

Louis IX et Louis XI furent des rois importants, *celui-ci* par l'unification du royaume, *celui-là* par son administration de justice et ses croisades.	Louis IX and Louis XI were important kings, *the former* because of his administration of justice and his crusades, *the latter* because of the unification of the kingdom.

33. THE INDEFINITE DEMONSTRATIVE PRONOUNS
Les Pronoms Démonstratifs Indéfinis

A. The indefinite demonstrative pronouns are *ceci* and *cela*. The form *ça* is used colloquially for *cela*.

B. *Ceci* and *cela* are used to indicate something general without gender and number, such as an idea or something not definitely mentioned before.

Regardez *cela*.	Look at *that*.
Qu'est-ce que c'est que *ça*? *Ceci* ou *cela*?	What's *that*? *This* or *that*?
Achetez *ceci*, pas *cela*.	Buy *this*, not *that* (pointing).
Cela me semble terrible.	*That* (an indefinite idea) seems terrible to me.

In each case, the speaker has not mentioned *this* or *that* by name

C. *Ceci* refers to the nearer, *cela* to the more distant previously unmentioned object.

Faites *ceci*, ne faites pas *cela*.	Do *this*, do not do *that*.

D. When the object has not been mentioned by name, and therefore has no gender and number in the mind of the hearer, the indefinite demonstratives *ceci* and *cela* must be used.

Cela coûte trois francs.	*That* (pointing) costs three francs.

But when the object has already been mentioned by name and therefore has gender and number in the mind of both the speaker and listener, the definite demonstratives *celui, celle, ceux*, or *celles* must be used.

Regardez ces deux livres. *Celui-ci* coûte dix francs, *celui-là* vingt francs.	Look at those two books. *This one* costs ten francs, *that one* twenty francs.

34. THE DEMONSTRATIVE PRONOUN *ce* – *Le Pronom Démonstratif* ce

A. The demonstrative pronoun *ce* is generally used as the subject of the verb *être*.

C'est le Luxembourg.	It is the Luxembourg.
Ce sont mes livres.	These are my books.
C'était moi.	It was I.

B. The demonstrative pronoun *ce* is invariable, i.e., its form does not change. *C'est* and its equivalent in other tenses are used with a singular complement or with *nous* and *vous*. *Ce sont* and its equivalent in other tenses are used with plural complements except *nous* and *vous*.

C'est moi.	It is I.
C'est toi.	It is you.
C'est lui.	It is he.
C'est elle.	It is she.
C'est nous.	It is we.
C'est vous.	It is you.
Ce sont eux.	It is they (masculine).
Ce sont elles.	It is they (feminine).

C. *Ce* is used as the subject of the verb *être*

1. when a modified noun, a pronoun, or a superlative follows the verb *être*;

C'est *le Louvre.*	It is *the Louvre.*
Ce sont *les maîtres* de la peinture française qui sont représentés dans le Louvre.	It is *the masters* of French painting who are represented in the Louvre.
C'est *lui.*	It is *he.*
C'est *un* des musées les plus célèbres du monde.	It is *one* of the most famous museums in the world.
C'est *le plus grand* de tous les artistes.	He is *the greatest* of all the artists.

2. when *ce* refers to something indefinite, such as an idea. In this case, the aforementioned idea has no definite gender or number.

Notre voiture est à la maison. *C'*est vrai.	Our car is at home. *It'*s true.
J'ai acheté un journal. *C'*est bien.	I bought a newspaper. *That'*s good.
Je ne peux pas partir. *C'*est impossible.	I can't leave. *It'*s impossible.
Il ne peut pas copier ce livre. *C'*est trop difficile.	He can't copy that book. *It'*s too difficult.

D. However, the ordinary personal pronouns (*il, elle, ils, elles*) are used

1. when the verb *être* is followed by an adjective, adverb, or phrase referring to some definite aforementioned object which has been named and which has gender and number;

Voilà le *Louvre.* *Il* est IMMENSE.	There is the *Louvre.* *It* is IMMENSE.
Connaissez-vous mes *frères*? *Ils* sont JEUNES.	Do you know my *brothers*? *They* are YOUNG.
Regardez *Marie.* *Elle* est JOLIE.	Look at *Mary.* *She* is PRETTY.
Où est *Jean*? *Il* est LÀ.	Where is *John*? *He* is THERE.
Nous cherchons nos *camarades.* Sont-*ils* ICI?	We are looking for our *friends.* Are *they* HERE?
Où est ce *tableau*? *Il* est DANS LE LOUVRE.	Where is this *picture*? *It* is IN THE LOUVRE.
Votre *mère* n'est pas ici. *Elle* est à PARIS.	Your *mother* isn't here. *She* is AT PARIS.

2. when the verb *être* is followed by an unmodified noun showing profession, nationality, state, etc.

Il est *professeur.*	*He* is *a teacher.*
Elle est *Française.*	*She* is *French.*

But if the noun is modified, *ce* is used.

C'est UN BON *professeur.*	*He* is A GOOD *teacher.*
C'est UNE JEUNE *Française.*	*She* is A YOUNG *French girl.*

35. THE INTERROGATIVE PRONOUNS – *Les Pronoms Interrogatifs*

A. The interrogative pronoun is one used to ask a question. In English the interrogative pronouns are: *who? whose? whom? which?* and *what?* EXAMPLES: *What* are they reading? *Who* goes to school?

In French, *qui* is the interrogative pronoun referring to persons.

Qui écrit une composition?	*Who* is writing a composition?
Qui écoutent-ils?	*Whom* are they listening to?
Avec *qui* va-t-elle en classe?	With *whom* does she go to class?

There are four interrogatives used to refer to things. These four interrogatives (*qu'est-ce qui, que, qu'est-ce que, quoi*) depend upon the use of the interrogative in the sentence.

B. The following outline will serve to illustrate the use of the various interrogative pronouns:

FUNCTION	PERSONS	THINGS
subject	qui	qu'est-ce qui
object	qui	$\begin{cases} \text{que} \\ \text{qu'est-ce que} \end{cases}$
after prepositions	qui	quoi

Study these examples:

Qui entre dans la salle de classe?	*Who* enters the classroom?
Qui les élèves regardent-ils?	*Whom* do the pupils look at?
Pour *qui* écrit-il la lettre?	For *whom* is he writing the letter?
Qu'est-ce qui entre dans la salle de classe quand les fenêtres sont ouvertes?	*What* enters the classroom when the windows are open?
Que font les élèves?	*What* are the pupils doing?
Qu'est-ce que les élèves font?	*What* are the pupils doing?
De *quoi* parle-t-il?	Of *what* is he speaking?

C. Referring to persons, the alternate forms *qui est-ce qui* may be used for the subject and *qui est-ce que* for the object.

Qui écrit une composition?	
Qui est-ce qui écrit une composition?	*Who* is writing a composition?
Qui regarde-t-il?	
*Qui est-ce qu'*il regarde?	*Whom* is he looking at?

Note the difference of word order in the second group of sentences. *Qui* is followed by inverted word order; *qui est-ce que* by normal word order. (See § 87 H.)

D. Both *que* and *qu'est-ce que* are used as an object referring to things.

Que fait le garçon?
Qu'est-ce que le garçon fait? ·   *What* does the boy do?

Que raconte-t-elle?
*Qu'est-ce qu'*elle raconte?   *What* does she tell?

Que trouve le professeur derrière
    la porte?   *What* does the teacher find behind
Qu'est-ce que le professeur trouve   the door?
    derrière la porte?

In the first sentence of each group, the verb precedes the subject. This is *inverted* word order. In the second sentence of each group, the subject precedes the verb. This is *normal* word order. We may say then:

     Que + verb + subject (+ rest of sentence)
     Qu'est-ce que + subject + verb (+ rest of sentence)

(See § 87 I.)

The French use the *-est-ce que* forms in speaking but avoid them in writing.

E. *Which one*, referring to a definite object already mentioned or mentioned immediately after *which one* (of), is expressed by:[1]

	SINGULAR	PLURAL
MASCULINE	lequel	lesquels
FEMININE	laquelle	lesquelles

Il y a beaucoup de PAYS en Europe.   There are many COUNTRIES in Eu-
    Lequel est le plus grand?   rope. *Which* (*one*) is the largest?
La France a beaucoup de VILLES.   France has many CITIES. *Which*
    Laquelle est la plus belle?   (*one*) is the most beautiful?
Connaissez-vous Victor Hugo? *Les-*   Do you know Victor Hugo? *Which*
    quelles de ses OEUVRES avez-vous   (*ones*) of his WORKS have you
    lues?   read?

F. The English expressions "What is...?" and "What are...?" are sometimes used for asking a definition.[1] One says: *What is* a plateau? *What are* boardinghouses? The French express this idea by *Qu'est-ce que*...? or by the longer form *Qu'est-ce que c'est que*...?

*Qu'est-ce qu'*un plateau?
*Qu'est-ce que c'est qu'*un plateau?   *What is* a plateau?

Qu'est-ce que c'est que ça?   *What is* that?

36. THE RELATIVE PRONOUNS – *Les Pronoms Relatifs*

A. The relative pronoun is used to connect the dependent with the independent clause of a sentence. In English the relative pronouns are: *who, whose, whom, which,* and *that.* In English, the relative may sometimes be omitted. In French, the relative is *never* omitted.

La Seine est le fleuve *qui* traverse   The Seine is the river *which* crosses
    Paris.   Paris.
Pierre me montre la composition   Pierre shows me the composition
    *qu'*il écrit.   (*which*) he is writing.

---

[1] Do not confuse with the interrogative adjective *quel.* (See § 15.)

B. This table presents the relative pronouns:

FUNCTION	PERSONS	THINGS	INDEFINITE (what)
subject	qui	qui	ce qui
object	que	que	ce que
after prepositions	qui	lequel[1]	ce + *preposition* + quoi

$$\text{de} + relative = \text{dont} \quad \begin{matrix} \text{relative of place (where)} \\ \text{relative of time (when)} \end{matrix} \Big\} = o\grave{u}$$

C. *qui* (who, which, that) is used as the *subject* of its own clause.

Le Rhin est un fleuve *qui* sépare la France de l'Allemagne.	The Rhine is a river *which* separates France from Germany.
La France se compose de plusieurs régions historiques *qui* s'appellent des provinces.	France is composed of several historical regions *which* are called provinces.
Robert est un élève américain *qui* apprend le français.	Robert is an American pupil *who* is learning French.

que (whom, which, that) is used as the *object* of its own clause. *que* becomes *qu'* before a following word beginning with a vowel.

Qui est l'élève *que* le professeur punit?	Who is the boy *whom* the teacher is punishing?
Aimez-vous le livre *que* vous étudiez?	Do you like the book (*which*) you are studying?
Chaque élève a le droit de choisir le cours *qu'*il désire.	Each pupil has the right to choose the course (*that*) he desires.

D. *dont* (whose, of which) usually replaces *de* and any relative pronoun.

Voilà une période *dont* mon père a souvent parlé.	There is a period *of which* my father has often spoken.

The next two sentences show cases where the French use the definite article to modify the noun following *dont*:

Nous avons vu l'homme *dont* LE *fils* est à Paris.	We have seen the man *whose son* is at Paris.
Un pays *dont* LES *habitants* sont nombreux a de graves problèmes.	A country *whose inhabitants* are numerous has serious problems.

The next two sentences show a difference of word order in French and English. In French, the direct object follows the verb; in English, it precedes.

C'est la jeune fille *dont* vous avez L'ADRESSE.	It is the girl *whose* ADDRESS you have.
Il a parlé d'un pays *dont* nous verrons LES MONTAGNES.	He spoke of a country *whose* MOUNTAINS we shall see.

E. *où* is a relative pronoun of place and time. As a pronoun of time, it means

---

[1] Or *laquelle, lesquels,* and *lesquelles* as may be required.

when. In expressions such as: the day *when*..., the year *that*..., this relative of time *où* is used.

La ville *où* je demeure est petite.	The city *where* (*in which*) I live is small.
Je parlais de lui au moment *où* il est arrivé.	I was speaking of him at the moment *when* (*that*) he arrived.
Le jour *où* vous irez en France, vous verrez des choses curieuses.	The day (*that*) you go to France, you will see strange things.

F. *lequel, laquelle, lesquels*, and *lesquelles* are used after prepositions to refer to things. They may also be used to refer to persons, but *qui* is more common. This relative agrees with its antecedent in gender and number.

Dans la bouche se trouve la langue avec *laquelle* nous parlons.	In the mouth is the tongue with *which* we speak.
Il est allé au bureau derrière *lequel* le professeur écrivait.	He went to the desk behind *which* the teacher was writing.

G. In English *what* is sometimes used as a relative. The combination of demonstrative and relative pronoun *that which* may also be used.

What
That which he told us was true.

Paul always remembers what
that which he learns.

In French *ce qui* expresses *what* or *that which* when it is the subject of its own clause.

Savez-vous *ce qui* est sur la table?	Do you know *what* is on the table?
Ce qui m'étonne le plus en France, ce sont les cafés.	*What* surprises me most in France are the cafés.

In French *ce que* expresses *what* or *that which* when it is the object of its own clause. *Ce que* elides to *ce qu'* before words beginning with a vowel.

Dites-moi *ce que* vous faites et *ce que* vous voyez en Amérique.	Tell me *what* you are doing and *what* you are seeing in America.
Paul m'a montré *ce qu'*il a acheté.	Paul showed me *what* he bought.

37. THE INDEFINITE PRONOUN *on* – *Le Pronom Indéfini* on

A. In English one says: *One* has to work hard; *You* don't have to earn much to save; *They* do whatever they want to; *We* have to learn a great deal in order to succeed. Here *one, you, they*, and *we* do not refer to any particular persons but to people in general. In French *on* (from Latin *homo*) is a special indefinite pronoun which is generally used in such cases and is always found with a third person singular verb.[1]

On appelle la Touraine le jardin de la France.	*They* call Touraine the garden of France. (or) Touraine is called the garden of France.

---

[1] Occasionally *vous* is used in the sense of *on* as *you* is used indefinitely in English.

On parle un très bon français à Tours.	*They* speak very good French at Tours. (or) Very good French is spoken at Tours.

Note that *on* is often expressed in English by the passive voice. Likewise, the English passive is often expressed in French by *on* and the active form of the verb. (See § 80 B 1.)

B. The form *l'on* is sometimes used after *si, où, que,* and *et* to prevent two vowels from coming together. This form should not be used if there are other words with *l's* near *on*.

Si *l'on* part, *on* sera là à neuf heures.	If one leaves, one gets there at nine o'clock.
On peut aller où *l'on* veut.	One can go where one pleases.

but

On y va et *on l'*entend parler.	They go there and they hear him speak.

The Preposition--La Préposition

38. POSSESSION – *Possession*

A. English expresses possession by -'s in the singular, -s' in the plural, or by the preposition *of*. EXAMPLES: the girl's book, the girls' books, the roof of the house. French expresses possession by placing the preposition *de* before a proper name or by *de* with the article or some other modifying word before a common noun. The -'s and -s' do not exist in French.

les industries *de* Lyon	the industries *of* Lyons
le port *de* Marseille	the harbor *of* Marseilles
l'architecture *de* la maison	the architecture *of* the house
les coutumes *de* chaque province	the customs *of* each province
les livres *du* garçon	the boy's books
le crayon *de* Marie	Mary's pencil
les cahiers *des* élèves	the pupils' notebooks

B. The use of *de* with or without the article is at times very delicate. In many cases *de* may be used either with or without the article. Often *de* without the article indicates an adjectival use, as *l'histoire de France* (French history), whereas the article is used when one cannot turn the expression into an adjective.

le nord de la France	the north of France
une partie de l'Angleterre	a part of England

In these examples, the article is necessary because one could not say "the French north" or "the English part."

Other expressions have been fixed through usage. For instance:

l'histoire de France	French history
le roi de France	the king of France
l'empereur d'Allemagne	the German emperor
la carte de France	the map of France

but

la géographie de la France	the geography of France
la capitale de la France	the capital of France
la littérature française	French literature

39. THE PREPOSITIONS OF PLACE, *to, in, at*

Les Prépositions de Lieu, à, en

A. The English prepositions *in, at,* and *to* are usually expressed by one preposition with any given place (proper noun) in French. These prepositions vary with the gender and class of noun with which they are used.[1]

Il va *en* France.	He goes *to* France.
Il est *en* France.	He is *in* France.
Elle va *à* Paris.	She goes *to* Paris.
Elle est *à* Paris.	She is *at* Paris.

B. *en* is used with names of feminine countries.[2]

Pierre va *en* France.	Peter goes *to* France.
Je suis *en* Angleterre.	I am *in* England.
Vous demeurez *en* Espagne.	You live *in* Spain.

C. *à + the definite article* is used with names of masculine countries.

Il va *au* Mexique.	He goes *to* Mexico.
Il est *au* Canada.	He is *in* Canada.
Nous demeurons *aux* États-Unis.	We live *in* the United States.

D. *à* is used with all cities.

Elle est *à* Tours.	She is *in* Tours.
Nous allons *à* Bordeaux.	We are going *to* Bordeaux.

E. *dans* with the article is often used to express *in* when the name of the place is qualified by an adjective.

Nous sommes *dans la* belle France.	We are *in* beautiful France.
Elles voyagent *dans la* vieille Espagne.	They are traveling *in* old Spain.

F. *chez* is a special preposition of place whose meaning can best be learned by studying examples. Try to understand the French usage:

Allez *chez* NOTRE PROFESSEUR.	Go *to* OUR TEACHER'S HOUSE.
Les hommes rentrent *chez* EUX.	The men go *to* THEIR HOUSES.
Chez NOUS on parle souvent des cathédrales d'Europe.	*In* OUR COUNTRY they often speak of the European cathedrals.

---

[1] For the genders of places, see § 6 B 2, 3.

[2] *En* is also used with continents. One says: EN *Europe,* EN *Asie,* EN *Afrique,* EN *Australie,* EN *Amérique.* It is much more common to hear *en Amérique* than to use *Amérique du Nord* or *Amérique du Sud.* When the latter are used, the preposition *dans* indicates place in which. EXAMPLE: Il est *dans* l'Amérique du Sud.

40. THE PREPOSITION OF PLACE *from* – *La Préposition de Lieu* de

A. In French *from* is expressed by *de* or by *de* + *the definite article.*

B. *de* is used with cities and feminine countries.

Il vient *de* Paris.   He comes *from* Paris.
Il revient *de* France.   He is returning *from* France.
Nous partons *d'*Italie.   We are leaving Italy.

C. *de* + *the article* is used with masculine countries or with places modified by an adjective.

Il vient *du* Canada.   He comes *from* Canada.
Il revient *du* Mexique.   He is returning *from* Mexico.
Ils partent *des* États-Unis.   They go out *of* the United States.
Sortons-nous *de la* vieille Espagne?   Are we going out *of* old Spain?
Partez-vous *de la* belle France?   Are you leaving beautiful France?

41. THE PREPOSITIONS GOVERNING DEPENDENT INFINITIVES
Les Prépositions qui précèdent les Infinitifs

A. Both in English and French some verbs are directly followed by a dependent infinitive, and others require a preposition to connect the verb to a dependent infinitive. In English one may say: I can go. Here the word *go* follows the main verb *can* without any preposition. One may say: I want *to* go. In this case the preposition *to* connects *go* to the main verb. Likewise, in French, one says:

Nous allons écrire.   (no preposition)   We are going *to* write.
Il apprend *à* lire.   (à)   He is learning *to* read.
Ils refusent *de* choisir.   (de)   They refuse *to* choose.

There are no definite rules which tell one which preposition to use in English. One learns through use. The same is true in French.

B. Some verbs require no preposition before an infinitive. The most common of these are:

aimer	like	falloir	be necessary
aimer mieux	prefer	laisser	leave, allow, let
aller	go, be going	oser	dare
compter	intend	pouvoir	can, be able
croire	believe	préférer	prefer
désirer	desire, wish	savoir	know, know how
devoir	am to, must	sembler	seem
entendre	hear	venir	come
espérer	hope	voir	see
faire	do, make, have	vouloir	want, wish

Nous allons parler du gouverne-   We are going *to* speak of the government.   ment.
Voulez-vous aller en classe?   Do you want *to* go to class?

C. Some verbs require *de* before an infinitive.[1] Verbs of telling and ordering and verbs of emotion often take *de*. Among the most common of the verbs requiring *de* are:

avoir peur de	be afraid	finir de	finish
cesser de	cease	ordonner de	order
craindre de	fear	oublier de	forget
défendre de	forbid	permettre de	permit
demander de	ask	prier de	beg, pray, ask
se dépêcher de	hurry	promettre de	promise
dire de	tell, order	refuser de	refuse
écrire de	write	regretter de	regret
essayer de	try	remercier de	thank

Il refuse *de* voter les lois.　　It refuses *to* vote the laws.

J'essaie *de* vous donner mes impressions.　　I am trying *to* give you my impressions.

D Some verbs require *à* before an infinitive.[1] The most common of these are:

aider à	help	enseigner à	teach
s'amuser à	amuse oneself	s'habituer à	accustom oneself
apprendre à	learn, teach	hésiter à	hesitate
arriver à	succeed	inviter à	invite
avoir à	have	se mettre à	begin
chercher à	seek, try	recommencer à	begin again
commencer à	begin	réussir à	succeed
consentir à	consent	songer à	think, dream
continuer à	continue	tarder à	delay in

Ils commencent *à* traverser la rue.　　They begin *to* cross the street.

Pierre apprend *à* lire l'anglais.　　Pierre is learning *to* read English.

42. VERBS GOVERNING NOUNS WITH OR WITHOUT PREPOSITIONS

Les Verbes suivis d'une Préposition devant un Nom ou suivi d'un Nom

A. It is impossible to write correct French without learning whether or not the verb takes a preposition before the noun it governs. These prepositions are not always the same as in English.

Je demande *à* mon père *de* me donner de l'argent.　　I ask my father to give me some money.

Je prie mon père *de* me donner de l'argent.　　I ask my father to give me some money.

Il permet *à* son fils *de* partir.　　He permits his son to leave.

---

[1] Note the sentences:

LE FRANÇAIS est facile *à* apprendre.　　FRENCH is easy *to* learn.

Il est difficile d'APPRENDRE LE LATIN.　　It is hard *to* LEARN LATIN.

The preposition *à* is used with the infinitive when the main thought precedes. The preposition *de* is used with the infinitive when the main thought follows.

B. The verbs *attendre* (wait for), *chercher* (look for), *demander* (ask for), *écouter* (listen to), *payer* (pay for), *regarder* (look at) take a preposition in English but take no preposition in French.

Nous *attendons* le professeur.	We *are waiting* FOR the teacher.
Il *cherche* la salle de classe.	He *is looking* FOR the classroom.
Écoutez-vous les élèves?	*Are* you *listening* TO the pupils?
Vous *regardez* le Louvre.	You *are looking* AT the Louvre.

C. The verbs *entrer dans* (enter), *obéir à* (obey), *plaire à* (please), *répondre à* (answer), *ressembler à* (resemble), *se servir de* (use), *se souvenir de* (remember), and others take a direct object in English but require some preposition in French.

Les élèves *entrent* DANS la salle.	The pupils *enter* the room.
Ils *obéissent* AU professeur.	They *obey* the teacher.
Il *plaît* à sa mère.	He *pleases* his mother.
Nous *répondons* à la lettre.	We *answer* the letter.
Vous *ressemblez* à vôtre frère.	You *resemble* your brother.
Ils *se servent* DU livre.	They *use* the book.
Je *me souviens* DE ce jour.	I *remember* that day.

The Verb – Le Verbe

I. FORMATION AND USE OF TENSES
La Formation et l'Emploi des Temps

43. THE FRENCH VERB – *Le Verbe Français*

A. The French verb is divided into three main groups of regular verbs:

1. *-er* verbs
2. *-ir* verbs
3. *-re* verbs

B. There are also certain verbs in *-er*, *-ir*, and *-re* which do not follow the general tendencies of these verbs in all tenses. Such verbs are called irregular verbs. There is also a group of verbs whose infinitives end in *-oir*. They are sometimes considered as regular verbs, but they are so irregular within the group that we shall consider them all irregular. Irregular verbs usually follow a certain pattern, even in their irregularities. This will be discussed in § 85. A table of common irregular verbs is found in § 86. In the final vocabulary, references are made to paragraphs of the *Grammaire* dealing with irregularities, and to the table of paradigms.

C. The tenses of the verbs are formed on the stems. Regular verbs have only a main stem. Irregular verbs have a main stem and sometimes several others. These are discussed in § 84 under the caption "The Principal Parts of Verbs."

D. The main stem of a verb is found by taking the infinitive ending *-er*, *-ir*, *-re*, or *-oir* from the infinitive.

INFINITIVE	STEM
parler	parl-
choisir	chois-
répondre	répond-
recevoir	recev-

44. THE FORMATION OF THE PRESENT TENSE – *La Formation du Présent*

A. *-er* verbs form their present tense by adding to the stem (——) the following endings:

je ——e	nous ——ons
tu ——es	vous ——ez
il ——e	ils ——ent

EXAMPLES: demander, parler, aimer, raconter, traverser, couler.[1]

B. *-ir* verbs generally insert *-iss-* between the stem and endings of the plural:

je ——is	nous ——iss-ons
tu ——is	vous ——iss-ez
il ——it	ils ——iss-ent

EXAMPLES: punir, fournir, obéir, choisir, réussir.[2]

C. Side by side with the large class of *-ir* verbs already studied in (B) is a small but important group of six verbs and their compounds. These we shall call *-ir* verbs of the second class. They are different from other *-ir* verbs in that they do not insert *-iss-* in certain tenses. In other words, they are essentially like the verbs taken up in (D). The *six* verbs which make up this group with their compounds[3] are: (1) *dormir* (to sleep); (2) *mentir* (to tell a lie); (3) *partir* (to go away); (4) *sentir* (to feel, to smell); (5) *servir* (to serve); (6) *sortir* (to go out). Each of these verbs has only two syllables in the infinitive and has a stem ending in two consonants.

In the singular of the present indicative, these verbs drop the final consonant of the stem before adding the endings. Letting (-) represent the absent consonant at the end of the stem, the endings are:

je ——(-)s	nous ——ons
tu ——(-)s	vous ——ez
il ——(-)t	ils ——ent

dormir: je dors, tu dors, il dort, nous dormons, vous dormez, ils dorment.
sentir: je sens, tu sens, il sent, nous sentons, vous sentez, ils sentent.
servir: je sers, tu sers, il sert, nous servons, vous servez, ils servent.
sortir: je sors, tu sors, il sort, nous sortons, vous sortez, ils sortent.

---

[1] For the conjugation of an *-er* verb, see page 286, § 83.

[2] For the conjugation of an *-ir* verb, see page 286, § 83.

[3] By compounds are meant other verbs having one of these verbs as the essential part of the stem. EXAMPLES: s'en*dormir*, re*partir*, se *servir*.

D. *-re* verbs form their present tense by adding to the stem the following endings:

$$je \text{ ---- } s \qquad nous \text{ ---- } ons$$
$$tu \text{ ---- } s \qquad vous \text{ ---- } ez$$
$$il \text{ ---- } \qquad ils \text{ ---- } ent$$

EXAMPLES: répondre, entendre, attendre, perdre.[1,2]

45. THE USE OF THE PRESENT TENSE – *L'Emploi du Présent*

A. In French, as in English, the present is used to express a simple present action.

Nous *visitons* la France.   We *visit* France.
Il *aime* beaucoup la France.   He *likes* France a great deal.

But in English there are *three presents,* whereas in French only one form exists:

SIMPLE PRESENT   he lives   ⎫ all expressed
PROGRESSIVE PRESENT   he is living ⎬ in French by   il demeure
EMPHATIC PRESENT   he does live ⎭ the form

This is true not only of the present but of all other tenses. The French have no ordinary progressive and emphatic forms of the verb. *Être* and *faire* should never be used as auxiliaries to express these ideas.

B. The French present tense is used with *depuis, il y a...que, voici...que,* and *voilà...que* to express an action which has begun in the past and continues down to the present. The English here normally uses the present perfect.[3]

Je *suis* à Paris DEPUIS dix semaines.   I *have been* at Paris FOR ten weeks.
                                            (and I am still there)

IL Y A trois minutes QUE nous *at-*   We *have been waiting* for the train
tendons le train.   FOR three minutes.
                                            (and we are still waiting)

VOILÀ trois ans QUE la guerre *dure.*   The war *has been going on* FOR three
                                            years. (and it is still going on)

46. THE FORMATION OF THE IMPERFECT TENSE
La Formation de l'Imparfait

A. The imperfect of *-er* verbs, of second class *-ir* verbs, or *-re* verbs, and of most irregular verbs is formed by adding to the stem these endings:

$$je \text{ ---- } ais \qquad nous \text{ ---- } ions$$
$$tu \text{ ---- } ais \qquad vous \text{ ---- } iez$$
$$il \text{ ---- } ait \qquad ils \text{ ---- } aient$$

---

[1] For the conjugation of an *-re* verb, see page 286, § 83.

[2] A few verbs, such as *rompre*, add *-t* to the stem in the third person singular of the present. EXAMPLE: il rompt.

[3] When the action is in the past, the past tenses are used with *pendant.*

J'*ai été* à Paris PENDANT dix semaines.   I *was* at Paris FOR ten weeks
Nous *avons attendu* le train PENDANT   We *waited for* the train FOR
trois minutes.   three minutes.

B. The class of *-ir* verbs which inserts *-iss-* between the stem and the ending in the plural of the present does likewise throughout the imperfect.

$$\begin{array}{ll} \text{je ——iss-ais} & \text{nous ——iss-ions} \\ \text{tu ——iss-ais} & \text{vous ——iss-iez} \\ \text{il ——iss-ait} & \text{ils ——iss-aient} \end{array}$$

C. The imperfect stem of all verbs, regular or irregular (except *être* and *falloir*), may be found by taking *-ons* from the first person plural of the present indicative.

INFINITIVE	FIRST PERSON PLURAL PRESENT	IMPERFECT
avoir	nous avons	j' avais
connaître	nous connaissons	je connaissais
croire	nous croyons	je croyais
devoir	nous devons	je devais
dire	nous disons	je disais
écrire	nous écrivons	j' écrivais

47. THE USE OF THE IMPERFECT – *L'Emploi de l'Imparfait*

A. The three ordinary uses of the imperfect are:

1. to express a condition, often a description, or a state of mind during a period of time in the past;

Le nouveau roi *était* un homme habile.	The new king *was* a clever man.
Il *comprenait* qu'il *était* nécessaire de réconcilier la France avec l'ancienne dynastie.	He *understood* that it *was* necessary to reconcile France with the former dynasty.
Mais dans la famille du roi il y *avait* des hommes qui *rêvaient* de rétablir l'ancien régime.	But in the king's family there *were* men who *dreamed* of re-establishing the old regime.

Each of the italicized verbs is in the imperfect because it expresses a state or a condition, not a single action. English expresses these ideas with a simple past tense.

2. to express a continued action in the past, which is interrupted by some other action;

Nous *parlions* dans le restaurant quand Robert A APERÇU son frère.	We *were talking* in the restaurant when Robert CAUGHT SIGHT of his brother.
Je *lisais* le journal quand il EST ENTRÉ.	I *was reading* the newspaper when he ENTERED.

Each of the italicized verbs is in the imperfect because it expresses a continued action which was taking place when it was interrupted by the other action (in the *passé composé*). English sometimes expresses such action by a simple past, but often by the progressive form of the past as in these sentences.

3. to express a customary, habitual, or repeated action in past time.

Quand il était à Paris, il *se levait* tard, il *sortait* vers dix heures, il *achetait* son journal, et *se promenait* lentement dans le Quartier Latin.	When he was at Paris, he *used to get up* late, he *would go out* about ten o'clock, he *would buy* his newspaper, and *would walk* slowly in the Latin Quarter.

Each of the italicized verbs is in the imperfect because it expresses a customary action. English often expresses the same idea with the phrase *used to* ... or *would*. ...

B. The imperfect is used with *depuis, il y avait* ... *que, voici* ... *que*, and *voilà* ... *que* to express an action which began in the remote past and continued up to a given time in the past when something else took place. English uses the pluperfect to express this concept.

J'*habitais* DEPUIS quelques jours dans une famille où je préparais l'un des fils au baccalauréat quand la mobilisation est venue me surprendre.	I *had been living* FOR several days in a family where I was preparing one of the sons for his baccalaureate examination when the mobilization took me by surprise.
IL Y AVAIT deux ans QUE la Terreur *durait* quand la Révolution se termina.	The Reign of Terror *had been going on* FOR two years when the Revolution came to an end.

C. The imperfect is also used with *si* in conditional sentences. (See § 65 B.)

48. THE FORMATION OF THE FUTURE – *La Formation du Futur*[1]

The future (I shall speak, you will speak, he will speak, etc.) is formed by adding to the infinitive a set of endings which are really the present tense of *avoir* (*avons* shortened to *-ons, avez* to *-ez*).

je	*infinitive* -ai	nous	*infinitive* -ons
tu	*infinitive* -as	vous	*infinitive* -ez
il	*infinitive* -a	ils	*infinitive* -ont

Verbs in *-re* drop the *-e* before adding the endings. EXAMPLE: je perdrai.

49. THE USE OF THE FUTURE – *L'Emploi du Futur*

A. The French future, as the English, is used to express actions which will take place at some future time.

Vous *trouverez* les rues de Paris différentes des rues américaines.	You *will find* the streets of Paris different from the American streets.

---

[1] The future, like all other French tenses except the present, the imperfect, and the simple past, is in reality a compound tense. It consists of the *infinitive* and the appended present of *avoir* (*je parler*-AI, etc.); we can trace it back to before 1000 A.D. when it was sometimes written "je parler ai, tu parler as," etc. Compare English "I have to speak" with our own future "I shall speak," and you will find it easier to understand how the feeling for this type of future grew in French and in the other Romance languages (Spanish, Italian, Portuguese, etc.). Compare the future with the *passé composé* (*j'*AI *parlé*), where the auxiliary is used with the past participle to form the compound tenses.

B. The future is used in French after *quand* (when), *lorsque* (when), *aussitôt que* (as soon as), and *dès que* (as soon as) to indicate a future action. English usually uses the present tense in the same type of sentence.

QUAND vous *arriverez* à Paris, vous remarquerez des choses curieuses.

WHEN you *arrive* at Paris, you will notice strange things.

LORSQUE vous *répondrez* à ma lettre, dites-moi ce que vous faites.

WHEN you *answer* my letter, tell me what you are doing.

AUSSITÔT QUE vous *aurez* le temps, lisez ce livre.

As SOON AS you *have* the time, read this book.

DÈS QUE nous *arriverons* en France, nous vous écrirons.

As SOON AS we *arrive* in France, we shall write you.

C. The future is also used in the conclusion of certain conditional sentences. (See § 65 B.)

50. THE FORMATION OF THE CONDITIONAL

La Formation du Conditionnel [1]

The French conditional (I should speak, you would speak, he would speak, etc.) is formed by adding to the infinitive the imperfect endings, which are, in reality, shortened forms of the imperfect indicative of *avoir*.

je	*infinitive* -ais	nous	*infinitive* -ions
tu	*infinitive* -ais	vous	*infinitive* -iez
il	*infinitive* -ait	ils	*infinitive* -aient

Verbs in *-re* drop the *-e* before adding the endings. EXAMPLE: je perdrais.

51. THE USE OF THE CONDITIONAL – *L'Emploi du Conditionnel*

A. The conditional is used to express a future action dependent upon another and usually past action.

Il a dit qu'il *parlerait* aux élèves. He said that he *would speak* to the pupils.

B. The conditional is often used to soften the present. Note the differences between these sentences:

Je *veux* un verre d'eau. I *want* a glass of water.

Je *voudrais* un verre d'eau. I *should like* a glass of water.

Aimez-vous aller au théâtre? *Do* you *like* to go to the theater?

Aimeriez-vous aller au théâtre? *Would* you *like* to go to the theater?

C. The conditional is used in the conclusion of certain conditional sentences. (See § 65 C.)

---

[1] Just as the French future is formed by adding the present indicative of *avoir* to the infinitive, so the conditional is formed by adding shortened forms of the imperfect indicative of *avoir* to the infinitive. It partakes of the quality of a past future. For example, if the main verb in the example in § 51 A is put into the present, the sentence would read:

Il dit qu'il *parlera* aux élèves. He says that he *will speak* to the pupils.

52. THE FORMATION OF THE SIMPLE PAST TENSE

La Formation du Passé Simple

The simple past is formed by adding a given set of endings to a special stem. In regular verbs this stem is the same as the main stem; in irregular verbs, the special stem must be learned for each verb. The endings are as follows:

-er VERBS	-ir AND -re VERBS	MANY IRREGULAR AND MOST -oir VERBS
je —ai	je —is	je —us
tu —as	tu —is	tu —us
il —a	il —it	il —ut
nous —âmes	nous —îmes	nous —ûmes
vous —âtes	vous —îtes	vous —ûtes
ils —èrent	ils —irent	ils —urent

53. THE USE OF THE SIMPLE PAST – L'Emploi du Passé Simple

The simple past is a literary tense used only in narration whose action takes place distinctly in the past to express actions which are quite definitely completed. It is rarely used in spoken French.

Le 28 juin 1914 un jeune Serbe *assassina* l'archiduc héritier d'Autriche-Hongrie.	The 28th of June 1914, a young Serbe *assassinated* the crown-prince to the Austrian throne.
Soudain l'Autriche-Hongrie *envoya* à la Serbie un ultimatum humiliant.	Suddenly Austria-Hungary *sent* Serbia a humiliating ultimatum.
Dès les premiers mois de la guerre, les Allemands *arrivèrent* tout près de Paris.	In the very first months of the war, the Germans *arrived* very near Paris.

This tense corresponds more than any other to the English simple past.

54. THE FORMATION OF THE COMPOUND PAST

La Formation du Passé Composé

A. In French, as in English, a tense consisting of an auxiliary verb and a main verb is called a *compound tense*. EXAMPLES: he *has seen*, they *will go*. The French *compound past* is a tense consisting of the present of an auxiliary verb (*avoir* or *être*) and the past participle. EXAMPLES: elle *a parlé*, nous *avons fini*, j'*ai répondu*, elle *est entrée*, ils *sont arrivés*.

B. All transitive verbs[1] and many others are conjugated with the auxiliary *avoir* in the compound tenses.

j'ai ——	nous avons ——	(where —— is the
tu as ——	vous avez ——	past participle)
il a ——	ils ont ——	

---

[1] Except the reflexive verbs, which are discussed in (E).

C. Most intransitive verbs of motion require *être* as an auxiliary verb.[1]

je suis ——(e)	nous sommes ——(e)s
tu es ——(e)	vous êtes ——(e)(s) (where —— is the
il est ——	ils sont ——s past participle)
elle est ——e	elles sont ——es

The agreements which are indicated here are discussed in § 70 C.

D. The following verbs are conjugated with *être* in the compound tenses when they are used intransitively: *aller, arriver, descendre,[2] devenir, entrer, monter,[2] mourir, naître, partir, passer,[2] rentrer, rester, retourner, revenir, sortir,[2] tomber,* and *venir.*

Le lendemain nous *sommes allés* à la gare.	The next day we *went* to the station.
Nous *sommes montés* dans le train.	We *got into* the train.
Le train *est parti* de la gare à neuf heures dix.	The train *left* the station at ten after nine.
Après une heure de voyage nous *sommes arrivés* à Fontainebleau.	After a trip of one hour we *arrived* at Fontainebleau.

E. All reflexive verbs are conjugated with *être* as auxiliary verb. This applies not only to verbs always used reflexively, such as *se souvenir de* (remember), but to any ordinary verb used reflexively, such as *se parler* (speak to oneself) and *s'aimer* (like oneself).

je me suis ——(e)	nous nous sommes ——(e)s
tu t'es ——(e)	vous vous êtes ——(e)(s) (where —— is the
il s'est ——	ils se sont ——s past participle)
elle s'est ——e	elles se sont ——es

The agreements which are indicated here are discussed in § 70 B.

Je *me suis couché* vers dix heures du soir.	I *went to bed* about ten o'clock in the evening.
Je *me suis endormi* tout de suite.	I *went to sleep* immediately.
Il *s'est réveillé* vers sept heures.	He *woke up* about seven o'clock.
Nous *nous sommes levés*, nous *nous sommes habillés*.	We *got up*, we *dressed*.

55. THE WORD ORDER IN THE COMPOUND PAST
La Place des Mots au Passé Composé

A. The order of a normal affirmative sentence in the compound past is:

SUBJECT   AUXILIARY VERB   PAST PARTICIPLE   OTHER WORDS

Nous *avons demandé* du papier.	We asked for some paper.
Pierre *a acheté* un cahier.	Pierre bought a notebook.

---

[1] However, the verbs *marcher* (to walk), *courir* (to run), and some others are conjugated with *avoir*.

[2] These verbs are conjugated with *avoir* when used transitively. EXAMPLES: Je *suis sorti* de la maison. (I left the house.) J'*ai sorti* mon cahier. (I took out my notebook.) Elle *est passée* par Tours. (She went through Tours.) Elle *a passé* un examen. (She took an examination.) Nous *sommes montés* dans la chambre. (We went up to the room.) Nous *avons monté* l'escalier. (We climbed the stairs.)

B. The order of an interrogative sentence with a pronoun subject is:

AUXILIARY VERB -PRONOUN-SUBJECT | PAST PARTICIPLE | OTHER WORDS

Avez-vous *travaillé* cette année?   Did you work this year?
A-t-il *rencontré* Jean Brissaud?   Did he meet John Brissaud?

C. The order of an interrogative sentence with a noun subject is:

NOUN-SUBJECT   AUXILIARY VERB   -PRONOUN-SUBJECT   PAST PARTICIPLE   OTHER WORDS

Les étudiants *ont*-ils *passé* des examens?   Did the students take examinations?

Jean *a*-t-il *parlé* de l'Université de Paris?   Did John speak of the University of Paris?

D. Pronoun objects, which precede the main verb in the present tense, precede the auxiliary verb in compound tenses.

Nous *en* AVONS DEMANDÉ.   We asked for *some*.
Pierre *en* A ACHETÉ.   Pierre bought *some*.
L'*A*-t-il RENCONTRÉ?   Did he meet *him*?
Jean *le lui* A-t-il DONNÉ?   Did John give *it to him*?
Vous *me les* AVEZ MONTRÉS.   You showed *them to me*.

E. For negative word-order in the compound tenses, see § 21 D.

56. THE USE OF THE COMPOUND PAST – *L'Emploi du Passé Composé*

A. The compound past is used to express a simple completed past action. It is commonly used in conversation to describe all past actions not described by the imperfect and pluperfect. Notice that in English the simple past usually describes the same type of action.

Nous *avons quitté* le lycée à quatre heures.   We *left* the high school at four o'clock.

J'*ai cherché* du papier dans plusieurs librairies, mais je n'en *ai* pas *trouvé*.   I *looked for* paper in several bookstores, but I *didn't find* any.

Il *a salué* l'employé et lui *a demandé* du papier.   He *greeted* the clerk and *asked* him *for* some paper.

B. The compound past sometimes corresponds to the English present perfect.

Avez-vous déjà *acheté* un journal?   *Have* you already *bought* a newspaper?
Elles *ont* toujours *parlé* espagnol.   They *have* always *spoken* Spanish.

57. THE FORMATION OF THE PLUPERFECT TENSE
La Formation du Plus-que-parfait

A. The pluperfect is a compound tense consisting of the imperfect of the auxiliary verb and the past participle.

elle avait cherché   she had looked for
nous avions trouvé   we had found
ils étaient entrés   they had entered

B. The pluperfect is conjugated with the same auxiliary verb as the compound past. (Reread § 54 B, C, D, E.)

TRANSITIVE VERBS AND MANY OTHERS: ils *avaient* acheté   they had bought
INTRANSITIVE VERBS OF MOTION: elle *était* partie   she had left
REFLEXIVE VERBS: ils s'*étaient* levés   they got up

58. THE USE OF THE PLUPERFECT – *L'Emploi du Plus-que-parfait*

The pluperfect is used to indicate a past action which took place before another past action.

Les Espagnols *avaient offert* la couronne à un cousin du roi de Prusse, et il *avait accepté* quand le gouvernement français protesta.   The Spanish *had offered* the crown to a cousin of the King of Prussia, and he *had accepted* when the French government protested.

The pluperfect should not ordinarily be used in a clause containing *quand, lorsque, aussitôt que, dès que,* or *après que.* (See § 62.)

59. THE FORMATION OF THE FUTURE PERFECT
La Formation du Futur Antérieur

A. The future perfect is a compound tense consisting of the future of the auxiliary verb and the past participle.

elle aura cherché   she will have looked for
nous aurons trouvé   we shall have found
ils seront entrés   they will have entered

B. The future perfect is conjugated with the same auxiliary verb as the compound past. (Reread § 54 B, C, D, E.)

TRANSITIVE VERBS AND MANY OTHERS: ils *auront* acheté   they will have bought
INTRANSITIVE VERBS OF MOTION: elle *sera* partie   she will have left
REFLEXIVE VERBS: ils se *seront* levés   they will have arisen

60. THE USE OF THE FUTURE PERFECT – *L'Emploi du Futur Antérieur*

A. The French future perfect, like the English, is used to indicate an action which will have taken place when another action occurs.

Nous *aurons fini* nos devoirs quand VOUS ARRIVEREZ.   We *shall have finished* our exercises when you ARRIVE.

B. The French are much more likely to use the future perfect to express the exact shade of time than we are. Often the English-speaking person is content with the present perfect when exactness compels the French to use the future perfect.

Quand j'*aurai vu* le film, je vous DONNERAI mon opinion sur lui.   When I *have seen* the film, I SHALL GIVE you my opinion of it.

| Dès que mon mari *sera revenu* d'An-gleterre, je lui en PARLERAI. | As soon as my husband *returns* from England, I SHALL SPEAK to him of it. |

In these sentences, the italicized verbs describe actions which have not yet happened but which will happen before the action of the second verb, which is in the future. Therefore, they are put in the future perfect in French.

61. THE FORMATION OF THE PAST ANTERIOR
La Formation du Passé Antérieur

A. The past anterior is a compound tense consisting of the simple past of the auxiliary verb and the past participle. It does not exist in English, which generally uses the pluperfect for the same idea.

| j'eus fini | I had finished |
| il eut parlé | he had spoken |

B. The past anterior is conjugated with the same auxiliary as the compound past. (Reread § 54 B, C, D, E.)

TRANSITIVE VERBS AND MANY OTHERS:	ils *eurent* acheté	they had bought
INTRANSITIVE VERBS OF MOTION:	elle *fut* partie	she had left
REFLEXIVE VERBS:	ils se *furent* levés	they had arisen

62. THE USE OF THE PAST ANTERIOR – L'Emploi du Passé Antérieur

The past anterior is used in literary style with *quand, lorsque, dès que, aussitôt que,* and *après que* to indicate an action which took place immediately before another action when this second action is expressed by the simple past.

Dès que le clergé *se fut aperçu* que le Tiers-État tenait ferme, il SE MIT de son côté.	As soon as the clergy *had noticed* that the Third Estate held firm, it WENT OVER to that side.
Après que l'armée *fut arrivée*, le gé-néral DONNA l'ordre d'attaquer l'ennemi.	After the army *had arrived*, the gen-eral GAVE the order to attack the enemy.
Quand les représentants de la noblesse et du clergé *eurent refusé* de se mettre d'accord avec le Tiers-État, celui-ci SE SÉPARA des autres.	When the representatives of the no-bility and the clergy *had refused* to agree with the Third Estate, the latter SEPARATED from the others.

63. THE FORMATION OF THE PAST CONDITIONAL
La Formation du Conditionnel Passé

A. The past conditional is a compound tense consisting of the conditional of the auxiliary verb and the past participle. This is just as in English.

il aurait parlé	he would have spoken
nous aurions perdu	we should have lost
ils seraient descendus	they would have come down

B. The past conditional is conjugated with the same auxiliary verb as the compound past. (Reread § 54 B, C, D, E.)

TRANSITIVE VERBS AND		
MANY OTHERS:	ils *auraient* acheté	they would have bought
INTRANSITIVE VERBS OF		
MOTION:	elle *serait* partie	she would have left
REFLEXIVE VERBS:	ils se *seraient* levés	they would have arisen

64. THE USE OF THE PAST CONDITIONAL
L'Emploi du Conditionnel Passé

The past conditional is most frequently used in contrary-to-fact conditions.

Si Napoléon Bonaparte était né un an avant, il *aurait été* Italien.

If Napoleon Bonaparte had been born one year earlier, he *would have been* Italian.

Si Napoléon n'avait pas fait la campagne désastreuse en Russie, il *aurait pu* rester empereur plus longtemps.

If Napoleon had not undertaken the disastrous Russian campaign, he *would have been able* to remain emperor longer.

65. CONDITIONAL SENTENCES – *Les Phrases Conditionnelles*

A. Conditional sentences normally consist of two parts: the condition (*si*-clause) and the conclusion.

Si nous allons à Paris, nous verrons la Tour Eiffel.

If we go to Paris, we shall see the Eiffel Tower.

B. Often French uses the same combination of tenses as English in the parts of the conditional sentences.

CONDITION (*si*-clause)	CONCLUSION
1. present indicative	1. future
2. imperfect indicative	2. conditional
3. pluperfect indicative	3. past conditional
1. Si l'armée *traverse* la frontière, il y AURA une guerre.	1. If the army *crosses* the border, there WILL BE a war.
2. Si le roi *avait* une armée, il REMPORTERAIT des victoires.	2. If the king *had* an army, he WOULD BRING BACK victories.
3. Si Napoléon *avait gagné* la bataille de Waterloo, toute l'histoire de l'Europe AURAIT ÉTÉ changée.	3. If Napoleon *had won* the battle of Waterloo, the whole history of Europe WOULD HAVE BEEN changed.

C. In any condition of the third type, either the pluperfect or the past conditional or both may be replaced in literary style by the pluperfect subjunctive. Thus, the third sentence in (B) might read:

S'il *eût gagné* la bataille de Waterloo, toute l'histoire de l'Europe aurait été changée.

S'il avait gagné la bataille de Waterloo, toute l'histoire de l'Europe *eût été* changée.

S'il *eût gagné* la bataille de Waterloo, toute l'histoire de l'Europe *eût été* changée.

66. THE FORMATION OF THE PRESENT PARTICIPLE

La Formation du Participe Présent

A. The present participle ends in *-ing* in English and *-ant* in French.

parl*ant* speak*ing*
dorm*ant* sleep*ing*
répond*ant* answer*ing*

B. The present participle is formed by adding *-ant* to the stem.[1]

demander demand*ant* ask asking
sortir sort*ant* leave leaving
perdre perd*ant* lose losing

C. The large group of *-ir* verbs which insert *-iss-* in the plural of the present also insert *-iss-* in the present participle.

finir nous fin-*iss*-ons fin-*iss*-ant finishing
choisir nous chois-*iss*-ons chois-*iss*-ant choosing

D. For all verbs, both regular and irregular, one may say that the present participle is formed by dropping the ending *-ons* from the *nous*-form of the present indicative and adding *-ant*.

INFINITIVE	PRESENT INDICATIVE	PRESENT PARTICIPLE	
pouvoir	nous pouv*ons*	pouv*ant*	being able
prendre	nous pren*ons*	pren*ant*	taking
venir	nous ven*ons*	ven*ant*	coming
voir	nous voy*ons*	voy*ant*	seeing
vouloir	nous voul*ons*	voul*ant*	wishing

But there are three exceptions:

avoir *ayant* having
être *étant* being
savoir *sachant* knowing

67. THE USE OF THE PRESENT PARTICIPLE

L'Emploi du Participe Présent

A. The present participle indicates an action which takes place at the same time as the main action of the sentence. It cannot be used without another verb in the same sentence.

Se tournant vers le professeur, Robert lui a dit son nom.
Turning toward the teacher, Robert told him his name.

Sortant de la bibliothèque, j'ai rencontré un ami.
Leaving the library, I met a friend.

B. The present participle is often used with *en*. *En* is the only preposition which is used with the present participle. (See § 71 A.) *En* with the

---

[1] Verbs in *-cer* have present participles in *-çant*; those in *-ger* have present participles in *-geant*.

effacer effa*çant* erasing
manger man*geant* eating

present participle expresses an action very closely connected in time with the action of the main verb.

Je termine *en espérant* bientôt recevoir de vos nouvelles. | I close *hoping* to hear from you soon.

On prépare la salade *en y mettant* du sel, du poivre, du vinaigre et de l'huile, et *en mélangeant* le tout. | One prepares the salad *by putting* salt, pepper, vinegar, and oil in it, and *by mixing* the whole.

C. The present participle is invariable when used partly as a verb, partly as an adjective.

Une femme *habitant* Paris ... A woman *living* in Paris ...

It agrees with the noun it modifies in gender and number when it is used entirely as an adjective.

une femme *vivante* a *living* woman
des jeunes filles *charmantes* *charming* girls

68. THE FORMATION OF THE PAST PARTICIPLE
La Formation du Participe Passé

A. Past participles of regular verbs are formed as follows in French:

		EXAMPLES	
INFINITIVE	PAST PARTICIPLE	INFINITIVE	PAST PARTICIPLE
-er	-é	demander	demandé
-ir	-i	punir	puni
-re	-u	répondre	répondu

B. *-oir* verbs (which are considered irregular) and also many other irregular verbs have a past participle in *-u*.

recevoir reçu received
venir venu came

69. THE USE OF THE PAST PARTICIPLE – *L'Emploi du Participe Passé*

A. In English the past participle is used with auxiliary verbs to form the compound tenses. The past participle of regular verbs ends in *-ed*. The past participles of irregular verbs are often distinguished by a change of stem vowel.

He *has* WALKED a great deal. | I *have* MET many students.
We *have* LIVED in many countries. | You *will have* EATEN at three.
They *had* SEEN their friends. | He *would have* WRITTEN sooner.

B. The French past participle is also used with auxiliary verbs to form compound tenses:

COMPOUND PAST:	il *a* DEMANDÉ	he *has* ASKED
PLUPERFECT:	vous *aviez* CHOISI	you *had* CHOSEN
FUTURE PERFECT:	j'*aurai* RÉPONDU	I *shall have* ANSWERED
PAST CONDITIONAL:	ils *auraient* REÇU	they *would have* RECEIVED
PAST ANTERIOR:	nous *fûmes* VENUS	we *had* COME

70. THE AGREEMENT OF THE PAST PARTICIPLE
L'Accord du Participe Passé

A. When the past participle is used to form part of a compound tense whose auxiliary verb is *avoir*, the past participle *does not indicate agreement* except when there is a direct object preceding the verb. In that case, the past participle agrees in gender and number with the preceding direct object.

Il a *salué* les dames (No agreement)	He greeted the ladies.
Il LES a *saluées*. (Agreement with *les*)	He greeted them.
Nous avons *traversé* la rue. (No agreement)	We crossed the street.
Nous L'avons *traversée*. (Agreement with *l'*)	We crossed it.
QUELS FILMS avez-vous *vus*? (Agreement with *quels films*)	What films have you seen?
Voilà les feuilles QUE j'ai *perdues*. (Agreement with *que*)	There are the sheets that I lost.

Notice that in each of the examples, the past participle remains unchanged except where the direct object precedes the verb. Here it agrees in gender and number with that direct object.

B. The past participles of compound tenses of reflexive verbs (which are always conjugated with *être*) agree with the preceding reflexive object *if* that object is the direct object.

Elle s'est *couchée* de bonne heure.	She went to bed early.
Nous NOUS sommes *saluées*.	We greeted each other.
Elles SE sont *réveillées*.	They woke up.
Ils SE sont *lavés*.	They washed themselves.

Verbs such as *se coucher* and *se réveiller* have no other object; therefore, the reflexive object is considered the direct object.

1. In cases where the reflexive object is the indirect object, the past participle does not indicate agreement.

Nous *nous* sommes *parlé*.	We spoke *to* each other.
Ils *se* sont *lavé* LES MAINS.	They washed their hands.

In the last sentence, *les mains* is the direct object; therefore, the reflexive object *se* is the indirect object, and there is no agreement of the past participle.

C. The past participles of verbs of motion conjugated with *être* (see § 54 C, D) always agree with the *subject* in gender and number.

Nous sommes *allés* à Fontainebleau.	We went to Fontainebleau.
ILS sont *arrivés* à la gare.	They arrived at the station.
ELLE est *entrée* dans le château.	She entered the château.
IL est *retourné* à Paris.	He returned to Paris.

Since *vous* may be masculine or feminine, singular or plural, the past participle may have one of four forms, depending upon what the speaker means by *vous*.

Vous êtes allé à l'école.	You (masculine singular) went to school.
Vous êtes allée à l'école.	You (feminine singular) went to school.
Vous êtes allés à l'école.	You (masculine plural) went to school.
Vous êtes allées à l'école.	You (feminine plural) went to school.

D. When the past participle is used as a pure adjective, it agrees with its noun in gender and number.

Le Président refuse de signer les LOIS *votées* par le Congrès.	The President refuses to sign the LAWS *voted* by Congress.
Le Sénat approuve les TRAITÉS *faits* par le Président.	The Senate approves the TREATIES *made* by the President.

71. THE INFINITIVE – *L'Infinitif*

A. The infinitive may be used after *all* prepositions except *en*.

Il est parti *sans* PARLER.	He left *without* SPEAKING.
Nous avons téléphoné *au lieu d'*ÉCRIRE une lettre.	We telephoned *instead of* WRITING a letter.

English uses a present participle in these cases.[1]

B. *Pour* and *afin de* are used with the infinitive to express purpose.

Nous apprenons le français *pour* LIRE des romans français.	We learn French *in order to* READ French novels.
Il part *afin de* CHERCHER son frère.	He is leaving *to* LOOK FOR his brother.

C. Purpose is expressed after the verbs *aller* and *venir* and sometimes other verbs of motion with or without *pour*. When *pour* is used, the idea of purpose is more emphatic.

Elle est allée à Reims *couronner* le roi.	She went to Rheims *to crown* the king.
Je suis venu *chercher* une valise.	I came *to look for* a valise.
Il est venu POUR *demander* son argent.	He came TO *ask for* his money.

72. THE IMPERATIVE – *L'Impératif*

A. The imperative is a special form of the verb used to give a command. The ordinary imperative is distinguished both in English and in French by the absence of any pronoun subject. This imperative, which we may call the *vous-imperative*, corresponds exactly to the second person plural of the present indicative. This imperative always ends in *-ez* except for the verbs *dire* and *faire*.

INFINITIVE	IMPERATIVE	
demander	demandez	ask
punir	punissez	punish
dormir	dormez	sleep
répondre	répondez	answer
dire	dites	say
faire	faites	do

---

[1] Note especially such much-used expressions as:

avant de parler	before speaking	avant d'entrer	before entering
après avoir parlé	after speaking	après être entré	after entering
avant de choisir	before choosing	avant de se tourner	before turning
après avoir choisi	after choosing	après s'être tourné	after turning

There are three verbs with irregular imperatives which are subjunctive forms:

INFINITIVE	2D PLURAL SUBJUNCTIVE	IMPERATIVE	
être	que vous soyez	soyez	be
avoir	que vous ayez	ayez	have
savoir	que vous sachez	sachez	know

Note these negative forms:

ne demandez pas	don't ask
ne perdez pas	don't lose

B. We have a first person plural imperative in English which is: Let us speak; Let us finish; Let us answer. This *let us* imperative is expressed in French by the *-ons* (first person plural) present indicative form of the verb. Like the *vous-imperative*, the pronoun subject is not expressed.

INFINITIVE	nous-IMPERATIVE	
demander	demandons	let us ask
punir	punissons	let us punish
dormir	dormons	let us sleep
répondre	répondons	let us answer
dire	disons	let us say
faire	faisons	let us do
parler	ne parlons pas	let us not speak
choisir	ne choisissons pas	let us not choose

There are three verbs with irregular imperatives which are subjunctive forms:

INFINITIVE	1ST PLURAL SUBJUNCTIVE	nous-IMPERATIVE	
être	que nous soyons	soyons	let us be
avoir	que nous ayons	ayons	let us have
savoir	que nous sachons	sachons	let us know

C. The French familiar imperative corresponds to the second person singular present indicative in all but *-er* verbs. In *-er* verbs, this imperative ends in *-e*.

INFINITIVE	FAMILIAR-IMPERATIVE	
demander	demande	ask
punir	punis	punish
dormir	dors	sleep
répondre	réponds	answer
dire	dis	say
faire	fais	do
parler	ne parle pas	don't speak
choisir	ne choisis pas	don't choose

There are three common verbs with irregular forms:

être	sois	be
avoir	aie	have
savoir	sache	know

This imperative is used only under conditions explained in **§ 22 B.**

D. In the imperative of reflexive verbs, the reflexive object pronoun follows the verb in the affirmative imperative and precedes it in the negative. (See § 29 A, B.)

INFINITIVE	AFFIRMATIVE	NEGATIVE
se tourner	tourne-toi (turn)	ne te tourne pas (don't turn)
se promener	promenons-nous (let's walk)	ne nous promenons pas (let's not walk)
se lever	levez-vous (get up)	ne vous levez pas (don't get up)

73. THE FORMATION OF THE PRESENT SUBJUNCTIVE

La Formation du Présent du Subjonctif

A. The present subjunctive may be formed by taking as a stem the third person plural present indicative minus the *-ent* termination and adding the present subjunctive endings:

que je ——e   que nous ——ions
tu ——es   vous ——iez
il ——e   ils ——ent

B. In most irregular verbs (all except *aller, avoir, être, faire, pouvoir, savoir, valoir,* and *vouloir*), *the entire singular and the third person plural of the present subjunctive* use the stem obtained from the THIRD PERSON PLURAL PRESENT INDICATIVE, but *the first and second persons plural of the present subjunctive* are the same as the FIRST AND SECOND PERSONS PLURAL OF THE IMPERFECT INDICATIVE.

INFINITIVE	venir	boire
3D PERSON PLURAL PRESENT INDICATIVE	ils viennent	ils boivent
1ST PERSON PLURAL IMPERFECT INDICATIVE	nous *venions*	nous *buvions*
2D PERSON PLURAL IMPERFECT INDICATIVE	vous *veniez*	vous *buviez*
PRESENT SUBJUNCTIVE	que je vienne	que je boive
	que tu viennes	que tu boives
	qu'il vienne	qu'il boive
	que nous *venions*	que nous *buvions*
	que vous *veniez*	que vous *buviez*
	qu'ils viennent	qu'ils boivent

C. Note the present subjunctives of the verbs which do not follow the rule:

	aller	*avoir*	*être*	*faire*
que je	aille	aie	sois	fasse
tu	ailles	aies	sois	fasses
il	aille	ait	soit	fasse
nous	allions	ayons	soyons	fassions
vous	alliez	ayez	soyez	fassiez
ils	aillent	aient	soient	fassent

	pouvoir	*savoir*	*valoir*	*vouloir*
que je	puisse	sache	vaille	veuille
tu	puisses	saches	vailles	veuilles
il	puisse	sache	vaille	veuille
nous	puissions	sachions	valions	voulions
vous	puissiez	sachiez	valiez	vouliez
ils	puissent	sachent	vaillent	veuillent

74. THE FORMATION OF THE IMPERFECT SUBJUNCTIVE
La Formation de l'Imparfait du Subjonctif

The imperfect subjunctive is regularly formed by adding to the second person singular of the simple past the following endings:

$$je \text{——se} \quad nous \text{——sions}$$
$$tu \text{——ses} \quad vous \text{——siez}$$
$$il \text{——}\hat{\ }t \quad ils \text{——sent}$$

The third person singular places a circumflex accent ($\wedge$) over the last stem vowel, eliminates the -*s* from the stem, and adds -*t*.

parler	*punir*	*dormir*	*perdre*	*recevoir*	*venir*
je parlasse	je punisse	je dormisse	je perdisse	je reçusse	je vinsse
il parlât	il punît	il dormît	il perdît	il reçût	il vînt

75. THE FORMATION OF THE COMPOUND TENSES OF THE SUBJUNCTIVE
La Formation des Temps Composés du Subjonctif

A. The past subjunctive (passé du subjonctif) is a combination of the present subjunctive of the auxiliary verb with which that verb is usually conjugated and the past participle.

que j'aie parlé	que nous ayons fini	que je sois parti
que tu ais perdu	que vous ayez vu	que tu te sois levé
qu'il ait dormi	qu'ils aient trouvé	que nous nous soyons dépêchés

B. The pluperfect subjunctive (plus-que-parfait du subjonctif) is a combination of the imperfect subjunctive of the auxiliary with which the compound tenses of the verb is conjugated and the past participle.

que j'eusse parlé	que nous eussions fini	que je fusse parti
que tu eusses perdu	que vous eussiez vu	que tu te fusses levé
qu'il eût dormi	qu'ils eussent trouvé	que nous nous fussions dépêchés

76. THE USE OF THE SUBJUNCTIVE – *L'Emploi du Subjonctif*

The subjunctive is a mode which has almost disappeared from English. Vestiges of it are occasionally found. It is used in wishes (*May* he *live* long!), in contrary-to-fact conditions (If I *were* there, I should see him), after certain verbs which express uncertainty (I insist that he *do* it), etc.

In French, the subjunctive is used in a variety of different circumstances. Hence, a subjunctive in English is not always expressed by a subjunctive in French, and a French subjunctive is most often expressed by an ordinary indicative or often a conditional in English. Watch the translation of the examples in this section for means of expressing the French subjunctive in English.

The French subjunctive is often based upon doubt and uncertainty or non-fulfillment of condition. It is used more specifically:

A. after verbs of wishing;

Mon père *veut* que je RESTE à la maison.	My father wants me to remain at home.
Je *voudrais* que vous IMAGINIEZ une conversation entre deux personnes.	I should like to have you imagine a conversation between two persons.

B. after certain *impersonal expressions*, such as *il est bon* (it is good), *il est évident* (it is evident), *il faut* (it is necessary), *il est naturel* (it is natural), *il est nécessaire* (it is necessary), *il est peu probable* (it is unlikely), *il se peut* (it is possible), *il est possible* (it is possible), *il semble*[1] (it seems), *il vaut mieux* (it is better), and other like expressions;

Il faut que vous ÉTUDIIEZ le subjonctif.	You must study the subjunctive.
Il est possible que je SOIS libre à cette heure.	It is possible that I may be free at that time.
Il est peu probable que je SORTE avant neuf heures du soir.	It is unlikely that I go out before nine o'clock in the evening.
Il est bon que nous SACHIONS saluer un ami.	It is a good thing for us to know how to greet a friend.

C. after verbs of *doubting* and *fearing*;[2]

Ils *doutent* que vous SACHIEZ votre leçon.	They doubt that you know your lesson.
J'*ai peur* que vous n'en TROUVIEZ pas facilement.	I am afraid that you won't find any easily.
Je *crains* que vous ne la PAYIEZ pas assez.	I fear that you don't pay her enough.

D. after *verbs and expressions of emotion*, such as *regretter* (to regret), *être content* (be glad), *être étonné* (be surprised), and *c'est dommage* (it's too bad);

C'est dommage que vous ne PUISSIEZ pas trouver une bonne.	It is too bad that you cannot find a maid.
Je *regrette* que les jeunes filles d'aujourd'hui ne SOIENT pas aussi dévouées à leur travail.	I regret that the girls of today are not so devoted to their work.
J'*ai été étonnée* qu'elle AIT QUITTÉ ma maison.	I was surprised that she left my house.

---

[1] But *il me semble* is followed by the indicative.

[2] In literary French and occasionally in spoken French, a *ne* is used with a subjunctive form after verbs of fearing and after certain expressions, such as *avant que* and *à moins que*.

Il craint qu'elle *n'*ait perdu son livre.	He fears that she has lost her book.
Dites-le-lui avant qu'il *ne* parte.	Tell him before he leaves.

E. in some clauses introduced by a relative pronoun which has an antecedent modified by an indefinite article or whose antecedent is a negative;

Madame Bozier cherche *une bonne* qui SACHE faire la cuisine.	Madame Bozier is looking for a maid who knows how to cook.
Il n'y a *rien* qui PUISSE le sauver.	There is nothing which can save him.

F. after a number of subordinate conjunctions, such as *afin que* (in order that), *pour que* (in order that), *bien que* (although), *quoique* (although), *pourvu que* (provided that), *à moins que* (unless), *avant que* (before), *sans que* (without), *jusqu'a ce que* (until), *autant que* (as far as), *quoi que* (whatever), and *qui que* (whoever);[1]

Dépêche-toi, *à moins que* tu VEUILLES rester ici.	Hurry, unless you want to stay here.
Bien que les Français ne SOIENT pas aussi sportifs que les autres peuples d'Europe, ils aiment bien suivre les résultats des courses.	Although the French are not so interested in sports as the other peoples of Europe, they like to follow the races.
Vous ne pouvez pas le faire *sans que* cet homme vous VOIE.	You cannot do it without this man seeing you.
Quoi que vous FASSIEZ, vous serez condamné.	Whatever you do, you will be condemned.

G. often, but not always, in clauses introduced by a relative pronoun whose antecedent is modified by a superlative form of the adjective, by *seul*, *premier*, or *dernier*;

Le football est le sport *le plus populaire* que nous AYONS.	Football is the most popular sport we have.
Je crois que «Colomba» est *la seule* oeuvre de Mérimée que j'AIE LUE.	I believe that "Colomba" is the only work of Mérimée that I have read.

H. after negative and interrogative verbs of thinking and hoping when there is considerable doubt in the mind of the speaker, and in expressions of uncertainty, such as *je ne suis pas sûr*.... When such verbs and expressions are in the affirmative, the indicative is always used. The indicative is often used even when they are used negatively and interrogatively. This indicates greater certainty in the mind of the speaker;

Je ne *crois* pas que le football français SOIT comme le football américain.	I don't think French football is like American football.
Croyez-vous qu'il y AIT autant de sports en France qu'ici?	Do you believe there are as many sports in France as here?

I. in a third person imperative introduced by *que* and translated *let him*, *let her*, or *let them*;

Qu'il *se taise*!	Let him keep still!
Qu'elles *viennent* chez moi.	Let them come to my house.

[1] See note 2 on preceding page.

The subjunctive is also used without *que*.

Vive la France!   Long live France!
Soit!   So be it!

J. in literary French, the pluperfect subjunctive is often used in either or both parts of a contrary-to-fact condition. See § 65 B, C.

L'aide de la France pendant la Révolution fut très importante, et sans ces secours, l'histoire américaine *eût été* différente.   French aid during the Revolution was very important, and without this aid, American history would have been different.

77. THE SEQUENCE OF TENSES OF THE SUBJUNCTIVE
La Concordance des Temps du Subjonctif

A. The present subjunctive is used in a subordinate clause after the present, future, or conditional tenses in the main clause to relate an action which takes place at the same time or after the action of the main verb.

Je *suis* content (I am glad)
Je *serai* content (I shall be glad)   que vous VENIEZ (that you are coming).
Je *serais* content (I should be glad)

B. The past subjunctive is used in the subordinate clause after the present, future, or conditional tenses in the main clause to relate an action which has gone on before the action of the main verb.

Je *suis* content (I am glad)
Je *serai* content (I shall be glad)   que vous SOYEZ VENU (that you came).
Je *serais* content (I should be glad)

C. The imperfect subjunctive is used in literary style after any past tense or the conditional to relate an action which took place at the same time or after the action of the main verb. In conversation, the imperfect subjunctive is replaced by the present subjunctive.[1]

J'*étais* content (I was glad)
Je *fus* content (I was glad)
J'*ai été* content (I was glad)
J'*avais été* content (I had been glad)   que vous VINSSIEZ (that you came).
Je *serais* content (I should be glad)
J'*aurais été* content (I should have been glad)

D. The pluperfect of the subjunctive is used in literary language after any past tense or the conditional in the main clause to express an action which had gone on before the action of the main verb. In conversation, the pluperfect subjunctive is replaced by the past subjunctive.[1]

J'*étais* content (I was glad)
Je *fus* content (I was glad)
J'*ai été* content (I was glad)
J'*avais été* content (I had been glad)   que vous FUSSIEZ VENU
Je *serais* content (I should be glad)   (that you had come).
J'*aurais été* content (I should have been glad)

[1] The French dislike the imperfect subjunctive forms in *-ss-*. They avoid the subjunctive as much as possible by using the infinitive (§ 78) where possible, and otherwise use the present and past subjunctive. The third person singular of the imperfect and pluperfect subjunctives are found more frequently than the other forms.

78. The Subjunctive or the Infinitive – *Le Subjonctif ou l'Infinitif*

A. The subjunctive is used after expressions and constructions which require it *only* when the subject of the dependent clause is not the same as the subject of the main clause.

Il faut que vous appreniez vos leçons.	You must learn your lessons.
Nous voulons qu'IL les accompagne.	We want him to accompany them.
Il a peur que VOUS soyez malade.	He is afraid that you are sick.
Nous regrettons qu'ILS partent.	We regret that they are leaving.

B. The infinitive must be used instead of the subjunctive when the subject of the main clause would also be the subject of the dependent clause if the subjunctive construction were used. Study these examples, comparing them with those above:

Il faut apprendre vos leçons.	You must learn your lessons.
Nous voulons les accompagner.	We want to accompany them.
Il a peur d'être malade.	He is afraid of being sick.
Nous regrettons de partir.	We regret that we are leaving.

Note that verbs of wishing are followed directly by the infinitive, and verbs of emotion and most expressions are followed by *de*.

C. The French avoid the subjunctive if it is possible to use an infinitive. However, they use the subjunctive if there are different subjects in the different clauses. Compare these sentences:

Je voudrais *savoir* le français.	I should like to know French.
Je voudrais que vous SACHIEZ le français.	I should like to have you know French.
Il est possible d'*écrire* cette lettre.	It is possible to write that letter.
Il est possible que nous ÉCRIVIONS cette lettre.	It is possible that we shall write that letter.
Nous craignons de *traverser* la mer.	We are afraid to cross the sea.
Nous craignons que VOUS TRAVERSIEZ la mer.	We are afraid that you will cross the sea.
Elle est contente d'*avoir trouvé* sa clef.	She is glad that she found her key.
Elle est contente qu'ils AIENT TROUVÉ leur clef.	She is glad that they found their key.

79. The Formation of the Passive Voice
La Formation de la Voix Passive

A. In English the passive voice is formed by some form of the verb *to be* with the past participle. The French verb is composed of exactly the same elements, that is, of some form of the verb *être* and the past participle.

L'état *est gouverné* par le gouverneur.	The state *is governed* by the governor.
Le président *sera choisi* demain.	The president *will be chosen* tomorrow
La maison *a été vendue*.	The house *has been sold*.

B. The tenses of the passive correspond to the tenses of the verb *être* used:

PRESENT	elle est choisie	she is chosen
IMPERFECT	elle était choisie	she was chosen
COMPOUND PAST	elle a été choisie	she was chosen
FUTURE	elle sera choisie	she will be chosen
CONDITIONAL	elle serait choisie	she would be chosen
PLUPERFECT	elle avait été choisie	she had been chosen
FUTURE PERFECT	elle aura été choisie	she will have been chosen
PAST CONDITIONAL	elle aurait été choisie	she would have been chosen
PRESENT SUBJUNCTIVE	qu'elle soit choisie	that she be chosen
IMPERFECT SUBJUNCTIVE	qu'elle fût choisie	that she were chosen
PAST SUBJUNCTIVE	qu'elle ait été choisie	that she has been chosen
PLUPERFECT SUBJUNCTIVE	qu'elle eût été choisie	that she had been chosen

C. The past participle of the passive voice agrees with the subject of the sentence in gender and number, because it is an adjective.

ELLE est *nommée* par le président.   She is named by the president.

80. THE USE OF THE PASSIVE VOICE – *L'Emploi de la Voix Passive*

A. French and English both use the passive voice in sentences where the subject is acted upon rather than acting.

Le pays *est attaqué* par l'ennemi.   The country *is attacked* by the enemy.
La cathédrale *a été commencée* au treizième siècle.   The cathedral *was begun* in the thirteenth century.
La république *sera sauvée* par un grand homme.   The republic *will be saved* by a great man.

B. French does not use the passive voice as frequently as English. There are many cases where it would be awkward to use the passive voice in French. The two principal means of avoiding the passive voice are:

1. by the use of the indefinite pronoun *on* (see § 37);

On appelle la Touraine le jardin de la France.   Touraine is called the garden of France.
On parle anglais ici.   English is spoken here.

2. by using the reflexive form of the verb.

La France *se compose* de plaines et de montagnes.   France *is composed* of plains and mountains.
Ça ne *se fait* pas ici.   That *isn't done* here.

C. After the passive voice the preposition *par* is used to indicate the agent acting upon the subject if the action is real.

Le préfet est recommandé *par* le Ministre de l'Intérieur.   The prefect is recommended *by* the Minister of the Interior.

If the action is only apparent and indicates rather a condition or state, the preposition *de* is used to indicate the agent.

Jeanne d'Arc était aimée *du* peuple.   Joan of Arc was loved *by* the people.

81. THE REFLEXIVE VERBS – *Les Verbes Pronominaux*

A. Both in English and in French, reflexive verbs are those verbs that have reflexive objects, that is, pronoun objects referring to the subject. (See § 25.)

il se lave	he washes himself
nous nous habillons	we dress ourselves

But some verbs which are reflexive in French have no reflexive object in English. These verbs must be treated essentially like those that are reflexive in English as well as French.

elle se compose	it is composed
je me souviens	I remember

B. Reflexive verbs are, in general, conjugated like any other verb. But the reflexive object is always present with the verb. (See the conjugation of a reflexive verb, page 291, no. 8.)

Some verbs are always reflexive, such as *se souvenir* (to remember) and *s'emparer* (to take possession of). But almost any transitive verb might be made reflexive by using the reflexive object.

parler	speak
se parler	speak to oneself
laver	wash
se laver	wash oneself
habiller	dress
s'habiller	dress oneself

C. In compound tenses the reflexive verb is conjugated with the auxiliary *être*. (See §§ 54 E and 70 B.)

D. Reflexive verbs often express an action which would be rendered by the passive voice in English. (See § 80 B 2.)

Les Pyrénées *se trouvent* en France et en Espagne.	The Pyrenees *are located* in France and Spain.
La France *se divise* en régions.	France *is divided* into regions.
Les États-Unis *se composent* de quarante-huit états.	The United States *is composed* of forty-eight states.

82. THE ORTHOGRAPHICAL CHANGING VERBS
Les Verbes qui font des Changements Orthographiques

A. Since *c* is pronounced like *s* only before *e* and *i* and like *k* before *a*, *o*, and *u*,[1] verbs whose infinitives end in *-cer* change *c* to *ç* when the *c* is followed by

---

[1] See page 329.

a, *o*, or *u*, in order to preserve the *s* sound of the *c*. Changes are made then in the tenses below and in the imperfect subjunctive.

PRESENT PARTICIPLE	PRESENT INDICATIVE	IMPERFECT INDICATIVE	SIMPLE PAST
effaçant	j'efface	j'effaçais	j'effaçai
	tu effaces	tu effaçais	tu effaças
	il efface	il effaçait	il effaça
	nous effaçons	nous effacions	nous effaçâmes
	vous effacez	vous effaciez	vous effaçâtes
	ils effacent	ils effaçaient	ils effacèrent

B. Since *g* is pronounced like *g* in *get* before *a*, *o*, and *u*, and like *s* in *pleasure* before *e* and *i*,[1] verbs whose infinitives end in *-ger* insert *e* between *g* and the next vowel whenever that vowel is not *e* or *i*. Changes are made then, in the tenses below and in the imperfect subjunctive.

PRESENT PARTICIPLE	PRESENT INDICATIVE	IMPERFECT INDICATIVE	SIMPLE PAST
changeant	je change	je changeais	je changeai
	tu changes	tu changeais	tu changeas
	il change	il changeait	il changea
	nous changeons	nous changions	nous changeâmes
	vous changez	vous changiez	vous changeâtes
	ils changent	ils changeaient	ils changèrent

C. Verbs in *-yer* (*-ayer*,[2] *-oyer*, *-uyer*) change *y* to *i* before a mute *e* in the following syllable. This change occurs throughout the present except for the *nous* and *vous* forms and throughout the entire future and conditional.

PRESENT INDICATIVE	PRESENT SUBJUNCTIVE	FUTURE	CONDITIONAL
je nettoie	que je nettoie	je nettoierai	je nettoierais
tu nettoies	que tu nettoies	tu nettoieras	tu nettoierais
il nettoie	qu'il nettoie	il nettoiera	il nettoierait
nous nettoyons	que nous nettoyions	nous nettoierons	nous nettoierions
vous nettoyez	que vous nettoyiez	vous nettoierez	vous nettoieriez
ils nettoient	qu'ils nettoient	ils nettoieront	ils nettoieraient

D. Many verbs, such as *mener*, *lever*, and *acheter*, whose stems end in unaccented *e* plus a single consonant, place a grave accent (`) over this *e* whenever the following syllable also has a mute *e*. This is done to change the pronunciation of the *e* [ə] of the stem to *è* [ɛ]. The grave accent is found throughout the singular and in the third person plural of the present indicative and subjunctive and throughout the entire future and conditional of all these verbs.

PRESENT INDICATIVE	PRESENT SUBJUNCTIVE	FUTURE	CONDITIONAL
je mène	que je mène	je mènerai	je mènerais
tu mènes	que tu mènes	tu mèneras	tu mènerais
il mène	qu'il mène	il mènera	il mènerait
nous menons	que nous menions	nous mènerons	nous mènerions
vous menez	que vous meniez	vous mènerez	vous mèneriez
ils mènent	qu'ils mènent	ils mèneront	ils mèneraient

[1] See page 329.

[2] See Bruneau et Heulluy, *Grammaire Française et Exercices, Classe de 4e*, (1937), Sec. 533.

E. Verbs whose stems end in $\acute{e}$ followed by a single consonant change this $\acute{e}$ to $\grave{e}$ throughout the singular and in the third person plural of the present indicative and present subjunctive.

PRESENT INDICATIVE		PRESENT SUBJUNCTIVE	
j'espère	nous espérons	que j'espère	que nous espérons
tu espères	vous espérez	que tu espères	que vous espérez
il espère	ils espèrent	qu'il espère	qu'ils espèrent

F. Verbs in -eler and a few verbs in -eter double the l or t when the next syllable contains a mute e. This change takes place in the singular and third person plural of the present indicative and of the present subjunctive and throughout the future and conditional.

PRESENT INDICATIVE	PRESENT SUBJUNCTIVE	FUTURE	CONDITIONAL
j'appelle	que j'appelle	j'appellerai	j'appellerais
tu appelles	que tu appelles	tu appelleras	tu appellerais
il appelle	qu'il appelle	il appellera	il appellerait
nous appelons	que nous appelions	nous appellerons	nous appellerions
vous appelez	que vous appeliez	vous appellerez	vous appelleriez
ils appellent	qu'ils appellent	ils appelleront	ils appelleraient

II. The Conjugation of the Verb
La Conjugaison du Verbe

83. Regular Verbs and Auxiliaries
Les Verbes Réguliers et Auxiliaires

One verb of each class of regular verbs, an -oir verb, and the main auxiliary verbs are conjugated in full.

(1) -er Verbs	(2) -ir Verbs	(3) -re Verbs
	PRESENT INFINITIVE – *Infinitif Présent*	
parler	finir	perdre
	PAST INFINITIVE – *Infinitif Passé*	
avoir parlé	avoir fini	avoir perdu
	PRESENT PARTICIPLE – *Participe Présent*	
parlant	finissant	perdant
	PAST PARTICIPLE – *Participe Passé*	
parlé	fini	perdu

(1) -er VERBS	(2) -ir VERBS	(3) -re VERBS

PRESENT INDICATIVE – *Présent de l'Indicatif*

je parle	je finis	je perds
tu parles	tu finis	tu perds
il parle	il finit	il perd
nous parlons	nous finissons	nous perdons
vous parlez	vous finissez	vous perdez
ils parlent	ils finissent	ils perdent

IMPERFECT INDICATIVE – *Imparfait de l'Indicatif*

je parlais	je finissais	je perdais
tu parlais	tu finissais	tu perdais
il parlait	il finissait	il perdait
nous parlions	nous finissions	nous perdions
vous parliez	vous finissiez	vous perdiez
ils parlaient	ils finissaient	ils perdaient

FUTURE – *Futur*

je parlerai	je finirai	je perdrai
tu parleras	tu finiras	tu perdras
il parlera	il finira	il perdra
nous parlerons	nous finirons	nous perdrons
vous parlerez	vous finirez	vous perdrez
ils parleront	ils finiront	ils perdront

CONDITIONAL – *Conditionnel*

je parlerais	je finirais	je perdrais
tu parlerais	tu finirais	tu perdrais
il parlerait	il finirait	il perdrait
nous parlerions	nous finirions	nous perdrions
vous parleriez	vous finiriez	vous perdriez
ils parleraient	ils finiraient	ils perdraient

SIMPLE PAST – *Passé Simple*

je parlai	je finis	je perdis
tu parlas	tu finis	tu perdis
il parla	il finit	il perdit
nous parlâmes	nous finîmes	nous perdîmes
vous parlâtes	vous finîtes	vous perdîtes
ils parlèrent	ils finirent	ils perdirent

COMPOUND PAST INDICATIVE – *Passé Composé de l'Indicatif*

j'ai parlé	j'ai fini	j'ai perdu
tu as parlé	tu as fini	tu as perdu
il a parlé	il a fini	il a perdu
nous avons parlé	nous avons fini	nous avons perdu
vous avez parlé	vous avez fini	vous avez perdu
ils ont parlé	ils ont fini	ils ont perdu

(1) -er Verbs	(2) -ir Verbs	(3) -re Verbs

Pluperfect Indicative – *Plus-que-parfait de l'Indicatif*

j'avais parlé	j'avais fini	j'avais perdu
tu avais parlé	tu avais fini	tu avais perdu
il avait parlé	il avait fini	il avait perdu
nous avions parlé	nous avions fini	nous avions perdu
vous aviez parlé	vous aviez fini	vous aviez perdu
ils avaient parlé	ils avaient fini	ils avaient perdu

Future Perfect – *Futur Antérieur*

j'aurai parlé	j'aurai fini	j'aurai perdu
tu auras parlé	tu auras fini	tu auras perdu
il aura parlé	il aura fini	il aura perdu
nous aurons parlé	nous aurons fini	nous aurons perdu
vous aurez parlé	vous aurez fini	vous aurez perdu
ils auront parlé	ils auront fini	ils auront perdu

Past Conditional – *Conditionnel Passé*

j'aurais parlé	j'aurais fini	j'aurais perdu
tu aurais parlé	tu aurais fini	tu aurais perdu
il aurait parlé	il aurait fini	il aurait perdu
nous aurions parlé	nous aurions fini	nous aurions perdu
vous auriez parlé	vous auriez fini	vous auriez perdu
ils auraient parlé	ils auraient fini	ils auraient perdu

Past Anterior – *Passé Antérieur*

j'eus parlé	j'eus fini	j'eus perdu
tu eus parlé	tu eus fini	tu eus perdu
il eut parlé	il eut fini	il eut perdu
nous eûmes parlé	nous eûmes fini	nous eûmes perdu
vous eûtes parlé	vous eûtes fini	vous eûtes perdu
ils eurent parlé	ils eurent fini	ils eurent perdu

Imperative – *Impératif*

parle	finis	perds
(qu'il parle)	(qu'il finisse)	(qu'il perde)
parlons	finissons	perdons
parlez	finissez	perdez
(qu'ils parlent)	(qu'ils finissent)	(qu'ils perdent)

Present Subjunctive – *Présent du Subjonctif*

que je parle	que je finisse	que je perde
que tu parles	que tu finisses	que tu perdes
qu'il parle	qu'il finisse	qu'il perde
que nous parlions	que nous finissions	que nous perdions
que vous parliez	que vous finissiez	que vous perdiez
qu'ils parlent	qu'ils finissent	qu'ils perdent

(1) -er VERBS	(2) -ir VERBS	(3) -re VERBS

IMPERFECT SUBJUNCTIVE – *Imparfait du Subjonctif*

que je parlasse	que je finisse	que je perdisse
que tu parlasses	que tu finisses	que tu perdisses
qu'il parlât	qu'il finît	qu'il perdît
que nous parlassions	que nous finissions	que nous perdissions
que vous parlassiez	que vous finissiez	que vous perdissiez
qu'ils parlassent	qu'ils finissent	qu'ils perdissent

PAST SUBJUNCTIVE – *Passé du Subjonctif*

que j'aie parlé	que j'aie fini	que j'aie perdu
que tu aies parlé	que tu aies fini	que tu aies perdu
qu'il ait parlé	qu'il ait fini	qu'il ait perdu
que nous ayons parlé	que nous ayons fini	que nous ayons perdu
que vous ayez parlé	que vous ayez fini	que vous ayez perdu
qu'ils aient parlé	qu'ils aient fini	qu'ils aient perdu

PLUPERFECT SUBJUNCTIVE – *Plus-que-parfait du Subjonctif*

que j'eusse parlé	que j'eusse fini	que j'eusse perdu
que tu eusses parlé	que tu eusses fini	que tu eusses perdu
qu'il eût parlé	qu'il eût fini	qu'il eût perdu
que nous eussions parlé	que nous eussions fini	que nous eussions perdu
que vous eussiez parlé	que vous eussiez fini	que vous eussiez perdu
qu'ils eussent parlé	qu'ils eussent fini	qu'ils eussent perdu

(4) -ir VERBS OF THE SECOND CLASS	(5) -oir VERBS	(6) IRREGULAR AUXILIARY VERB

PRESENT INFINITIVE – *Infinitif Présent*

dormir	recevoir	avoir

PAST INFINITIVE – *Infinitif Passé*

avoir dormi	avoir reçu	avoir eu

PRESENT PARTICIPLE – *Participe Présent*

dormant	recevant	ayant

PAST PARTICIPLE – *Participe Passé*

dormi	reçu	eu

PRESENT INDICATIVE – *Présent de l'Indicatif*

je dors	je reçois	j'ai
tu dors	tu reçois	tu as
il dort	il reçoit	il a
nous dormons	nous recevons	nous avons
vous dormez	vous recevez	vous avez
ils dorment	ils reçoivent	ils ont

(4) *-ir* Verbs of the Second Class	(5) *-oir* Verbs	(6) Irregular Auxiliary Verb

Imperfect Indicative – *Imparfait de l'Indicatif*

je dormais	je recevais	j'avais
tu dormais	tu recevais	tu avais
il dormait	il recevait	il avait
nous dormions	nous recevions	nous avions
vous dormiez	vous receviez	vous aviez
ils dormaient	ils recevaient	ils avaient

Future – *Futur*

je dormirai	je recevrai	j'aurai
tu dormiras	tu recevras	tu auras
il dormira	il recevra	il aura
nous dormirons	nous recevrons	nous aurons
vous dormirez	vous recevrez	vous aurez
ils dormiront	ils recevront	ils auront

Conditional – *Conditionnel*

je dormirais	je recevrais	j'aurais
tu dormirais	tu recevrais	tu aurais
il dormirait	il recevrait	il aurait
nous dormirions	nous recevrions	nous aurions
vous dormiriez	vous recevriez	vous auriez
ils dormiraient	ils recevraient	ils auraient

Simple Past – *Passé Simple*

je dormis	je reçus	j'eus
tu dormis	tu reçus	tu eus
il dormit	il reçut	il eut
nous dormîmes	nous reçûmes	nous eûmes
vous dormîtes	vous reçûtes	vous eûtes
ils dormirent	ils reçurent	ils eurent

Compound Past Indicative – *Passé Composé de l'Indicatif*

j'ai dormi	j'ai reçu	j'ai eu
tu as dormi	tu as reçu	tu as eu
il a dormi	il a reçu	il a eu
nous avons dormi	nous avons reçu	nous avons eu
vous avez dormi	vous avez reçu	vous avez eu
ils ont dormi	ils ont reçu	ils ont eu

(4) -ir VERBS OF THE SECOND CLASS	(5) -oir VERBS	(6) IRREGULAR AUXILIARY VERB

PLUPERFECT INDICATIVE – *Plus-que-parfait de l'Indicatif*

j'avais dormi	j'avais reçu	j'avais eu
tu avais dormi	tu avais reçu	tu avais eu
il avait dormi	il avait reçu	il avait eu
nous avions dormi	nous avions reçu	nous avions eu
vous aviez dormi	vous aviez reçu	vous aviez eu
ils avaient dormi	ils avaient reçu	ils avaient eu

FUTURE PERFECT – *Futur Antérieur*

j'aurai dormi	j'aurai reçu	j'aurai eu
tu auras dormi	tu auras reçu	tu auras eu
il aura dormi	il aura reçu	il aura eu
nous aurons dormi	nous aurons reçu	nous aurons eu
vous aurez dormi	vous aurez reçu	vous aurez eu
ils auront dormi	ils auront reçu	ils auront eu

PAST CONDITIONAL – *Conditionnel Passé*

j'aurais dormi	j'aurais reçu	j'aurais eu
tu aurais dormi	tu aurais reçu	tu aurais eu
il aurait dormi	il aurait reçu	il aurait eu
nous aurions dormi	nous aurions reçu	nous aurions eu
vous auriez dormi	vous auriez reçu	vous auriez eu
ils auraient dormi	ils auraient reçu	ils auraient eu

PAST ANTERIOR – *Passé Antérieur*

j'eus dormi	j'eus reçu	j'eus eu
tu eus dormi	tu eus reçu	tu eus eu
il eut dormi	il eut reçu	il eut eu
nous eûmes dormi	nous eûmes reçu	nous eûmes eu
vous eûtes dormi	vous eûtes reçu	vous eûtes eu
ils eûrent dormi	ils eurent reçu	ils eurent eu

IMPERATIVE – *Impératif*

dors	reçois	aie
(qu'il dorme)	(qu'il reçoive)	(qu'il ait)
dormons	recevons	ayons
dormez	recevez	ayez
(qu'ils dorment)	(qu'ils reçoivent)	(qu'ils aient)

(4) -ir VERBS OF THE SECOND CLASS	(5) -oir VERBS	(6) IRREGULAR AUXILIARY VERB

PRESENT SUBJUNCTIVE – Présent du Subjonctif

que je dorme	que je reçoive	que j'aie
que tu dormes	que tu reçoives	que tu aies
qu'il dorme	qu'il reçoive	qu'il ait
que nous dormions	que nous recevions	que nous ayons
que vous dormiez	que vous receviez	que vous ayez
qu'ils dorment	qu'ils reçoivent	qu'ils aient

IMPERFECT SUBJUNCTIVE – Imparfait du Subjonctif

que je dormisse	que je reçusse	que j'eusse
que tu dormisses	que tu reçusses	que tu eusses
qu'il dormît	qu'il reçût	qu'il eût
que nous dormissions	que nous reçussions	que nous eussions
que vous dormissiez	que vous reçussiez	que vous eussiez
qu'ils dormissent	qu'ils reçussent	qu'ils eussent

PAST SUBJUNCTIVE – Passé du Subjonctif

que j'aie dormi	que j'aie reçu	que j'aie eu
que tu aies dormi	que tu aies reçu	que tu aies eu
qu'il ait dormi	qu'il ait reçu	qu'il ait eu
que nous ayons dormi	que nous ayons reçu	que nous ayons eu
que vous ayez dormi	que vous ayez reçu	que vous ayez eu
qu'ils aient dormi	qu'ils aient reçu	qu'ils aient eu

PLUPERFECT SUBJUNCTIVE – Plus-que-parfait du Subjonctif

que j'eusse dormi	que j'eusse reçu	que j'eusse eu
que tu eusses dormi	que tu eusses reçu	que tu eusses eu
qu'il eût dormi	qu'il eût reçu	qu'il eût eu
que nous eussions dormi	que nous eussions reçu	que nous eussions eu
que vous eussiez dormi	que vous eussiez reçu	que vous eussiez eu
qu'ils eussent dormi	qu'ils eussent reçu	qu'ils eussent eu

(7) INTRANSITIVE VERB OF MOTION CONJUGATED WITH être IN THE COMPOUND TENSES	(8) REFLEXIVE VERB CONJUGATED WITH être IN THE COMPOUND TENSES	(9) IRREGULAR AUXILIARY VERB

PRESENT INFINITIVE – Infinitif Présent

entrer	se laver	être

PAST INFINITIVE – Infinitif Passé

être entré	s'être lavé	avoir été

(7) INTRANSITIVE VERB OF MOTION CONJUGATED WITH *être* IN THE COMPOUND TENSES	(8) REFLEXIVE VERB CONJUGATED WITH *être* IN THE COMPOUND TENSES	(9) IRREGULAR AUXILIARY VERB

PRESENT PARTICIPLE – *Participe Présent*

entrant	se lavant	étant

PAST PARTICIPLE – *Participe Passé*

entré	lavé	été

PRESENT INDICATIVE – *Présent de l'Indicatif*

j'entre	je me lave	je suis
tu entres	tu te laves	tu es
il entre	il se lave	il est
elle entre	elle se lave	elle est
nous entrons	nous nous lavons	nous sommes
vous entrez	vous vous lavez	vous êtes
ils entrent	ils se lavent	ils sont
elles entrent	elles se lavent	elles sont

IMPERFECT INDICATIVE – *Imparfait de l'Indicatif*

j'entrais	je me lavais	j'étais
tu entrais	tu te lavais	tu étais
il entrait	il se lavait	il était
elle entrait	elle se lavait	elle était
nous entrions	nous nous lavions	nous étions
vous entriez	vous vous laviez	vous étiez
ils entraient	ils se lavaient	ils étaient
elles entraient	elles se lavaient	elles étaient

FUTURE – *Futur*

j'entrerai	je me laverai	je serai
tu entreras	tu te laveras	tu seras
il entrera	il se lavera	il sera
elle entrera	elle se lavera	elle sera
nous entrerons	nous nous laverons	nous serons
vous entrerez	vous vous laverez	vous serez
ils entreront	ils se laveront	ils seront
elles entreront	elles se laveront	elles seront

(7) INTRANSITIVE VERB OF MOTION CONJUGATED WITH *être* IN THE COMPOUND TENSES	(8) REFLEXIVE VERB CONJUGATED WITH *être* IN THE COMPOUND TENSES	(9) IRREGULAR AUXILIARY VERB

CONDITIONAL – *Conditionnel*

j'entrerais	je me laverais	je serais
tu entrerais	tu te laverais	tu serais
il entrerait	il se laverait	il serait
elle entrerait	elle se laverait	elle serait
nous entrerions	nous nous laverions	nous serions
vous entreriez	vous vous laveriez	vous seriez
ils entreraient	ils se laveraient	ils seraient
elles entreraient	elles se laveraient	elles seraient

SIMPLE PAST – *Passé Simple*

j'entrai	je me lavai	je fus
tu entras	tu te lavas	tu fus
il entra	il se lava	il fut
elle entra	elle se lava	elle fut
nous entrâmes	nous nous lavâmes	nous fûmes
vous entrâtes	vous vous lavâtes	vous fûtes
ils entrèrent	ils se lavèrent	ils furent
elles entrèrent	elles se lavèrent	elles furent

COMPOUND PAST INDICATIVE – *Passé Composé de l'Indicatif*

je suis entré(e)	je me suis lavé(e)	j'ai été
tu es entré(e)	tu t'es lavé(e)	tu as été
il est entré	il s'est lavé	il a été
elle est entrée	elle s'est lavée	elle a été
nous sommes entré(e)s	nous nous sommes lavé(e)s	nous avons été
vous êtes entré(e)(s)	vous vous êtes lavé(e)(s)	vous avez été
ils sont entrés	ils se sont lavés	ils ont été
elles sont entrées	elles se sont lavées	elles ont été

PLUPERFECT INDICATIVE – *Plus-que-parfait de l'Indicatif*

j'étais entré(e)	je m'étais lavé(e)	j'avais été
tu étais entré(e)	tu t'étais lavé(e)	tu avais été
il était entré	il s'était lavé	il avait été
elle était entrée	elle s'était lavée	elle avait été
nous étions entré(e)s	nous nous étions lavé(e)s	nous avions été
vous étiez entré(e)(s)	vous vous étiez lavé(e)(s)	vous aviez été
ils étaient entrés	ils s'étaient lavés	ils avaient été
elles étaient entrées	elles s'étaient lavées	elles avaient été

(7) INTRANSITIVE VERB OF MOTION CONJUGATED WITH *être* IN THE COMPOUND TENSES	(8) REFLEXIVE VERB CONJUGATED WITH *être* IN THE COMPOUND TENSES	(9) IRREGULAR AUXILIARY VERB

FUTURE PERFECT – *Futur Antérieur*

je serai entré(e)	je me serai lavé(e)	j'aurai été
tu seras entré(e)	tu te seras lavé(e)	tu auras été
il sera entré	il se sera lavé	il aura été
elle sera entrée	elle se sera lavée	elle aura été
nous serons entré(e)s	nous nous serons lavé(e)s	nous aurons été
vous serez entré(e)(s)	vous vous serez lavé(e)(s)	vous aurez été
ils seront entrés	ils se seront lavés	ils auront été
elles seront entrées	elles se seront lavées	elles auront été

PAST CONDITIONAL – *Conditionnel Passé*

je serais entré(e)	je me serais lavé(e)	j'aurais été
tu serais entré(e)	tu te serais lavé(e)	tu aurais été
il serait entré	il se serait lavé	il aurait été
elle serait entrée	elle se serait lavée	elle aurait été
nous serions entré(e)s	nous nous serions lavé(e)s	nous aurions été
vous seriez entré(e)(s)	vous vous seriez lavé(e)(s)	vous auriez été
ils seraient entrés	ils se seraient lavés	ils auraient été
elles seraient entrées	elles se seraient lavées	elles auraient été

PAST ANTERIOR – *Passé Antérieur*

je fus entré(e)	je me fus lavé(e)	j'eus été
tu fus entré(e)	tu te fus lavé(e)	tu eus été
il fut entré	il se fut lavé	il eut été
elle fut entrée	elle se fut lavée	elle eut été
nous fûmes entré(e)s	nous nous fûmes lavé(e)s	nous eûmes été
vous fûtes entré(e)(s)	vous vous fûtes lavé(e)(s)	vous eûtes été
ils furent entrés	ils se furent lavés	ils eurent été
elles furent entrées	elles se furent lavées	elles eurent été

IMPERATIVE – *Impératif*

entre	lave-toi	sois
(qu'il entre)	(qu'il se lave)	(qu'il soit)
entrons	lavons-nous	soyons
entrez	lavez-vous	soyez
(qu'ils entrent)	(qu'ils se lavent)	(qu'ils soient)

(7) INTRANSITIVE VERB OF MOTION CONJUGATED WITH *être* IN THE COMPOUND TENSES	(8) REFLEXIVE VERB CONJUGATED WITH *être* IN THE COMPOUND TENSES	(9) IRREGULAR AUXILIARY VERB

PRESENT SUBJUNCTIVE – *Présent du Subjonctif*

que j'entre	que je me lave	que je sois
que tu entres	que tu te laves	que tu sois
qu'il entre	qu'il se lave	qu'il soit
qu'elle entre	qu'elle se lave	qu'elle soit
que nous entrions	que nous nous lavions	que nous soyons
que vous entriez	que vous vous laviez	que vous soyez
qu'ils entrent	qu'ils se lavent	qu'ils soient
qu'elles entrent	qu'elles se lavent	qu'elles soient

IMPERFECT SUBJUNCTIVE – *Imparfait du Subjonctif*

que j'entrasse	que je me lavasse	que je fusse
que tu entrasses	que tu te lavasses	que tu fusses
qu'il entrât	qu'il se lavât	qu'il fût
qu'elle entrât	qu'elle se lavât	qu'elle fût
que nous entrassions	que nous nous lavassions	que nous fussions
que vous entrassiez	que vous vous lavassiez	que vous fussiez
qu'ils entrassent	qu'ils se lavassent	qu'ils fussent
qu'elles entrassent	qu'elles se lavassent	qu'elles fussent

PAST SUBJUNCTIVE – *Passé du Subjonctif*

que je sois entré(e)	que je me sois lavé(e)	que j'aie été
que tu sois entré(e)	que tu te sois lavé(e)	que tu aies été
qu'il soit entré	qu'il se soit lavé	qu'il ait été
qu'elle soit entrée	qu'elle se soit lavée	qu'elle ait été
que nous soyons entré(e)s	que nous nous soyons lavé(e)s	que nous ayons été
que vous soyez entré(e)(s)	que vous vous soyez lavé(e)(s)	que vous ayez été
qu'ils soient entrés	qu'ils se soient lavés	qu'ils aient été
qu'elles soient entrées	qu'elles se soient lavées	qu'elles aient été

PLUPERFECT SUBJUNCTIVE – *Plus-que-parfait du Subjonctif*

que je fusse entré(e)	que je me fusse lavé(e)	que j'eusse été
que tu fusses entré(e)	que tu te fusses lavé(e)	que tu eusses été
qu'il fût entré	qu'il se fût lavé	qu'il eût été
qu'elle fût entrée	qu'elle se fût lavée	qu'elle eût été
que nous fussions entré(e)s	que nous nous fussions lavé(e)s	que nous eussions été
que vous fussiez entré(e)(s)	que vous vous fussiez lavé(e)(s)	que vous eussiez été
qu'ils fussent entrés	qu'ils se fussent lavés	qu'ils eussent été
qu'elles fussent entrées	qu'elles se fussent lavées	qu'elles eussent été

84. THE PRINCIPAL PARTS OF VERBS – *Les Temps Primitifs des Verbes*

A. Each verb has five stems:

    1. the infinitive
    2. the present participle
    3. the past participle
    4. the first person singular of the present indicative
    5. the first person singular of the simple past

B. All stems of all regular *-er* and *-re* verbs are the same as that of the main (infinitive) stem. The present participle of most *-ir* verbs inserts an *-iss-* between the infinitive stem and the endings. The second class *-ir* verbs drop the final consonant of the main stem in their present stem. Irregular verbs sometimes have five different stems.

INFINITIVE	PRESENT PARTICIPLE	PAST PARTICIPLE	SINGULAR OF PRESENT	SIMPLE PAST
parl-er	parl-ant	parlé	parl-e	parl-ai
perd-re	perd-ant	perdu	perd-s	perd-is
fin-ir	fin-iss-ant	fini	fin-is	fin-is
dorm-ir	dorm-ant	dormi	dor-s	dorm-is
boi-re	buv-ant	bu	boi-s	bu-s
prend-re	pren-ant	pris	prend-s	pri-s
ven-ir	ven-ant	venu	vien-s	vin-s
mour-ir	mour-ant	mort	meur-s	mour-us

C. Certain tenses are usually formed on each of these stems as shown in the arrangement on page 297.

INFINITIVE	PRESENT PARTICIPLE	PAST PARTICIPLE	PRESENT	SIMPLE PAST
Future	Plural of	Compound Past	Singular of	Simple Past
Conditional	Present [1]	Pluperfect	Present	Imperfect
	Imperfect	Indicative		Subjunctive
	Indicative	Future Perfect		
	Present	Past Conditional		
	Subjunctive [2]	Past Anterior		
		Past Subjunctive		
		Pluperfect Subjunctive		

D. In § 86, common irregular verbs are conjugated by tenses. This is practical for easy reference, but the verbs will be easier to learn if you will rearrange them by stems, as shown on page 297.

---

[1] In a number of verbs, the third person plural of the present follows the stem of the singular of the present indicative. EXAMPLES: je bois, ils boivent; je meurs, ils meurent.
[2] Where the stem of the third person plural present indicative is different from that of the imperfect indicative, the present subjunctive usually has two forms. See § 73 B.

INFINITIVE	PRESENT PARTICIPLE	PAST PARTICIPLE	PRESENT INDICATIVE	SIMPLE PAST
boire	*buvant*	*bu*	*je bois*	*je bus*
			tu bois	tu bus
			il boit	il but
FUTURE	PLURAL OF PRESENT	COMPOUND PAST		nous bûmes
je boirai	INDICATIVE	INDICATIVE		vous bûtes
tu boiras	nous buvons	j'ai bu, etc.		ils burent
il boira	vous buvez			
nous boirons	ils boivent	PLUPERFECT		
vous boirez		INDICATIVE		IMPERFECT
ils boiront	IMPERFECT	j'avais bu, etc.		SUBJUNCTIVE
	INDICATIVE			que je busse
CONDITIONAL	je buvais	FUTURE PERFECT		que tu busses
je boirais	tu buvais	j'aurai bu, etc.		qu'il bût
tu boirais	il buvait			que nous bussions
il boirait	nous buvions	PAST CONDITIONAL		que vous bussiez
nous boirions	vous buviez	j'aurais bu, etc.		qu'ils bussent
vous boiriez	ils buvaient			
ils boiraient		PAST ANTERIOR		
	PRESENT	j'eus bu, etc.		
	SUBJUNCTIVE			
	que je boive	PAST SUBJUNCTIVE		
	que tu boives	que j'aie bu, etc.		
	qu'il boive			
	que nous buvions	PLUPERFECT		
	que vous buviez	SUBJUNCTIVE		
	qu'ils boivent	que j'eusse bu, etc.		

85. THE IRREGULAR VERBS – *Les Verbes Irréguliers*

A. An irregular verb is one which deviates in some way from the general pattern given for the formation of the various tenses of the *-er*, *-ir*, and *-re* verbs. All irregular verbs are not irregular in the same respects; hence it is necessary to consider each verb individually or in individual groups of verbs. Even so, the large majority of these verbs follow certain general tendencies, and by recognizing certain cardinal principles of irregular verbs, the work of learning the verb as a whole may be greatly facilitated.

B. The Present Tense – *Le Présent*
While there is no absolute rule for the formation of the present of irregular verbs, the singular and third person plural often have one stem-vowel, whereas the first and second persons plural have another, usually that of the infinitive. This change is due to a shift in stress. (Cf. Latin *de'beo*, *de'bes*, *de'bet*, debe'mus, debe'tis, *de'bent*.)

DEVOIR	POUVOIR	MOURIR	RECEVOIR	VOIR	VOULOIR
je dois	peux	meurs	reçois	vois	veux
tu dois	peux	meurs	reçois	vois	veux
il doit	peut	meurt	reçoit	voit	veut
nous devons	pouvons	mourons	recevons	voyons	voulons
vous devez	pouvez	mourez	recevez	voyez	voulez
ils doivent	peuvent	meurent	recoivent	voient	veulent

C. The Imperfect – *L'Imparfait*

The imperfect, if formed from the first person plural of the present indicative, is irregular only in the case of the verbs *être* and *falloir*. (See § 46 C.)

D. The Future and Conditional – *Le Futur et le Conditionnel*

The stem of these two tenses is always the same. The future and conditional are irregular in the case of relatively few verbs. These verbs might be arranged into classes as follows:

1	2	3
aller: j'irai	avoir: j'aurai	courir: je courrai
faire: je ferai	savoir: je saurai	mourir: je mourrai
être: je serai		

4	5
devoir: je devrai	voir: je verrai
pleuvoir: il pleuvra [1]	envoyer: j'enverrai
recevoir: je recevrai	

6	7
tenir: je tiendrai	falloir: il faudra [1]
venir: je viendrai	valoir: je vaudrai
	vouloir: je voudrai

E. The Simple Past and the Imperfect Subjunctive

Le Passé Simple et l'Imparfait du Subjonctif

The stem of the two tenses is always the same. In many (but not in all) irregular verbs, this stem is the same as that of the past participle.

INFINITIVE	PAST PARTICIPLE	SIMPLE PAST	IMPERFECT SUBJUNCTIVE
croire	cru	je crus	que je crusse
lire	lu	je lus	que je lusse
prendre	pris	je pris	que je prisse
recevoir	reçu	je reçus	que je reçusse
vouloir	voulu	je voulus	que je voulus

F. Compound Past, Plupefect, Future Perfect, Past Conditional, Past Anterior

Passé Composé, Plus-que-Parfait, Futur Antérieur, Conditionnel Passé, Passé Antérieur

These tenses are formed by a combination of some tense of the auxiliary verbs *avoir* and *être* and the past participle. The past participle is frequently irregular. It often ends in -*u*.

G. The Present Subjunctive – *Le Présent du Subjonctif*

For the present subjunctive of irregular verbs, see § 73 B, C.

---

[1] These impersonal verbs have only third-person singular forms.

H. Learning the forms of an irregular verb [1]

If you knew the history of the French language, no form of any irregular verb would seem truly irregular. Almost every form can be explained in one way or another. If you know Latin, you will find it interesting to think out what caused the seemingly irregular forms to develop. Even if you do not know Latin, these principles will serve to explain changes from unaccented to accented forms of French verbs.

1. Accented or stressed vowels tend to develop. Stressed $\bar{e}$ and i become *oi;* stressed $\breve{e} > ie;$ [2] stressed $o > eu.$

$d\bar{e}'$bet $>$ do*it*	v$\breve{e}'$nit $>$ v*ie*nt	po'tet [3] $>$ p*eu*t
b*i*'bet $>$ bo*it*	t$\breve{e}'$nent $>$ t*ie*nnent	mo'riunt [3] $>$ m*eu*rent

2. Most unaccented vowels do not develop; but unstressed o often becomes *ou*. When unaccented vowels come just before or after strongly accented syllables, they may disappear altogether.

d$\bar{e}$b$\bar{e}'$mus $>$ d*e*vons'	pot$\bar{e}'$mus [3] $>$ p*ou*vons'	d$\bar{e}b\bar{e}$re $+$ ai' $>$ d*e*vrai'
v$\breve{e}$n*i*'tis $>$ v*e*nez'	mor*i*'tis [3] $>$ m*ou*rez'	mor*i*te [3] $+$ as' $>$ m*ou*rras'

3. The combination of a consonant plus r often leads to the insertion of a d to facilitate pronunciation.

venire $+$ ons $>$ vien*d*rons	valere $+$ as $>$ vau*d*ras
volere [3] $+$ ez $>$ vou*d*rez	tenere $+$ a $>$ tien*d*ra
cremere [3] $+$ ont $>$ crain*d*ront	
fallere $+$ ai $>$ fau*d*rai	

4. Before a consonant, l often changes to $u;$ c often changes to i.

va*l*es $>$ va*u*x	conducere $>$ condu*i*re	factus $>$ fa*i*t
fa*ll*et $>$ fa*u*t	placere $>$ pla*i*re	dicitis $>$ d*i*tes

5. Consonants tend to drop out before final *-s* and *-t*. When they do not drop out, they are silent. Final *-s* is often written *-x*.

de*b*et $>$ doit	po*t*es [3] $>$ peu*x*	vi*v*es $>$ vis
dor*m*is $>$ dors	ser*v*it $>$ sert	sa*p*et [3] $>$ sait

6. One form of a verb may influence another form of the same verb. A common verb may influence a whole group of other verbs. This influence of one form upon another is known as *analogy*. In English one hears, in analogy with the correct *I don't, I was*, the incorrect *he don't, you was*. Similarly, the use of *lay* for *lie* and *set* for *sat* come from a confusion due to analogy.

po*t*emus [3] $>$ pou*v*ons	in analogy with forms such as a*v*ons, sa*v*ons.
venire $+$ a' $>$ vien*d*ra'	in analogy with stressed forms such as v*ie*nt.
dorm*i*mus $>$ dorm*o*ns	in analogy with all other *-ons* forms which are thought to come from analogy with *sumus* $>$ *sommes*.

---

[1] Teachers are advised to use these linguistic changes as a teaching device whenever the background and ability of the class permit it.

[2] The sign $>$ is to be read *becomes* or *develops into*.

[3] Vulgar Latin form. This form is not found in the classical Latin which is taught at school.

86. THE CONJUGATION OF IRREGULAR VERBS

INFINITIVE AND PARTICIPLES	INDICATIVE			
	PRESENT	IMPERFECT	SIMPLE PAST	COMPOUND PAST
1. ACQUÉRIR (to acquire) acquérant acquis	acquiers acquiers acquiert acquérons acquérez acquièrent	acquérais acquérais acquérait acquérions acquériez acquéraient	acquis acquis acquit acquîmes acquîtes acquirent	ai acquis as acquis a acquis avons acquis avez acquis ont acquis
2. ALLER (to go) allant allé	vais vas va allons allez vont	allais allais allait allions alliez allaient	allai allas alla allâmes allâtes allèrent	suis allé(e) es allé(e) est allé(e) sommes allé(e)s êtes allé(e)(s) sont allé(e)s
3. ASSEOIR [1,2] (to seat) asseyant assis	assieds assieds assied asseyons asseyez asseyent	asseyais asseyais asseyait asseyions asseyiez asseyaient	assis assis assit assîmes assîtes assirent	me suis assis(e) [1] t'es assis(e) s'est assis(e) nous sommes assis(es) vous êtes assis(e)(s) se sont assis(es)
assoyant	assois assois assoit assoyons assoyez assoient	assoyais assoyais assoyait assoyions assoyiez assoyaient		
4. BATTRE (to beat) battant battu	bats bats bat battons battez battent	battais battais battait battions battiez battaient	battis battis battit battîmes battîtes battirent	ai battu as battu a battu avons battu avez battu ont battu
5. BOIRE (to drink) buvant bu	bois bois boit buvons buvez boivent	buvais buvais buvait buvions buviez buvaient	bus bus but bûmes bûtes burent	ai bu as bu a bu avons bu avez bu ont bu

[1] This verb is usually used in its reflexive form *s'asseoir* (to sit). For this reason, the reflexive forms of the compound past and imperative are given.

[2] Certain tenses of this verb have two forms.

La Conjugaison des Verbes Irréguliers

FUTURE	CONDITIONAL	IMPERATIVE	SUBJUNCTIVE	
			PRESENT	IMPERFECT
acquerrai	acquerrais		acquière	acquisse
acquerras	acquerrais	acquiers	acquières	acquisses
acquerra	acquerrait		acquière	acquît
acquerrons	acquerrions	acquérons	acquérions	acquissions
acquerrez	acquerriez	acquérez	acquériez	acquissiez
acquerront	acquerraient		acquièrent	acquissent
irai	irais		aille	allasse
iras	irais	va	ailles	allasses
ira	irait		aille	allât
irons	irions	allons	allions	allassions
irez	iriez	allez	alliez	allassiez
iront	iraient		aillent	allassent
assiérai	assiérais		asseye	assisse
assiéras	assiérais	assieds-toi [1]	asseyes	assisses
assiéra	assiérait		asseye	assît
assiérons	assiérions	asseyons-nous	asseyions	assissions
assiérez	assiériez	asseyez-vous	asseyiez	assissiez
assiéront	assiéraient		asseyent	assissent
assoirai	assoirais		assoie	
assoiras	assoirais	assois-toi	assoies	
assoira	assoirait		assoie	
assoirons	assoirions	assoyons-nous	assoyions	
assoirez	assoiriez	assoyez-vous	assoyiez	
assoiront	assoiraient		assoient	
battrai	battrais		batte	battisse
battras	battrais	bats	battes	battisses
battra	battrait		batte	battît
battrons	battrions	battons	battions	battissions
battrez	battriez	battez	battiez	battissiez
battront	battraient		battent	battissent
boirai	boirais		boive	busse
boiras	boirais	bois	boives	busses
boira	boirait		boive	bût
boirons	boirions	buvons	buvions	bussions
boirez	boiriez	buvez	buviez	bussiez
boiront	boiraient		boivent	bussent

[1] This verb is usually used in its reflexive form *s'asseoir* (to sit). For this reason, the reflexive forms of the compound past and imperative are given.

86. THE CONJUGATION OF IRREGULAR VERBS (continued)

INFINITIVE AND PARTICIPLES	INDICATIVE			
	PRESENT	IMPERFECT	SIMPLE PAST	COMPOUND PAST
6. CONDUIRE (to lead) conduisant conduit	conduis conduis conduit conduisons conduisez conduisent	conduisais conduisais conduisait conduisions conduisiez conduisaient	conduisis conduisis conduisit conduisîmes conduisîtes conduisirent	ai conduit as conduit a conduit avons conduit avez conduit ont conduit
7. CONNAÎTRE (to be acquainted) connaissant connu	connais connais connaît connaissons connaissez connaissent	connaissais connaissais connaissait connaissions connaissiez connaissaient	connus connus connut connûmes connûtes connurent	ai connu as connu a connu avons connu avez connu ont connu
8. COURIR (to run) courant couru	cours cours court courons courez courent	courais courais courait courions couriez couraient	courus courus courut courûmes courûtes coururent	ai couru as couru a couru avons couru avez couru ont couru
9. CRAINDRE (to fear) craignant craint	crains crains craint craignons craignez craignent	craignais craignais craignait craignions craigniez craignaient	craignis craignis craignit craignîmes craignîtes craignirent	ai craint as craint a craint avons craint avez craint ont craint
10. CROIRE (to believe) croyant cru	crois crois croit croyons croyez croient	croyais croyais croyait croyions croyiez croyaient	crus crus crut crûmes crûtes crurent	ai cru as cru a cru avons cru avez cru ont cru
11. DEVOIR (to owe, have to) devant dû, due [1]	dois dois doit devons devez doivent	devais devais devait devions deviez devaient	dus dus dut dûmes dûtes durent	ai dû as dû a dû avons dû avez dû ont dû

[1] The masculine singular form of the past participle is written with the circumflex accent to distinguish it from the word *du*. All other forms are written without the accent (*dû, due, dus, dues*).

La Conjugaison des Verbes Irréguliers (suite)

FUTURE	CONDITIONAL	IMPERATIVE	SUBJUNCTIVE	
			PRESENT	IMPERFECT
conduirai	conduirais		conduise	conduisisse
conduiras	conduirais	conduis	conduises	conduisisses
conduira	conduirait		conduise	conduisît
conduirons	conduirions	conduisons	conduisions	conduisissions
conduirez	conduiriez	conduisez	conduisiez	conduisissiez
conduiront	conduiraient		conduisent	conduisissent
connaîtrai	connaîtrais		connaisse	connusse
connaîtras	connaîtrais	connais	connaisses	connusses
connaîtra	connaîtrait		connaisse	connût
connaîtrons	connaîtrions	connaissons	connaissions	connussions
connaîtrez	connaîtriez	connaissez	connaissiez	connussiez
connaîtront	connaîtraient		connaissent	connussent
courrai	courrais		coure	courusse
courras	courrais	cours	coures	courusses
courra	courrait		coure	courût
courrons	courrions	courons	courions	courussions
courrez	courriez	courez	couriez	courussiez
courront	courraient		courent	courussent
craindrai	craindrais		craigne	craignisse
craindras	craindrais	crains	craignes	craignisses
craindra	craindrait		craigne	craignît
craindrons	craindrions	craignons	craignions	craignissions
craindrez	craindriez	craignez	craigniez	craignissiez
craindront	craindraient		craignent	craignissent
croirai	croirais		croie	crusse
croiras	croirais	crois	croies	crusses
croira	croirait		croie	crût
croirons	croirions	croyons	croyions	crussions
croirez	croiriez	croyez	croyiez	crussiez
croiront	croiraient		croient	crussent
devrai	devrais		doive	dusse
devras	devrais	dois	doives	dusses
devra	devrait		doive	dût
devrons	devrions	devons	devions	dussions
devrez	devriez	devez	deviez	dussiez
devront	devraient		doivent	dussent

86. THE CONJUGATION OF IRREGULAR VERBS (*continued*)

INFINITIVE AND PARTICIPLES	INDICATIVE			
	PRESENT	IMPERFECT	SIMPLE PAST	COMPOUND PAST
12. DIRE	dis	disais	dis	ai dit
(to say, tell)	dis	disais	dis	as dit
disant	dit	disait	dit	a dit
dit	disons	disions	dîmes	avons dit
	dites	disiez	dîtes	avez dit
	disent	disaient	dirent	ont dit
13. ÉCRIRE	écris	écrivais	écrivis	ai écrit
(to write)	écris	écrivais	écrivis	as écrit
écrivant	écrit	écrivait	écrivit	a écrit
écrit	écrivons	écrivions	écrivîmes	avons écrit
	écrivez	écriviez	écrivîtes	avez écrit
	écrivent	écrivaient	écrivirent	ont écrit
14. ENVOYER	envoie	envoyais	envoyai	ai envoyé
(to send)	envoies	envoyais	envoyas	as envoyé
envoyant	envoie	envoyait	envoya	a envoyé
envoyé	envoyons	envoyions	envoyâmes	avons envoyé
	envoyez	envoyiez	envoyâtes	avez envoyé
	envoient	envoyaient	envoyèrent	ont envoyé
15. FAIRE	fais	faisais [1]	fis	ai fait
(to do, make)	fais	faisais	fis	as fait
faisant [1]	fait	faisait	fit	a fait
fait	faisons	faisions	fîmes	avons fait
	faites	faisiez	fîtes	avez fait
	font	faisaient	firent	ont fait
16. FALLOIR [2]	il faut	il fallait	il fallut	il a fallu
(to be necessary)				
fallu				
17. FUIR	fuis	fuyais	fuis	ai fui
(to flee)	fuis	fuyais	fuis	as fui
fuyant	fuit	fuyait	fuit	a fui
fui	fuyons	fuyions	fuîmes	avons fui
	fuyez	fuyiez	fuîtes	avez fui
	fuient	fuyaient	fuirent	ont fui
18. LIRE	lis	lisais	lus	ai lu
(to read)	lis	lisais	lus	as lu
lisant	lit	lisait	lut	a lu
lu	lisons	lisions	lûmes	avons lu
	lisez	lisiez	lûtes	avez lu
	lisent	lisaient	lurent	ont lu

[1] The *ai* of the stem of these forms is pronounced like mute *e* [ə].
[2] Used in third person singular only.

La Conjugaison des Verbes Irréguliers (suite)

| FUTURE | CONDITIONAL | IMPERATIVE | SUBJUNCTIVE | |
			PRESENT	IMPERFECT
dirai	dirais		dise	disse
diras	dirais	dis	dises	disses
dira	dirait		dise	dît
dirons	dirions	disons	disions	dissions
direz	diriez	dites	disiez	dissiez
diront	diraient		disent	dissent
écrirai	écrirais		écrive	écrivisse
écriras	écrirais	écris	écrives	écrivisses
écrira	écrirait		écrive	écrivît
écrirons	écririons	écrivons	écrivions	écrivissions
écrirez	écririez	écrivez	écriviez	écrivissiez
écriront	écriraient		écrivent	écrivissent
enverrai	enverrais		envoie	envoyasse
enverras	enverrais	envoie	envoies	envoyasses
enverra	enverrait		envoie	envoyât
enverrons	enverrions	envoyons	envoyions	envoyassions
enverrez	enverriez	envoyez	envoyiez	envoyassiez
enverront	enverraient		envoient	envoyassent
ferai	ferais		fasse	fisse
feras	ferais	fais	fasses	fisses
fera	ferait		fasse	fît
ferons	ferions	faisons	fassions	fissions
ferez	feriez	faites	fassiez	fissiez
feront	feraient		fassent	fissent
il faudra	il faudrait		il faille	il fallût
fuirai	fuirais		fuie	fuisse
fuiras	fuirais	fuis	fuies	fuisses
fuira	fuirait		fuie	fuît
fuirons	fuirions	fuyons	fuyions	fuissions
fuirez	fuiriez	fuyez	fuyiez	fuissiez
fuiront	fuiraient		fuient	fuissent
lirai	lirais		lise	lusse
liras	lirais	lis	lises	lusses
lira	lirait		lise	lût
lirons	lirions	lisons	lisions	lussions
lirez	liriez	lisez	lisiez	lussiez
liront	liraient		lisent	lussent

86. The Conjugation of Irregular Verbs (*continued*)

INFINITIVE AND PARTICIPLES	INDICATIVE			
	PRESENT	IMPERFECT	SIMPLE PAST	COMPOUND PAST
19. Mettre	mets	mettais	mis	ai mis
(to put)	mets	mettais	mis	as mis
mettant	met	mettait	mit	a mis
mis	mettons	mettions	mîmes	avons mis
	mettez	mettiez	mîtes	avez mis
	mettent	mettaient	mirent	ont mis
20. Mourir	meurs	mourais	mourus	suis mort(e)
(to die)	meurs	mourais	mourus	es mort(e)
mourant	meurt	mourait	mourut	est mort(e)
mort	mourons	mourions	mourûmes	sommes mort(e)s
	mourez	mouriez	mourûtes	êtes mort(e)(s)
	meurent	mouraient	moururent	sont mort(e)s
21. Naître	nais	naissais	naquis	suis né(e)
(to be born)	nais	naissais	naquis	es né(e)
naissant	naît	naissait	naquit	est né(e)
né	naissons	naissions	naquîmes	sommes né(e)s
	naissez	naissiez	naquîtes	êtes né(e)(s)
	naissent	naissaient	naquirent	sont né(e)s
22. Ouvrir	ouvre	ouvrais	ouvris	ai ouvert
(to open)	ouvres	ouvrais	ouvris	as ouvert
ouvrant	ouvre	ouvrait	ouvrit	a ouvert
ouvert	ouvrons	ouvrions	ouvrîmes	avons ouvert
	ouvrez	ouvriez	ouvrîtes	avez ouvert
	ouvrent	ouvraient	ouvrirent	ont ouvert
23. Peindre	peins	peignais	peignis	ai peint
(to paint)	peins	peignais	peignis	as peint
peignant	peint	peignait	peignit	a peint
peint	peignons	peignions	peignîmes	avons peint
	peignez	peigniez	peignîtes	avez peint
	peignent	peignaient	peignirent	ont peint
24. Plaire	plais	plaisais	plus	ai plu
(to please)	plais	plaisais	plus	as plu
plaisant	plaît	plaisait	plut	a plu
plu	plaisons	plaisions	plûmes	avons plu
	plaisez	plaisiez	plûtes	avez plu
	plaisent	plaisaient	plurent	ont plu
25. Pleuvoir [1]	il pleut	il pleuvait	il plut	il a plu
(to rain)				
pleuvant				
plu				

[1] Used only in third person singular.

La Conjugaison des Verbes Irréguliers (suite)

| FUTURE | CONDITIONAL | IMPERATIVE | SUBJUNCTIVE | |
			PRESENT	IMPERFECT
mettrai	mettrais		mette	misse
mettras	mettrais	mets	mettes	misses
mettra	mettrait		mette	mît
mettrons	mettrions	mettons	mettions	missions
mettrez	mettriez	mettez	mettiez	missiez
mettront	mettraient		mettent	missent
mourrai	mourrais		meure	mourusse
mourras	mourrais	meurs	meures	mourusses
mourra	mourrait		meure	mourût
mourrons	mourrions	mourons	mourions	mourussions
mourrez	mourriez	mourez	mouriez	mourussiez
mourront	mourraient		meurent	mourussent
naîtrai	naîtrais		naisse	naquisse
naîtras	naîtrais	nais	naisses	naquisses
naîtra	naîtrait		naisse	naquît
naîtrons	naîtrions	naissons	naissions	naquissions
naîtrez	naîtriez	naissez	naissiez	naquissiez
naîtront	naîtraient		naissent	naquissent
ouvrirai	ouvrirais		ouvre	ouvrisse
ouvriras	ouvrirais	ouvre	ouvres	ouvrisses
ouvrira	ouvrirait		ouvre	ouvrît
ouvrirons	ouvririons	ouvrons	ouvrions	ouvrissions
ouvrirez	ouvririez	ouvrez	ouvriez	ouvrissiez
ouvriront	ouvriraient		ouvrent	ouvrissent
peindrai	peindrais		peigne	peignisse
peindras	peindrais	peins	peignes	peignisses
peindra	peindrait		peigne	peignît
peindrons	peindrions	peignons	peignions	peignissions
peindrez	peindriez	peignez	peigniez	peignissiez
peindront	peindraient		peignent	peignissent
plairai	plairais		plaise	plusse
plairas	plairais	plais	plaises	plusses
plaira	plairait		plaise	plût
plairons	plairions	plaisons	plaisions	plussions
plairez	plairiez	plaisez	plaisiez	plussiez
plairont	plairaient		plaisent	plussent
il pleuvra	il pleuvrait		il pleuve	il plût

86. THE CONJUGATION OF IRREGULAR VERBS (*continued*)

INFINITIVE AND PARTICIPLES	INDICATIVE			
	PRESENT	IMPERFECT	SIMPLE PAST	COMPOUND PAST
26. POUVOIR	peux, puis	pouvais	pus	ai pu
(to be able)	peux	pouvais	pus	as pu
pouvant	peut	pouvait	put	a pu
pu	pouvons	pouvions	pûmes	avons pu
	pouvez	pouviez	pûtes	avez pu
	peuvent	pouvaient	purent	ont pu
27. PRENDRE	prends	prenais	pris	ai pris
(to take)	prends	prenais	pris	as pris
prenant	prend	prenait	prit	a pris
pris	prenons	prenions	prîmes	avons pris
	prenez	preniez	prîtes	avez pris
	prennent	prenaient	prirent	ont pris
28. RIRE	ris	riais	ris	ai ri
(to laugh)	ris	riais	ris	as ri
riant	rit	riait	rit	a ri
ri	rions	riions	rîmes	avons ri
	riez	riiez	rîtes	avez ri
	rient	riaient	rirent	ont ri
29. SAVOIR	sais	savais	sus	ai su
(to know)	sais	savais	sus	as su
sachant	sait	savait	sut	a su
su	savons	savions	sûmes	avons su
	savez	saviez	sûtes	avez su
	savent	savaient	surent	ont su
30. SUIVRE	suis	suivais	suivis	ai suivi
(to follow)	suis	suivais	suivis	as suivi
suivant	suit	suivait	suivit	a suivi
suivi	suivons	suivions	suivîmes	avons suivi
	suivez	suiviez	suivîtes	avez suivi
	suivent	suivaient	suivirent	ont suivi
31. TENIR	tiens	tenais	tins	ai tenu
(to hold, keep)	tiens	tenais	tins	as tenu
tenant	tient	tenait	tint	a tenu
tenu	tenons	tenions	tînmes	avons tenu
	tenez	teniez	tîntes	avez tenu
	tiennent	tenaient	tinrent	ont tenu

La Conjugaison des Verbes Irréguliers (suite)

FUTURE	CONDITIONAL	IMPERATIVE	SUBJUNCTIVE	
			PRESENT	IMPERFECT
pourrai	pourrais		puisse	pusse
pourras	pourrais		puisses	pusses
pourra	pourrait		puisse	pût
pourrons	pourrions		puissions	pussions
pourrez	pourriez		puissiez	pussiez
pourront	pourraient		puissent	pussent
prendrai	prendrais		prenne	prisse
prendras	prendrais	prends	prennes	prisses
prendra	prendrait		prenne	prît
prendrons	prendrions	prenons	prenions	prissions
prendrez	prendriez	prenez	preniez	prissiez
prendront	prendraient		prennent	prissent
rirai	rirais		rie	risse
riras	rirais	ris	ries	risses
rira	rirait		rie	rît
rirons	ririons	rions	riions	rissions
rirez	ririez	riez	riiez	rissiez
riront	riraient		rient	rissent
saurai	saurais		sache	susse
sauras	saurais	sache	saches	susses
saura	saurait		sache	sût
saurons	saurions	sachons	sachions	sussions
saurez	sauriez	sachez	sachiez	sussiez
sauront	sauraient		sachent	sussent
suivrai	suivrais		suive	suivisse
suivras	suivrais	suis	suives	suivisses
suivra	suivrait		suive	suivît
suivrons	suivrions	suivons	suivions	suivissions
suivrez	suivriez	suivez	suiviez	suivissiez
suivront	suivraient		suivent	suivissent
tiendrai	tiendrais		tienne	tinsse
tiendras	tiendrais	tiens	tiennes	tinsses
tiendra	tiendrait		tienne	tînt
tiendrons	tiendrions	tenons	tenions	tinssions
tiendrez	tiendriez	tenez	teniez	tinssiez
tiendront	tiendraient		tiennent	tinssent

86. THE CONJUGATION OF IRREGULAR VERBS (*continued*)

INFINITIVE AND PARTICIPLES	INDICATIVE			
	PRESENT	IMPERFECT	SIMPLE PAST	COMPOUND PAST
32. VAINCRE (to conquer) vainquant vaincu	vaincs vaincs vainc vainquons vainquez vainquent	vainquais vainquais vainquait vainquions vainquiez vainquaient	vainquis vainquis vainquit vainquîmes vainquîtes vainquirent	ai vaincu as vaincu a vaincu avons vaincu avez vaincu ont vaincu
33. VALOIR (to be worth) valant valu	vaux vaux vaut valons valez valent	valais valais valait valions valiez valaient	valus valus valut valûmes valûtes valurent	ai valu as valu a valu avons valu avez valu ont valu
34. VENIR (to come) venant venu	viens viens vient venons venez viennent	venais venais venait venions veniez venaient	vins vins vint vînmes vîntes vinrent	suis venu(e) es venu(e) est venu(e) sommes venu(e)s êtes venu(e)(s) sont venu(e)s
35. VIVRE (to live) vivant vécu	vis vis vit vivons vivez vivent	vivais vivais vivait vivions viviez vivaient	vécus vécus vécut vécûmes vécûtes vécurent	ai vécu as vécu a vécu avons vécu avez vécu ont vécu
36. VOIR (to see) voyant vu	vois vois voit voyons voyez voient	voyais voyais voyait voyions voyiez voyaient	vis vis vit vîmes vîtes virent	ai vu as vu a vu avons vu avez vu ont vu
37. VOULOIR (to wish, want) voulant voulu	veux veux veut voulons voulez veulent	voulais voulais voulait voulions vouliez voulaient	voulus voulus voulut voulûmes voulûtes voulurent	ai voulu as voulu a voulu avons voulu avez voulu ont voulu

La Conjugaison des Verbes Irréguliers (suite)

| FUTURE | CONDITIONAL | IMPERATIVE | SUBJUNCTIVE | |
			PRESENT	IMPERFECT
vaincrai	vaincrais		vainque	vainquisse
vaincras	vaincrais	vaincs	vainques	vainquisses
vaincra	vaincrait		vainque	vainquît
vaincrons	vaincrions	vainquons	vainquions	vainquissions
vaincrez	vaincriez	vainquez	vainquiez	vainquissiez
vaincront	vaincraient		vainquent	vainquissent
vaudrai	vaudrais		vaille	valusse
vaudras	vaudrais	vaux	vailles	valusses
vaudra	vaudrait		vaille	valût
vaudrons	vaudrions	valons	valions	valussions
vaudrez	vaudriez	valez	valiez	valussiez
vaudront	vaudraient		vaillent	valussent
viendrai	viendrais		vienne	vinsse
viendras	viendrais	viens	viennes	vinsses
viendra	viendrait		vienne	vînt
viendrons	viendrions	venons	venions	vinssions
viendrez	viendriez	venez	veniez	vinssiez
viendront	viendraient		viennent	vinssent
vivrai	vivrais		vive	vécusse
vivras	vivrais	vis	vives	vécusses
vivra	vivrait		vive	vécût
vivrons	vivrions	vivons	vivions	vécussions
vivrez	vivriez	vivez	viviez	vécussiez
vivront	vivraient		vivent	vécussent
verrai	verrais		voie	visse
verras	verrais	vois	voies	visses
verra	verrait		voie	vît
verrons	verrions	voyons	voyions	vissions
verrez	verriez	voyez	voyiez	vissiez
verront	verraient		voient	vissent
voudrai	voudrais		veuille	voulusse
voudras	voudrais	veuille	veuilles	voulusses
voudra	voudrait		veuille	voulût
voudrons	voudrions		voulions	voulussions
voudrez	voudriez	veuillez	vouliez	voulussiez
voudront	voudraient		veuillent	voulussent

Miscellany – Traits Divers

87. INTERROGATIVE WORD ORDER – *L'Ordre Interrogatif*

A. An affirmative sentence may be made interrogative by placing *Est-ce que...* before it. This becomes *Est-ce qu'* ... before a word beginning with a vowel.

Est-ce que la France est un pays?	Is France a country?
Est-ce que la capitale de la France est une grande ville?	Is the capital of France a large city?
*Est-ce qu'*elle est située sur la Seine?	Is it situated on the Seine?

The question with *Est-ce que...* is used especially in conversation.

B. A sentence with a personal pronoun subject may be made interrogative by placing the verb before the subject. The verb is then connected to the pronoun-subject by a hyphen (-).

VERB - PRONOUN-SUBJECT   REST OF SENTENCE

Sont-elles faciles à défendre?	Are they easy to defend?
Forment-ils une partie de la frontière du pays?	Do they form a part of the boundaries of the country?

C. A sentence with a noun-subject may have the following interrogative word order:

NOUN-SUBJECT VERB - PRONOUN-SUBJECT REST OF SENTENCE

The verb is connected to the pronoun-subject by a hyphen.

La France est-elle un pays?	Is France a country?
Les montagnes séparent-elles la France de l'Italie?	Do the mountains separate France from Italy?

D. Whenever the verb-form ends in a vowel and the pronoun begins with a vowel, a *-t-* is inserted between them to prevent two vowels from coming together in pronunciation.

Sépare-t-il les deux pays?	Does it separate the two countries?
Le Rhin constitue-t-il une frontière entre la France et l'Allemagne?	Does the Rhine constitute a frontier between France and Germany?
La Seine traverse-t-elle Paris?	Does the Seine cross Paris?

E. When a sentence with a personal pronoun-subject begins with *où*, *quand*, *comment*, *combien*, *quoi*, *pourquoi*, or *quel* modifying some noun, the word order may be

INTERROGATIVE WORD   VERB - PRONOUN-SUBJECT   REST OF SENTENCE

or

INTERROGATIVE WORD   *est-ce que*   PRONOUN-SUBJECT   VERB   REST OF SENTENCE

Où se trouve-t-il?	Where is it?
Où *est-ce qu'*il se trouve?	

Quand écrit-il une composition?
Quand *est-ce qu'*il écrit une composition? } When does he write a composition?

Par où entrent-ils dans la salle de classe?
Par où *est-ce qu'*ils entrent dans la salle de classe? } By what do they enter the classroom?

Pourquoi apprend-elle la leçon?
Pourquoi *est-ce qu'*elle apprend la leçon? } Why does she learn the lesson?

Dans quel pays demeure-t-elle?
Dans quel pays *est-ce qu'*elle demeure? } In what country does she live?

F. When a sentence with a noun-subject but without a direct noun-object begins with *où, quand, comment, quoi, combien,* or *quel* modifying a noun, the word order may be:

> INTERROGATIVE WORD　　VERB　　NOUN-SUBJECT　　REST OF SENTENCE [1]

or

> | INTERROGATIVE WORD | NOUN-SUBJECT | VERB | - | PRONOUN-SUBJECT | REST OF SENTENCE |

or

> INTERROGATIVE WORD　*est-ce que*　NOUN-SUBJECT　VERB　REST OF SENTENCE

Où se trouvent les Pyrénées?
Où les Pyrénées se trouvent-elles?
Où *est-ce que* les Pyrénées se trouvent? } Where are the Pyrenees located?

Quand sortira votre mère?
Quand votre mère sortira-t-elle?
Quand *est-ce que* votre mère sortira? } When will your mother go out?

Combien coûte le billet?
Combien le billet coûte-t-il?
Combien *est-ce que* le billet coûte? } How much does the ticket cost?

G. When a sentence with a noun-subject and a direct noun-object begins with *où, quand, comment, quoi, combien,* or *quel* modifying a noun, the word order may be:

> | INTERROGATIVE WORD | NOUN-SUBJECT | VERB | - | PRONOUN-SUBJECT | REST OF SENTENCE |

or

> INTERROGATIVE WORD　*est-ce que*　NOUN-SUBJECT　VERB　REST OF SENTENCE

---

[1] This form is not used when the rest of the sentence would make it lack rhythm. The second form would then be used.

The above word order is always used with *pourquoi* in a sentence with a noun-subject.

Où Pierre trouvera-t-il du papier?
Où *est-ce que* Pierre trouvera du papier? } Where will Pierre find some paper?

Quand Marie écrira-t-elle une lettre à son frère?
Quand *est-ce que* Marie écrira une lettre à son frère? } When will Mary write a letter to her brother?

A quelle heure cet homme a-t-il pris son billet?
A quelle heure *est-ce que* cet homme a pris son billet? } At what time did this man buy his ticket?

Pourquoi cet élève est-il ici?
Pourquoi *est-ce que* cet élève est ici? } Why is this pupil here?

H. When the interrogative pronoun-object *qui* is used with a noun-subject, the order is

Qui NOUN-SUBJECT VERB - PRONOUN-SUBJECT REST OF SENTENCE

or

Qui est-ce que NOUN-SUBJECT VERB REST OF SENTENCE

Qui le professeur punit-il?
Qui est-ce que le professeur punit? } Whom does the teacher punish?

I. When the interrogative pronoun-object *que* is used with a noun-subject, the order is

Que VERB NOUN-SUBJECT REST OF SENTENCE

or

Qu'est-ce que NOUN-SUBJECT VERB REST OF SENTENCE

Que fait cet élève?
Qu'est-ce que cet élève fait? } What is this pupil doing?

(See § 35 C, D.)

88. IL Y A, VOICI, VOILÀ

A. The expression *il y a* (there is, there are) indicates the existence of something.

Il y a une cathédrale à Tours.   *There is* a cathedral at Tours.
Il y a des voitures dans la rue.   *There are* cars in the street.

It has only one form in each tense, but it is used with both singular and plural nouns. Note its forms in other tenses:

IMPERFECT	il y avait	there was, there were
COMPOUND PAST	il y a eu	there was, there were
FUTURE	il y aura	there will be
CONDITIONAL	il y aurait	there would be
SIMPLE PAST	il y eut	there was, there were
PLUPERFECT	il y avait eu, etc.	there had been

B. *Voici* [1] (here is, here are) and *voilà* [2] (there is, there are) point out objects. *Voici* indicates objects nearer the speaker; *voilà* points out more distant objects. These words include the verb, which should not be expressed a second time. *Voici* and *voilà* are both singular and plural.

Voici la carte de France.	*Here is* the map of France.
Voilà mon livre.	*There is* my book.

C. Direct object pronouns are placed directly before *voici* and *voilà*.

Voici *mon livre.*	Here is *my book.*
Le voici.	Here *it* is.
Voilà *les journaux.*	There are *the newspapers.*
Les voilà.	There *they* are.
Voilà *du papier.*	There is *some paper.*
En voilà.	There is *some.*

89. FAIRE

A. The causative construction (to have something done) is expressed in French by a combination of the verb *faire* and the infinitive.

Il *fait construire* une maison.	He *has* a house *built.*
L'empereur *fit embellir* Paris.	The emperor *had* Paris *beautified.*

B. The verb *faire* is used with the impersonal subject *il* to indicate the condition of the weather in expressions such as:

il fait froid	it is cold
il fait chaud	it is warm
il fait frais	it is cool
il fait doux	it is mild
il fait beau (temps)	it is good weather
il fait mauvais (temps)	it is bad weather
il faut du vent	it is windy
il fait sec	it is dry
Quel temps fait-il?	What kind of weather is it?
il fait jour	it is day
il fait nuit	it is night

90. DEVOIR

A. With a noun-object, the verb *devoir* means *owe.*

Je lui *dois* de l'argent.	I *owe* him some money.

B. With a dependent infinitive the verb *devoir* has numerous translations depending upon the context and the tense in which it is used:

PRESENT	ils doivent partir	{ they must leave { they are to leave
IMPERFECT	ils devaient partir	{ they had to leave { they were to leave

---

[1] *Voici* is made up of *vois* and *ici* (see here).
[2] *Voilà* is made up of *vois* and *là* (see there).

COMPOUND PAST	ils ont dû partir	they had to leave / they must have left
SIMPLE PAST	ils durent partir	they had to leave
FUTURE	ils devront partir	they will have to leave
CONDITIONAL	ils devraient partir	they should leave / they ought to leave
PAST CONDITIONAL	ils auraient dû partir	they should have left / they ought to have left

Note that the present of *devoir* expresses obligation which must be fulfilled, the conditional expresses obligation which may be fulfilled, and the compound past expresses action which had to be or must have been fulfilled.

91. MISCELLANEOUS CONSTRUCTIONS WITH *avoir*

Diverses locutions avec avoir

A. Age is expressed in French with the verb *avoir*.

Quel âge *avez*-vous?   How old are you?
Marie *a* seize ans.   Mary is sixteen (years old).

B. *Avoir* is used in many idiomatic expressions in which the subject is a person:

Elle *a beau* parler; elle ne peut rien faire.   She *speaks in vain*; she cannot do anything.
Nous *avons besoin* d'argent.   We *need* money.
Avez-vous *chaud*?   *Are* you *warm*?
Il *avait envie* de sortir.   He *felt like* going out.
J'*ai mal* à la tête.   I have a headache.
Vous *aurez mal* aux pieds.   Your feet will hurt.
Il *a mal* à la gorge.   He has a sore throat.
Ils *ont eu soif*.   They *were thirsty*.

The most common expressions containing *avoir* and used with a person as the subject are:

avoir beau + *infinitive*	do something in vain
avoir besoin (de)	need
avoir chaud	be hot
avoir envie (de)	feel like
avoir faim	be hungry
avoir froid	be cold
avoir honte	be ashamed
avoir mal	have a pain, hurt
avoir peur (de)	be afraid
avoir soif	be thirsty
avoir sommeil	be sleepy
avoir tort	be wrong

92. TIME – *L'Heure*

A. The days of the week are:

lundi	Monday	vendredi	Friday
mardi	Tuesday	samedi	Saturday
mercredi	Wednesday	dimanche	Sunday
jeudi	Thursday		

B. The months of the year are:

janvier	January	juillet	July
février	February	août	August
mars	March	septembre	September
avril	April	octobre	October
mai	May	novembre	November
juin	June	décembre	December

C. The seasons of the year are:

le printemps	spring
l'été	summer
l'automne	autumn
l'hiver	winter

One says:

au printemps	in spring
en été	in summer
en automne	in autumn
en hiver	in winter

D. The French tell time as follows:

Il est deux heures.	It is two o'clock.
Il est trois heures et quart.	It is quarter after three.
Il est cinq heures et demie.	It is half past five.
Il est sept heures moins le quart.	It is quarter to seven.
Il est neuf heures moins dix.	It is ten minutes to nine.
Il est dix heures quatre.	It is four minutes after ten.
Il est midi.	It is twelve o'clock noon.
Il est minuit.	It is twelve o'clock midnight.
Il est midi et demi.	It is half past twelve (afternoon).
Il est minuit et demi.	It is half past twelve (night).

E. *Demi* agrees in gender with the noun it follows. It is invariable when it precedes.

une heure et *demie*	half past one or an hour and a half
huit heures et *demie*	half past eight or eight hours and a half
une *demi* heure	a half hour

F. In formal announcements of meetings, timetables, etc., the French use the twenty-four-hour method of telling time, but in current conversation, the twelve-hour method is usually employed.

dix-sept heures et demie
cinq heures et demie de l'après-midi } 5:30 P.M.

A.M. and P.M. are not used in French. One says: *huit heures du matin, trois heures de l'après-midi, neuf heures du soir.*

PRONONCIATION

Remarks on the French Language
Diverses Notions sur la Langue Française

1. THE ALPHABET – L'Alphabet

LETTER	NAME	PRONUNCIATION [1]	LETTER	NAME	PRONUNCIATION
a	a	[a]	n	enne	[ɛn]
b	bé	[be]	o	o	[o]
c	cé	[se]	p	pé	[pe]
d	dé	[de]	q	ku	[ky]
e	é	[e] [2]	r	erre	[ɛr]
f	effe	[ɛf]	s	esse	[ɛs]
g	gé	[ʒe]	t	té	[te]
h	ache	[aʃ]	u	u	[y]
i	i	[i]	v	vé	[ve]
j	ji	[ʒi]	w	double vé	[dubləve]
k	ka	[ka]	x	iks	[iks]
l	elle	[ɛl]	y	i grec	[igrɛk]
m	emme	[ɛm]	z	zède	[zɛd]

The letters of the alphabet are the same in French as in English. However, *k* and *w* are used practically only in words of foreign origin. EXAMPLES: le *k*iosque, le *w*agon, le tram*w*ay.

The French alphabet, like the English, is divided into vowels and consonants. The vowels (*voyelles*) are *a, e, i, o, u,* and *y.* All the other letters are consonants (*consonnes*).

There are two types of *h* in French. Both are silent.

A. Mute *h* (h-muet), which causes the word which it begins to be treated as if that word began with the following vowel, thus permitting linking and elision. EXAMPLES: l'*h*abitant, l'*h*iver, l'*h*eure, l'*h*omme, les *h*abitants, les *h*ivers, les *h*eures, les *h*ommes.

B. Aspirate *h* (h-aspiré), which, although silent, prevents either elision or linking of the final letter of the preceding word with the initial vowel of the word beginning with the aspirate *h.* EXAMPLES: le Havre, le hors-d'oeuvre, le héros, les hors-d'oeuvre, les héros.

C. Words beginning with aspirate *h* are usually indicated in the dictionary by an asterisk (*) or by a dagger (†). There is no simple rule for determining

---
[1] Represented in the International Phonetic Alphabet. See page 331. [2] Also called [ə].

which type of *h* begins a word, but mute *h* is far more frequent than aspirate *h*.

2. THE ACCENTS – *Les Accents*

In addition to the letters of the alphabet three accents are currently used in French:

A. The accents are:
   1. the acute accent (´) (l'accent aigu), used only over *e*. EXAMPLES: situé, Méditerranée, divisé.
   2. the grave accent (`) (l'accent grave), used on *a, e,* or *u*. EXAMPLES: où, à, très, frontière, problème.
   3. the circumflex accent (^) (l'accent circonflexe), used on *a, e, i, o,* or *u*. EXAMPLES: château, âge, extrême, même, île, Rhône, côte, sûr. It is frequently used to show the disappearance of an *s*. EXAMPLES: forêt (forest), île (isle), hôte (host).

B. The accents do *not* indicate stress in French. They are pronunciation marks. They are used:
   1. to indicate the pronunciation of a vowel. EXAMPLES: *Compare* patte, pâte; mener, école, élève, tête; notre, nôtre.
   2. to distinguish between two words of the same pronunciation but different meaning. EXAMPLES: a (has), à (to); la (the), là (there); ou (or), où (where); sur (on), sûr (sure).

3. OTHER SIGNS – *Des Signes Orthographiques*

Several other signs are used to aid spelling and pronunciation of French words:

A. the cedilla (¸) (la cédille), which is placed under *c* (ç) when followed by *a, o,* or *u* to indicate that it sounds like *s* instead of *k*. EXAMPLES: français, garçon, reçu.

B. the apostrophe (') (l'apostrophe), which indicates the omission of a vowel (see Pr. § 5). EXAMPLES: l'Atlantique, l'ouest, qu'il.

C. the hyphen (-) (le trait d'union), which is used, as in English, to separate parts of a word, and also to connect certain words. (See *Grammaire* § 87) EXAMPLES: Est-il? A-t-il?

D. the diaeresis (¨) (le tréma) shows that the vowel over which it is placed forms an additional syllable. EXAMPLES: naïve, haïr, héroïne, aiguë.

4. PUNCTUATION – *La Ponctuation*

A. The punctuation marks (signes de ponctuation) are:

(.)	le point	(—)	le tiret
(,)	la virgule	(!)	le point d'exclamation
(;)	le point et virgule	(...)	les points de suspension
(:)	les deux points	(« »)	les guillements
(?)	le point d'interrogation	( )	les parenthèses
(-)	le trait d'union		

B. Two of the most notable differences in punctuation are:

1. In French no comma is used between the last two words in a series, whereas in English it is usually.

Nous avons des boeufs, des vaches et des moutons. 　　　We have steers, cows, and sheep.

2. The French use of quotation marks and dashes to indicate direct quotations is different from ours and not completely uniform.

«Allez-vous à l'école? m'a-t-il demandé. 　　　"Are you going to school?" he asked me.

— Je ne sais pas. 　　　"I don't know."

— Quand saurez-vous?» 　　　"When will you know?"

C. The French use capital letters as in English except that small letters are used:

1. for *je* (I) in the interior of a sentence;

2. to begin the days of the week and the months of the year;

Nous sommes partis *lundi*. 　　　We left MONDAY.

Il fait chaud en *juillet*. 　　　It is warm in JULY.

3. to begin adjectives of nationality;

un fleuve *allemand*; une rue *anglaise*; la langue *française* 　　　a GERMAN river; an ENGLISH street; the FRENCH language

4. usually to begin any but the first important word or noun of the title of a work.

Avez-vous lu *le Livre de mon ami*? 　　　Have you read *The Book of My Friend*?

5. ELISION – *Élision*

Elision is the dropping of the final vowel of one word before a following word beginning with a vowel or a mute *h*. Elision is made both in speaking and writing. An apostrophe marks the omission of the vowel. EXAMPLE: l'Atlantique.

The following are the most frequent elisions:

A. The final -*e* of words of one syllable (que, me, je, ne, se, te, etc.) is dropped before words beginning with a vowel or a mute *h*. EXAMPLES: l'est, l'ouest, d'Amérique, m'est, j'ai.

B. The -*a* of *la* is elided before words beginning with a vowel or mute *h*. EXAMPLES: l'Espagne, l'Atlantique.

C. The -*i* is elided only in the combinations *si il* and *si ils* which become *s'il* and *s'ils*.

6. DIVISION OF WORDS INTO SYLLABLES
La Division des Mots en Syllabes

Not many of us are sure where to divide English words into syllables. French words may be divided more easily, because three simple rules may be applied to govern their division. These rules are:

A. A single consonant between vowels always goes with the following vowel. EXAMPLES: Pa-ris, ca-pi-ta-le, di-vi-sé, ci-tez, ma-da-me, pe-ti-te, pla-teau, trou-ver, sé-pa-rez.

B. Two consonants of which the second is *l* or *r*, both belong in the following syllable, as well as combinations pronounced as a single sound, such as *ch*, *gh*, *ill*, *ph*, and *th*. EXAMPLES: pro-blè-me, au-tre, é-troi-te, cé-lè-bre, ca-thé-dra-le, ci-dre, ta-bleau, a-che-ter, mon-ta-gne, Mar-se-ille, tra-va-iller.

C. In other combinations of two consonants, the first goes with the preceding and the second with the following syllable. EXAMPLES: par-tie, tra-ver-ser, con-ti-nent, nom-bre, Bel-gi-que, for-mer, im-por-tant.

It is important that you know how to divide a French word into syllables for the following three reasons:

A. In pronouncing, the French sound the consonants with the following rather than the preceding syllable. Whereas we say: Par-is, the French say: Pa-ris; and whereas we say: ge-og-ra-phy, the French say: gé-o-gra-phie.

B. In determining whether or not a vowel is nasalized, it is necessary to know whether the *m* or *n* goes with the preceding or following syllable. See page 328.

C. In separating words at the end of a line, these rules for syllabication are followed.

Pronunciation – Prononciation

One cannot learn pronunciation of French unless one hears it spoken. Isolated syllables or even whole words when alone do not teach correct pronunciation. One learns most easily and accurately from hearing complete sentences. What follows should be studied and used with these facts in mind.

Whether you speak French like a Frenchman will depend largely upon two factors: (1) your intonation of sentences; (2) your pronunciation of individual sounds.

Since many sounds which are found currently in French do not exist at all in English (u, eu, l) and since many other sounds which resemble each other in the two languages are somewhat different (ou, o, é, etc.), much depends upon making these sounds just as a Frenchman would make them.

If you have ever heard a Frenchman speak English with an accent, you realize that something is wrong; and if you can discover exactly what that Frenchman is doing when speaking your language with an accent, you will have made progress in discovering how to speak his without an accent.

7. INTONATION – *L'Intonation*

Perhaps of greater importance even than the correct pronunciation of the individual sounds is the proper inflection of the word group. Supposing that you heard someone pronounce the sentence on the left with accents as indicated on the right:

| It was quickly realized that if the authenticity of this message could be established, the case was proved. | It was quickly real'ized that if the authen"tici'ty of this message' could be es'tablished, the case was proved. |

If, in addition to the misaccentuation, the sounds were not exact, you would be hard put even to understand it.

The rising and falling of the voice when reading or speaking is called intonation. In English, each word has an accent. One says: Par'is, intense', etc. In addition, the sentence has an inflection. We might pronounce the sentence: What are you doing? in the following ways: *What* are you doing? What *are* you doing? What are *you* doing? What are you *doing*? In each case a different part of the sentence is stressed, and the meaning is slightly different.

In French, the individual word in a group *does not* have a fixed accent or stress. The stress depends upon the word-group. A few principles of intonation are noted below; the teacher's own pronunciation is, of course, the best example for the pupil to follow.

A. The intonation depends upon word-groups, upon the place of the word-groups in the sentence, and upon the kind of sentence. Take, for example, the expression *vous avez*.

Vous avez beaucoup à faire.	Pronounced in a fairly even tone.
Donnez-moi les livres que *vous avez*.	At the end of a statement, the voice tends to fall.
Donnez-moi les livres que *vous avez*, et je vous dirai s'ils sont bons.	Before a comma, the voice tends to rise.

B. The voice usually rises at a comma, a question mark, or at the end of a word-group in the interior of the sentence. It tends to fall at a semicolon, a colon, or a period.

C. Word-groups depend upon meaning of the sentence as interpreted by the individual pronouncing the sentence.

D. The rhythm of the sentence plays an all-important role in intonation, as it often does in word-order.

E. In any case, avoid putting the accent on the first syllable of a word or upon the syllable which bears the accent in the corresponding English word.

DO NOT SAY:	THE FRENCH SAY:
Je vais trou'ver mon livre.	Je vais trouver' mon livre.
La composi'tion est bonne.	La composition' est bonne.
Regar'dez le tableau.	Regardez' le tableau.

F. Even when the French do place a stress on a given syllable, this stress is not as pronounced as the English accent. The French do not slide over unaccented syllables in order to bring out the stressed syllable. English is staccato; French is melodious.

G. It is true that, for emphasis, the French sometimes misplace the accent. In such cases, they stress the first syllable of words beginning with a consonant and the second syllable of words beginning with a vowel. They may well say: *Re'gardez! Croy'ez-vous!* or *abso'lument! atten'tion!* This displaced accent is known as the *accent d'insistence*. Until you have had considerable French, it is better to avoid this stress.

8. LINKING – *Liaison*

The final sounds of words of the same word-group are often linked with following words beginning with a vowel or a mute *h*. This is called linking or *liaison*. No hard and fast rules can be given for linking. It is largely a personal matter. Educated people link more often than uneducated. More linkings are made when reading than when speaking. Linking is made in fewer combinations now than formerly. There are, however, certain places where linking is absolutely necessary, others where it is forbidden, and then a large number of instances in which it is optional.

A. The following *liaisons* are necessary:
   1. articles and adjectives with following noun. EXAMPLES: les États-Unis, un endroit, un petit état, les automobiles, des ennemis, aux origines.
   2. the pronoun subject and the verb. EXAMPLES: il est, est-il; elle a; nous avons, vous êtes.
   3. the auxiliary and the past participle. EXAMPLES: ils ont écrit, nous sommes arrivés.
   4. the adverb and the word it modifies. EXAMPLES: très intéressant, bien aimé, trop élevé, souvent en France.
   5. the preposition and its noun. EXAMPLES: chez eux, après une heure, sans intérêt, sous un banc.

B. The following are *not* linked:
   1. *et* and the following word. EXAMPLE: ... et‖il n'a rien fait.
   2. a noun-subject and its verb. EXAMPLE: Les différents pays‖ont de différentes coutumes.
   3. a singular noun with a following adjective. EXAMPLE: un port‖important.
   4. groups in which the second word begins with an aspirate *h* or with *onze* or *huit* or *oui*. EXAMPLES: les‖héros, les‖onze hommes, les‖huit pays.
   5. words not in the same word-group.

9. METHODS OF LEARNING SOUNDS – *Des Méthodes d'Apprendre les Sons*

There are two common methods of learning to pronounce French: imitation of the teacher or the assimilation of certain principles of pronunciation which will enable you to pronounce words without having heard them pronounced before. Both methods should be used.

The question arises as to how to learn how to pronounce a French word you have never seen before. Here again there are two methods: (1) You may learn the value of the various letters and combinations of letters of the French alphabet; (2) You may learn the sounds of the symbols of the International Phonetic Alphabet and look up the pronunciation of the words in the vocabulary or in a pronouncing dictionary. The pronunciation is now presented, first by the letters and combinations of letters of the alphabet, then by the phonetic symbols.

The Pronunciation of the French Letters
La Prononciation des Lettres Françaises

10. THE VOWELS – *Les Voyelles*

Pronounce the English word *made*. Note that you say "m-a-ee-d." The *a* is made up of the sound *a* plus the glide-sound *ee*. French vowels do not have the glide-sound. Their pronunciation is constant, the jaws, lips, and tongue being held in the same position throughout the time required for making the sound. The French would pronounce *made* "m-é-d" which would cause it to sound foreign, for it would be too abrupt. You must pronounce your French vowels without the glide-sound to make them sound truly French.

a

a is written *a* and *â*. It has two common pronunciations.

a is most often pronounced by a sound between the *a* of English *father* and the *a* of English *cat*. EXAMPLES: capitale, partie, traverser, la, madame, plateau, montagne, séparer, grave, allemand, facile, relativement.

a is pronounced somewhat like the *a* in English *father*, (1) usually when it is written *â*, (2) nearly always when it is followed by *s*. EXAMPLES: château, âge, pas, passer, classe, phrase, bas, basse.

e

e is written *é*, *è*, *ê*, and *e*. It has three distinct and common pronunciations. In certain cases, *e* (unaccented) is silent.

é is comparable to the *a* in the English word *ate*. EXAMPLES: situé, divisé, élevé, défendre, défense, étroit, différent, édifice, élégant, intéressant, économe.

è is comparable to *e* in the English word *met*. EXAMPLES: très, frontière, près, célèbre, après, caractère, élève.

ê is comparable to *e* in the English word *met* but is prolonged before certain consonants. EXAMPLES: même, empêcher, extrême.

e has three pronunciations; at times, it is silent.

1. It is pronounced *é*
   a. in final -*er* and -*ez* verb endings. EXAMPLES: traverser, traversez, citer, citez, composer, composez, trouver, trouvez.
   b. in monosyllables ending in -*es*. EXAMPLES: les, ces, des, mes.
   c. in most words ending in -*ier* and in many words ending in -*er*. EXAMPLES: premier, papier, quartier, étranger.
2. It is pronounced *è* in a syllable ending in a pronounced consonant. EXAMPLES: quelle, excellent, commerce, fertile, avec, espagnol, presque, correction.
3. It is known as mute *e* and pronounced something like *e* in the English word *other*.

a. in words of one syllable not followed by a pronounced consonant. EXAMPLES: le, de, que, me, se, te, ce.

b. in most other words in which it is the last letter of any syllable except the last syllable. EXAMPLES: petit, regarder, devoir, fenêtre, devant, debout, recommencer.

e is silent

1. at the end of words of more than one syllable.[1] EXAMPLES: quelle, madame, trouve, fleuve, une, capitale.

2. when the final syllable ends in an -es of which the -s is a plural or an -ent which is a third person plural present verb-ending. EXAMPLES: quelles, mesdames, trouvent, fleuves. These entire endings are silent.

3. when, in other than the first syllable of a word, it is preceded by a single consonant sound and is the final letter in the syllable. EXAMPLES: appeler, allemand, acheter, mènerai, élevé, etc.

i

i is written *i* or *î*. It is usually pronounced like the *i* in the English word *police*. EXAMPLES: capitale, partie, situé, continent, divisé, citez, ville, petit, qui, constituer, limité, difficile, limite, il.

Often when *i* is followed by another pronounced vowel, it has the sound of the English *y* in *you*, but is pronounced more rapidly. EXAMPLES: frontière, intérieur, question, artificiel.

o

o is written *o* and *ô*. It has two pronunciations.

o is most frequently pronounced somewhat like the *o* in English *ought*. EXAMPLES: nord, former, problème, important, colonie, espagnol, costume, prononciation, historique, encore, occuper, fortifié, joli, produit.

o is pronounced somewhat like the *o* in the English *no* but without the glide: (a) when written *ô*. EXAMPLES: côte, tôt, côté, plutôt; (b) when *o* is followed by a *z* sound. EXAMPLES: composer, exposition, chose; (c) when *o* is the final pronounced sound in a word. EXAMPLES: trop, stylo, vos, véto, gros.

u

u is written *u* and *û*. It has no English equivalent. It is made by rounding the lips as if to pronounce *oo* in *tool*, then, keeping the lips in that position, saying *i* as in *police*. Practice rounding your lips before a mirror and saying the *i* in police. (Compare German *ü*.) EXAMPLES: sud, sur, une, naturel, connu, plus, du, embouchure, sûr.

u, when followed immediately by another vowel, is often pronounced as French *u* very rapidly followed by the full value of the following vowel. EXAMPLES: situé, constitué, Suisse, ensuite.

---

[1] Although -e is silent at the end of words, it is considered part of a separate syllable. Thus, we divide *capitale* ca-pi-ta-le. This is important in determining nasal vowels.

11. Vowel Combinations – *Combinaisons de Voyelles*

ou

ou is pronounced something like the English *oo* in *too*, but without the glide described on page 325. Keep this sound pure. The lips are rounded in making the French *ou*. Examples: où, trouver, pour, couler, embouchure, source.

ou when followed by another pronounced vowel usually has the sound of *w* in the English word *west*. Examples: oui, ouest.

ai

ai is most often pronounced like *è*. Examples: pl*ai*ne, milit*ai*re, m*ai*son, m*ai*s, *ai*r, sem*ai*ne, *ai*mer, pl*ai*sait.

ai is pronounced like *é* when it comes at the end of a verb-ending. Examples: j'*ai*, je parler*ai*, je finir*ai*, je trouv*ai*.

ei

ei is usually pronounced like *è*. Examples: r*ei*ne, n*ei*ger, S*ei*ne.

oi

oi is pronounced like a combination of the English *w* and the French *a*. Examples: endr*oi*t, tr*oi*s, étr*oi*t, pourqu*oi*, s*oi*e, t*oi*, r*oi*yaliste,[1] quelquef*oi*s.

eu, oeu

eu, also written *oeu*, has two distinct pronunciations, neither of which occurs in English.

eu and *oeu* are most often pronounced by placing the lips in the position for the French *o* and pronouncing *è*. Examples: intéri*eu*r, fl*eu*ve, plusi*eu*rs, l*eu*rs, b*eu*rre, h*eu*re, err*eu*r, pl*eu*voir, s*oeu*r, c*oeu*r, b*oeu*f.

eu and *oeu* as final sounds in a word or before a final *z* sound are pronounced by placing the lips in the position for *ó* and pronouncing *é*. The sound approaches that of *e* in the English word oth*er*. It is not very different from the French mute *e* in l*e*. Examples: d*eu*x, b*oeu*fs, nombr*eu*x, nombr*eu*se, p*eu*, séri*eu*x, bl*eu*.

au, eau

au and *eau* are usually pronounced like *ó*. Examples: *au*ssi, *au*, plat*eau*, *au*jourd'hui, *au*tomne, f*au*te, h*au*t, g*au*che, nouv*eau*, bat*eau*, p*au*vre.

au followed by *r* is usually pronounced as the French *o*. Example: *au*ra.

-ill-, *vowel* + -il, *vowel* + -ille

The combination -*ill*- is pronounced as French *i* + *y* (as in English *y*ou). Examples: fille, famille. But the combination -*ill*- is pronounced as French *il* in *ville, mille, tranquille*, and their derivatives, such as *village, million, tranquillité*. It is also so pronounced at the beginning of words. Example: illustrer.

---

[1] *y* is equivalent to *ii*. Thus *royaliste* = *roiialiste*.

The vowels + final -il and the vowels + -ill- are pronounced as a combination of the vowel in question + y (as in English you). EXAMPLES: travail, travaille, détail, bataille, Marseille, conseil, appareil, conseiller, soleil, oeil.

12. THE NASAL VOWELS – Les Voyelles Nasales

In the English words sing, sang, song, sink, sank, sunk, the n's are not pronounced as n but rather combined with the preceding vowels. This is called nasalization.

In French, any vowel followed by m or n in the same syllable, is influenced by the m or n in such a way as to issue partly from the nose instead of entirely from the mouth. In these combinations the m and the n are not pronounced. There are no English equivalents for the French nasal vowels.

There is no nasalization (a) when the m or n following a vowel do not belong to the same syllable; (b) when m or n are doubled.

Turn back to page 321, Pr. § 6 and review syllabication for a complete understanding of when a vowel is nasalized.

Con-ti-nent, nom-bre, im-por-tant, em-bou-chu-re; ma-de-moi-sel-le, li-mi-te, en-ne-mi (no nasal here because of double n).

am, an, em, en in the same syllable

Each of the above nasals has the same pronunciation.

EXAMPLES: dans, grand, important, centre, continent, défendre, en, excellent, relativement.

im, in, aim, ain, eim, ein, and (i)en in the same syllable

All of these combinations are pronounced in the same way.

EXAMPLES: important, intérieur, province, certain, main, peintre, bien, rien, jardin.

om, on in the same syllable

EXAMPLES: nombre, composer, continent, nation, sont, frontière, montagne, constituer, question.

um, un in the same syllable

These combinations are both pronounced in the same way.

EXAMPLES: un, lundi, chacun.

oin

This combination is pronounced as a combination of the English w + French nasalized in.

EXAMPLES: moins, coin, soin, loin, besoin, point.

13. THE CONSONANTS – Les Consonnes

Most consonants are more nearly alike in French and English than are the vowels. The following consonants require special attention:

c is pronounced:

1. like English k before a, o, and u, and at the end of words. EXAMPLES: capitale, continent, constituer, connu.
2. like English s in sit before e, i, and y. EXAMPLES: centre, citez, facile, difficile, effacer.

To soften the c before a, o, and u place a cedilla ($_\jmath$) under the c (ç). EXAMPLES: garçon, façade, français.

g is pronounced:

1. like English g in got before a, o, u, or a consonant. EXAMPLES: grand, grave, magasin.
2. like English s in pleasure before e, i, and y. EXAMPLES: large, région, étranger.

To soften the g before a, o, and u, insert an e between the g and the vowel. EXAMPLES: mangeons, chargeais.

h: see page 319.

j is pronounced like the English s in pleasure. EXAMPLES: jette, aujourd'hui, joli, jeune, déjà, jour, jusqu'à, je.

l constitutes a special difficulty, since it does not correspond to the English l. It approaches initial l in $leap$. Imitate your teacher's l, and avoid making the l of the English word $bell$. EXAMPLES: capitale, les, quelle, ville, il, elle, facile.

q is always followed by u except when final. q and qu are ordinarily pronounced as k. EXAMPLES: quelle, qui, que, presque, marque, historique, politique, pittoresque, quelque.

r has no English equivalent. There are two common French r's: the trilled r, made by lightly trilling with the tip of the tongue, and the uvular r, made by vibrations of the uvula. While the uvular r sounds more French to the foreigner, the trilled r is acceptable and used by a large number of Frenchmen, although decreasingly in Paris and among younger people. It is, however, easier for foreigners to use.

s has two distinct pronunciations.

1. that of English s in sit in all cases except when it comes between two vowels. EXAMPLES: situé, traverser, sud, séparer.
2. that of English z in $zero$ when it comes between two vowels. EXAMPLES: composer, division, rose.

w is found chiefly in foreign words. It is most often pronounced like the English v, although some Frenchmen pronounce it like English w. EXAMPLES: tramway, wagon.

x has four sounds:

1. ks usually in words resembling English words where x has the same pronunciation. EXAMPLES: excellent, excepté, expérience, expliquer, extrême, exprès.
2. gz usually in words resembling English words where x has the same pronunciation. EXAMPLES: examen, examiner, exact, exagérer, exemple, exercice, exister.

3. s in *soixante* and in *six* and *dix* when not used to modify a noun.
4. z in *deux*, *six*, and *dix* when linked to a following word beginning with a vowel or a mute h, in *dix-huit*, *dix-neuf*, *deuxième*, *sixième*, *dixième*, and in words ending in -*x* when linked to a following word.

14. CONSONANT COMBINATIONS – *Les Combinaisons de Consonnes*

cc: Pronounced like k before a, o, and u, and like ks before e, i, and y. EXAMPLES: accabler, accord, accuser, accent, accès, accident.

ch: Pronounced like English *ch* in *machine*. Occasionally it is pronounced like k. EXAMPLES: architecture, empêcher, château, chef, charme, choisir, marcher.

gn: Pronounced like English *ny* in ca*n*yon. EXAMPLES: montagne, champagne.

ph: Pronounced like English f. EXAMPLES: géographie, phrase, pharmacie.

qu: Pronounced like English k. EXAMPLES: quelle, qui, que, presque, marqué.

ti, not initial, is often pronounced like English *see*. EXAMPLES: nation, diplomatie.

th: Pronounced like French t. EXAMPLES: théoriquement, thé.

15. FINAL CONSONANTS – *Les Consonnes Finales*

Final consonants are often silent in French.
1. -*s* and -*es* as a mark of the plural are usually silent. EXAMPLES: nations, fleuves.
2. -*ent* of verb-endings is always silent. EXAMPLES: traversent, forment, coulent.
3. The consonants in the expression "*be careful*," i.e., b, c, r, f, and l are often pronounced when they are final, as is final -*ct*. EXAMPLES: avec, oeuf, fer, quel, direct.
4. -*c* is sounded except after nasals. EXAMPLES: *Silent*: banc, blanc.
5. -*r* is sounded in words of one syllable, but is silent except in a few nouns and adjectives of more than one syllable. EXAMPLES: *Pronounced*: mer, pour, hiver. *Silent*: étranger, parler.

Pronunciation by Phonetic Symbols
La Prononciation par les Symboles Phonétiques

To represent the pronunciation of various languages, an international phonetic alphabet has been devised. The French language contains thirty-seven sounds, represented by thirty-seven symbols of this phonetic alphabet. Most of these symbols correspond to letters of the English alphabet. Only where one letter of our alphabet represents several sounds does this alphabet use a different symbol. The phonetic alphabet, with examples taken from early lessons of the book, is:

SYMBOL	EXAMPLE		SYMBOL	EXAMPLE	
1. a	capital	[kapital]	20. o	pose	[poz]
2. ɑ	âge	[aʒ]	21. ɔ	nord	[nɔr]
3. ɑ̃	dans	[dɑ̃]	22. ɔ̃	nation	[nasjɔ̃]
4. b	habitant	[abitɑ̃]	23. φ	peu	[pφ]
5. d	de	[də]	24. œ	intérieur	[ɛ̃terjœr]
6. e	élevé	[elve]	25. œ̃	un	[œ̃]
7. ɛ	très	[trɛ]	26. p	partie	[parti]
8. ɛ̃	intérieur	[ɛ̃terjœr]	27. r	partie	[parti]
9. ə	petit	[pəti]	28. s	situé	[sitɥe]
10. f	fort	[fɔr]	29. ʃ	château	[ʃato]
11. g	grand	[grɑ̃]	30. t	traverse	[travɛrs]
12. h	aha!	[a(h)a]	31. u	trouve	[truv]
13. i	capitale	[kapital]	32. w	ouest	[wɛst]
14. j	frontière	[frɔ̃tjɛr]	33. v	traverse	[travɛrs]
15. k	capitale	[kapital]	34. y	sud	[syd]
16. l	capitale	[kapital]	35. ɥ	situé	[sitɥe]
17. m	madame	[madam]	36. z	compose	[kɔ̃poz]
18. n	nation	[nasjɔ̃]	37. ʒ	jeter	[ʒəte]
19. ɲ	montagne	[mɔ̃taɲ]			

16. THE VOWELS – *Les Voyelles*

Pronounce the English word *made*. Note that you say "m-a-ee-d" [meid]. The *a* is made up of the sound [e] plus the glide-sound [i]. French vowels do not have the glide-sound. Their pronunciation is constant, the jaws, lips, and tongue being held in the same position throughout the time required for making the sound. The French would pronounce *made* [med], which would cause it to sound foreign, for it would be too abrupt. You must pronounce your French vowels in this way to make them sound truly French.

a

a is most often pronounced by a sound between the *a* of f*a*ther and the *a* of c*a*t.

capitale	[kapital]	la	[la]
traverse	[travɛrs]	grave	[grav]
facile	[fasil]	allemand	[almɑ̃]
madame	[madam]	relativement	[rəlativmɑ̃]
montagne	[mɔ̃taɲ]	séparer	[separe]

ɑ

ɑ is pronounced somewhat like the *a* in f*a*ther. It is represented in French by *â* and often by *a* followed by *s*.

château	[ʃato]	pas	[pɑ]	passer	[pɑse]	phrase	[frɑz]
âge	[aʒ]	bas	[bɑ]	classe	[klɑs]	basse	[bɑs]

e

e is comparable to the *a* in the English word *ate*.
This sound is represented in French in various ways:

1. by *é*;

situé	[sitɥe]	divisé	[divize]
élevé	[elve]	défendre	[defãdr]
élégant	[elegã]	édifice	[edifis]
défense	[defãs]	intéressant	[ɛteresã]
étroit	[etrwɑ]	différent	[diferã]
économe	[ekɔnɔm]	modéré	[mɔdere]

2. by *-er* and *-ez* in verb-endings;

traverser	[travɛrse]	citer	[site]
traversez	[travɛrse]	citez	[site]
composer	[kɔ̃poze]	trouver	[truve]
composez	[kɔ̃poze]	trouvez	[truve]

3. in monosyllables by final *-es*;

les [le]   ces [se]   des [de]   mes [me]

4. In most words ending in *-ier* and in many words ending in *-er*;

premier [prəmje]   papier [papje]   quartier [kartje]   étranger [etrãʒe]

5. by *ai* at the end of verbs.

j'ai [ʒe]   je parlerai [ʒəparləre]   je finirai [ʒəfinire]   je trouvai [ʒətruve]

ε

ε is comparable to the *e* in the English word *met*.
This sound is represented in French by:

1. *è*;

très [trɛ]	après [aprɛ]	célèbre [selɛbr]	caractère [karaktɛr]
près [prɛ]	élève [elɛv]	frontière [frɔ̃tjɛr]	sévère [sevɛr]
pièce [pjɛs]	crème [krɛm]	matière [matjɛr]	troisième [trwazjɛm]

2. *ê*;

même [mɛm]   empêcher [ãpɛʃe]   extrême [ɛkstrɛm]   conquete [kɔ̃kɛt]

3. *e* in a syllable ending in a pronounced consonant;

quelle	[kɛl]	fertile	[fɛrtil]
excellent	[ɛksɛlã]	avec	[avɛk]
commerce	[kɔmɛrs]	espagnol	[ɛspaɲɔl]
presque	[prɛsk]	celtique	[sɛltik]
correction	[kɔrɛksjɔ̃]	fermenté	[fɛrmãte]
pittoresque	[pitɔrɛsk]	question	[kɛstjɔ̃]

4. *ai* except at the end of verbs.

plaine	[plɛn]	maison	[mɛzɔ̃]	mais	[mɛ]	aime	[ɛm]
militaire	[militɛr]	semaine	[səmɛn]	air	[ɛr]	plaisait	[plɛzɛ]

ə

ə is pronounced something like the *e* in the English word oth*er*. This sound is represented in French by *e*

1. in words of one syllable not followed by a pronounced consonant;

le [lə]   de [də]   que [kə]   me [mə]   se [sə]   te [tə]   ce [sə]

2. in most other words in which it is the final letter of the syllable (except the last syllable, where it is silent).

petit	[pəti]	devoir	[dəvwar]
regarder	[rəgarde]	fenêtre	[fənɛtr]
devant	[dəvā]	recommencer	[rəkɔmāse]
debout	[dəbu]	gouvernement	[guvɛrnəmā]

i

i is pronounced like *i* in the English word *police*. It is represented in French by *i* and *î*.

capitale	[kapital]	continent	[kɔ̃tinā]	ville	[vil]	constituer	[kɔ̃stitɥe]
partie	[parti]	divisé	[divize]	petite	[pəti]	limite	[limit]
situé	[sitɥe]	citez	[site]	qui	[ki]	difficile	[difisil]
il	[il]	limité	[limite]	île	[il]	corrige	[kɔriʒ]

o

o is pronounced like *o* in the English word *no* but without the glide. It is represented in French in several ways.

1. *ô*

côte [kot]   tôt [to]   côté [kote]   plutôt [plyto]

2. *o* followed by a ʒ sound

composer [kɔ̃poze]   exposition [ɛkspozisjɔ̃]   chose [ʃoz]   poser [poze]

3. *o* when it is the final pronounced sound in a word.

trop [tro]   stylo [stilo]   vos [vo]   véto [veto]   gros [gro]

ɔ

ɔ is pronounced somewhat as *o* in English *ought*. It is represented by *o* in French in most cases where *o* is not pronounced [o].

nord	[nɔrd]	important	[ɛ̃pɔrtā]	costume	[kɔstym]
former	[fɔrme]	colonie	[kɔloni]	prononciation	[prɔnɔ̃sjasjɔ̃]
problème	[prɔblɛm]	espagnol	[ɛspaɲɔl]	historique	[istɔrik]
encore	[ākɔr]	occuper	[ɔkype]	fortifié	[fɔrtifje]
joli	[ʒɔli]	produit	[prɔdɥi]	professeur	[prɔfɛsœr]

u

u is pronounced something like the English *oo* in *too* but without the glide. The sound is made by rounding the lips. Be sure that the sound is pure. [u] is expressed by *ou* in French.

où	[u]	trouver	[truve]	pour	[pur]
couler	[kule]	embouchure	[ābuʃyr]	source	[surs]

y

y has no English equivalent. Round your lips (before a mirror) as if to pronounce [u]. Keep your lips in that position but say [i]. That produces the sound [y]. [y] is represented by *u* in French.

sud	[syd]	une	[yn]	naturel	[natyrɛl]	du	[dy]
sur	[syr]	connu	[kɔny]	plus	[ply]	embouchure	[ābuʃyr]

$$\phi$$

ϕ is pronounced by placing the lips in the position for [o] and pronouncing [e]. This sound does not exist in English, but it approaches the e in other. It is represented in French by eu and oeu final, before a silent letter, or before a z sound.

deux [dø]	nombreux [nɔ̃brø]	peu [pø]	sérieux [serjø]	veut [vø]
boeufs [bø]	nombreuse [nɔ̃brøz]	bleu [blø]	sérieuse [serjøz]	peut [pø]

$$\oe$$

$\oe$ is pronounced by placing the lips in the position for [ɔ] and pronouncing [ɛ]. This sound does not exist in English. It is represented in French by eu or oeu except in the cases explained under ϕ.

intérieur [ɛ̃terjœr]	plusieurs [plyzjœr]	beurre [bœr]	erreur [ɛrœr]
fleuve [flœv]	leurs [lœr]	heure [œr]	soeur [sœr]
coeur [kœr]	pleuvoir [plœvwar]	boeuf [bœf]	peuvent [pœv]

17. THE NASAL VOWELS – *Les Voyelles Nasales*

In the English words *sing, sang, song, sink, sunk*, the n's are not pronounced as n but rather combined with the preceding vowels. This is called nasalization.

In French, any vowel followed by m or n in the same syllable, is influenced by the m or n in such a way as to issue partly from the nose instead of entirely from the mouth. In these combinations the m and the n are not pronounced. There are no English equivalents for the French nasal vowels. There is no nasalization (*a*) when the m or n following a vowel do not belong to the same syllable; (*b*) when m or n are doubled.

Turn back to page 321, Pr. § 6 and review syllabication for a complete understanding of when a vowel is nasalized.

Phonetic script uses the tilde (˜) over ɑ, ɛ, ɔ, and œ to indicate the nasal vowels.

$$\tilde{ɑ}$$

$\tilde{ɑ}$ is represented in French by *am, an, em,* or *en* in the same syllable.

dans [dɑ̃]	important [ɛ̃mpɔrtɑ̃]	centre [sɑ̃tr]
grand [grɑ̃]	continent [kɔ̃tinɑ̃]	défendre [defɑ̃dr]
en [ɑ̃]	excellent [ɛksɛlɑ̃]	relativement [rəlativmɑ̃]

$$\tilde{ɛ}$$

$\tilde{ɛ}$ is represented in French by *im, in, aim, ain, eim, ein,* and *en* after *i* in the same syllable.

important [ɛ̃pɔrtɑ̃]	certain [sɛrtɛ̃]	bien [bjɛ̃]
intérieur [ɛ̃terjœr]	main [mɛ̃]	rien [rjɛ̃]
province [prɔvɛ̃s]	peintre [pɛ̃tr]	jardin [ʒardɛ̃]

$$\tilde{ɔ}$$

$\tilde{ɔ}$ is represented in French by *om* and *on* in the same syllable.

nombre [nɔ̃br]	nation [nasjɔ̃]	montagne [mɔ̃taɲ]
composer [kɔ̃poze]	sont [sɔ̃]	constituer [kɔ̃stitue]
continent [kɔ̃tinɑ̃]	frontière [frɔ̃tjɛr]	question [kɛstjɔ̃]

œ

œ is represented in French by *um* and *un* in the same syllable.

　　　　un　[œ̃]　　　lundi　[lœ̃di]　　　chacun　[ʃakœ̃]

18. THE SEMI-VOWELS – *Les semi-voyelles*

j

j is pronounced like *y* in English *you*. It is represented in French by *i* followed by another pronounced vowel and by *y*.

frontière　[frɔ̃tjɛr]　　question　[kɛstjɔ̃]　　payer　[pɛje]
intérieur　[ɛ̃terjœr]　　artificiel　[artifisjɛl]　　voyez　[vwaje]

j is also represented by -*ill*-, by final -*il* preceded by a vowel, and by -*ill*- preceded by a vowel.

fille　　　[fij]　　　　travail　　[travaj]　　Marseille　[marsɛj]
famille　　[famij]　　　détail　　[detaj]　　conseil　　[kɔ̃sɛj]
travaille　[travaj]　　　bataille　[bataj]　　conseiller　[kɔ̃sɛje]
appareil　[aparɛj]　　　soleil　　[sɔlɛj]　　oeil　　　[œj]

But in *ville, mille, tranquille*, and their derivatives, and at the beginning of words, -*ill*- is pronounced [il].

ville　　　[vil]　　　village　　[vilaʒ]　　illustrer　[ilystre]
mille　　　[mil]　　　million　　[miljɔ̃]　　illisible　[ilizibl]
tranquille　[trãkil]　　tranquillité　[trãkilite]　illuminer　[ilymine]

w

w is pronounced like the *w* in the English word *west*. It is represented in French by *ou* followed directly by a pronounced vowel.

　　　　oui　[wi]　　　　　　　　ouest　[wɛst]

w also makes up a part of the pronunciation of the digraph *oi*. It is pronounced *wa* and *wɑ*.

endroit [ãdrwa] étroit　　[etrwa]　soie [swa] quelquefois [kɛlkəfwa]
trois　　[trwa] pourquoi [purkwa] roi [rwɑ] royaliste　　[rwɑjalist]

ɥ

ɥ is pronounced like *y*. It is represented in French by the letter *u* followed by another pronounced vowel.

situé [sitɥe]　　constitué [kɔ̃stitɥe]　　suisse [sɥis]　　ensuite [ãsɥit]

19. THE CONSONANTS – *Les Consonnes*

French consonants are more apt to resemble English consonants than French vowels English vowels. The following consonants require special attention:

f is represented in French both by *f* and by *ph*.

frontière [frɔ̃tjɛr] géographie [ʒeɔgrafi] phrase [frɑz] pharmacie [farmasi] g is represented in French by *g* followed by *a*, *o*, and *u*, and by the combination *gu* followed by *e* or *i*. It is pronounced as English *g* in got.

grand [grã] grave [grav] magasin [magazɛ̃] guerre [gɛr] guide [gid]

h: see page 319, Pr. § 1 A, B.

k is represented in French by *c* followed by *a*, *o*, and *u*, by final *q*, and by *qu* followed by a vowel.

capitale	[kapital]	constituer	[kɔ̃stitɥe]	connu	[kɔny]
continent	[kɔ̃tinã]	commerce	[kɔmɛrs]	quelle	[kɛl]
historique	[istɔrik]	politique	[pɔlitik]	quelque	[kɛlkə]
qui	[ki]	marqué	[marke]	kiosque	[kjɔsk]
que	[kə]	presque	[prɛsk]	coq	[kɔk]

l constitutes a special difficulty, since it does not correspond to the English *l*. It approaches initial *l* in *leap*. Imitate your teacher's *l*, and avoid making the *l* [ł] of the English word *bell* [bɛł].

capitale	[kapital]	ville	[vil]	facile	[fasil]
quelle	[kɛl]	elle	[ɛl]	il	[il]

ɲ is represented in French by *gn*. It is pronounced like *ny* in the English word ca*ny*on.

montagne [mɔ̃taɲ] champagne [ʃãpaɲ]

r has no English equivalent. There are two common French r's: the trilled *r*, made by lightly trilling with the tip of the tongue; and the uvular *r*, made by vibrations of the uvula. While the uvular *r* sounds more French to the foreigner, the trilled *r* is acceptable and used by a large number of Frenchmen, although decreasingly in Paris and among younger people. It is, however, easier for foreigners to use.

s is pronounced like the *s* in the English word *sit*. It is represented in French by *s*, except when between vowels, and by *c* followed by *e* or *i*, and by *ç*. It is represented by *ss* between vowels.

situé	[sitɥe]	séparer	[separe]	facile	[fasil]	façade	[fasad]
traverser	[traverse]	centre	[sãtr]	difficile	[difisil]	garçon	[garsɔ̃]
sud	[syd]	citez	[site]	commerce	[kɔmɛrs]	français	[frãsɛ]

ʃ is pronounced as *ch* in ma*ch*ine. It is represented in French by *ch*.

architecture	[arʃitɛktyr]	château	[ʃato]	charme	[ʃarm]	marcher	[marʃe]
empêcher	[ãpeʃe]	chef	[ʃɛf]	choisir	[ʃwazir]		

z is pronounced as the *z* of the English *z*ero. It is represented by *z*, and by *s* between vowels.

gaz [gaz] composer [kɔ̃poze] division [divizjɔ̃] rose [roz]

ʒ is pronounced like the English *s* in plea*s*ure. It is represented in French by *j* and by *g* followed by *e* and *i*.

iette	[ʒɛt]	jeune	[ʒœn]	déjà	[deʒa]	je	[ʒə]	région	[reʒjɔ̃]
joli	[ʒɔli]	jour	[ʒur]	jusqu'à	[ʒyska]	large	[larʒ]	étranger	[etrãʒe]

LE VOCABULAIRE PAR LEÇONS

Première Leçon [1]

est, *is*
traverser,[2] *cross*
l'est (*m.*), *east*
le nord, *north*
l'ouest (*m.*), *west*
le sud, *south*
le, la, l', *the*
quelle (*f.*), *what, which*

où, *where*
dans, *in*
de, *of*
des, *of the*
sur, *on*
les États-Unis,[3] *the United States*
la Mer du Nord, *North Sea*

Deuxième Leçon

citer, *mention, give an example*
sont, *are*
(la) madame,[4] *madam, Mrs.*
(la) mademoiselle,[5] *Miss*
(le) monsieur,[6] *sir, Mr.*
le pays, *country*
le sud-est, *southeast*
le sud-ouest, *southwest*
la ville, *city*
grand,[7] *large, great*
les, *the*
petit, *little, small*

quel, quelle, *what, which*
un, une, *a, an*
aussi, *also, too*
oui, *yes*
très, *very*
au, *to the, at the, in the*
en, *in, into*
et, *and*
l'Amérique du Nord (*f.*), *North America*
l'Amérique du Sud (*f.*), *South America*
la Belgique, *Belgium*
l'Espagne (*f.*), *Spain*

Troisième Leçon

se trouver, *be, be located*
la montagne, *mountain*
élevé, *high, elevated*
moins, *less*
à, *to, in, at*
aux, *to the, in the, at the*

que, *than*
les Alpes (*f.*), *Alps*
les montagnes Rocheuses (*f.*), *Rocky Mountains*
les Pyrénées (*f.*), *Pyrenees*
la Suisse (*f.*), *Switzerland*

---

[1] French words used in giving directions at the head of *Devoirs* are not included in the lesson vocabulary but may be found in the general vocabulary at the end of the book. Cognates are to be found in the lesson vocabulary.

[2] The verb will be given in the infinitive form and defined without the preposition *to*.

[3] Proper names which resemble English sufficiently for recognition will not be listed in this vocabulary except when it is desirable to call attention to their spelling or gender.

[4] Abbreviated: Mme   [5] Abbreviated: Mlle   [6] Abbreviated: M.

[7] The feminine of adjectives will be indicated only when it is irregular.

QUATRIÈME LEÇON

le fleuve, *river*
la mer, *sea*
elle, *it, she*
elles (*f.*), *they*
il, *it, he*
ils (*m.*), *they*
qui, *which, that; who*
allemand, *German*
autre, *other*
deux, *two*

facile, *easy*
fort, *strong*
nord-ouest, *northwest*
relativement,[1] *relatively*
entre, *between*
par, *by*
pour, *for*
l'Allemagne (*f.*), *Germany*
la Manche, *English Channel*
le Mexique, *Mexico*

CINQUIÈME LEÇON

s'appeler,[2] *be called*
couler, *flow*
se jeter,[2] *empty, throw itself*
l'embouchure (*f.*), *mouth* (of a river)
l'endroit (*m.*), *place*
connu, *known, famous*
étroit, *narrow*
large, *wide, broad*
trois, *three*

ensuite, *then*
plus, *more*
avec, *with*
du, *of the*
près de, *near*
vers, *toward*
parce que, *because*
pourquoi, *why*
l'Angleterre (*f.*), *England*

SIXIÈME LEÇON

tourner, *turn*
l'estuaire (*m.*), *estuary* (wide mouth of a river, narrow inlet from the sea)
la soie, *silk*
le vin, *wine*
court, *short*
espagnol, *Spanish*
suisse, *Swiss*
tout, toute, tous, toutes, *all*

ne ... pas, *not*
presque, *almost*
surtout, *especially*
après, *after*
puis, *then*
ou, *or*
non, *no*
l'Afrique (*f.*), *Africa*

SEPTIÈME LEÇON

a, *has*
fournir,[3] *furnish*
ont, *have*
la coutume, *custom*
la dentelle, *lace*
l'état (*m.*), *state*
l'habitant (*m.*), *inhabitant*

la maison, *house*
le monde, *world*
le produit, *product*
le tissu, *textile, fabric*
chaque, *each*
divers, *different*
même, *same*

---

[1] *-ment* added to a French adjective corresponds to *-ly* added to an English adjective. (§ 18 A) Hereafter, any adverb whose adjective is a cognate will be classified as a cognate.

[2] These verbs double their final consonant in forms containing a silent *-e* or *-ent* after the stem. EXAMPLES: il s'appelle, ils s'appellent, il se jette, ils se jettent.

[3] Note the forms: *il fournit, ils fournissent.*

plusieurs, *several*
aujourd'hui, *today*
aussi...que, *as...as*
beaucoup, *much, a great deal*
cependant, *however*
encore, *still*

ne... plus, *no longer*
de, *from*
mais, *but*
à l'étranger, *abroad*
la Flandre, *Flanders*
la Nouvelle Orléans, *New Orleans*

HUITIÈME LEÇON

appeler,[1] *call*
empêcher, *prevent*
il y a, *there is, there are*
raconter, *tell*
tomber, *fall*
trouver, *find*
le château, *castle, château*
l'histoire $(f.)$, *story, history*
le jardin, *garden*
le magasin, *store*
le moyen âge, *Middle Ages*
la muraille, *wall*
la pierre, *stone*
la rencontre, *meeting*
le roi, *king*
la rue, *street*
le tableau, *picture*
la tapisserie, *tapestry*

la voiture, *car, automobile*
on, *one*
ce, cet, cette, ces, *this, that*
construit, *constructed*
*haut, *high*
joli, *pretty*
onze, *eleven*
premier, première, *first*
quelque, *some*
sept, *seven*
bien, *well*
Comment s'appelle...? *What is the name of...? What does one call...?*
maintenant, *now*
toujours, *always*
autour, *around*
parmi, *among*
à cause de, *because of*

NEUVIÈME LEÇON

conserver,[2] *preserve, keep*
habiter, *live, live in, inhabit*
parler, *speak*
le beurre, *butter*
le boeuf, *steer, ox*
la femme, *wife, woman*
le fromage,[3] *cheese*
l'île $(f.)$, *island*
le jus, *juice*
le lait, *milk*
la langue, *language*
le mouton, *sheep*
la pomme, *apple*

la reine, *queen*
la vache, *cow*
la viande $(f.)$, *meat*
le vieillard, *old man*
bon, bonne, *good*
mille, *thousand*
soixante-six, *sixty-six*
partout, *everywhere*
quelquefois, *sometimes*
en face de, *opposite*
la Bretagne, *Brittany*
la Grande-Bretagne, *Great Britain*
Guillaume, *William*

---

[1] See note 2 on page 338.

[2] See note 1 on page 20.

[3] For gender of words in *-age*, see § 6 B 5.

* An asterisk (*) placed before a word which begins with an *h* indicates that this *h* is aspirate. See page 319, Pr. § 1 B.

DIXIÈME LEÇON

l'amour $(m.)$,[1] *love*
la chanson, *song*
la côte, *coast*
l'été $(m.)$, *summer*
les gens $(m.)$, *people*
l'hiver $(m.)$, *winter*
le légume, *vegetable*
le midi, *south* (of France)
l'olivier $(m.)$, *olive tree*
la plage, *beach*
le printemps, *spring*

le soleil, *sun*
leur $(m., f. sing.)$, leurs $(m., f. pl.)$, *their*
nombreux, nombreuse, *numerous*
assez (de), *enough*
parfois, *sometimes*
tard, *late*
tôt, *soon*
trop (de), *too much*
vite, *quickly*
comme, *like, as*
le Romain, *Roman*

ONZIÈME LEÇON

aller*, *go*
corriger, *correct*
dire*, *say, tell*
écouter, *listen*
écrire*, *write*
faire*, *make, do*
faire chaud, *be warm*
faire doux, *be mild*
faire du vent, *be windy*
faire froid, *be cold*
neiger, *snow*
rester, *remain*
l'année $(f.)$, *year*
l'école $(f.)$, *school*
l'élève $(m., f.)$, *pupil*
la faute, *mistake*
la jeune fille, *girl*
le garçon, *boy*

l'heure $(f.)$, *time, hour*
le nom, *name*
la phrase, *sentence*
le tableau (noir), (black)*board*
Que...? *What...?*
Qu'est-ce que...
Qu'est-ce que c'est que... } *What is...?*
noir, *black*
quatorze, *fourteen*
dix-neuf cent quarante, *1940*
alors, *then*
déjà, *already*
ensemble, *together*
même, *even*
peu, *little*
avant, *before*[2]
pendant, *during*

DOUZIÈME LEÇON

effacer, *erase*
l'après-midi $(m., f.)$, *afternoon*
le bureau, (teacher's) *desk; office*
le cahier, *notebook*
le congé, *day-off, holiday*
le côté, *side*
le crayon, *pencil*
le devoir, *exercise*
l'encre $(f.)$, *ink*
la fenêtre, *window*

le jour, *day*
le livre, *book*
la porte, *door*
le pupitre, (pupil's) *desk*
la salle (de classe), (class)*room*
la semaine, *week*
le stylo, *fountain pen*
quoi, *what*
assis, *seated*
cinq, *five*

---

[1] Masculine in the singular, feminine in the plural.

[2] *Avant* (meaning *before*) refers to time; *devant* (meaning *before*) refers to place.

* An asterisk (*) placed after a verb indicates that this verb is irregular. The forms that you will be required to know are listed by lessons after each *Révision* lesson.

dernier, dernière, *last*
fermé, *closed*
ouvert, *opened*
trente, *thirty*
combien, *how much, how many*
y, *there*
à droite, *to the right, on the right*
à gauche, *to the left, on the left*

de l'autre côté, *on the other side*
d'un côté, *on one side*
tous les jours, *every day*
derrière, *behind*
devant, *before* [1]
sous, *under*
si, *if*

Learn also the days of the week with Lesson Twelve. (§ 92 A)

TREIZIÈME LEÇON

apprendre*, *learn, teach*
compter, *count*
il fait beau, *it is good weather*
lire*, *read*
pleuvoir*, *rain*; il pleut, *it is raining, it rains*
le ciel, *sky*
le ciel est couvert, *it is cloudy*
la fleur, *flower*
la fois, *time*
la leçon, *lesson*
la main, *hand*
le mois, *month*
la neige, *snow*
la partie, *game*

la saison, *season*
le temps, *weather*
le, la, les, *him, her, it, them*
dix-huit, *eighteen*
mauvais, *bad*
votre (*sing.*), vos (*pl.*), *your*
debout, *standing*
doucement, *softly, low, in a whisper*
souvent, *often*
à haute voix, *aloud*
à voix basse, *in a low voice*
en retard, *late*
jusqu'à, *up to*
Noël, *Christmas*

Learn also the months of the year (§ 92 B), and the cardinal numbers (§ 16 A) and the ordinal numbers (§ 17 B) up to *twelve* with Lesson Thirteen.

QUATORZIÈME LEÇON

aimer, *like, love*
avoir*, *have*
demander, *ask, ask for*
demeurer, *live*
être*, *be*
rencontrer, *meet*
sembler, *seem*
l'ami (*m.*), *friend*
l'an [2] (*m.*), *year*

le frère, *brother*
le gratte-ciel,[3] *skyscraper*
le quartier, *quarter* (of a city)
la soeur, *sister*
je, *I*
leur, *them, to them*
lui, *him, her, to him, to her*
me, *me, to me*
nous, *we, us, to us*

---

[1] *Avant* (meaning *before*) refers to time; *devant* (meaning *before*) refers to place.

[2] *An* designates the number of years (trois ans, six ans, etc.); *année* stresses the time involved and is used with ordinals and adverbs (troisième année, plusieurs années, peu d'années, combien d'années); under certain conditions either may be used.

[3] Plural: *les gratte-ciel*.

* An asterisk (*) placed after a verb indicates that this verb is irregular. The forms that you will be required to know are listed by lessons after each *Révision* lesson.

vous, *you, to you*
notre (*sing.*), nos (*pl.*), *our*
si, *so*

Je m'appelle...   *My name is...*
Quel âge avez-vous? *How old are you?*

Learn all numbers between *thirteen* and *twenty* with Lesson Fourteen. (§ 16 A)

QUINZIÈME LEÇON

choisir, *choose*
étudier, *study*
obéir, *obey*
passer (un examen), *take* (an examina-
    tion), *pass* (time)
poser (une question), *ask* (a question)
punir, *punish*
réussir, *succeed*
subir (un examen), *take* (an examina-
    tion)
le cours, *course*
le droit, *right*
l'étude (*f.*), *study*
la fille, *girl; daughter*

la fin, *end*
les jeunes gens, *young men, young people*
les loisirs dirigés, *school recreation period*
le lycée,[1] *high school*
la matière, *subject, material*
le travail, *work*
écrit, *written*
son (*m.*), sa (*f.*), ses (*m., f. pl.*), *his,
    her, its*
ainsi, *thus*
aussi bien que, *as well as*
davantage, *more*
non plus, *either*

SEIZIÈME LEÇON

assister à, *be present at*
attendre, *wait for*
donner, *give*
durer, *last*
entendre, *hear*
monter, *climb, go up*
porter, *carry*
pouvoir*, *be able, can*
se réunir, *meet*
voir*, *see*
vouloir*, *be willing, want, wish*
la carte, *map*
la cour, *court, patio*
l'étage (*m.*), *floor, story;* le premier
    étage, *second floor*[2]
l'heure (*f.*), *time;* Quelle heure est-il?
    What time is it?
le matin, *morning*
(le) midi, *noon*

la montre, *watch*
le mur, *wall*
le plaisir, *pleasure*
la plume, *pen*
le quart, *quarter;* Il est deux heures et
    quart, *It is quarter after two.*
quelqu'un (*sing.*), quelques-uns (*pl.*),
    someone
demi, *half*
trente-cinq, *thirty-five*
tant (de), *so much, so many*
selon, *according to*
voici, *here is, here are*
ne... jamais, *never*
ne... rien, *nothing*
pendant que, *during*
allons! *let's go!*
Comment! *What!*

---

[1] In reality, the *lycée* corresponds to our high school and junior college (the first two years of the liberal arts college). The graduate of a French *lycée* is admitted without examination to the junior class of American colleges.

[2] The French consider the floor above the ground floor as the first.

* An asterisk (*) placed after a verb indicates that this verb is irregular. The forms that you will be required to know are listed by lessons after each *Révision* lesson.

DIX-SEPTIÈME LEÇON

comprendre*, *understand*
fermer, *close*
montrer, *show*
rendre, *give back, return*
savoir*, *know*
cent, *hundred*
quarante-huit, *forty-eight*
quatre-vingt-dix, *ninety*

quatre-vingt-neuf, *eighty-nine*
trente-deux, *thirty-two*
à présent, *at present*
assez, *rather*
facilement, *easily*
seulement, *only*
c'est-à-dire, *that is to say*

Learn to count to *one hundred* by *tens* with Lesson Seventeen. (§ 16 A)

DIX-HUITIÈME LEÇON

discuter, *discuss*
nommer, *nominate, name*
s'occuper de, *take care of, be concerned with*
l'armée (*f.*), *army*
le juge, *judge*
la loi, *law*
la marine, *navy*
la paroisse, *parish*
le pouvoir, *power*
le projet, *project, plan*
la tête, *head*
le traité, *treaty*
chacun, *each one, each* (pronoun)

élu, *elected*
entier, entière, *entire*
étranger, étrangère, *foreign*
fait, *made, done*
puissant, *powerful*
quatre cent trente-cinq, *four hundred and thirty-five*
quatre-vingt-seize, *ninety-six*
peut-être, *perhaps*
à côté de, *along side of*
d'ordinaire, *ordinarily*
la Grande Guerre, *World War*
la Maison Blanche, *White House*

Learn to count to *one hundred and one* by *tens* beginning with *eleven* in Lesson Eighteen. (§ 16 A)

DIX-NEUVIÈME LEÇON

appartenir*, *belong*
prendre*, *take*
la chambre, "*house*" 1
le citoyen, *citizen*
le député, *deputy*
les «droites», *rightists*
l'ensemble (*m.*), *whole*
les «gauches», *leftists*
l'homme (*m.*), *man*
le ministère, *ministry*
le radical-socialiste, les radicaux-socialistes, *Radical-Socialist*

la raison, *reason*
la rive, *bank* (of a river or lake)
droit, *right*
gauche, *left*
modéré, *moderate*
vingt et un, *twenty-one*
environ, *about*
tel que, *such as*
en plus, *more*
au moins, *at least*

Learn to count from *one to one hundred* with Lesson Nineteen. (§ 16 A)

---

1 *Chambre* normally means *room* or *bedroom*. It is used in the sense of *house* only when referring to houses of the legislature.

* An asterisk (*) placed after a verb indicates that this verb is irregular. The forms that you will be required to know are listed by lessons after each *Révision* lesson.

Vingtième Leçon

être chargé de, *be in charge of, have the responsibility of*

constituer, *set up*

diriger, *direct*

promulguer, *promulgate, publish officially*

recevoir*, *receive*

réunir, *assemble*

le décret, *decree*

la fête, *holiday, festival*

la politique, *policy*

les «pleins pouvoirs» (*m.*), *absolute powers*

le préfet, *prefect*

le souverain, *sovereign*

étendu, *extensive*

nouveau, nouvelle, *new*

réel, réelle, *real*

renversé, *overturned, overthrown*

dès que, *as soon as*

ne ... que, *only*

ordinairement, *ordinarily*

pratiquement, *practically*

tant que, *as long as*

théoriquement, *theoretically*

contre, *against*

d'après, *according to*

In this lesson, study how to count by *hundreds* up to *one thousand* and from *one thousand* to *two thousand* with dates. (§ 16 A, E, F)

Vingt et unième Leçon

se baigner, *bathe*

se briser, *break*

jouer, *play*

rendre, *make*

suivre*, *follow*

venir*, *come*

le bateau, *boat*

le nuage, *cloud*

le pêcheur, *fisherman*

le phare, *lighthouse*

le rocher, *rock*

le sable, *sand*

la vague, *wave*

la voile, *sail*

agité, *rough*

blanc, blanche, *white*

doux, douce, *soft, mild*

gris, *gray*

gros, grosse, *large*

heureux, heureuse, *happy*

jaune, *yellow*

pauvre, *poor*

rouge, *red*

triste, *sad*

vert, *green*

loin, *far, distant*

ici, *here*

le long de, *along*

pourtant, *however*

vers, *about* (time), *approximately*

car, *for* (conjunction), *because*

Vingt-deuxième Leçon

acheter, *buy*

chercher, *look for*

coûter, *cost*

expliquer, *explain*

mener, *take* (a person), *lead*

perdre, *lose*

quitter, *leave*

saluer, *greet*

vendre, *sell*

la boutique, *shop, small store*

le coin, *corner*

la feuille, *sheet, leaf*

le journal, *newspaper*

le kiosque, *news and magazine stand*

la librairie, *bookstore*

la nouvelle, *news*

la papeterie, *stationery shop*

le paquet, *package*

* An asterisk (*) placed after a verb indicates that this verb is irregular. The forms that you will be required to know are listed by lessons after each *Révision* lesson.

la revue, *magazine*
le soir, *evening*
hier, *yesterday*

plutôt, *rather*
n'est-ce pas, *isn't that so, haven't you,
aren't they, isn't he, etc.*

Vingt-troisième Leçon

avoir raison, *be right* (§ 91 B)
se coucher, *go to bed*
devoir*, *have to, must, is to*
dormir (2),¹ *sleep*
s'habiller, *dress*
se laver, *wash* (oneself)
se lever, *get up, rise*
manger, *eat*
rentrer, *return* (home)
sortir (2), *leave, go out*
travailler, *work*
le café (au lait), *coffee* (with milk)
le croissant, *crescent-shaped bun*
la cuisine, *cooking*
le déjeuner, (noon) *lunch*
le petit déjeuner, *breakfast*
l'écrivain (*m.*), *writer, author*
l'esprit (*m.*), *spirit*
la figure, *face*
le hors-d'oeuvre, *relish*

la journée,² *day*
le pain, *bread*
le petit pain, *small, individual loaf,
resembling a large roll*
la pension (de famille), *rooming house,
boarding house*
le, la pensionnaire, *boarder*
le plat, *dish*
le potage, *soup*
le, la propriétaire, *landlord, landlady*
le radis, *radish*
le repas, *meal*
le roman, *novel*
la salle à manger, *dining room*
le siècle, *century*
la vie, *life*
défini, *definite*
rien de défini, *nothing definite*
privé, *private*

Vingt-quatrième Leçon

essayer, *try*
étonner, *surprise*
mettre*, *put*
mettre à la poste, *post* (a letter)
penser, *think*
l'allumette (*f.*), *match*
la boîte, *box*
la boîte aux lettres, *mail box*
le bureau de poste, *post office*
le bureau de tabac, *tobacco shop*
le café, *establishment where one sits at
a table and orders tea, coffee, chocolate,
beer, etc.*
la chose, *thing*
le courrier, *mail*
l'habitude (*f.*), *custom, habit*

le mot, *word*
le musée, *museum*
la peinture, *painting*
la poste, *post office*
le temps, *time*
le timbre, *stamp*
ce qui, ce que, *what, that which*
moi, *me* (strong form) (page 241,
note 2)
cher, chère, *dear*
bientôt, *soon*
non seulement, *not only*
chez, *at —'s, to —'s, at the house of,
in the —'s land* (§ 39 F)
donc, *then*
par exemple, *for example*

---

¹ (2) indicates an -*ir* verb of the second class. (§ 44 C)

² *Jour* is the more common word for *day*. *Journée* emphasizes the extent of time. Compare note 2, page 341.

* An asterisk (*) placed after a verb indicates that this verb is irregular. The forms that you will be required to know are listed by lessons after each *Révision* lesson.

Vingt-cinquième Leçon

entourer, *surround*
serrer, *shake* (hands)
la bière, *beer*
la boisson, *beverage*
la chaise, *chair*
l'église (*f.*), *church*
l'espace (*m.*), *space*
l'établissement (*m.*), *establishment*
le faubourg, *suburb*
le genre, *type, style*
la terrasse, *part of café on sidewalk*

le thé, *tea*
le trottoir, *sidewalk*
la veille, *day before, eve*
inconnu, *unknown*
prochain, *next*
renommé, *famous*
ne ... point, *not at all*
aussitôt que, *as soon as*
lorsque, *when*
le Sacré Coeur, *Sacred Heart*

Vingt-sixième Leçon

appuyer, *press down on, support*
balayer, *sweep*
donner sur, *look out on, open on*
frapper, *knock, strike*
nettoyer, *clean*
ouvrir*, *open;* ouvert, *opened*
sonner, *ring, sound*
vouloir dire,[1] *mean*
dit, *said* (*past participle of* dire)
écrit, *written* (*past participle of* écrire)
lu, *read* (*past participle of* lire)
reçu, *received* (*past participle of* recevoir)
la bibliothèque, *library*
le chapeau, *hat*
la clef, *key*
le, la concierge, *combination houseporter and janitor peculiar to Parisian apartment house*

le couloir, *hall, corridor*
l'escalier (*m.*), *stairway*
le, la locataire, *tenant, renter*
la mère, *mother*
la nuit, *night*
l'oeuvre (*f.*), *work* (literary)
le parent, *parent; relative*
le rez-de-chaussée, *first floor*
merci, *thank you, thanks*
tard, *late*
sans, *without*
bonjour,[2] *good morning, good day*
tiens! *well!*
tout le monde, *everyone, everybody*
Comment allez-vous? *How are you?*
Je vais très bien, *I'm fine*

Vingt-septième Leçon

se diriger, *go toward, direct oneself*
ériger, *erect*
partir (2), *leave, go away, emanate*
porter, *bear; carry*
se promener, *walk, take a walk*
rapporter, *bring back*
été, *been* (*past participle of* être)

la boîte, *box* (along the banks of the Seine used to display books and pictures)
le bout, *end*
le pied, *foot*
la place, *square* (in a city)
le quai, *wharf*

---

[1] Thus: *je veux dire* = I MEAN; *ils veulent dire* = *they* MEAN.

[2] *Bonjour* is used the entire day. French has no special way of saying *good morning* or *good afternoon*.

* An asterisk (*) placed after a verb indicates that this verb is irregular. The forms that you will be required to know are listed by lessons after each *Révision* lesson.

le sens, *direction*
beau, bel, belle, *beautiful*
vieux, vieil, vieille, *old*
depuis, *since*

enfin, *finally*
en effet, *in fact, indeed, in reality*
le Pont de la Concorde, *Concord Bridge*

Vingt-huitième Leçon

attirer, *attract*
retenir*, *hold, attract* (attention)
revenir*, *come back, return*
l'allée (*f.*), *path, passage*
le bâtiment, *building*
l'époque (*f.*), *period*
la fontaine, *fountain*
le maître, *master*
le meuble, (piece of) *furniture*
le palais, *palace*

le paysage, *landscape, countryside*
le peintre, *painter*
la suite, *row, continuation*
flamand, *Flemish*
hollandais, *Dutch*
d'abord, *at first*
là, *there* (§ 28 B)
l'Embarquement pour Cythère, *Embarkation for Cytherea*

Vingt-neuvième Leçon

rappeler, *remind, recall*
relier, *connect*
vu, *seen* (*past participle of* voir)
la façade, *front, façade*
la gare, *railroad station*
le haut, *top*
la lumière, *light*
l'orgue (*m. in sing., f. in pl.*), *organ*
le pont, *bridge*
le règne, *reign*
la rosace, *rose-window*
le sommet, *top*
la tour, *tower*

le verre, *glass*
le vitrail, les vitraux, *stained-glass window*
la vue, *view*
ceci, cela, *this, that*
eux, *them*
meilleur, *best* (*superlative of* bon)
au-dessus, *above*
en bas, *below* (*adv. and prep.*)
là-bas, *over there, down there*
Qu'est-ce que c'est que ça? *What's that?*
le Palais de Justice, *Court House*

Trentième Leçon

connaître*, *known, be acquainted with*
connu, *known*
échouer, *fail* (a test, a course)
entendre parler de, *hear of*
établir, *establish*
finir, *finish*
laisser, *leave, let*
surveiller, *watch* (over)
eu, *had* (*past participle of* avoir)

voulu, *wished* (*past participle of* vouloir)
la connaissance, *acquaintance*
le début, *beginning*
le droit, *law*
l'étudiant (*m.*), (college) *student*
la faculté, *school, college* [1]
la moitié, *half*
l'occasion (*f.*), *opportunity*
animé, *animated, lively*

---

[1] *Faculté* refers to the faculty and buildings of any school of a university. Its meaning is broader than that of the English word *faculty*. It is also used to indicate the various schools or colleges which comprise a university. Thus: *Faculté des Lettres, Faculté de Médecine, Faculté de Droit*, etc.

* An asterisk (*) placed after a verb indicates that this verb is irregular. The forms that you will be required to know are listed by lessons after each *Révision* lesson.

libre, *free*

justement, *precisely, just now*

pas du tout, *not at all*

quant à, *as for*

tout à fait, *completely, quite*

tout près, *right near*

donc, *then*

Jean, *John*

Trente et unième Leçon

apercevoir*, *notice, perceive;* aperçu, *noticed, perceived*

apporter, *bring*

s'asseoir*, *sit down;* assis, *seated*

boire*, *drink;* bu, *drunk*

commander, *order*

faire signe, *make a sign*

l'arbre (*m.*), *tree*

le banc, *bench*

le bock, *glass of beer containing about a quarter of a liter, about half a pint*

le centime, *French coin worth one-hundredth of a franc*

la condition, *circumstance, walk of life, class of society*

le fauteuil, *armchair*

le garçon, *waiter*

le monde, *people; world*

le pourboire, (waiter's) *tip*

amicalement, *in a friendly way*

longtemps, *for a long time*

soudain, *suddenly*

de[1] chaque côté, *on either side, on each side*

à la fois, *at the same time*

tout de suite, *immediately*

pour, *in order that*

Trente-deuxième Leçon

courir*, *run;* couru, *run*

falloir*, *must, have to;* il faut, *one must;* fallu, *had to*

monter (dans un train), *get on* (a train)

parcourir*, *run through hastily, peruse; go through;* parcouru, *run through*

prendre un billet, *get a ticket*

reprendre*, *take again;* repris, *taken again*

vouloir* bien, *be willing*

pris, *taken (past participle of* prendre)

le billet, *ticket*

les environs (*m.*), *vicinity*

l'étendue (*f.*), *extent*

le lendemain matin, *next morning*

meublé, *furnished*

lentement, *slowly*

toutes les heures, *every hour*

Trente-troisième Leçon

avoir lieu, *take place*

devenir*, *become;* devenu, *became*

éclairer, *light*

évoquer, *evoke, call forth*

exprimer, *express*

mis, *put, set (past participle of* mettre)

mourir*, *die;* mort, *dead*

remplir, *fill*

servir de (2), *serve as*

venu, *come (past participle of* venir)

l'entrée (*f.*), *entrance*

l'événement (*m.*), *event*

le goût, *taste*

le marbre, *marble*

le massif, *flower-bed*

le miroir, *mirror*

le pas, *step*

le passé, *past*

la pièce, *room*

le plate-bande, *flower-bed*

---

[1] *De* often means *on.*

* An asterisk (*) placed after a verb indicates that this verb is irregular. The forms that you will be required to know are listed by lessons after each *Révision* lesson.

le romantisme, *romanticism*
également, *equally*
jadis, *formerly, of old*
à l'égard de, *in regard to, toward*

au fond, *in the back, in the rear, at the end*
la Galerie des Glaces, *Hall of Mirrors*

TRENTE-QUATRIÈME LEÇON

allumer, *light*
causer, *chat, talk, converse*
s'endormir (2), *go to sleep*
éteindre*, *put out, extinguish*; éteint, *put out, extinguished*
prier, *ask, pray, beg*
se réveiller, *wake up, awaken*
l'addition (f.), *check (in restaurant), bill*
l'argent (m.), *money; silver*
l'armoire à glace (f.), *wardrobe with a glass door*
la cheminée, *fireplace*
le comptoir, *counter*
l'eau (f.), *water*
le feu, *fire*
le lavabo, *washbowl*
le lit, *bed*
la monnaie, *change* (money)
le plancher, *floor*

la poche, *pocket*
le porte-feuille, *billfold*
le pour-cent, *per cent*
le prix, *price*
la table de nuit, *night-table*
la table de travail, *work-table*
le tapis, *carpet*
la tartine, *type of French bread and butter*
la tasse, *cup*
le vêtement, *garment;* (pl.) *clothes*
chaud, *hot, warm*
froid, *cold*
parisien, parisienne, *Parisian*
prêt, *ready*
minuit, *midnight*
puisque, *since* (relative adverb)
à bon compte, *cheap, cheaply*
de bonne heure, *early*
demain, *tomorrow*

TRENTE-CINQUIÈME LEÇON

défendre, *forbid*
enlever, *take away*
faire* partie de, *be a part of*
redevenir*, *become again*; redevenu, *become again*
subir, *undergo*
le bruit, *noise*
la charcuterie, *pork, sausage meat, etc.*
l'emploi (m.), *use*
l'horloge (f.), *large clock in a tower*
la terre, *land, earth*

fidèle, *faithful*
jeune, *young*
neuf, neuve, (brand) *new*
particulier, particulière, *particular, special*
ailleurs, *elsewhere*
nullement, *in no way, not at all*
où, *when* (relative adverb)
à part, *apart, different*
autre part, *elsewhere*

TRENTE-SIXIÈME LEÇON

accorder, *grant*
se battre*, *fight*; battu, *fought*
blesser, *wound*
brûler, *burn*
condamner, *condemn*

couronner, *crown*
croire*, *believe*; cru, *believed*
dresser, *set up, erect*
effrayer, *frighten*
finir par, *finish by, finally*

---

* An asterisk (*) placed after a verb indicates that this verb is irregular. The forms that you will be required to know are listed by lessons after each *Révision* lesson.

garder, *keep*
mettre* le siège devant, *lay siege to*
naître*, *be born*; né, *born*
pleurer, *weep, cry*
retirer, *withdraw*
sauver, *save*
soutenir, *support, sustain*; soutenu, *supported, sustained*
su, *known (past participle of* savoir)
le bûcher, *pyre, stake*
le champ, *field*
le charbon, *coal*
la confiance, *confidence*
les deux-tiers (*m.*), *two-thirds*
le duché, *duchy*

le fer, *iron*
le malheur, *misfortune*
le marché, *market*
la mort, *death*
la parole, (spoken) *word*
le paysan, *peasant*
le père, *father*
la place du marché, *market-place*
le rapport, *relation*
le tiers, *third*
la voix, *voice*
malgré, *in spite of*
seul, *alone, only*
tout à l'heure, *a little while ago*

TRENTE-SEPTIÈME LEÇON

aimer mieux, *like better, prefer*
devrais, etc., *should, ought to (conditional of* devoir)
nommer, *name*
se passer, *happen, take place*
remettre*, *hand to, put off*; remis, *handed to, put off*
représenter, *present (a play)*
subventionner, *support*
valoir*, *be worth*; valu, *was worth*
valoir* mieux, *be worth more, be better*
l'auteur (*m.*), *author*
l'entr'acte (*m.*), *intermission*
le foyer, *lobby*
le milieu, *middle*
l'ouvreuse (*f.*), *usheress*

la pièce, *play*
la place, *seat* (in a theater)
le son, *sound*
dont, *of whom, whose, of which* (§ 36 D)
quelque chose, *something*
clair, *clear*
aussi . . ., *so, thus, therefore*
jamais, *ever*
mieux, *better (comparative of* bien)
vraiment, *truly*
après-demain, *day after tomorrow*
d'ailleurs, *moreover*
d'avance, *in advance*
tandis que, *while*
tous les trois, *all three*

TRENTE-HUITIÈME LEÇON

goûter, *taste*
sentir, *smell, feel*
l'avant-bras (*m.*), *forearm*
la bouche, *mouth*
le bras, *arm*
le cheveu, les cheveux,[1] *hair*
le coeur, *heart*
le corps, *body*
le cou, *neck*
le coude, *elbow*
la dent, *tooth*

le doigt, *finger*
l'épaule (*f.*), *shoulder*
l'estomac (*m.*), *stomach*
le genou, *knee*
la jambe, *leg*
la langue, *tongue*
la lèvre, *lip*
le menton, *chin*
le nez, *nose*
l'oeil (*m.*), *eye*
l'oreille (*f.*), *ear*

---

[1] Normally used in the plural. *Le cheveu* indicates one hair.

* An asterisk (*) placed after a verb indicates that this verb is irregular. The forms that you will be required to know are listed by lessons after each *Révision* lesson.

le poumon, *lung*
le sang, *blood*
le squelette, *skeleton*
le tronc, *trunk* (of body)
le visage, *face*
les yeux (*m.*), *eyes*
celui, celle, ceux, celles, *this, that, these, those, he who, she who, they who,* etc.

lequel, laquelle, lesquels, lesquelles, *which* (after preposition) (§ 36 F)
aveugle, *blind*
borgne, *blind in one eye*
muet, muette, *dumb, mute*
sourd, *deaf*
sourd-muet, *deaf and dumb, deaf-mute*
ne ... ni ... ni ..., *neither ... nor*

TRENTE-NEUVIÈME LEÇON

acquérir*, *get, acquire*; acquis, *acquired*
amener, *bring, lead, bring on, take*
apparaître*, *appear*; apparu, *appeared*
découvrir*, *discover*; découvert, *discovered*
éclater, *break out*
envoyer*, *send*; envoyé, *sent*
fonder, *found, establish*
gagner, *gain, win*
porter, *wear*
reconstituer, *establish*
le fait, *fact, deed, act*

le préparatif, *preparation*
la puissance, *power*
la rivalité, *rivalry*
avant-guerre, *pre-war*
balkanique, *Balkan*
peu à peu, *little by little*
tout, *quite*
Arabe, *Arab*
l'Autriche-Hongrie (*f.*), *Austria-Hungary*
le Maroc, *Morocco*

QUARANTIÈME LEÇON

agir, *act*
avoir peur, *be afraid*
craindre*, *fear*; craint, *feared*
créer, *create*
détruire*, *destroy*; détruit, *destroyed*
écraser, *crush*
éprouver, *feel, experience*
espérer, *hope*
s'étendre, *extend*
reconnaître*, *recognize*; reconnu, *recognized*
régler, *regulate, settle, decide upon*
se rendre, *surrender*
repousser, *push back, repulse*
songer, *think, dream*
soulever, *raise*
le conflit, *conflict, struggle*

le dégât, *damage*
la flotte, *fleet*
l'héritier (*m.*), *heir*
la lutte, *struggle*
le moyen, *means*
le neutre, *neutral* (nation)
la paix, *peace*
le voisin, la voisine, *neighbor*
tout, *everything*
acharné, *bitter, desperate*
propre, *own*
seul, *only one, sole*
sous-marin, *submarine*
tant, *as much*
à peu près, *about, approximately*
dès, *not later than, as early as*
de plus, *in addition*

QUARANTE ET UNIÈME LEÇON

arrêter, *stop*
couler, *sink*

dépenser, *spend*
envahir, *invade*

---

* An asterisk (*) placed after a verb indicates that this verb is irregular. The forms that you will be required to know are listed by lessons after each *Révision* lesson.

menacer, *threaten*

négliger, *neglect*

permettre*, *permit*; permis, *permitted*

prêter, *lend*

réclamer, *demand, ask to have returned*

reconstruire*, *reconstruct*; reconstruit, *reconstructed*

retirer, *withdraw*

tarder à, *delay*

vaincre*, *conquer*; vaincu, *conquered*

le besoin, *need*

le but, *aim*

la campagne, *campaign*

la crise, *depression*

la dictature, *dictatorship*

la grève, *strike*

la ligne, *line*

l'ouvrier (*m.*), *workman, workingman*

la somme, *sum*

le sous-marin, *submarine*

mondial, *world-wide*

ouvrier, ouvrière, *working* (class)

malheureusement, *unfortunately*

tellement, *so*

à partir de, *from . . . on*

de plus en plus, *more and more*

en même temps, *at the same time*

grâce à, *thanks to*

vis à vis, *in regard to*

QUARANTE-DEUXIÈME LEÇON

s'arrêter, *stop*

gêner, *hinder, impede*

la circulation, *traffic, circulation*

la correspondance, *transfer* (on train, tramway, or bus); *correspondence*

le guichet, *ticket-window*

le métro, *subway* (abbreviation for Métropolitain, name of subway company)

le parcours, *route, course*

le plan, *plan, map* (of a city)

la plupart, *majority* (§ 5 C 1 a)

le quai, *platform of a railway station*

le spectacle, *sights; performance of play*

souterrain, *underground*

clairement, *clearly*

il y a . . . que, *since* (§ 45 B)

QUARANTE-TROISIÈME LEÇON

avoir faim, *be hungry* (§ 91 B)

mélanger, *mix*

se passer, *happen*

plaire*, *please*; plu, *pleased*

pu, *could* (*past participle of* pouvoir)

le carnet, *small notebook, pad*

la carte, *bill of fare, menu*

la faim, *hunger*

la glace, *ice cream; ice*

l'huile (*f.*), *oil*

la laitue, *lettuce*

la nappe, *tablecloth*

l'oeuf (*m.*), *egg*

l'oeuf dur, *hard-boiled egg*

le pâté, *pastry containing cold spiced meat*

la pâtisserie, *pastry*

le plat du jour, *main course, special for the day*

le poisson, *fish*

le poivre, *pepper*

le retour, *return*

le saladier, *salad dish*

le sel, *salt*

la serveuse, *waitress*

la serviette, *napkin, towel*

la toile, *cloth*

le tout, *whole*

coûteux, coûteuse, *expensive, costly, dear*

dur, *hard*

à la carte, *order from the menu*

à prix fixe, *special meal, table d'hôte*

au lieu de, *instead of*

---

* An asterisk (*) placed after a verb indicates that this verb is irregular. The forms that you will be required to know are listed by lessons after each *Révision* lesson.

Quarante-quatrième Leçon

ajouter, *add*

avoir besoin (de), *need*

avoir chaud, *be warm*

avoir froid, *be cold*

avoir mal, *hurt, have a pain*

avoir mal à la tête, *have a headache*

avoir soif, *be thirsty*

avoir sommeil, *be sleepy*

longer, *sail along the shore, skirt*

se rencontrer, *meet each other*

valoir* la peine, *be worth the trouble*

venir* de, *have just*

les affaires (*f. pl.*), *business*

la bête, *beast, animal*

le bord, *shore*

le chien, *dog*

la dame, *lady*

le mari, *husband*

la peine, *trouble*

le séjour, *sojourn, stay*

le voyage d'affaires, *business trip*

brumeux, brumeuse, *foggy, misty*

merveilleux, merveilleuse, *marvelous*

il y a... , *... ago*

tellement, *so*

à jeudi, *until Thursday*

au revoir, *good-bye*

là-haut, *up there*

la Norvège, *Norway*

la Suède, *Sweden*

Quarante-cinquième Leçon

deviner, *guess*

oublier, *forget*

se passer de, *do without*

réduire*, *reduce*; réduit, *reduced*

rendre visite, *pay a visit*

répandre, *spread*; répandu, *widespread, common*

revenir* cher, *cost a great deal*

vider, *empty*; se vider, *be emptied*

vivre*, *live*; vécu, *lived*

l'auberge de la jeunesse (*f.*), *youth hostel*

le bureau, *office*

la campagne, *country* (opposite of *city*)

la conférence, *lecture*

le, la domestique, *servant*

le dos, *back*

la femme de ménage, *housekeeper, woman who comes in to do housework*

la jeunesse, *youth*

le ménage, *household, housework*

le parent, *relative, parent*

la recherche, *searching; research*

la roulotte, *trailer*

la salle de conférence, *lecture room; lecture hall*

le sac, *knapsack*

accoutumé, *accustomed*

aucun, *any; no*

courant, *current, common*

désert, *deserted*

primaire, *primary*

tel, telle, *such*

utile, *useful*

vrai, *true*

bon marché, *cheap*

en somme, *in short*

ne... guère, *scarcely*

quelque part, *somewhere*

Quarante-sixième Leçon

achever, *finish*

s'agrandir, *become larger*

céder, *cede, give over to*

construire*, *construct*; construit, *constructed*

embellir, *beautify, embellish*

s'emparer de, *seize, take possession of*

percer, *dig, tunnel*

remettre*, *put back again*; remis, *put back again*

remonter, *go back, date back*

renverser, *overthrow*

---

* An asterisk (*) placed after a verb indicates that this verb is irregular. The forms that you will be required to know are listed by lessons after each *Révision* lesson.

rêver, *dream*
se sauver, *escape, run off*
se souvenir* de, *remember*; souvenu, *remembered*
le changement, *change*
la chute, *fall*
la couronne, *crown*
l'homme d'état (*m.*), *statesman*
le milliard, *billion*
le neveu, *nephew*

l'oncle (*m.*), *uncle*
le peuple, *people*
la suite, *consequence*
le trône, *throne*
actuel, actuelle, *present*
habile, *clever*
ne pouvoir rien, *be able to do nothing, be powerless*
encore une fois, *once more, again*

Quarante-septième Leçon

s'apercevoir*, *notice*; aperçu, *noticed*
convoquer, *convoke, call together*
démolir, *demolish*
éloigner, *send away*
enfermer, *shut in, imprison*
jurer, *swear*
se mettre* d'accord, *agree, come to an agreement*
rassembler, *assemble*
se soulever, *rise up, revolt*
tenir*, *hold*; tenu, *held*
tenir* ferme, *hold firm*
tirer sur, *fire at, shoot at*; tirer dessus, *fire at it, shoot at it*
le clergé, *clergy*
le commencement, *beginning*
la foule, *crowd*

le fusil, *gun*
l'impôt (*m.*), *tax*
la misère, *poverty, wretchedness*
la noblesse, *nobility*
la prise, *capture, taking*
le serment, *oath*
le soldat, *soldier*
le trésor, *treasury*
ferme, *firm*
lourd, *heavy*
vide, *empty*
après que, *after* (followed by clause)
États-Généraux (*m.*), *States General*
le Serment du Jeu de Paume, *Tennis Court Oath*
le Tiers-État, *Third Estate*

Quarante-huitième Leçon

s'amuser, *have a good time, enjoy oneself*
atteindre*, *reach, arrive at*; atteint, *reached, arrived at*
déguiser, *disguise*
s'échapper, *escape*
mépriser, *scorn*
nier, *deny*
pousser, *push*
promettre, *promise*; promis, *promised*
reconduire*, *bring back*; reconduit, *brought back*
reposer, *rest*
rétablir, *re-establish*
soupçonner, *suspect*
tuer, *kill*
l'auberge (*f.*), *inn*

la chimie, *chemistry*
la colère, *anger*
la contre-révolution, *counter-revolution*
la cour, (king's) *court*
la déesse, *goddess*
le dévouement, *devotion*
le dieu, *god*; Dieu, *God*
l'entourage (*m.*), *circle of advisers*
le fils, *son*
le fondateur, *founder*
le poids, *weight*
le Comité du Salut public, *Committee of Public Safety*
le Directoire, *Directory*
la Terreur, *Reign of Terror*

---

* An asterisk (*) placed after a verb indicates that this verb is irregular. The forms that you will be required to know are listed by lessons after each *Révision* lesson.

Quarante-neuvième Leçon

améliorer, *improve*

arriver, *happen*

battre*, *beat*; battu, *beaten*

battre* en retraite, *retreat*

conclure*, *conclude*; conclu, *concluded*

conquérir*, *conquer*; conquis, *conquered*

se contenter, *be content with, be satisfied with*

se débarrasser de, *get rid of*

décrire*, *describe*; décrit, *described*

épuiser, *exhaust*

paraître*, *appear*; paru, *appeared*

poursuivre*, *pursue*; poursuivi, *pursued*

reculer, *draw back, retreat*

remporter, *bring back, win*

supprimer, *suppress*

s'unir, *unite*

le bien, *goods, wealth*

le blocus, *blockade*

le concordat, *concordat, agreement*

le coup d'état, *unexpected political move, usually connected with seizure of power*

une fois, *once*

le pape, *pope*

la retraite, *retreat*

le royaume, *kingdom*

le tour, *turn*

critique, *critical*

faible, *weak*

jaloux, jalouse, *jealous*

saisissant, *thrilling, impressive*

tout en, *(all the) while*

trop, *too*

en, *as*

à vie, *for life*

de même que, *the same as, like*

de nouveau, *again*

Cinquantième Leçon

se décider à, *make up one's mind to*

guérir, *cure, get better*

se mettre* à, *begin to*

mordre, *bite*

se pratiquer, *be practiced*

sentir (2), *feel*

survivre*, *survive*; survécu, *survived*

tenter, *attempt, try*

l'avis (*m.*), *opinion*

le bienfait, *benefit*

le bois, *woods*

la découverte, *discovery*

l'efficacité (*f.*), *efficacy*

l'enfance (*f.*), *childhood*

l'être (*m.*), *human being*

l'expérience (*f.*), *experiment*

la guérison (*f.*), *cure*

la maladie, *sickness*

le médecin, *doctor*

la patrie, *fatherland*

la preuve, *proof*

le procédé, *process*

la rage, *rabies*

la recherche, *research*

le savant, *scientist, scholar*

le secours, *help*

le traitement, *treatment*

enragé, *mad*

inquiet, inquiète, *uneasy*

malade, *sick*

malheureux, malheureuse, *unhappy*

moindre, *least*

couramment, *currently, commonly*

or, *now*

Cinquante et unième Leçon

avoir envie de, *feel like* (§ 91 B)

donner un coup de téléphone, *give a "ring"*

s'employer, *be used*

se servir de (2), *use*

banal, *commonplace, trite*

courant, *much used, current*

douteux, douteuse, *doubtful*

peu probable, *unlikely*

à la maison, *at home*

---

* An asterisk (*) placed after a verb indicates that this verb is irregular. The forms that you will be required to know are listed by lessons after each *Révision* lesson.

à toute à l'heure, *so long, until later*
c'est ça, *that's right*
c'est dommage, *it's too bad*
Comment ça va? *How are you?*
un petit peu, *a little bit*
je n'en sais rien, *I know nothing about it*

mon vieux, *old top, old man* (familiar greeting, used between intimate friends of any age)
quand même, *even so*
allô, *exclamation used in answering telephone, equivalent to "hello"*

CINQUANTE-DEUXIÈME LEÇON

augmenter, *increase*
avoir tort, *be wrong* (§ 91 B)
conseiller, *advise*
convaincre*, *convince*; convaincu, *convinced*
convenir*, *be suitable*; convenu, *was suitable*
dévouer, *be devoted*
exprimer, *express*; s'exprimer, *be expressed, express oneself*
se fâcher, *be angry, get angry*
fâché, *angry, angered*
faire* la cuisine, *cook, do cooking*
gagner, *earn*
se mettre en colère, *get angry*
oser, *dare*
remercier, *thank*
remplacer, *replace*
tâcher, *try*
se taire*, *be silent, become silent*; tu, *been silent*

tenir* à, *insist on, be anxious to*
la bonne, *maid*
le conseil, *advice* (usually used in plural)
la dizaine, *about ten*
la douzaine, *dozen*
l'ennui (*m.*), *annoyance, boredom*
le patron, *master, "boss"*
gentil, gentille, *amiable, nice*
paresseux, paresseuse, *lazy*
pressé, *in a hurry*
bien, *indeed*
moi-même, *myself* (§ 26 B 7)
actuellement, *at present*
du moins, *at least*
à peine, *scarcely*
d'autre part, *on the other hand*
grand'chose, *very much*
quoi que, *whatever*
quoi qu'il arrive, *whatever may happen, happen what may*

CINQUANTE-TROISIÈME LEÇON

défiler, *pass by* (in parade formation)
dégager, *free, clear*
se dépêcher, *hurry*
désigner, *indicate*
se faire, *be done*; ça se fait, *that is done*
se masser, *crowd, mass in a group*
pratiquer un sport, *participate in a sport*
la côte, *hill, slope*
le coureur-cycliste, *bicycle racer*
la course, *race*
l'étape (*f.*), *stage*
le favori, la favorite, *favorite*
le gendarme, (state) *police*
le peloton, *group, company*
le prix, *prize*

la taille, *size, height*
la valeur, *value*
publicitaire, *publicity*
sportif, sportive, *sport-loving*
à moins que, *unless*
autant de, *as many*
bien que, *although*
en haut, *at the top*
jusqu'à ce que, *until*
pourvu que, *provided that*
quoique, *although*
ça m'est égal, *that's all the same to me*
des deux côtés, *from both sides, on both sides*
du tout, *at all*

---

* An asterisk (*) placed after a verb indicates that this verb is irregular. The forms that you will be required to know are listed by lessons after each *Révision* lesson.

Cinquante-quatrième Leçon

s'habituer, *become accustomed to*

s'intéresser, *be interested in*

l'athlétisme (*m.*), *track and field*

le ballon, *football*

l'équipe (*f.*), *team*

l'homme d'affaires (*m.*), *business man*

le javelot, *javelin*

le joueur, *player*

le lancement du poids, *shot-put*

le marteau, *hammer*

la mentalité, *nature, psychological make-up* (of a person or people)

le milieu, (sport, social) *center, environment, class*

le saut, *jump*

la valeur, *value*

sûr, *sure*

uniquement, *uniquely, only*

véritablement, *truly*

autant que, *as much as*

en tout cas, *in any case*

les Jeux Olympiques (*m.*), *Olympic Games*

Cinquante-cinquième Leçon

livrer, *give up, give over to*

se plaindre*, *complain*; plaint, *complained*

remonter, *go up, ascend*

renoncer, *renounce, give up*

la perte, *loss*

la vente, *sale*

original, *original, different*

rude, *harsh, rough*

nettement, *plainly, clearly*

à la longue, *in the long run*

de même, *in the same way*

peu après, *shortly after, a little later*

les Grands Lacs, *Great Lakes*

les Indiens, *Indians*

le Nouveau Monde, *New World*

Cinquante-sixième Leçon

avoir l'air de, *seem, have the appearance*

se demander, *wonder*

disparaître*, *disappear*; disparu, *disappeared*

entendre,[1] *understand*

épouser,[2] *marry*

féliciter, *congratulate*

fiancer, *become engaged*

se marier [2] (avec), *get married*

publier, *publish*

se retourner, *turn around*

revoir*, *see again*; revu, *seen again*

rire*, *laugh*; ri, *laughed*

sourire*, *smile*; souri, *smiled*

se tromper, *make a mistake; be mistaken*

le bal, *dance, ball*

le ban, *bann, publication of marriage*

la démarche, *step, course*

le discours, *speech, talk*

la dot, *dowry*

la façon, *manner, fashion*

les fiançailles (*f.*), *official promise of marriage, engagement*

l'invité (*m.*), *guest*

le maire, *mayor*

la mairie, *city hall, town hall*

le mariage de convenance, *marriage of "convenience," marriage for money or position*

---

[1] Usually means *to hear.* Used in this sense only in special cases.

[2] Note the use of these words:

Robert *se marie.*   Robert *gets married.*

Robert *se marie avec* Marie.   Robert *marries* Mary.

Robert *épouse* Marie.   Robert *marries* Mary.

* An asterisk (*) placed after a verb indicates that this verb is irregular. The forms that you will be required to know are listed by lessons after each *Révision* lesson.

le nouveau-marié, la nouvelle-mariée, *newly-wed*
le prêtre, *priest*
le revenu, *revenue, income*
la soirée, *party, evening*

le témoin, *witness*
pareil, pareille, *alike, similar*
aveuglément, *blindly*
en tête, *at the head, in front*
tout à coup, *suddenly*

Cinquante-septième Leçon

radiodiffuser, *broadcast*
se rapprocher, *come together*
tirer, *pull, draw*
l'appareil (*m.*), *apparatus*; appareil de radio, *radio set*
l'avenir (*m.*), *future*; à l'avenir, *in the future*; dans l'avenir, *in the more distant future*
l'avion (*m.*), *airplane*
le chemin de fer, *railroad*
le cheval, *horse*
l'économie (*f.*), *economics*
la facilité, *ease, facility*

l'onde courte (*f.*), *short wave*
le perfectionnement, *improving, perfecting*
la poésie, *poetry*
le poste de radio, *radio station, radio receiving set*
la radiodiffusion, *broadcasting*
le retard, *delay*
le romancier, *novelist*
le salon, *living room*
la T. S. F. (télégraphie sans fil), *radio*
de ... en, *from ... to*

VOCABULAIRE GÉNÉRAL

ABBREVIATIONS:

abbr.	abbreviation	no.	number	pron.	pronoun
adj.	adjective	p.	page	sing.	singular
f.	feminine	pl.	plural	sp	simple past
m.	masculine	pp	past participle		

§ — References to the *Grammaire*   (2) -*ir* verb of the second class   * aspirate *h*

Following modern trends of phonetic transcription in elementary texts, the length sign [¦] is omitted.

a [a] (avoir) *has*

à [a] *to, in, at*

— l'étranger $\left\{\begin{matrix} in \\ to \end{matrix}\right\}$ *a foreign country, abroad*

— haute voix *aloud*

— la mode (italienne) *in the (Italian) style*

— moins que *unless*

— peine *scarcely*

— pied *on foot*

— présent *at present*

— prix fixe *at a fixed price*

— suivre *to be continued*

— son tour *in (his) turn*

— tout à l'heure *until later, "so long"*

— vie *for life*

— voix basse *in a low voice, in a whisper*

abdiquer [abdike] *abdicate*

abolition [abɔlisjɔ̃] f. *abolition*

d'abord [dabɔr] *first, at first*

absence [apsãs] f. *absence*

absolu [apsɔly] *absolute*

absolument [apsɔlymã] *absolutely*

abus [aby] m. *abuse*

accent [aksã] m. *accent*

accepter [aksɛpte] *accept*

accès [aksɛ] m. *access, approach*

accident [aksidã] m. *accident*

accompagner [akɔ̃paɲe] *accompany*

accord [akɔr] m. *agreement*

accorder [akɔrde] *agree, grant*

s'— *agree*

accoutumé [akutyme] *accustomed*

acharné [aʃarne] *desperate*

acheter [aʃte] (§ 82 D) *buy*

achever [aʃve] (§ 82 D) *finish*

acquérir [akerir] (§ 86, *no. 1*) *acquire*

acquis [aki] (*pp and sp* acquérir) *acquired*

acte [akt] m. *act*

acteur [aktœr] m. *actor*

actif, active [aktif, aktiv] *active*

action [aksjɔ̃] f. *action*

Action Française [aksjɔ̃frãsɛz] f. *conservative French paper with royalist tendencies*

activement [aktivmã] *actively*

actuel, actuelle [aktɥɛl] *present*

actuellement [aktɥɛlmã] *now, at present*

addition [adisjɔ̃] f. *bill, addition*

adjectif [adʒɛktif] m. *adjective*

administratif, administrative [administratif, administrativ] *administrative*

administration [administrɑsjɔ̃] f. *administration*

admirable [admirabl] *admirable*

admiration [admirɑsjɔ̃] f. *admiration*

admirer [admire] *admire*

adopter [adɔpte] *adopt*

adverbe [adverb] m. *adverb*

affaire [afer] f. *affair*
    —s *business*
    voyage d'— *business trip*

affirmer [afirme] *affirm*

africain [afrikɛ̃] *African*

Afrique [afrik] f. *Africa*

âge [ɑʒ] m. *age*
    le moyen — *Middle Ages*
    Quel — avez-vous? *How old are you?*

âgé [ɑʒe] *old, aged*

agir [aʒir] *act, do*

agité [aʒite] *agitated, rough*

agiter [aʒite] *agitate, stir*

s'agrandir [agrɑ̃dir] *become larger*

agréable [agreabl] *agreeable, pleasant*

agriculture [agrikyltyr] f. *agriculture*

ai [e] (avoir) *have*

aide [ed] f. *aid, help*

aider [ede] *help*

aille [aj] (aller) *go*

ailleurs [ajœr] *elsewhere*

d'ailleurs [dajœr] *besides, moreover*

aimer [ɛme] *love, like*
    — mieux *prefer, like better*

ainsi [ɛ̃si] *thus, so*
    — que *in the same way, as well as*

air [er] m. *air*
    avoir l'— de *seem, have the appearance*

ajouter [aʒute] *add*

alarmer [alarme] *alarm*

alcool [alkɔl] m. *alcohol*

Algérie [alʒeri] f. *Algeria*

illée [ale] f. *path, passage, walk*

Alléghanys [alegani] *Allegheny Mountains*

Allemagne [almaɲ] f. *Germany*

allemand [almɑ̃] *German*

aller [ale] (§ *86, no. 2*) *go*
    — chercher *go to get*
    Comment allez-vous? *How are you?*
    Je vais bien. *I'm fine.*

alliance [aljɑ̃s] f. *alliance*

allié, alliée [alje], *ally, allied*

s'allier [alje] *ally oneself, become an ally*

allons [alɔ̃] *come now, let's go*

allumer [alyme] *light*

allumette [alymɛt] f. *match*

alors [alɔr] *then*

Alpes [alp] f. *Alps*

Alsace [alzas] f. *Alsace, province in eastern France*

Alsace-Lorraine [alzaslɔrɛn] f. *Alsace-Lorraine, territory taken by Germany from France in 1871 and returned to France in 1918*

Alsacien [alzasjɛ̃] m. *Alsatian*

amateur [amatœr] m. *amateur*

Amazone [amazon] m. *Amazon*

ambassadeur [ɑ̃basadœr] m. *ambassador*

ambitieux, ambitieuse [ɑ̃bisjø, ɑ̃bisjøz] *ambitious*

ambition [ɑ̃bisjɔ̃] f. *ambition*

améliorer [ameljɔre] *improve*

amener [amne] (§ *82 D*) *lead, take (a person), bring on*

américain [amerikɛ̃] *American*

Amérique [amerik] f. *America*
    — du Nord f. *North America*
    — du Sud f. *South America*

ami [ami] m. *friend*

amicalement [amikalmɑ̃] *in a friendly way*

Amiens [amjɛ̃] *city of northern France in ancient province of Picardy*

amour [amur] (m. *in sing.* f. *in pl.*) *love*

s'amuser [amyze] *enjoy oneself, amuse oneself*

an [ɑ̃] m. *year*

ancien, ancienne [ɑ̃sjɛ̃, ɑ̃sjɛn] *old, ancient; former*

Ancien Régime [ɑ̃sjɛ̃reʒim] m. *Old Regime, used in reference to the period when France was under an absolute monarchy, before 1789*

Andes [ɑ̃d] f. *principal mountain chain of South America*

anglais [ãglɛ] *English*

Angleterre [ãglətɛr] f. *England*

animal, animaux [animal, animo] m. *animal*

animé [anime] *gay, animated, enlivened*

année [ane] f. *year*

annexer [anɛkse] *annex*

annoncer [anɔ̃se] *announce*
  s'— *announce oneself*

août [u, ut, au] m. *August*

apercevoir [apɛrsəvwar] (§ 83, no. 5) *perceive, see, notice*
  s'— de *perceive, notice*

aperçu, aperçus [apɛrsy] (*pp and sp of* apercevoir) *perceived, noticed*

apparaître [aparɛtr] (§ 86, no. 7) *appear*

appareil [aparɛj] m. *apparatus*
  — de radio *radio receiving set*

apparence [aparãs] f. *appearance, looks*

appartement [apartəmã] m. *apartment*

appartenir [apartənir] (§ 86, no. 31) *belong*

apparu, apparus [apary] (*pp and sp of* apparaître) *appeared*

appeler [aple] (§ 82 F) *call*
  s'— *be called*

application [aplikɑsjɔ̃] f. *application*

appliquer [aplike] *apply*

apporter [apɔrte] *bring*

apprendre [aprãdr] (§ 86, no. 27) *learn; teach*

approcher [aprɔʃe] *approach*
  s'— (de) *approach*

approuver [apruve] *approve*

appuyer [apɥije] (§ 82 C) *press down on, support*

après [aprɛ] *after*
  — que *after*
  d'— *according to*
  peu — *a little later, soon after*

après-demain [aprɛdmɛ̃] *day after to-morrow*

après-midi [aprɛmidi] (m. *or* f.) *afternoon*

Arabe [arab] m. *Arab*

arbre [arbr] m. *tree*

arc [ark] m. *arch*

Arc de Triomphe [arkdətriɔ̃f] *Triumphal Arch*

archiduc [arʃiduk] m. *archduke*

architecture [arʃitɛktyr] f. *architecture*

argent [arʒã] m. *money; silver*

Argentine [arʒãtin] f. *Argentina*

Arles [arl] *city on the Rhone noted for its Roman ruins*

arme [arm] f. *arm, weapon*

armée [arme] f. *army*

s'armer [arme] *arm oneself, take arms*

armoire [armwar] f. *wardrobe*
  — à glace *wardrobe with glass doors*

arrêter [arɛte] *stop*
  s'— *stop*

arrivée [arive] f. *arrival*

arriver [arive] *arrive, happen*

art [ar] m. *art*

d'Artagnan [dartaɲã] *hero of Dumas' novel* Les Trois Mousquetaires

artère [artɛr] f. *artery*

article [artikl] m. *article*

artificiel, artificielle [artifisjɛl] *artificial*

artiste [artist] m.f. *artist*

Asie [azi] f. *Asia*

aspect [aspɛ] m. *aspect*

assassiner [asasine] *assassinate*

assemblée [asãble] f. *assembly*

Assemblée Nationale [asãblenɑsjɔnal] *National Assembly, name given to the representatives of the people assembled in a body at Versailles in 1789*

asseoir [aswar] (§ 86, no. 3) *seat*
  s'— *sit down*

assez [ase] *enough; rather*

assis [asi] (*pp and sp of* asseoir) *seated*

assistance [asistãs] f. *assistance*

assister à [asiste] *be present at*

athlétisme [atletism] m. *track and field*

Atlantique [atlãtik] f. *Atlantic*

attaquer [atake] *attack*

atteindre [atɛ̃dr] (§ 86, no. 23) *attain, reach*

attendre [atãdr] *wait for, await, wait*

attention [atãsjɔ̃] f. *attention*
  attirer l'— *attract attention*
  retenir l'— *attract attention*

attirer [atire] *attract*

au [o] (§ 2 B) *to the, at the*
— fond *in the background, at the end*
— moins *at least*
auberge [oberʒ] f. *inn*
— de la jeunesse *youth hostel*
aucun [okœ̃] *any*
ne ... — *not any, no, none*
au-dessus [odsy] *above*
augmenter [ɔgmɑ̃te] *increase, augment*
aujourd'hui [oʒurdɥi] *today*
auparavant [oparavɑ̃] *formerly, before*
aurai [ɔre] (avoir) *shall have*
aussi [osi] *also, too*
— ... que (§ 12 F) *as ... as*
Aussi ... (§ 19 D) *so, therefore*
aussitôt que [ositokə] *as soon as*
autant [otɑ̃] *as much, as many*
— que *as much as*
auteur [otœr] m. *author*
autobus [ɔtɔbys] m. *bus*
automobile [ɔtɔmɔbil] f. *automobile*
automne [otɔn] (m. or f.) *autumn*
autorité [ɔtɔrite] f. *authority*
autour [otur] *around*
— de *around*
autre [otr] *other*
autrefois [otrəfwa] *formerly*
Autriche [otriʃ] f. *Austria*
Autriche-Hongrie [otriʃɔ̃gri] f. *Austria-Hungary*
aux [o] (§ 2 B) *to the, at the, in the*
auxiliaire [ɔksiljɛr] *auxiliary*
avalanche [avalɑ̃ʃ] f. *avalanche*
avance [avɑ̃s] f. *advance*
d'— *in advance*
avant [avɑ̃] *before*
— de *before*
— que *before*
avantage [avɑ̃taʒ] m. *advantage*
avant-bras [avɑ̃bra] m. *forearm*
avec [avɛk] *with*
avenir [avnir] m. *future*
à l'— *in the future*
dans l'— *in the (more distant) future*
avenue [avny] f. *avenue*
aveugle [avœgl] *blind*
aveuglément [avœglemɑ̃] *blindly*
aviation [avjɑsjɔ̃] f. *aviation*

Avignon [aviɲɔ̃] *city in southern France on the Rhone, noted for its papal palace*
avion [avjɔ̃] m. *airplane*
avis [avi] m. *opinion*
avoir [avwar] (§ 83, no. 6) *have*
— l'air *seem, have the appearance*
— (quinze) ans *be (fifteen) years old*
— besoin (de) *need*
— chaud *be warm, hot*
— envie *feel like, desire*
— faim *be hungry*
— froid *be cold*
— l'intention (de) *intend (to)*
— lieu *take place*
— mal *hurt, have a pain*
— mal à la tête *have a headache*
— peur *be afraid*
— raison *be right*
— soif *be thirsty*
— sommeil *be sleepy*
— tort *be wrong*
il y a (§ 88 A) *there is, there are; ago*
avril [avril] m. *April*
azur [azyr] *blue*
Côte d'Azur [kotdazyr] *alternate name for French Riviera*

B

Baccalauréat [bakalɔrea] m. *baccalaureate, degree obtained by French lycée student after passing two series of state examinations*
se baigner [bɛɲe] *bathe, go bathing*
bal [bal] m. *ball, dance*
balayer [baleje] (§ 82 C) *sweep*
balkanique [balkanik] *Balkan*
ballon [balɔ̃] m. *football*
Balzac, Honoré de [balzak] (1799–1850) *great French realistic novelist of the nineteenth century*
ban [bɑ̃] m. *public announcement of marriage, bann*
banal [banal] *commonplace*
banc [bɑ̃] m. *bench*
banque [bɑ̃k] f. *bank*
banquet [bɑ̃kɛ] m. *banquet*

bas, basse [bɑ, bɑs] *low*
  au — de *at the bottom of*
  en — *down below*
  à voix —se *in a low voice, in a whisper*
base [bɑz] f. *basis, base*
baseball [bɑzbɔl] m. *baseball*
baser [bɑze] *base*
basketball [basketbɔl] m. *basketball*
Bastille [bastij] f. *state prison taken and destroyed by the people of Paris on July 14, 1789*
bataille [batɑj] f. *battle*
bateau [bato] m. *boat*
bâtiment [bɑtimɑ̃] m. *building*
battre [batr] (§ 86, *no. 4) beat*
  — en retraite *retreat*
  se — *fight*
Bayeux [bajɸ] *town in Normandy in which may be seen the tapestry of Queen Mathilda*
Bayonne [bajɔn] *French town on the Atlantic coast near Spain*
beau, beaux [bo] (§ 9 G) *beautiful, handsome*
beaucoup (de) [boku] *much, many, a great deal*
beauté [bote] f. *beauty*
belge [bɛlʒ] *Belgian*
Belgique [bɛlʒik] f. *Belgium*
bel, belle [bɛl] (§ 9 G) *beautiful*
besoin [bəzwɛ̃] m. *need*
  avoir — (de) *need*
bête [bɛt] f. *beast, creature, animal*
beurre [bœr] m. *butter*
Biarritz [bjarits] *French town on the Atlantic coast, near Spain*
bibliothèque [bibliɔtɛk] f. *library*
bicyclette [bisiklɛt] f. *bicycle*
bien [bjɛ̃] m. *goods, property, wealth, benefit*
bien [bjɛ̃] *well, good; indeed; very*
  vouloir — *be willing, be quite willing*
bien que [bjɛ̃kə] *although*
bienfait [bjɛ̃fɛ] m. *benefit*
bientôt [bjɛ̃to] *soon*
bière [bjɛr] f. *beer*
billet [bijɛ] m. *ticket*
  prendre un — *buy a ticket*

Bismarck [bismark] (*1815–1898) German statesman*
blanc, blanche [blɑ̃, blɑ̃ʃ] *white*
blesser [blɛse] *wound, hurt*
bleu [blɸ] *blue*
blocus [blɔkys] m. *blockade*
Blois [blwa] *French city north of Tours, famous for its Renaissance château*
bock [bɔk] m. *glass containing about a fourth of a liter, about half a pint, used to serve beer*
boeuf [*sing.* bœf, *pl.* bɸ] m. *ox, steer*
boire [bwar] (§ 86, *no. 5) drink*
bois [bwa] m. *wood, woods*
boisson [bwasɔ̃] f. *beverage*
boîte [bwat] f. *box; special type of box used to display books and pictures, found along the wharves of the Seine at Paris*
bombardement [bɔ̃bardəmɑ̃] m. *bombardment*
bombarder [bɔ̃barde] *bombard*
bon, bonne [bɔ̃, bɔn] *good*
bonjour [bɔ̃ʒur] *good day, good morning, good afternoon, hello*
bonne [bɔn] f. *maid*
bord [bɔr] m. *shore, edge*
  au — de la mer *at the seashore*
Bordeaux [bɔrdo] *French port situated at the junction of the Garonne and the Gironde*
border [bɔrde] *border on*
borgne [bɔrɲ] *blind in one eye*
bouche [buʃ] f. *mouth*
boulevard [bulvar] m. *boulevard*
Boulogne [bulɔɲ] *French port on the English Channel*
Bourges [burʒ] *city in central France noted for its cathedral*
Bourgogne [burgɔɲ] f. *Burgundy, a province in eastern France*
Bourguignon [burgiɲɔ̃] m. *Burgundian*
bout [bu] m. *end*
boutique [butik] f. *shop*
bouton [butɔ̃] m. *button*
branche [brɑ̃ʃ] f. *branch*
bras [bra] m. *arm*
Brésil [brezil] m. *Brazil*

Brest [brɛst] *military port in the extreme west of France*

Bretagne [brətaɲ] f. *Brittany*

Breton [brɔtɔ̃] m. *inhabitant of Brittany*

Brie [bri] m. *kind of cheese*

briser [brize] *break*
se — *break*

bruit [brɥi] m. *noise*

brûler [bryle] *burn*

brumeux, brumeuse [brymɸ, brymɸz] *foggy, misty*

bu, bus [by] (*pp and sp of* boire) *drunk, drank*

bûcher [byʃe] m. *stake, funeral pile*

bureau [byro] m. *desk; office*
— de poste *post office*
— de tabac *tobacco shop*

but [byt, by] m. *aim*

byzantin [bizɑ̃tɛ̃] *byzantine*

C

ça [sa] (§ *33 A*) *that*
— m'est égal *it's all the same to me*
Qu'est-ce que c'est que —? *What's that?*

cabinet [cabinɛ] m. *cabinet*

Caen [kɑ̃] *city in Normandy*

café [kafe] m. *type of café where only drinks are sold; sometimes combined with restaurant and called* café-restaurant; *coffee*

cahier [kaje] m. *notebook*

Calais [kalɛ] *French port on North Sea*

calme [kalm] *calm*

camarade [kamarad] m. *comrade, chum, school-friend*

Camembert [kamɑ̃ber] m. *type of cheese*

campagne [kɑ̃paɲ] f. *country (opposite of city); (military) campaign*
à la — *to the country, in the country*

Canada [kanada] m. *Canada*

canadien, canadienne [kanadjɛ̃, kanadjɛn] *Canadian*

canal [kanal] m. *canal*
— de Suez *Suez Canal*

candidature [kɑ̃didatyr] f. *candidacy*

Cannes [kan] *French city on the Riviera*

canon [kanɔ̃] m. *cannon*

capitale [kapital] f. *capital*

Capoulade [kapulad] *French café and restaurant in the Latin Quarter of Paris*

car [kar] *for, because*

caractère [karaktɛr] m. *character*

caractéristique [karaktɛristik] *characteristic*

caravane [karavan] f. *caravan, company*

Carcassonne [karkasɔn] *picturesque walled city in southern France*

carnet [karnɛ] m. *pad, small notebook*

carte [kart] f. *map, menu*
à la — *from the menu*

Cartier, Jacques [kartje] (*1491-1557*), *French explorer*

cas [kɑ] m. *case*

cathédrale [katedral] f. *cathedral*

catholique [katɔlik] *Catholic*

causatif, causative [kozatif, kozativ] *causative*

cause [koz] f. *cause*
à — de *because of*

causer [koze] *talk, chat; cause*

ce, cet, cette, ces [sɛ, sɛt, sɛt, se] (§ *14*) *this, that*

ce que [skə] (§ *36 B*) *what, that which*

ce qui [ski] (§ *36 B*) *what, that which*

ceci [səsi] (§ *33*) *this*

céder [sede] (§ *82 E*) *give over to, cede*

cela [səla] (§ *33*) *that*

célèbre [selɛbr] *famous, noted*

célébrer [selebre] *make famous, celebrate*

celle [sɛl] (§ *32*) *this one, that one, the one*
— -ci *this one, the latter*
— -là *that one, the former*
— qui *she who*

celtique [sɛltik] *Celtic*

celui [səlɥi] (§ *32*) *this one, that one, the one*
— -ci *this one, the latter*
— -là *that one, the former*
— qui *he who*

cent [sɑ̃] (§ *16 C, D*) (*one*) *hundred*

centime [sɑ̃tim] m. *French coin worth one-hundredth of a franc; (smallest French coin is a five-centime piece)*

central, centraux [sɑ̃tral, sɑ̃tro] *central*

centralisé [sɑ̃tralize] *centralized*

centre [sɑ̃tr] m. *center*

cependant [spādā, səpādā] *however*

cérémonie [seremɔni] f. *ceremony*

certain [sɛrtɛ̃] *certain*

ces [se] (§ 14) *these, those*

c'est [sɛ] *that is; it is; he is; she is*
— -à-dire *that is to say*
— ça *that's right*
— dommage *that's too bad*

cet, cette [sɛt] (§ 14) *this, that*

ceux (sɸ) (§ 32) *these, those*
— -ci *these, the latter*
— -là *those, the former*
— qui *they who*

chacun [ʃakœ̃] *each, each one*

chaise [ʃɛz] f. *chair*

Chambord [ʃābɔr] *Renaissance château of the Loire, built by Francis I*

chambre [ʃābr] f. *room, bedroom*

Chambre des Députés [ʃābrədedepyte] *Chamber of Deputies*

Chambre des Représentants [ʃābrədərəprezātā] *House of Representatives*

Chamonix [ʃamuni, ʃamɔniks] *French city at the foot of Mont Blanc*

champ [ʃā] m. *field*

Champagne [ʃāpaɲ] f. *province in eastern France*

champagne [ʃāpaɲ] m. *French wine*

Champlain [ʃāplɛ̃] (1567-1635) *French explorer and founder of Quebec*

Champs-Elysées [ʃāzelize] m. *avenue in Paris leading from the Place de la Concorde to the Place de l'Étoile*

changement [ʃāʒmā] m. *change*

changer [ʃāʒe] (§ 82 B) *change*

chanson [ʃāsɔ̃] f. *song*

chapeau [ʃapo] m. *hat*

chaperon [ʃaprɔ̃] m. *chaperon*

chaque [ʃak] *each*

charbon [ʃarbɔ̃] m. *coal*

charcuterie [ʃarkytri] f. *sausage meat, pork products; market where pork is sold*

charger [ʃarʒe] (§ 82 B) *charge*
se — de *take charge of, take it upon oneself, undertake, look after*

Charles [ʃarl] *Charles*
— VII (1422-1461) *King of France, crowned by Joan of Arc*
— X (1824-1830) *King of France*

— le Téméraire (1433-1477) *Charles the Bold, duke of Burgundy*

charmant [ʃarmā] *charming, delightful, lovely*

charme [ʃarm] m. *charm*

Chartres [ʃartr] *city southwest of Paris noted for its cathedral*

château [ʃato] m. *château, castle*

Châtelet [ʃatlɛ] m. *métro station and square on the right bank of the Seine in Paris*

chaud [ʃo] *warm, hot*
avoir — (§ 91 B) *be warm, hot*
faire — (§ 89 B) *be warm, hot*

chef [ʃɛf] m. *chief, head*

chemin [ʃəmɛ̃] m. *road*
— de fer *railroad*

cheminée [ʃəmine] f. *fireplace*

Chénier, André [ʃenje] (1762-1794) *French poet guillotined during the Reign of Terror*

Chenonceaux [ʃənɔ̃so] *Renaissance château built under Francis I; later the château of Diane de Poitiers, then of Catherine de Medici*

cher, chère [ʃɛr] *dear*

Cherbourg [ʃɛrbur] *French port on the English Channel*

chercher [ʃɛrʃe] *look for, get, try, seek to*

cheval [ʃəval] m. *horse*

cheveux [ʃəvɸ] m. pl. *hair*

Chèvre [ʃɛvr] m. *type of French cheese*

Chevrolet [ʃɛvrɔlɛ] *type of American car*

chez [ʃe] (§ 39 F) *at the house of*
— Jean *at John's house*
— nous *at our house; in our country*

chien [ʃjɛ̃] m. *dog*

chiffre [ʃifr] m. *figure, number, cipher*

chimie [ʃimi] f. *chemistry*

Chine [ʃin] f. *China*

Chinon [ʃinɔ̃] *city in Touraine, site of a medieval castle, now in ruins*

chocolat [ʃɔkɔla] m. *chocolate*

choisir [ʃwazir] *choose*

chose [ʃoz] f. *thing*
grand'— *much, a great deal*
quelque — *something*

chute [ʃyt] f. *fall*

Cid [sid] m. *famous play by Corneille*

cidre [sidr] m. *cider*

ciel [sjɛl] m. *sky*

cigare [sigar] m. *cigar*

cigarette [sigarɛt] f. *cigarette*

cinéma [sinema] m. *movie*

cinq [sɛ̃k, sɛ̃] *five*

cinquante [sɛ̃kãt] *fifty*
— et un *fifty-one*

cinquième [sɛ̃kjɛm] *fifth*

circonstance [sirkɔ̃stãs] f. *circumstance*

circulation [sirkylasjɔ̃] f. *circulation; traffic*

circuler [sirkyle] *circulate*

citer [site] *name; cite*

citoyen [sitwajɛ̃] m. *citizen*

Citroën [sitroɛn] *type of French car*

civil [sivil] *civil*

civilisation [sivilizasjɔ̃] f. *civilization*

clair [klɛr] *clear*

clairement [klɛrmã] *clearly*

classe [klɑs] f. *class*

classique [klasik] *classical*

clef [kle] f. *key*

clergé [klɛrʒe] m. *clergy*

client [kliã] m. *customer*

climat [klimɑ] m. *climate*

club [klyb, klɔb] m. *club*

code [kɔd] m. *code*

Code Civil — Napoléon } *system of French laws drawn up under the direction of Napoleon I*

coeur [kœr] m. *heart*

coin [kwɛ̃] m. *corner*

colère [kɔlɛr] f. *anger*
se mettre en — *get angry*

collège [kɔlɛʒ] m. *French school corresponding to American grammar and high school; it may be under direction of a municipality, or it may be privately owned*
— électoral *electoral college*

colonial [kɔlɔnjal] *colonial*

colonie [kɔlɔni] f. *colony*

colonisation [kɔlɔnizasjɔ̃] f. *colonization*

coloniser [kɔlɔnize] *colonize*

coloré [kɔlɔre] *colored*

combattre [kɔ̃batr] (§ *86, no. 4*) *fight*

combien (de) [kɔ̃bjɛ̃] *how much, how many*

comédie [kɔmedi] f. *comedy, play*

Comédie Française *French State Theater, also called* le Théâtre-Français

comité [kɔmite] m. *committee*

Comité de Salut public [kɔmitedsalypyblik] *Committee of Public Safety*

commander [kɔmãde] *order*
— en chef *be in supreme command*

comme [kɔm] *like, as*

commencement [kɔmãsmã] m. *beginning*

commencer [kɔmãse] (§ *82 A*) *begin*

comment [kɔmã] *how, what*
— allez-vous? *How are you?*
— ça va? *How are you?*
— vous appelez-vous? *What is your name?*

commerce [kɔmɛrs] m. *commerce*

commercial [kɔmɛrsjal] *commercial*

commun [kɔmœ̃] *common, ordinary*

communication [kɔmynikasjɔ̃] f. *communication*

comparaison [kɔ̃parɛzɔ̃] f. *comparison*

comparatif, comparative [kɔ̃paratif, kɔ̃parativ] *comparative*

comparer [kɔ̃pare] *compare*

compenser [kɔ̃pãse] *compensate*

complément [kɔ̃plemã] m. *complement, object*
— direct *direct object*
— indirect *indirect object*

complètement [kɔ̃pletmã] *completely*

complication [kɔ̃plikasjɔ̃] f. *complication*

composé [kɔ̃poze] (*pp of* composer) *composed, compound*
passé — m. *compound past, past indefinite*

composer [kɔ̃poze] *compose, consist*
se — de *consist of, be composed of*

composition [kɔ̃pozisjɔ̃] f. *composition*

comprendre [kɔ̃prãdr] (§ *86, no. 27*) *understand; include*

compris [kɔ̃pri] (*pp and sp of* comprendre) *understood*

compte [kɔ̃t] m. *account, profit*
à bon — *cheap, cheaply*
compter [kɔ̃te] *count*
comptoir [kɔ̃twar] m. *counter*
Comte de Monte-Cristo (Le) [ləkɔ̃tdə-
mɔ̃tkristo] m. The Count of Monte
Cristo, *a novel by Alexandre Dumas*
concerner [kɔ̃sɛrne] *concern*
concierge [kɔ̃sjɛrʒ] m. f. *house-porter,
janitor*
conclu, conclus [kɔ̃kly] (*pp and sp of*
conclure) *concluded*
conclure [kɔ̃klyr] *conclude*
concordat [kɔ̃kɔrda] m. *agreement*
Concorde [kɔ̃kɔrd] f. *Concord*
Place de la — *large square on the right
bank of the Seine directly opposite the*
Chambre des Députés
Pont de la — *bridge connecting the
right and left banks of the Seine at
the* Place de la Concorde
condamner [kɔ̃dane] *condemn*
condition [kɔ̃disjɔ̃] f. *circumstance, condition, walk of life*
conditionnel [kɔ̃disjɔnɛl] m. *conditional*
confédération [kɔ̃federasjɔ̃] f. *confeder-
ation*
conférence [kɔ̃ferɑ̃s] f. *lecture*
salle de —s *lecture hall*
confiance [kɔ̃fjɑ̃s] f. *confidence*
conflit [kɔ̃fli] m. *conflict*
confortable [kɔ̃fɔrtabl] *comfortable*
congé [kɔ̃ʒe] m. *holiday, day-off, vacation*
jour de — m. *holiday, day-off*
congrès [kɔ̃grɛ] m. *congress*
connaissance [kɔnɛsɑ̃s] f. *acquaintance*
connaître [kɔnɛtr] (§ 86, *no. 7*) *know,
be acquainted with*
connu, connus [kɔny] (*pp and sp of*
connaître) *known*
conquérir [kɔ̃kerir] (§ 86, *no. 1*) *conquer*
conquête [kɔ̃kɛt] f. *conquest*
conquis [kɔ̃ki] (*pp and sp of* conquérir)
conquered
consacrer [kɔ̃sakre] *consecrate*
conseil [kɔ̃sɛj] m. *advice*
Conseil des Ministres [kɔ̃sɛjdeministr]
Council of Ministers, Cabinet

conseiller [kɔ̃sɛje] *advise*
consentir [kɔ̃sɑ̃tir] (*2*) *consent*
conservateur, conservatrice [kɔ̃sɛrva-
tœr, kɔ̃sɛrvatris] *conservative*
conservé [kɔ̃sɛrve] *preserved*
conserver [kɔ̃sɛrve] *preserve, save*
considérer [kɔ̃sidere] *consider*
consister [kɔ̃siste] *consist*
constituer [kɔ̃stitɥe] *constitute, set up*
Constitution [kɔ̃stitysjɔ̃] f. *Constitution*
construction [kɔ̃stryksjɔ̃] f. *construction*
construire [kɔ̃strɥir] (§ 86, *no. 6*) *construct*
construit [kɔ̃strɥi] (*pp of* construire)
constructed
consul [kɔ̃syl] m. *consul*
consulter [kɔ̃sylte] *consult*
contagieux, contagieuse [kɔ̃taʒjø, kɔ̃-
taʒjøz] *contagious*
contemporain [kɔ̃tɑ̃pɔrɛ̃] *contemporary*
contenir [kɔ̃tnir] (§ 86, *no. 31*) *contain, hold*
content [kɔ̃tɑ̃] *glad, content, happy*
se contenter (de) [kɔ̃tɑ̃te] *be content
(with)*
continent [kɔ̃tinɑ̃] m. *continent*
continental [kɔ̃tinɑ̃tal] *continental*
continuellement [kɔ̃tinɥɛlmɑ̃] *continu-
ally*
continuer [kɔ̃tinɥe] *continue*
contraction [kɔ̃traksjɔ̃] f. *contraction*
contraire [kɔ̃trɛr] m. *contrary*
contraste [kɔ̃trast] m. *contrast*
contrat [kɔ̃tra] m. *contract*
contre [kɔ̃tr] *against*
contre-révolution [kɔ̃trərevɔlysjɔ̃] f.
counter-revolution
contribuer [kɔ̃tribɥe] *contribute*
contribution [kɔ̃tribysjɔ̃] f. *contribution*
contrôler [kɔ̃trole] *control*
convaincre [kɔ̃vɛ̃kr] (§ 86, *no. 32*)
convince
convenable [kɔ̃vnabl] *suitable, proper*
convenance [kɔ̃vnɑ̃s] f. *convenience*
mariage de — m. *marriage for money
or position*

convenir [kɔ̃vnir] (§ 86, no. 34) suit, agree

convention [kɔ̃vãsjɔ̃] f. convention

Convention Nationale [kɔ̃vãsjɔ̃naʃjɔnal] National Convention, revolutionary assembly which came into being in 1792 and made way for the Directory in 1795

conversation [kɔ̃vɛrsasjɔ̃] f. conversation

convertir [kɔ̃vɛrtir] convert

convient, conviennent [kɔ̃vjɛ̃, kɔ̃vjɛn] (convenir) fits, fit; is suitable, are suitable

convoquer [kɔ̃vɔke] convoke, call together

coopération [koɔperasjɔ̃] f. co-operation

cordialement [kɔrdjalmã] cordially

Corneille [kɔrnɛj] (1606–1684) French dramatist

Corot [kɔro] (1796–1875) French landscape painter

corps [kɔr] m. body

correction [kɔrɛksjɔ̃] f. correction

correspondance [kɔrɛspɔ̃dãs] f. transfer (in streetcar, bus, or subway); correspondence

correspondre [kɔrɛspɔ̃dr] correspond

corriger [kɔriʒe] (§ 82 B) correct

Corse [kɔrs] f. Corsica

cosmopolite [kɔzmɔpɔlit] cosmopolitan

costume [kɔstym] m. dress, costume

côte [kot] f. coast; hill, slope

Côte d'Azur [kotdazyr] territory along the southeast coast of France, also known as the French Riviera

côté [kote] m. side
　à — de beside
　de ce — -là on that side
　de chaque — on each side
　de l'autre — on the other side
　des deux —s on both sides
　du — de on the side of, in the direction of
　d'un — on one side

cou [ku] m. neck

Coubertin, Pierre de [kubɛrtɛ̃] (1863–) founder of the modern Olympic Games

se coucher [kuʃe] go to bed, lie down

coude [kud] m. elbow

couler [kule] flow; sink

couleur [kulœr] f. color

couloir [kulwar] m. corridor, hall

coup [ku] m. stroke, blow
　— d'état sudden and often violent stroke of state policy
　— de téléphone "ring," telephone call

cour [kur] f. court, patio

Cour Suprême [kursyprɛm] Supreme Court

courage [kuraʒ] m. courage, bravery

couramment [kuramã] currently; fluently

courant [kurã] ordinary, common

coureur [kurœr], m. runner, racer
　— -cycliste bicycle racer

courir [kurir] (§ 86, no. 8) run

couronne [kurɔn] f. crown

couronner [kurɔne] crown

courrier [kurje] m. mail

cours [kur] m. course of study; class

course [kurs] f. race, running

court [kur] short

couru, courus [kury] (pp and sp of courir) run, ran

cousin [kuzɛ̃] m. cousin

coûter [kute] cost

coûteux, coûteuse [kutø, kutøz] costly, expensive

coutume [kutym] f. custom, habit

couvert [kuvɛr] (pp of couvrir) covered
　le ciel est — it is cloudy, the sky is overcast

craindre [krɛ̃dr] (§ 86, no. 9) fear, be afraid

crainte [krɛ̃t] f. fear

crayon [krɛjɔ̃] m. pencil

créer [kree] create

crème [krɛm] f. cream
　un «—» coffee with cream or milk (term used in ordering in café)

crier [krie] cry, shout

crise [kriz] f. crisis; depression

critique [kritik] m. critic

critique [kritik] critical

croire [krwar] (§ 86, no. 10) believe, think

croissant [krwasã] m. crescent-shaped, pastry-like roll popular in France cru, crus [kry] (*pp and sp of* croire) *believed*

cuisine [kɥizin] f. *cooking*
  faire la — *cook*

cultiver [kyltive] *cultivate*

culture [kyltyr] f. *culture*

curieux, curieuse [kyrjф, kyrjфz] *curious*

D

d'abord [dabɔr] *first, at first*

d'ailleurs [dajœr] *besides, moreover*

dame [dam] f. *lady*

Danemark [danmark] m. *Denmark*

dangereux, dangereuse [dãʒrф, dãʒrфz] *dangerous*

dans [dã] *in, into*

danser [dãse] *dance*

Dantzig [dãtsig] *German city, established as a Free City at the mouth of the Polish Corridor by the Treaty of Versailles, reseized by the Germans in September, 1939*

d'après [daprɛ] *according to*

date [dat] f. *date*

dater [date] *date*

davantage [davãtaʒ] *more*

de [də] *of, from; in* (§ *12 D*); *than* (§ *12 B*)
  — (village) en (village) *from (village) to (village)*
  quelque chose — défini *something definite*
  — l'autre côté *on the other side*
  d'un côté *on one side*

se débarrasser (de) [debarase] *get rid of*

debout [dəbu] *standing*

début [deby] m. *beginning; debut*

décembre [desãbr] m. *December*

décider (de) [deside] *decide (to)*
  se — (à) *make up one's mind (to)*

déclarer [deklare] *declare*

découvert [dekuvɛr] (*pp of* découvrir) *discovered*

découverte [dekuvɛrt] f. *discovery*

découvrir [dekuvrir] (§ *86, no. 22*) *discover*

décret [dekrɛ] m. *decree*

décrire [dekrir] (§ *86, no. 13*) *describe*

déesse [deɛs] f. *goddess*

défendre [defãdr] *defend; forbid*

défense [defãs] f. *defense*

défiler [defile] *march past, file past, go past*

défini [defini] *definite*

dégager [degaʒe] *clear, disengage*

dégât [degɑ] m. *damage*

déguiser [degize] *disguise*

déjà [deʒa] *already*

déjeuner [deʒœne] m. *lunch*
  le petit — *breakfast*

de Lesseps [dəlɛseps] (*1804–1894*) *French engineer who constructed the Suez Canal and began the construction of the Panama Canal*

demain [dəmɛ̃] *tomorrow*

demander [dəmãde] (§ *41 C*) *ask, ask for*
  se — *wonder*

démarche [demarʃ] f. *step, course*

demeurer [dəmœre] *live, reside*

demi [dəmi] (§ *92 E*) *half*

Démocrate [demɔkrat] m. f. *Democrat*

démolir [demɔlir] *demolish*

démonstratif, démonstrative [demõstratif, demõstrativ] *demonstrative*

dent [dã] f. *tooth*

dentelle [dãtɛl] f. *lace*

départ [depar] m. *departure*

département [departəmã] m. *department, political division of modern France for administrative purposes*

se dépêcher [depɛʃe] *hurry*

dépenser [depãse] *spend*

depuis [dəpɥi] (§§ *45 B, 47 B*) *since, from, for*

député [depyte] m. *deputy*

dernier, dernière [dɛrnje, dɛrnjɛr] *last*

derrière [dɛrjɛr] *behind*

des [de] (§§ *2 A, 4 B, 5 B*) *of the; some*

dès [dɛ] *from, since, as early as*
  — que *as soon as*

désastreux, désastreuse [dezastrф, dezastrфz] *disastrous*

descendre [desãdr] *go down*
  — d'un train *get off a train*

description [deskripsjõ] f. *description*

désert [dezɛr] m. *desert*

désert [dezɛr] *deserted*

désigner [deziɲe] *designate, name, call*
désir [dezir] m. *desire, wish*
désirer [dezire] *desire, wish*
dessert [deser] m. *dessert*
dessus [dəsy] *on, over, above*
  au- — *above*
détail [detaj] m. *detail*
détester [deteste] *hate*
Détroit [detrwɑ] *city in United States*
détruire [detrɥir] (§ 86, no. 6) *destroy*
détruit [detrɥi] (pp of détruire) *destroyed*
deux [dφ] *two*
deuxième [dφzjɛm] *second*
devant [dəvɑ̃] *in front of, before*
développement [devlɔpmɑ̃] m. *development*
développer [devlɔpe] *develop*
devenir [dəvnir] (§ 86, no. 34) *become*
  Qu'est-ce que Robert est devenu?
  What became of Robert?
devenu [dəvny] (pp of devenir) *become*
deviner [dəvine] *guess*
devoir [dəvwar] (§ 86, no. 11; § 90 A, B) *have to, must, ought to, should; owe*
devoir [dəvwar] m. *exercise; duty*
dévouement [devumɑ̃] m. *devotion*
dévouer [devue] *devote*
dictateur [diktatœr] m. *dictator*
dictatorial, dictatoriaux [diktatɔrjal, diktatɔrjo] *dictatorial*
dictature [diktatyr] f. *dictatorship*
dictée [dikte] f. *dictation*
Dieu [djφ] m. *God*
différence [diferɑ̃s] f. *difference*
différent [diferɑ̃] *different*
difficile [difisil] *difficult*
difficilement [difisilmɑ̃] *with difficulty*
difficulté [difikylte] f. *difficulty*
diffuser [difyze] *diffuse*
digestion [diʒestjɔ̃] f. *digestion*
Dijon [diʒɔ̃] *city in eastern France, capital of ancient province of Burgundy*
dimanche [dimɑ̃ʃ] m. *Sunday*
diminuer [diminɥe] *diminish, lessen*
dîner [dine] *dine*
dîner [dine] m. *dinner*
diplomatique [diplɔmatik] *diplomatic*

dire [dir] (§ 86, no. 12) *say, tell*
  c'est à — *that is to say*
  vouloir — *mean*
direct [dirɛkt] *direct*
directement [dirɛktəmɑ̃] *directly*
direction [dirɛksjɔ̃] f. *direction*
Directoire [dirɛktwar] m. *Directory, body governing France just before Napoleon I*
diriger [diriʒe] (§ 82 B) *direct*
  se — *go toward*
  «les loisirs dirigés» *supervised play*
discours [diskur] m. *discourse, speech, talk*
discussion [diskysjɔ̃] f. *discussion*
discuter [diskyte] *discuss*
disparaître [disparɛtr] (§ 86, no. 7) *disappear*
se disperser [dispɛrse] *disperse, be dispersed*
disposer [dispoze] *dispose; incline*
disposition [dispozisjɔ̃] f. *disposition*
distance [distɑ̃s] f. *distance*
distinguer [distɛ̃ge] *distinguish*
  se — *be distinguished*
distribuer [distribɥe] *distribute*
dit [di] (pp of dire) *said*
divers [divɛr] *various, different*
divisé [divize] (pp of diviser) *divided*
diviser [divize] *divide*
division [divizjɔ̃] f. *division*
dix [dis, di, diz] *ten*
  — -huit *eighteen*
  — -neuf *nineteen*
  — -neuf cent quarante *nineteen hundred forty*
  — -sept *seventeen*
  — -septième *seventeenth*
  — -sept cent quatre-vingt-neuf *seventeen hundred eighty-nine*
dixième [dizjɛm] *tenth*
dizaine [dizɛn] f. *about ten*
doigt [dwa] m. *finger; toe*
domestique [dɔmɛstik] m. f. *servant*
domestique [dɔmɛstik] *domestic*
domination [dɔminɑsjɔ̃] f. *domination*
dominer [dɔmine] *dominate*
dommage [dɔmaʒ] m. *harm*
  c'est — *it's too bad*

Domrémy [dɔ̃remi] *small village in Lorraine where Joan of Arc was born*
donc [dɔ̃k, dɔ̃] *then, thus*
donner [dɔne] *give*
 — sur *look out upon, open on*
 — un coup de téléphone *give a "ring," telephone*
dont [dɔ̃] (§ 36 D) *of which, whose*
d'ordinaire [dɔrdinɛr] *ordinarily*
dormir [dɔrmir] (2) (§ 83, no. 4) *sleep*
dos [do] m. *back*
dot [dɔt] f. *dowry*
doucement [dusmɑ̃] *softly, gently, in a low voice*
doute [dut] m. *doubt*
douter [dute] *doubt*
douteux, douteuse [dutφ, dutφz] *doubtful, uncertain*
doux, douce [du, dus] *soft, sweet, gentle, mild*
 il fait — (§ 89 B) *it is mild weather*
douzaine [duzɛn] f. *dozen; about twelve*
douze [duz] *twelve*
douzième [duzjɛm] *twelfth*
dramatique [dramatik] *dramatic*
dresser [drɛse] *erect, build*
droit [drwɑ] m. *law; right*
droit [drwɑ] *right*
droite [drwat] f. *right*
 à — *to the right*
 les «—s» *the "rightists"*
du [dy] (§§ 2 A, 5 B) *of the, from the; some*
dû [dy] (*pp of* devoir)
duc [dyk] m. *duke*
duché [dyʃe] m. *duchy*
Dumas, Alexandre [dymɑ] (*1803–1870*) *French novelist and dramatist*
dur [dyr] *hard*
 un œuf — *hard-boiled egg*
durer [dyre] *last*

E

eau [o] f. *water*
échapper [eʃape] *escape*
 s'— *escape*
échouer [eʃwe] *fail (an examination, a course)*
éclairer [eklɛre] *light*

éclater [eklate] *break out*
école [ekɔl] f. *school*
 à l'— *at school*
économe [ekɔnɔm] *economical*
économie [ekɔnɔmi] f. *economy*
économique [ekɔnɔmik] *economic*
économiste [ekɔnɔmist] m. *economist*
écouter [ekute] (§ 42 B) *listen*
écraser [ekrɑze] *crush*
écrire [ekrir] (§ 86, no. 13) *write*
écris, écrit [ekri] (*sp and pp of* écrire) *wrote, written*
écrivain [ekrivɛ̃] m. *writer, author*
écrivez [ekrive] (écrire) *write*
édifice [edifis] m. *building*
effacer [efase] (§ 82 A) *erase*
effet [efɛ] m. *effect*
 en — *in fact*
efficacité [efikasite] f. *efficacy*
effort [efɔr] m. *effort*
effrayer [efrɛje] *frighten*
également [egalmɑ̃] *equally, also*
égard [egar] m. *regard*
 à l'— de *in regard to, with respect to*
église [egliz] f. *church*
Egypte [eʒipt] f. *Egypt*
électeur [elɛktœr] m. *elector*
électoral [elɛktɔral] *electoral*
 collège — *electoral college*
électrique [elɛktrik] *electric*
élégant [elegɑ̃] *elegant, cultivated*
élève [elɛv] m. f. *pupil*
élevé [elve] *high*
élire [elir] (§ 86, no. 18) *elect*
elle [ɛl] *she; it; her*
elles [ɛl] f. *they; them*
éloigner [elwaɲe] *send away, dismiss*
élu [ely] (*pp of* élire) *elected*
Embarquement pour Cythère [ɑ̃barkə-mɑpursitɛr] "*Embarkation for Cytherea," a famous painting by Watteau*
embellir [ɑ̃bɛlir] *beautify*
embouchure [ɑ̃buʃyr] f. *mouth of a river*
s'emparer [ɑ̃pare] *take possession of, seize*
empêcher [ɑ̃peʃe] *prevent, hinder*
empereur [ɑ̃prœr] m. *emperor*
empire [ɑ̃pir] m. *empire*
emploi [ɑ̃plwa] m. *use*

employant [āplwajā] *using*
employé [āplwaje] m. *clerk*
employer [āplwaje] (§ 82 C) *use*
  s'— *be used*
en [ā] *in, into* (§ 39 A, B); *some, of it,
  of them* (§ 27 A, B, C); *from it, from
  there* (§ 27 E); *while* (§ 67 B); *as*
  — effet *in fact, indeed, in reality*
  — face (de) *opposite*
  — retard *late*
encore [ākɔr] *still*
  — une fois *again*
encourager [ākuraʒe] *encourage*
encre [ākr] f. *ink*
s'endormir [ādɔrmir] (2) *go to sleep, fall
  asleep*
endroit [ādrwa] m. *place*
enfance [āfās] f. *childhood*
enfant [āfā] m. f. *child*
enfermer [āferme] *shut in, imprison*
enfin [āfɛ̃] *at last, finally*
engager [āgaʒe] *engage*
enlever [ālve] *take away*
ennemi [ɛnmi] m. *enemy*
ennui [ānɥi] m. *worry, trouble*
énorme [enɔrm] *enormous*
enragé [āraʒe] *mad*
ensemble [āsābl] m. *whole*
ensemble [āsābl] *together*
ensuite [āsɥit] *then*
entendre [ātādr] *hear; understand*
  — parler de *hear of*
enthousiaste [ātuzjast] *enthusiastic*
entier, entière [ātje, ātjɛr] *entire*
entourage [āturaʒ] m. *circle, friends,
  advisers*
entourer [āture] *surround*
entre [ātr] *between, among*
entr'acte [ātrakt] m. *intermission*
entrée [ātre] f. *entrance*
entrer [ātre] (§ 83, no. 7) (§ 41 C)
  enter
envahir [āvair] *invade*
enverrai [āvere] (envoyer) *shall send*
envie [āvi] f. *wish, desire*
  avoir — de (§ 91 B) *feel like, want to*
environ [āvirɔ̃] *about, approximately*
environs [āvirɔ̃] m. pl. *vicinity, neigh-
  borhood*

envoyer [āvwaje] (§ 86, no. 14) *send*
épaule [epol] f. *shoulder*
époque [epɔk] f. *period*
épouser [epuze] *marry, wed*
éprouver [epruve] *feel, experience*
épuiser [epɥize] *exhaust*
équipe [ekip] f. *team*
équivalent [ekivalā] m. *equivalent*
ériger [eriʒe] (§ 82 B) *erect*
erreur [ɛrɶr] f. *error*
escalier [ɛskalje] m. *stairway*
escorte [ɛskɔrt] f. *escort*
espace [ɛspas] m. *space, room*
Espagne [ɛspaɲ] f. *Spain*
espagnol [ɛspaɲɔl] *Spanish*
espérer [ɛspere] (§ 82 E) *hope*
esprit [ɛspri] m. *spirit*
essayer [ɛsɛje] (§ 82 C) *try*
est [ɛ] (être) *is*
  — -ce que ... (§ 87 A) (*method of
  asking a question*)
est [ɛst] m. *east*
estomac [ɛstɔma] m. *stomach*
estuaire [ɛstɥɛr] m. *estuary, a narrow
  arm of the sea at the mouth of a river*
et [e] *and*
établir [etablir] *establish*
établissement [etablismā] m. *establishment*
étage [etaʒ] m. *floor, story*
  premier — *second floor*
  deuxième — *third floor, etc.*
étape [etap] f. *stage, stop*
état [eta] m. *state*
  homme d'— *statesman*
États-Généraux *States-General*
États-Unis [etazyni] m. *United States*
etc. [ɛtsɛtera] (*abbr. for* et caetera) *and
  so forth*
été [ete] (*pp of* être) *been*
été [ete] m. *summer*
  en — *in summer*
éteindre [etɛ̃dr] (§ 86, no. 23) *put out,
  turn out, extinguish*
éteint [etɛ̃] (*pp of* éteindre) *put out,
  turned out, extinguished*
s'étendre [etādr] *extend*
étendu [etādy] (*pp of* étendre) *extensive,
  extended*

étendue [etãdy] f. *extent*

étoile [etwal] f. *star; used to designate* La Place de l'Étoile *because the streets converging at that square give it the appearance of a star*

étonner [etɔne] *surprise, astonish*

étranger [etrãʒe] m. *foreigner*

étranger, étrangère [etrãʒe, etrãʒɛr] *foreign*

à l' — $\left\{ \begin{array}{c} to \\ in \end{array} \right\}$ *a foreign country, abroad*

être [ɛtr] (§ *83, no. 9*) *be*

être [ɛtr] m. *being*

étroit [etrwa] *narrow*

étude [etyd] f. *study*

étudiant [etydjã] m. *student (of college level)*

étudier [etydje] *study*

eu, eus [y] (*pp and sp of* avoir) *had*

Europe [œrɔp] f. *Europe*

européen, européenne [œrɔpeẽ, œrɔpeɛn] *European*

eux [φ] *them*

événement [evɛnmã] m. *event*

éventuel, éventuelle [evãtɥɛl] *eventual*

évidemment [evidamã] *evidently*

évolution [evɔlusjɔ̃] f. *evolution*

évoquer [evɔke] *evoke, call forth*

exactement [egzaktəmã] *exactly*

exagérer [egzaʒere] *exaggerate*

examen [egzamɛ̃] m. *examination*
passer un — *take an examination*
subir un — *take an examination*

examiner [egzamine] *examine*

excellent [ɛksɛlã] *excellent*

excepté [ɛksɛpte] *except*

exciter [ɛksite] *excite*

exécuter [egzekyte] *execute*

exécutif, exécutive [egzekytif, egzekytiv] *executive*

exécution [egzekysjɔ̃] f. *execution*

exemple [egzãpl] m. *example*
par — *for example*

exercer [egzɛrse] *exercise*

exiler [egzile] *exile*

existence [egzistãs] f. *existence*

exister [egziste] *exist*

expérience [ɛksperjãs] f. *experiment*

expérimenter [ɛksperimãte] *experiment*

expiation [ɛkspjasjɔ̃] f. *expiation, atonement*

expliquer [ɛksplike] *explain*

explorateur [ɛksplɔratœr] m. *explorer*

explorer [ɛksplɔre] *explore*

exporter [ɛkspɔrte] *export*

s'exposer [ɛkspoze] *expose oneself*

exposition [ɛkspozisjɔ̃] f. *exposition, fair*

expression [ɛksprɛsjɔ̃] f. *expression*

exprimer [ɛksprime] *express*
s'— *express oneself*

extérieur [ɛksterjœr] m. *exterior*

extérieur [ɛksterjœr] *exterior*

extrême [ɛkstrɛm] *extreme*

extrêmement [ɛkstrɛmamã] *extremely*

extrémité [ɛkstremite] f. *extremity*

F

façade [fasad] f. *façade, front of a building*

face [fas] f. *face*
en — (de) *opposite, facing*

se fâcher [faʃe] *get angry, become vexed*

facile [fasil] *easy*

facilement [fasilmã] *easily*

facilité [fasilite] f. *facility, ease*

faciliter [fasilite] *facilitate, make easy*

façon [fasɔ̃] f. *fashion, manner, way*

faculté [fakylte] f. *college or school of a university, including buildings and teaching staff*

faible [fɛbl] *weak*

faim [fɛ̃] f. *hunger*
avoir — (§ *91 B*) *be hungry*

faire [fɛr] (§ *86, no. 15*) (§ *89*) *make, do*
— beau *be fine, be pleasant*
— chaud *be hot, be warm*
— la connaissance de *make the acquaintance of, get acquainted with*
— la cuisine *do the cooking, cook*
— doux *be mild*
— froid *be cold*
— partie de *be a part of*
— une promenade *take a walk*
— signe *make a sign*
— du vent *be windy*
— une visite *pay a visit*
— un voyage *take a trip*

que — *what to do*
se — *be made, be done, become*
fait [fɛ] m. *fact, deed*
fait [fɛ] (*pp of* faire) *made, done*
faites [fɛt] (faire) *make, do*
falloir [falwar] (§ *86, no. 16*) *must,
be necessary*
famille [famij] f. *family*
fasse [fas] (faire) *make*
fatigue [fatig] f. *fatigue, weariness*
faubourg [fobur] m. *suburb*
faut [fo] (falloir) *it is necessary, one
must*
faute [fot] f. *mistake*
fauteuil [fotœj] m. *armchair*
favorable [favɔrabl] *favorable*
favori, favorite [favɔri, favɔrit] *favorite*
fédéral, fédéraux [federal, federo]
federal
féliciter [felisite] *congratulate*
femme [fam] f. *woman; wife*
— de ménage, f. *charwoman, maid,
woman who comes in to do housework*
fenêtre [fənɛtr] f. *window*
fer [fɛr] m. *iron*
chemin de — m. *railroad*
ferme [fɛrm] *firm*
tenir — *hold fast*
fermé [fɛrme] (*pp of* fermer) *closed*
fermentation [fɛrmātasjɔ̃] f. *fermentation*
fermenté [fɛrmāte] *fermented*
fermer [fɛrme] *close*
féroce [ferɔs] *fierce, ferocious*
fertile [fɛrtil] *fertile*
fête [fɛt] f. *holiday*
feu [fɸ] m. *fire*
feuille [fœj] f. *sheet, leaf*
février [fevrie] m. *February*
fiançailles [fjãsaj] f. pl. *engagement,
betrothal*
fiancé [fjãse] *engaged*
fidèle [fidɛl] *faithful*
Figaro [figaro] m. *morning newspaper in
Paris, noted for its literary page*
figure [figyr] f. *face*
fille [fij] f. *daughter, girl*
jeune — f. *girl*
film [film] m. *film*

fils [fis] m. *son*
fin [fɛ̃] f. *end*
financier, financière [finãsje, finãsjɛr]
financial
finir [finir] (§ *83, no. 2*) *finish*
— par *end up by, finally*
fis [fi] (*sp of* faire) *made, did*
fixe [fiks] *fixed, set*
à prix — *at a fixed price*
fixer [fikse] *establish*
flamand [flamã] *Flemish*
Flandre [flãdr] f. *Flanders*
fleur [flœr] f. *flower*
fleuve [flœv] m. *river*
flotte [flɔt] f. *navy*
fois [fwa] f. *time*
à la — *at the same time*
encore une — *once more, again*
une — *once*
fond [fɔ̃] m. *end, back, rear, bottom*
au — (de) *at the end (of), at the rear
(of), at the bottom (of)*
fondateur [fɔ̃datœr] m. *founder*
fonder [fɔ̃de] *found, establish*
font [fɔ̃] (faire) *make, do*
fontaine [fɔ̃tɛn] f. *fountain*
Fontainebleau [fɔ̃tɛnblo] *city and
forest south of Paris*
football [futbɔl] m. *football*
force [fɔrs] f. *force, strength*
forcer [fɔrse] *force*
Ford [fɔrd] *type of American car*
forêt [fɔrɛ] f. *forest*
formation [fɔrmasjɔ̃] f. *formation*
forme [fɔrm] f. *form*
former [fɔrme] *form*
fort [fɔr] *strong*
forteresse [fɔrtərɛs] f. *fortress, strong-
hold*
fortifié [fɔrtifje] *fortified*
fortifier [fɔrtifje] *fortify*
foule [ful] f. *crowd*
fournir [furnir] *furnish*
foyer [fwaje] m. *lobby*
franc [frã] m. *a French coin now worth a
little more than two cents*
Francs [frã] m. *Francs, a Germanic tribe
that conquered Gaul in the fifth century*

français [frāse] *French*
France [frās] f. *France*
franco-allemand [frākoalmā] *Franco-Prussian (War)*
François Iᵉʳ [frāswaprəmje] *Francis I, king of France (1515-1547)*
frapper [frape] *strike, knock*
fréquenter [frekāte] *frequent*
frère [frɛr] m. *brother*
froid [frwa] m. *cold*
  avoir — (§ 91 B) *be cold*
  faire — (§ 89 B) *be cold*
fromage [frɔmaʒ] m. *cheese*
front [frɔ̄] m. *front*
Front Populaire [frɔ̄pɔpylɛr] *Popular Front, coalition French government which came into power under Léon Blum by the elections of May, 1936*
frontière [frɔ̄tjɛr] f. *frontier, boundary*
fruit [frɥi] m. *fruit*
fuir [fɥir] (§ 86, no. 17) *flee*
fus [fy] (*sp of* être) *was*
fusil [fyzi] m. *gun*
futur [fytyr] m. *future*

G

gagner [gaɲe] *win, gain, earn*
gai [ge] *gay*
galerie [galri] f. *gallery*
Galerie des Glaces [galrideglas] *Hall of Mirrors in the palace at Versailles*
garantie [garāti] f. *guarantee, warranty*
garantir [garātir] *guarantee, pledge*
garçon [garsɔ̄] m. *boy; waiter*
garde [gard] m. *guard*
garder [garde] *keep, watch, guard*
gardien [gardjɛ̄] m. *guardian, caretaker, keeper*
gare [gar, gɑr] f. *(railroad) station*
Gare de Lyon [gardəljɔ̄] *important railway station at Paris for trains leaving for Lyon and Marseilles*
Garonne [garɔn] f. *river in southern France*
Gascogne [gaskɔɲ] f. *province in south-western France*
gauche [goʃ] f. *left*
  à — *to the left, on the left hand*
  les « — s» *the "leftists"*

gendarme [ʒādarm] m. *policeman (usually state police)*
gêner [ʒene] *impede, bother*
général [ʒeneral] m. *general*
général, généraux [ʒeneral, ʒenero] *general*
généralement [ʒeneralmā] *generally*
Genève [ʒənɛv] *Geneva*
genou [ʒənu] m. *knee*
genre [ʒār] m. *kind, class; gender*
gens [ʒā] m. pl. *people*
  jeunes — *young men*
gentil, gentille [ʒāti, ʒātij] *nice*
géographie [ʒeɔgrafi] f. *geography*
Georges VI [ʒɔrʒəsis] *George VI, King of England since 1937*
germanique [ʒɛrmanik] *germanic*
germe [ʒɛrm] m. *germ*
Gironde [ʒirɔ̄d] f. *estuary of Garonne*
glacé [glas] f. *glass; ice, ice cream*
golf [gɔlf] m. *golf*
gothique [gɔtik] *gothic*
goût [gu] m. *taste*
goûter [gute] *taste*
gouvernement [guvɛrnəmā] m. *government*
gouverner [guvɛrne] *govern*
gouverneur [guvɛrnœr] m. *governor*
grâce (à) [grɑs] *thanks (to)*
gracieux, gracieuse [grasjɸ, grasjɸz] *gracious*
grammaire [gramɛr] f. *grammar*
grand [grā] *great, large*
Grand Trianon [grātrianɔ̄] m. *palace built at Versailles under the direction of Louis XIV by Hardouin-Mansard*
Grande-Bretagne [grādbrətaɲ] f. *Great Britain*
Grande Guerre [grādgɛr] f. *World War (1914-1918)*
gratte-ciel [gratsiɛl] m. *skyscraper*
grave [grav] *grave, serious*
grec, greque [grɛk] *Greek*
  le — *Greek language*
Grèce [grɛs] f. *Greece*
grève [grɛv] f. *(labor) strike*
gris [gri] *gray*
gros, grosse [gro, gros] *large, great*
groupe [grup] m. *group*

Gruyère [gryjɛr] m. *kind of French cheese*
guère [gɛr] *scarcely*
  ne . . . — *scarcely*
guérir [gerir] *cure*
guérison [gerizɔ̃] f. *cure*
guerre [gɛr] f. *war*
Guerre de Cent Ans *Hundred Years War (1337-1453)*
  — Civile *Civil War (1861-1865)*
  — Franco-allemande *Franco-Prussian War (1870-1871)*
  Grande — *World War (1914-1918)*
  — de Sept Ans *Seven Years' War (1756-1763), in America (1754-1763)*
guichet [giʃɛ] m. *ticket window*
guide [gid] m. *guide*
Guillaume [gijom] *William*
  — le Conquérant *William the Conqueror*
  — II *emperor of Germany from 1888 to 1918*
guillotine [gijɔtin] f. *guillotine*
guillotiner [gijɔtine] *guillotine, execute by the guillotine*
Guyane [gɥijan] f. *Guiana*

H

An * indicates an aspirate *h*. See page 319.

habile [abil] *clever*
s'habiller [abije] *dress, dress oneself*
habitant [abitɑ̃] m. *inhabitant*
habiter [abite] *live in, inhabit*
habitude [abityd] f. *habit, custom*
s'habituer [abitɥe] *become accustomed to, accustom oneself to*
*haut [o] m. *top, height*
*haut [o] *high*
  en — *at the top*
  là- — *up there*
  à —e voix *aloud*
*Havre (Le) [ɑvr] m. *port in northwestern France on English Channel*
Henri IV [ɑ̃rikatr] (1553-1610) *King of France from 1589 to 1610*
héréditaire [ereditɛr] *hereditary*
héritier [eritje] m. *heir*

héroïne [erɔin] f. *heroine*
héroïquement [erɔikmɑ̃] *heroically*
*héros [ero] m. *hero*
hésiter [ezite] *hesitate*
heure [œr] f. *hour, time, o'clock*
  de bonne — *early*
  Il est (deux) —s *It is (two) o'clock*
  Quelle — est-il? *What time is it?*
  toutes les —s *every hour*
heureusement [œrɸzmɑ̃] *fortunately*
heureux, heureuse [œrɸ, œrɸz] *happy*
hier [jɛr] *yesterday*
histoire [istwar] f. *history*
historien [istɔrjɛ̃] m. *historian*
historique [istɔrik] *historical*
Hitler [itlɛr] (1889-) *German Chancellor (1933-)*
hiver [ivɛr] m. *winter*
  en — *in winter*
*hockey [ɔki] m. *hockey*
*hollandais [ɔlɑ̃dɛ] *Dutch*
*Hollande [ɔlɑ̃d] f. *Holland, The Netherlands*
homme [ɔm] m. *man*
  — d'affaires m. *business man*
  — d'état m. *statesman*
  — de science m. *scientist*
honneur [ɔnœr] m. *honor*
horloge [ɔrlɔʒ] f. *clock (in a tower)*
*hors-d'œuvre [ɔrdœvr] m. *relish: radishes, tomato salad, sardines, pastry containing cold spiced meat, etc.*
hôtel [ɔtɛl, otɛl] m. *hotel*
Hugo, Victor [ygo] (1802-1885) *noted French novelist, dramatist, and poet*
huile [ɥil] f. *oil*
*huit [ɥit, ɥi] *eight*
*huitième [ɥitjɛm] *eighth*
humain [ymɛ̃] *human*
humiliant [ymiljɑ̃] *humiliating*
hymne [im] m. *hymn*
  — national *National Anthem*

I

ici [isi] *here*
idée [ide] f. *idea*
il [il] *he, it*
  — y a (§ 88 A) *there is, there are*
  — y a (trois ans) *(three years) ago*

île [il] f. *island*
— d'Elbe *Island of Elba*
— de la Cité *island in the Seine on which the Cathedral of Notre Dame is situated*
— de France *former province of which Paris is the center*
— de Madagascar *large island off the east coast of Africa*
illustrer [ilystre] *illustrate*
ils [il] *they*
imaginer [imaʒine] *imagine*
imiter [imite] *imitate*
immédiatement [imedjatmã] *immediately*
immense [imãs] *immense*
imparfait [ɛ̃parfɛ] m. *imperfect*
impatience [ɛ̃pasjãs] f. *impatience*
s'impatienter [ɛ̃pasjãte] *be impatient, get impatient*
impératif [ɛ̃peratif] m. *imperative*
importance [ɛ̃pɔrtãs] f. *importance*
important [ɛ̃pɔrtã] *important*
imposant [ɛ̃pozã] *imposing*
impossible [ɛ̃pɔsibl] *impossible*
impôt [ɛ̃po] m. *tax*
impression [ɛ̃prɛsjɔ̃] f. *impression*
impressionner [ɛ̃prɛsjɔne] *impress*
incident [ɛ̃sidã] m. *incident*
inconnu [ɛ̃kɔny] *unknown*
Inde [ɛ̃d] f. *India*
indemnité [ɛ̃damnite] f. *indemnity*
indépendance [ɛ̃depãdãs] f. *independence*
indépendant [ɛ̃depãdã] *independent*
indicatif [ɛ̃dikatif] m. *indicative*
Indien [ɛ̃djɛ̃] m. *Indian*
indiqué [ɛ̃dike] (*pp* of indiquer) *indicated*
indiquer [ɛ̃dike] *indicate*
individualiste [ɛ̃dividɥalist] *individualistic*
individuel, individuelle [ɛ̃dividɥɛl] *individual*
Indo-Chine [ɛ̃dɔʃin] f. *Indo-China*
industrie [ɛ̃dystri] f. *industry*
industriel, industrielle [ɛ̃dystriɛl] *industrial*
inévitable [inevitabl] *inevitable*
inférieur [ɛ̃ferjœr] *inferior, lower*

infinitif [ɛ̃finitif] m. *infinitive*
inflation [ɛ̃flɑsjɔ̃] f. *inflation*
influence [ɛ̃flyãs] f. *influence*
information [ɛ̃fɔrmɑsjɔ̃] f. *information*
inoculation [inɔkylɑsjɔ̃] f. *inoculation*
inoculer [inɔkyle] *inoculate*
inquiet, inquiète [ɛ̃kjɛ, ɛ̃kjɛt] *uneasy, anxious, worried*
inspirer [ɛ̃spire] *inspire*
installer [ɛ̃stale] *install*
s'— *install*
institution [ɛ̃stitysjɔ̃] f. *institution*
insulte [ɛ̃sylt] f. *insult*
intention [ɛ̃tãsjɔ̃] f. *intention*
avoir l'— de *have the intention to, intend to*
intéressant [ɛ̃terɛsã] *interesting*
s'intéresser [ɛ̃terese] *be interested in*
intérêt [ɛ̃terɛ] m. *interest*
intérieur [ɛ̃terjœr] m. *interior*
interpréter [ɛ̃tɛrprete] *interpret*
interrogatif, interrogative [ɛ̃terɔgatif, ɛ̃terɔgativ] *interrogative*
interrompre [ɛ̃terɔ̃pr] *interrupt*
interruption [ɛ̃terypsjɔ̃] f. *interruption*
intervalle [ɛ̃terval] m. *interval*
intervention [ɛ̃tervãsjɔ̃] f. *intervention*
intime [ɛ̃tim] *intimate*
intonation [ɛ̃tɔnɑsjɔ̃] f. *intonation*
introduire [ɛ̃trɔdɥir] (§ 86, *no. 6*) *introduce*
introduisez [ɛ̃trɔdɥize] (introduire) *introduce*
invasion [ɛ̃vɑzjɔ̃] f. *invasion*
invention [ɛ̃vãsjɔ̃] f. *invention*
inversion [ɛ̃vɛrsjɔ̃] f. *inversion, inverted word order*
invité [ɛ̃vite] m. *guest*
inviter [ɛ̃vite] *invite*
irai [ire] (aller) *shall go*
irrégulier, irrégulière [iregylje, iregyljɛr] *irregular*
Isabelle II [izabɛldφ] *Isabella II, Queen of Spain from 1833 until she was deposed in 1868*
Italie [itali] f. *Italy*
italien, italienne [italjɛ̃, italjɛn] *Italian*
italique [italik] *italic(s)*

J

jadis [ʒɑdis] *formerly*

jaloux, jalouse [ʒalu, ʒaluz] *jealous, envious*

jamais [ʒamɛ] *ever, never*
ne... — *never*

jambe [ʒɑ̃b] f. *leg*

janvier [ʒɑ̃vje] m. *January*

Japon [ʒapɔ̃] m. *Japan*

jardin [ʒardɛ̃] m. *garden*

jaune [ʒon] *yellow*

javelot [ʒavlo] m. *javelin*
lancement de — *javelin throw*

je [ʒə] *I*

Jean [ʒɑ̃] *John*

Jeanne d'Arc [ʒɑndark] *Joan of Arc*

jeter [ʒəte] *throw*
se — *empty into (said of river)*

jeu [ʒφ] m. *game*
les Jeux Olympiques [leʒφzɔlɛ̃pik] *the Olympic Games*

jeudi [ʒφdi] m. *Thursday*
à — *until Thursday*

jeune [ʒœn] *young*
— fille f. *girl*
—s gens m. *young men; young people*

jeunesse [ʒœnɛs] f. *youth*

joli [ʒɔli] *pretty*

Joseph [ʒozɛf] *Joseph*

jouer [ʒwe] *play*

joueur [ʒwœr] m. *player*

jour [ʒur] m. *day*
tous les —s *every day*

journal [ʒurnal] m. *newspaper*

journée [ʒurne] f. *day*

juge [ʒyʒ] m. *judge*

juger [ʒyʒe] *judge, try*

juillet [ʒyjɛ, ʒɥijɛ] m. *July*

juin [ʒɥœ̃, ʒɥɛ̃] m. *June*

Jura [ʒyra] m. *chain of mountains in eastern France*

jurer [ʒyre] *swear*

jus [ʒy] m. *juice*

jusque [ʒysk] *to, up to, until*
— -là *as far as there, until then*
jusqu'à [ʒyska] *until, to, as far as, to the time of*
jusqu'à ce que [ʒyskask(ə)] *until*

juste [ʒyst] *right, just, exactly*

justement [ʒystəmɑ̃] *precisely; just now*

justice [ʒystis] f. *justice*

K

kilomètre [kilɔmɛtr] m. *kilometer (about five-eighths of a mile)*

kiosque [kjɔsk] m. *newspaper and magazine stand*

L

la [la] f. *the; her, it*

là [la] *there*
— -bas *yonder, over there*
— -haut *up there*

lac [lak] m. *lake*
les Grands —s *Great Lakes*

Lafayette [lafajɛt] *(1757-1834) French general and statesman, who helped the thirteen colonies during the American Revolution*

laisser [lese] *leave, let*

lait [lɛ] m. *milk*

laitue [lɛty] f. *lettuce*
salade de — *lettuce salad*

lancement [lɑ̃smɑ̃] m. *throwing*
— de javelot *javelin throw*
— du poids *shot-put*

langue [lɑ̃g] f. *language; tongue*

large [larʒ] *wide*

La Salle [lasal] *(1640-1687) French explorer of the Great Lakes and the Mississippi region*

latin [latɛ̃] m. *Latin (language)*

Lausanne [lozan] *Swiss city situated on Lake Geneva*

lavabo [lavabo] m. *washbowl*

laver [lave] *wash*
se — *(§ 83, no. 8) wash oneself*

Lavoisier [lavwɑzje] *(1743-1794) father of modern chemistry*

le [lə] *the; him, it*

leçon [ləsɔ̃] f. *lesson*

législatif, législative [leʒislatif, leʒislativ] *legislative*

légume [lɛgym] m. *vegetable*

Leipzig [laipsig] *city in central Germany at which a famous battle was fought in 1813*

lendemain [lãdmɛ̃] m. *next day*
le — matin *the next morning*
lentement [lãtmã] *slowly*
lequel, laquelle, lesquels, lesquelles
[ləkɛl, lakɛl, lekɛl, lekɛl] (§§ 35
E, 36 F) *which, which one; who,
whom*
les [le] *the; them*
de Lesseps [dəlɛsɛps] (1804–1894) *engineer who constructed the Suez Canal
and started the construction of the
Panama Canal*
lettre [lɛtr] f. *letter*
leur [lœr] *them, to them; their, theirs*
lever [ləve] *raise*
se — *rise, get up*
lèvre [lɛvr] f. *lip*
libéral [liberal] *liberal*
libérer [libere] *free*
liberté [libɛrte] f. *liberty*
librairie [librɛri] f. *bookstore*
libre [libr] *free*
lieu [ljφ] m. *place*
au — de *instead of*
avoir — *take place*
ligne [liɲ] f. *line*
Ligne Maginot [liɲmaʒino] *series of
fortifications in eastern France*
Ligne Siegfried [liɲsigfrid] *series of
German fortifications along the Rhine
and French border, also known as the
West Wall and "Limes"*
Lille [lil] *city in northern France*
limite [limit] f. *limit, boundary*
limité [limite] (*pp of* limiter) *limited,
bordered*
limiter [limite] *limit, border, bound*
liquide [likid] m. *liquid*
lire [lir] (§ 86, no. 18) *read*
lit [li] m. *bed*
Lithuanie [litɥani] f. *Lithuania*
littérature [literatyr] f. *literature*
livre [livr] m. *book*
livrer [livre] *give over to*
locataire [lɔkatɛr] m. f. *renter, tenant*
Loches [lɔʃ] *city in Touraine noted for
its medieval château*
loger [lɔʒe] (§ 82 B) *live*

loi [lwa] f. *law*
loin [lwɛ̃] *far*
au — *in the distance*
Loire [lwar] f. *river in central and
western France*
loisir [lwazir] m. *leisure*
les —s dirigés *name given to supervised play in the French lycée*
Londres [lɔ̃dr] m. *London*
long, longue [lɔ̃, lɔ̃g] *long*
à la longue *in the long run*
le long de *along*
longer [lɔ̃ʒe] *go along, skirt*
longtemps [lɔ̃tã] *for a long time*
Lorraine [lɔrɛn] f. *Lorraine*
lorsque [lɔrskə] *when*
Louis [lwi] *Louis*
— IX, XI, XIII, XIV, XV, XVI,
XVIII *various kings of France from
the Middle Ages to 1824*
— -le-Grand *lycée at Paris noted for
its literary courses*
— Napoléon (1808–1873) *Napoleon
III, Emperor of France from 1852 to
1870*
— Philippe *King of France from 1830
to 1848*
Saint- — *lycée in Paris noted for
scientific courses; city of the United
States*
Louisiane [lwizjan] f. *territory ex-
plored by the French in the central part
of the United States; sold by Napoleon I
to the United States in 1803*
lourd [lur] *heavy*
Louvre [luvr] m. *museum at Paris*
lu, lus [ly] (*pp and sp of* lire) *read*
lui [lɥi] *him, to him; her, to her; it, to
it*
lumière [lymjɛr] f. *light*
lundi [lœ̃di] m. *Monday*
lutte [lyt] f. *struggle*
Luxembourg [lyksãbur] m. *garden
and palace at Paris; tiny European
state*
lycée [lise] m. *French secondary school
equivalent to the American high school
and junior college*
Lyon [ljɔ̃] *Lyons, city on the Rhone*

M

ma [ma] *my*

madame [madam] f. *Mrs.*, *madam*

Madeleine [madlɛn] f. *church planned by Vignon in classical style, visible from the* Place de la Concorde

mademoiselle [madmwazɛl] f. *Miss*

Madrid [madrid] *capital of Spain*

magasin [magazɛ̃] m. *store*

magnifique [maɲifik] *magnificent*

mai [mɛ] m. *May*

main [mɛ̃] f. *hand*
    à la — *in* (*his, her, my, our, etc.*) *hand*

maintenant [mɛ̃tnã] *now*

maire [mɛr] m. *mayor*

mairie [mɛri] f. *town hall, city hall*

mais [mɛ] *but*

maison [mɛzɔ̃, mɛzɔ̃] f. *house*
    à la — *at home, home*

Maison Blanche [mɛzɔ̃blãʃ] *White House*

maître [mɛtr] m. *master*

majorité [maʒɔrite] f. *majority*

mal [mal] m. *hurt, pain*
    avoir — à la tête (§ *91 B*) *have a headache*

malade [malad] *sick, ill*

maladie [maladi] f. *sickness, disease*

malgré [malgre] *in spite of*

malheur [malœr] m. *misfortune*

malheureusement [malœrøzmã] *unfortunately*

malheureux, malheureuse [malœrø, malœrøz] *unhappy, unfortunate*

Manche [mãʃ] f. *English Channel*

manger [mãʒe] (§ *82 B*) *eat*
    salle à — f. *dining-room*

manière [manjɛr] f. *manner, way*

manifestation [manifɛstɑsjɔ̃] f. *manifestation*

manœuvre [manœvr] f. *maneuver, move, tactics*

marbre [marbr] m. *marble*

marchandise [marʃãdiz] f. *merchandise, wares*

marché [marʃe] m. *market*
    à bon — *cheaply*
    bon — *cheap*
    place du — *market place*

marcher [marʃe] *walk*

mardi [mardi] m. *Tuesday*

mari [mari] m. *husband*

mariage [marjaʒ] m. *marriage*

Marie [mari] f. *Mary*

Marie-Antoinette [mariãtwanɛt] (*1755–1793*) *Queen of France, wife of Louis XVI*

marier [marje] *marry*
    se — *get married*
    se — avec quelqu'un *marry someone*

marine [marin] f. *navy*

Marne [marn] f. *a tributary of the Seine which joins it near Paris; scene of famous battles of the World War*

Maroc [marɔk] m. *Morocco*

marqué [marke] (*pp of* marquer) *marked*

marquer [marke] *mark*

mars [mars] m. *March*

Marseillaise [marsɛjɛz] f. *French national anthem*

Marseille [marsɛj] f. *Marseilles, largest French port on the Mediterranean; second largest city in France*

marteau [marto] m. *hammer*

se masser [mase] *be massed, be gathered*

massif [masif] m. *flower-bed*

Massif Central [masifsãtral] *plateau in south-central France*

match [matʃ] m. *match, game*

matériel, matérielle [materjɛl] *material*

mathématiques [matematik] f. pl. *mathematics*

Mathilde [matild] *Mathilda, wife of William the Conqueror*

matière [matjɛr] f. *subject; matter*

matin [matɛ̃] m. *morning*

mauvais [movɛ, movɛ] *bad*

me [mə] *me, to me*

mécanisme [mekanism] m. *mechanism*

médecin [metsɛ̃, mɛtsɛ̃] m. *doctor*

médecine [metsin] f. *medicine*

Méditerranée [mediterane] f. *Mediterranean*

meilleur [mɛjœr] (§ *12 E*) *better, best*

Meister, Joseph [ʒozɛfmaistɛr] *first person to receive Pasteur treatment*

mélanger [melãʒe] *mix*

Melun [məlœ̃] *French town a short distance southeast of Paris*

membre [mɑ̃br] m. *member*

même [mɛm] (§ *26 B 7*) *self; same; even*
de — que *like, as, in the same manner*
quand — *even so*

Memel [mɛmɛl] *territory taken from Germany and given to Lithuania by the Treaty of Versailles; retaken by Germany in March, 1939*

mémorable [memɔrabl] *memorable*

menacer [mənase] (§ *82 A*) *threaten*

ménage [menaʒ] m. *household, housework*
femme de — *charwoman, maid, woman who comes in to do the housework*

mener [məne] (§ *82 D*) *lead, take (a person)*

mentalité [mɑ̃talite] f. *nature, psychological make-up*

mentionner [mɑ̃sjɔne] *mention*

menton [mɑ̃tɔ̃] m. *chin*

mépriser [meprize] *scorn*

mer [mɛr] f. *sea*

Mer du Nord [mɛrdynɔr] f. *North Sea*

merci [mɛrsi] *thanks, thank you*

mercredi [mɛrkrədi] m. *Wednesday*

mère [mɛr] f. *mother*

merveilleux, merveilleuse [mɛrvɛjφ, mɛrvɛjφz] *marvelous*

mes [me] *my*

mesure [məzyr] f. *measure*

méthode [metɔd] f. *method*

métrique [metrik] *metric*

métro [metro] (*abbrev. for* Métropolitain) m. *subway (of Paris)*

mettez [mɛte] (mettre) *put*

mettre [mɛtr] (§ *86, no. 19*) *put*
se — *place oneself*
se — à *begin*
se — à table *sit at table, begin to eat*
se — d'accord *agree, come to an agreement*
se — en colère *get angry*

Metz [mɛs] *most important city in the part of the Lorraine that became German in 1870*

meuble [mœbl] m. (*piece of*) *furniture*

meubler [mœble] *furnish*

meurs, meurt, meurent [mœr] (mourir) *die, dies, die*

mexicain [mɛksikɛ̃] *Mexican*

Mexique [mɛksik] m. *Mexico*

Michel-Ange [mikɛlɑ̃ʒ] (*1475-1564*) *Michelangelo, famous painter of the Italian Renaissance*

midi [midi] m. *noon; south (used especially in speaking of southern France)*

mien, mienne [mjɛ̃, mjɛn] *mine*

mieux [mjφ] (§ *20 B*) *better, best*
aimer — *prefer*

milieu [miljφ] m. *middle, center; society; sphere, environment*

militaire [militɛr] *military*

mille [mil] (§ *16 D, E, F*) *thousand*

Millet [mile, mije] (*1815-1875*) *French painter*

milliard [miljar] m. *billion*

million [miljɔ̃] m. *million*

mine [min] f. *mine*

ministère [ministɛr] m. *ministry*

ministre [ministr] m. *minister*

Ministre des Affaires Étrangères *Foreign Minister, Secretary of State*
— de l'Éducation Nationale *Minister of Public Instruction*
— de la Guerre *Secretary of War*
— de l'Intérieur *Secretary of the Interior*
— de la Justice *Minister of Justice, Attorney General*
— de la Marine *Secretary of the Navy*

minuit [minɥi] m. *midnight*

minute [minyt] f. *minute*

miroir [mirwar] m. *mirror*

mis [mi] (*pp and sp of* mettre) *put*

Misérables (Les) [lemizerabl] m. *famous novel by Victor Hugo*

misère [mizɛr] f. *wretchedness, poverty, distress, want*

missionnaire [misjɔnɛr] m. *missionary*

Mississipi [misisipi] m. *Mississippi*

mobilisation [mɔbilizasjɔ̃] f. *mobilization*

mode [mɔd] f. *mode, manner, style*
à la — (italienne) *in the (Italian) fashion*

modéré [mɔdere] *moderate*
moderne [mɔdɛrn] *modern*
modeste [mɔdɛst] *modest*
modifier [mɔdifje] *modify*
moi [mwa] *me, to me*
moi-même [mwamɛm] *myself*
moindre [mwɛ̃dr] *least, slightest*
moins [mwɛ̃] *less, least*
  à — que *unless*
  au — *at least*
  du — *at least*
mois [mwɑ] m. *month*
moitié [mwatje] f. *half*
Molière [mɔljɛr] (*1622–1673*) *great French dramatist*
moment [mɔmɑ̃] m. *moment*
mon, ma, mes [mɔ̃, ma, me] *my*
monarchie [mɔnarʃi] f. *monarchy*
monde [mɔ̃d] m. *world; people*
  beaucoup de — *many people*
  tout le — *everybody, everyone*
mondial [mɔ̃djal] *world-wide*
monnaie [mɔnɛ] f. (*small*) *change*
monopole [mɔnɔpɔl] m. *monopoly*
monsieur [məsjɸ] m. *sir, Mr.*
montagne [mɔ̃taɲ] f. *mountain*
  —s Rocheuses *Rocky Mountains*
Mont Blanc [mɔ̃blɑ̃] m. *highest peak of the Alps*
monter [mɔ̃te] *go up, climb*
  — dans un train *board a train*
Montparnasse [mɔ̃parnas] *quarter of Paris noted for its cafés*
montre [mɔ̃tr] f. *watch*
Montréal [mɔ̃real] *largest city in French Canada*
montrer [mɔ̃tre] *show*
monument [mɔnymɑ̃] m. *monument*
mordre [mɔrdr] *bite*
mort [mɔr] (*pp of* mourir) *died, dead*
mort [mɔr] f. *death*
Moscou [mɔsku] *Moscow*
mot [mo] m. *word*
mourir [murir] (§ *86, no. 20*) *die*
mouton [mutɔ̃] m. *sheep*
mouvement [muvmɑ̃] m. *movement*
moyen [mwajɛ̃] m. *means*
  — âge *Middle Ages*
muet, muette [mɥɛ, mɥɛt] *mute, dumb*

mur [myr] m. *wall*
muraille [myrɑj] f. *wall*
muscle [myskl] m. *muscle*
musée [myze] m. *museum*
musique [myzik] f. *music*
mutuel, mutuelle [mytɥɛl] *mutual*

N

naître [nɛtr] (§ *86, no. 21*) *be born*
Nancy [nɑ̃si] *city in eastern France*
Nantes [nɑ̃t] *French port near the mouth of the Loire*
Napoléon [napɔleɔ̃] *Napoleon*
  — Iᵉʳ *Napoleon Bonaparte* (*1769–1821*), *General and French emperor*
  — III *Louis Napoleon* (*1808–1873*), *Emperor of France from 1852 to 1870*
nappe [nap] f. *tablecloth*
naquis [naki] (*sp of* naître) *was born*
nation [nasjɔ̃] f. *nation, country*
national, nationaux [nasjɔnal, nasjɔno] *national*
nationaliste [nasjɔnalist] *nationalistic*
National-Socialiste [nasjɔnalsɔsjalisɪ] m. *National-Socialist, Nazi*
nature [natyr] f. *nature*
naturel, naturelle [natyrɛl] *natural*
naturellement [natyrɛlmɑ̃] *naturally*
ne [nə] (§ *21*) *not*
  — ... aucun *none*
  — ... guère *scarcely*
  — ... jamais *never*
  — ... ni ... ni *neither ... nor*
  — ... pas *not*
  — ... personne *no one*
  — ... plus *no longer*
  — ... point *not at all*
  — ... que *only*
  — ... rien *nothing*
né [ne] (*pp of* naître) *born*
nécessaire [nesesɛr, nesɛsɛr] *necessary*
négatif, négative [negatif, negativ] *negative*
négligemment [negliʒamɑ̃] *negligently, carelessly*
négligent [negliʒɑ̃] *negligent*
négliger [negliʒe] *neglect*
neige [nɛʒ] f. *snow*

neiger [nɛʒe] (§ 82 B) snow
nerf [nɛr] m. nerve
n'est-ce pas [nɛspɑ] (p. 73, note 2) isn't it so
nettement [nɛtmɑ̃] clearly, plainly
nettoyer [nɛtwaje] (§ 82 C) clean
neuf, neuve [nœf, nœv] (brand) new
neuf [nœf] nine
neutralité [nøtralite] f. neutrality
neutre [nøtr] neutral
neuvième [nœvjɛm] ninth
neveu [nəvø] m. nephew
nez [ne] m. nose
ni [ni] (§ 21 H) neither
— ... — neither ... nor
Nice [nis] French city on the Riviera
nier [nje] deny
Nîmes [nim] city in southern France noted for Roman ruins, especially la Maison Carrée
noblesse [nɔblɛs] f. nobility
Noël [nɔɛl] m. Christmas
noir [nwar] black
nom [nɔ̃] m. name
nombre [nɔ̃br] m. number
nombreux, nombreuse [nɔ̃brø, nɔ̃brøz] numerous
nommer [nɔme] name, choose
non [nɔ̃] no; not
— plus either
— seulement not only
nord [nɔr] m. north
nord-ouest [nɔrwɛst] m. northwest
normand [nɔrmɑ̃] m. Norman
Normandie [nɔrmɑ̃di] f. Normandy
Norvège [nɔrvɛʒ] f. Norway
nos [no] our
noter [nɔte] note, notice, observe
notre [nɔtr] our
nôtre [notr] ours
Notre Dame de Paris [nɔtrədamdəpari] f. cathedral on the Île de la Cité in Paris
— The Hunchback of Notre Dame, a novel by Victor Hugo
nous [nu] we; us, to us
nouveau, nouvel, nouvelle [nuvo, nuvɛl] (§ 9 G) new, another
de — again, once more

nouveau-marié [nuvomarje] m. newly-wed
Nouveau Monde [nuvomɔ̃d] m. New World
nouvelle [nuvɛl] f. news
nouvelle [nuvɛl] new
Nouvelle Orléans [La] f. New Orleans
novembre [nɔvɑ̃br] m. November
nuage [nɥaʒ] m. cloud
nuit [nɥi] f. night
nullement [nylmɑ̃] by no means, not at all

O

obéir [ɔbeir] (§ 42 C) obey
obélisque [ɔbelisk] m. obelisk
objet [ɔbʒɛ] m. object
obliger [ɔbliʒe] (§ 82 B) oblige
obscur [ɔpskyr] obscure, dark
observer [ɔpsɛrve] observe
obtenir [ɔptənir] (§ 86, no. 31) obtain
obtenu [ɔptəny] (pp of obtenir) obtained
occasion [ɔkɑzjɔ̃] f. opportunity; occasion
occupation [ɔkypasjɔ̃] f. occupation
occuper [ɔkype] occupy
s'— de take charge of, busy oneself with
Océanie [ɔseani] f. Oceania, consisting of the islands of the Pacific and Malay Archipelago
octobre [ɔktɔbr] m. October
Odéon [ɔdeɔ̃] m. one of the four state theaters of Paris, situated on the left bank of the Seine; also a métro station
oeil [œj] m. eye
oeuf [sing. œf, pl. ø] m. egg
— dur hard-boiled egg
oeuvre [œvr] f. work (often literary)
L'Oeuvre [lœvr] f. morning newspaper in Paris
offert [ɔfɛr] (pp of offrir) offered
officiel, officielle [ɔfisjɛl] official
officier [ɔfisje] m. official
offrir [ɔfrir] (§ 86, no. 22) offer
olive [ɔliv] f. olive
olivier [ɔlivje] m. olive tree
on [ɔ̃] (§ 37) one, people, you, they

oncle [ɔ̃kl] m. *uncle*

onde [ɔ̃d] f. *wave*
— courte *short wave*

ont [ɔ̃] (avoir) *have*

onze [ɔ̃z] *eleven*

onzième [ɔ̃zjɛm] *eleventh*

opéra [ɔpera] m. *opera*

l'Opéra m. *National Opera of France by Gabriel; also name of square and subway station*

l'Opéra Comique [lɔperakɔmik] *National Theater on the right bank of the Seine*

opinion [ɔpinjɔ̃] f. *opinion*

s'opposer [ɔpoze] *be opposed, raise opposition; object to*

or [ɔr] *now*

oral [ɔral] *oral*

orange [ɔrɑ̃ʒ] f. *orange*

ordinaire [ɔrdinɛr] *ordinary*
d'— *ordinarily*

ordinairement [ɔrdinɛrmɑ̃] *ordinarily*

ordre [ɔrdr] m. *order, command*

oreille [ɔrɛj] f. *ear*

organe [ɔrgan] m. *organ*

organisation [ɔrganizasjɔ̃] f. *organization*

organiser [ɔrganize] *organize*
s'— *be organized*

orgue [ɔrg] (m. *in sing.* f. *in pl.*) *organ*

original, originaux [ɔriʒinal, ɔriʒino] *original, individual, different*

origine [ɔriʒin] f. *origin*

Orléans [ɔrleɑ̃] *French city between Paris and Tours*
la Nouvelle — *New Orleans*

Orsay [ɔrse]
le Quai d'— *wharf along the left bank of the Seine, famous because the French Ministry of Foreign Affairs is located there*

oser [oze] *dare*

ou [u] *or*

où [u] *where; when* (§ 36 E)

oublier [ublie] *forget*

ouest [wɛst] m. *west*

oui [wi] *yes*

ouvert [uvɛr] (*pp of* ouvrir) *opened; open*

ouvreuse [uvrøz] f. *woman usher*

ouvrier [uvrie] m. *worker, working man*

ouvrier, ouvrière [uvrie, uvriɛr] *working*

ouvrir [uvrir] (§ 86, *no. 22*) *open*

P

pacifique [pasifik] *pacific, peaceful*

page [paʒ] f. *page*

paiement [pɛmɑ̃] m. *payment*

pain [pɛ̃] m. *bread*
petit — *a small loaf of bread somewhat resembling our rolls*

paix [pɛ] f. *peace*

palais [palɛ] m. *palace*

Palais Bourbon *building in which the Chambre des Députés meets*

Palais de Justice *Courthouse*

Palais du Luxembourg
Palais du Sénat } *building in which the Senate meets*

Panthéon [pɑ̃teɔ̃] m. *building in the Latin Quarter now used to honor national heroes*

pape [pap] m. *pope*

papeterie [paptri, papɛtri] f. *stationery shop*

papier [papje] m. *paper*

paquet [pakɛ] m. *package*

par [par] *by; through; for; per*
— exemple *for example*

paraître [parɛtr] (§ 86, *no. 7*) *appear, seem, look*

parc [park] m. *park*

parce que [parsk(ə)] *because*

parcourir [parkurir] (§ 86, *no. 8*) *go through*

parcours [parkur] m. *route, road, way, line, course*

parcouru [parkury] (*pp of* parcourir) *run through*

pareil, pareille [parɛj] *alike, similar*

parent [parɑ̃] m. *relative; parent*

parenthèse [parɑ̃tɛz] f. *parenthesis*

paresseux, paresseuse [parɛsø, parɛsøz] *lazy*

parfait [parfɛ] m. *perfect (tense)*

parfois [parfwa] *sometimes*

Paris [pari] *Paris*
— Midi *noon newspaper*
— Soir *evening newspaper*
parisien, parisienne [parizjɛ̃, parizjɛn] *Parisian*
Parlement [parləmɑ̃] m. *Parliament*
parler [parle] (§ 83, no. 1) *speak, talk*
parmi [parmi] *among*
paroisse [parwɑs] f. *parish*
parole [parɔl] f. *word (usually spoken)*
part [par] f. *part*
à — *aside; different; except*
autre — *elsewhere, somewhere else*
d'autre — *on the other hand, moreover*
quelque — *somewhere*
parti [parti] m. *(political) party*
participe [partisip] m. *participle*
participer [partisipe] *participate*
particulier, particulière [partikylje, partikyljɛr] *particular, peculiar, private*
partie [parti] f. *part; game*
faire — de *be a part of*
partir [partir] (2) *leave, go away, depart*
à — de... *from... on*
partitif [partitif] (§ 5) m. *partitive*
partout [partu] *everywhere*
paru, parus [pary] *(pp and sp of paraître) appeared*
pas [pɑ] m. *step*
pas [pɑ] *not*
— du tout *not at all*
passage [pɑsaʒ] m. *passage*
passé [pɑse] m. *past*
— composé m. *compound past*
— simple m. *simple past*
passer [pɑse] *pass, spend (time)*
— un examen *take an examination*
se — *happen, take place*
se — de *do without*
passif, passive [pasif, pasiv] *passive*
passivement [pasivmɑ̃] *passively*
Pasteur [pɑstœr] (1822–1895) *great French scientist*
pasteurisation [pɑstœrizɑsjɔ̃] f. *pasteurization*
pâté [pɑte] m. *pastry containing cold spiced meat*

pâtisserie [pɑtisri] f. *pastry*
patrie [patri] f. *native land, fatherland, country*
patron [patrɔ̃] m. *employer, boss, master*
pauvre [povr] *poor*
payer [pɛje] (§§ 41 B, 82 C) *pay, pay for*
pays [pei] m. *country, land*
Pays Basque [peibask] m. *the Basque country situated in the French Pyrenees*
paysage [peizaʒ] m. *landscape*
paysan [peizɑ̃] m. *peasant*
pêcheur [pɛʃœr] m. *fisherman*
peine [pɛn] f. *trouble, pain*
à — (§ 19 D) *scarcely, hardly*
valoir la — *be worth the trouble*
peintre [pɛ̃tr] m. *painter*
peinture [pɛ̃tyr] f. *painting*
peloton [plɔtɔ̃] m. *group, line of racers*
pendant [pɑ̃dɑ̃] *during*
— que *while*
pénétrer [penetre] *penetrate*
penser [pɑ̃se] *think*
— à *think about*
— de *think of, have an opinion of*
pension [pɑ̃sjɔ̃] f. *boarding-house*
pensionnaire [pɑ̃sjɔnɛr] m. f. *boarder, roomer*
percer [pɛrse] *dig, excavate (a canal)*
perdre [pɛrdr] (§ 83, no. 3) *lose*
père [per] m. *father*
perfectionnement [pɛrfɛksjɔnmɑ̃] m. *improvement, perfecting*
période [perjɔd] f. *period*
permettre [pɛrmɛtr] (§ 86, no. 19) *permit*
permission [pɛrmisjɔ̃] f. *permission*
personne [pɛrsɔn] f. *person*
ne... — *no one, nobody*
personnel, personnelle [pɛrsɔnɛl] *personal*
perte [pɛrt] f. *loss*
petit [pəti] *small*
— déjeuner m. *breakfast*
— pain m. *small loaf of bread somewhat resembling our rolls*
Petit Trianon [pətitriɑ̃ʒ] m. *small palace built at Versailles by Gabriel for Marie-Antoinette*

peu [pφ] *little, few*
  — à — *little by little*
  — après *a little later, soon after*
  un petit — *a little bit*
peuple [pœpl] m. *people, the masses*
peur [pœr] f. *fear*
  avoir — (§ 91 B) *be afraid*
peut-être [pœtɛtr] *perhaps*
peux, peut, peuvent [pφ, pφ, pœv]
  (pouvoir) *can*
phare [far] m. *lighthouse*
pharmacie [farmasi] f. *pharmacy*
philosophie [filozofi] f. *philosophy*
phrase [frɑz] f. *sentence*
Picardie [pikardi] f. *Picardy, a province
  in northern France*
pièce [pjɛs] f. *play; room*
pied [pje] m. *foot*
  à — *on foot*
pierre [pjɛr] f. *stone*
Pierre [pjɛr] *Peter*
pittoresque [pitorɛsk] *picturesque*
place [plas] f. *seat; public square*
  — du marché *market place*
plage [plaʒ] f. *beach*
se plaindre [plɛdr] (§ 86, no. 9) *complain*
plaine [plɛn] f. *plain*
plaire [plɛr] (§ 86, no. 24) *please, be
  pleasing*
plaisir [plezir] m. *pleasure*
plan [plɑ] m. *map, plan (of city)*
plancher [plɑ̃ʃe] m. *floor*
plat [pla] m. *plate*
  — du jour *special dish for the day*
plateau [plato] m. *plateau*
plate-bande [platbɑ̃d] f. *flower bed*
plein [plɛ] *full, filled*
pleurer [plœre] *cry*
pleut [plφ] (pleuvoir) *rains*
pleuvoir [plœvwar] (§ 86, no. 25) *rain*
plu [ply] (pp of pleuvoir) *rained*
plu, plus [ply] (pp and sp of plaire)
  pleased
plume [plym] f. *pen (pen point)*
plupart [plypar] f. *majority*
pluriel [plyrjɛl] m. *plural*
plus [ply] *more, most*
  de — *moreover; in addition*
  de — en — *more and more*

en — *more, in addition*
ne . . . — *no more, no longer*
non — *either*
plusieurs [plyzjœr] *several*
plus-que-parfait [plyskəparfɛ] m. *pluperfect*
plutôt [plyto] *rather, more likely*
poche [poʃ] f. *pocket*
poème [poɛm] m. *poem*
poésie [poezi] f. *poetry*
poète [poɛt] m. *poet*
poids [pwɑ] m. *weight, weights*
  lancement du — *shot-put*
point [pwɛ] m. *point, period*
  ne . . . — *not at all*
  — de vue *point of view*
poisson [pwasɔ̃] m. *fish*
poivre [pwavr] m. *pepper*
politique [politik] f. *policy, political
  policy; (adj.) political*
Pologne [polɔɲ] f. *Poland*
pomme [pom] f. *apple*
pont [pɔ̃] m. *bridge*
populaire [popylɛr] *popular*
population [popylasjɔ̃] f. *population*
port [por] m. *seaport, harbor, port*
porte [port] f. *door, gate*
portefeuille [portəfœj] m. *billfold*
porter [porte] *carry, bear; wear*
portrait [portrɛ] m. *portrait*
Portugal [portygal] m. *Portugal*
poser [poze] *put*
  — une question *ask a question*
position [pozisjɔ̃] f. *position*
posséder [posede] *possess*
possessif, possessive [posɛsif, posɛsiv]
  possessive
possession [posɛsjɔ̃] f. *possession*
possible [posibl] *possible*
poste [post] m. *radio station; radio set*
poste [post] f. *post office, postal service*
  bureau de — *post office*
potage [potaʒ] m. *soup*
poumon [pumɔ̃] m. *lung*
pour [pur] *for; in order to*
  — que *in order that*
pourboire [purbwar] m. *tip (to a waiter)*
pour-cent [pursɑ̃] m. *per cent*
pourquoi [purkwa] *why*

pourrai [pure] (pouvoir) *shall be able*
poursuivre [pursɥivr] (§ 86, no. 30) *pursue*
pourtant [purtā] *however*
pourvu que [purvyk(ə)] *provided that*
pousser [puse] *push, drive, impel; grow*
pouvoir [puvwar] (§ 86, no. 26) *can, be able*
   ne — rien *be powerless*
pouvoir [puvwar] m. *power*
   les pleins —s *unlimited powers given to the prime minister in time of crisis*
pratiquement [pratikmā] *practically, actually*
pratiquer [pratike] *practice, exercise*
   se — *be practiced*
préférer [prefere] (§ 82 E) *prefer*
préfet [prefɛ] m. *prefect*
premier, première [prəmje, prəmjɛr] *first*
prendre [prādr] (§ 86, no. 27) *take*
   — un billet *buy a ticket*
   — dans *take (something) from*
   — place *take a seat*
préparatif [preparatif] m. *preparation*
préparer [prepare] *prepare*
   se — *prepare*
préposition [prepozisjɔ̄] f. *preposition*
près (de) [prɛ] *near, close*
   à peü — *about, approximately*
   tout — "*right*" *near*
présence [prezās] f. *presence*
présent [prezā] m. *present*
   à — *at present*
présenter [prezāte] *present*
président [prezidā] m. *president*
presque [presk(ə)] *almost, nearly*
presse [prɛs] f. *press*
pressé [prɛse] *in a hurry*
prêt [prɛ] *ready*
prêter [prete] *lend*
prêtre [pretr] m. *priest*
preuve [prœv] f. *proof*
prier [prie] *ask, pray, beg*
primaire [primɛr] *primary*
prince [prɛ̄s] m. *prince*
principal, principaux [prɛ̄sipal, prɛ̄sipo] *principal*
principe [prɛ̄sip] m. *principle*

printemps [prɛ̄tā] m. *spring*
   au — *in the spring*
pris [pri] (pp and sp of prendre) *taken, took*
prise [priz] f. *capture, seizure*
prison [prizɔ̄] f. *prison*
prisonnier, prisonnière [prizɔnje, prizɔnjɛr] m. f. *prisoner*
privé [prive] *private*
privilège [privilɛʒ] m. *privilege*
prix [pri] m. *price; prize*
   à — fixe *at a fixed price, table d'hôte, special meal*
probable [prɔbabl] *probable*
   peu — *unlikely*
problème [prɔblɛm] m. *problem*
procédé [prɔsede] m. *process*
procéder [prɔsede] (§ 82 E) *proceed*
prochain [prɔʃɛ̄] *next, following*
proclamation [prɔklamasjɔ̄] f. *proclamation*
proclamer [prɔklame] *proclaim*
   se — *proclaim oneself, be proclaimed*
produit [prɔdɥi] m. *product*
professeur [prɔfɛsœr] m. *teacher*
professionnel, professionnelle [prɔfɛsjɔnɛl] *professional*
profitable [prɔfitabl] *profitable*
profiter [prɔfite] *profit*
programme [prɔgram] m. *program*
progrès [prɔgrɛ] m. *progress*
projet [prɔʒɛ] m. *project*
promenade [prɔmnad] f. *walk*
   faire une — *walk, take a walk*
se promener [prɔmne] (§ 82 D) *take a walk*
promesse [prɔmɛs] f. *promise*
promettre [prɔmɛtr] (§ 86, no. 19) *promise*
promulguer [prɔmylge] *promulgate, make known to the public formally and officially*
pronom [prɔnɔ̄] m. *pronoun*
prononcer [prɔnɔ̄se] *pronounce*
prononciation [prɔnɔ̄sjasjɔ̄] f. *pronunciation*
propagande [prɔpagād] f. *propaganda*
proposer [prɔpoze] *propose*
propre [prɔpr] *own*

propriétaire [prɔprietɛr] m. f. *landlord, landlady, owner*

prospère [prɔsper] *prosperous*

protester [prɔteste] *protest*

Provence [prɔvɑ̃s] f. *Provence, province in southern France*

province [prɔvɛ̃s] f. *province*

«Provincia» [prɔvɛ̃sia, prɔwinkia] *part of southern France most thoroughly conquered by the Romans, called "Provincia nostra"*

provoquer [prɔvɔke] *stir up*

Prusse [prys] f. *Prussia*

pu, pus [py] (*pp and sp of* pouvoir) *been able, was able*

public, publique [pyblik] *public*

publicitaire [pyblisitɛr] *pertaining to publicity; publicity*

publicité [pyblisite] f. *publicity*

publier [pyblie] *publish*

puis [pɥi] *then*

puis, puisse [pɥi; pɥis] (pouvoir) *can, am able; be able*

puisque [pɥisk(ə)] *since*

puissance [pɥisɑ̃s] f. *power*

puissant [pɥisɑ̃] *powerful*

punir [pynir] *punish*

pupitre [pypitr] m. (*pupil's*) *desk*

Pyramides [piramid] f. *Pyramids*
   Bataille des — *Battle of the Pyramids, fought by Napoleon in Egypt (1799)*

Pyrénées [pirene] f. *Pyrenees*

Q

quai [ke] m. *wharf, (railway or subway) platform*

Quai d'Orsay [kedɔrse] *wharf along the Seine noted because the Ministry of Foreign Affairs is located there*

quand [kɑ̃] *when*
   — même *even so*

quant à [kɑ̃ta] *as for*

quantité [kɑ̃tite] f. *quantity*

quarante [karɑ̃t] *forty*
   — et un *forty-one*
   —-huit *forty-eight*

quart [kar] (§ 92 D) m. *quarter*

quartier [kartje] m. *quarter, district*

Quartier Latin [kartjelatɛ̃] *Latin Quar-*

ter, the student quarter of Paris

quatorze [katɔrz] *fourteen*

quatre [katr] *four*
   — cent trente-cinq *four hundred thirty-five*

quatre-vingts [katrəvɛ̃] *eighty*

quatre-vingt-dix *ninety*

quatre-vingt-neuf *eighty-nine*

quatre-vingt-seize *ninety-six*

Quatre-vingt-treize [katrəvɛ̃trɛz] *"Ninety-Three," historical novel of Victor Hugo, published in 1874*

quatrième [katriɛm] *fourth*

que [kə] *what; which, that, whom; that; than*
   ne ... — *only*

qu'est-ce que [kɛskə] *what*
   — c'est que ça? *what is that?*

Québec [kebɛk] *province in eastern Canada; also capital of the same*

quel, quelle [kɛl] *which, what*

quelque [kɛlk(ə)] *some, any, a few*

quelque chose [kɛlkəʃoz] *something*

quelquefois [kɛlkəfwa] *sometimes*

quelqu'un [kɛlkœ̃] *someone, somebody*

question [kɛstjɔ̃] f. *question*

qui [ki] *who, whom; that, which*

quinze [kɛ̃z] *fifteen*

quinzième [kɛ̃zjɛm] *fifteenth*

quitter [kite] *leave*

quoi [kwa] *what*
   — que *whatever*
   — qu'il arrive *come what may, whatever happens*

quoique [kwakə] *although*

quotidien, quotidienne [kɔtidjɛ̃] *daily*

R

race [ras] f. *race*

Racine [rasin] (*1639-1699*) *famous French dramatist*

raconter [rakɔ̃te] *tell (a story)*

radical-socialiste [radikalsɔsjalist] *Radical-Socialist, a moderately progressive French political party*

radio [radjo] f. *radio*
   appareil de — *radio set*
   poste de — *radio set*

radiodiffuser [radjɔdifyze] *broadcast*

radiodiffusion [radjɔdifyzjɔ̃] f. *radio broadcast*

radis [radi] m. *radish*

rage [raʒ] f. *rabies*

raison [rɛzɔ̃] f. *reason*

avoir — (§ *91 B*) *be right*

Raphael [rafaɛl] (*1483–1520*) *famous painter of the Italian Renaissance*

rapidement [rapidmɑ̃] *rapidly*

rapidité [rapidite] f. *rapidity*

rappeler [raple] (§ *82 F*) *recall, remember*

rapport [rapɔr] m. *connection, relation*

rapporter [rapɔrte] *bring back*

rapprocher [raprɔʃe] *bring near*

rassembler [rasɑ̃ble] *assemble*

réactionnaire [reaksjɔnɛr] m. *reactionary*

réalisation [realizɑsjɔ̃] f. *realization*

réalité [realite] f. *reality*

en — *in reality*

réarmer [rearme] *rearm*

récemment [resamɑ̃] *recently*

réception [resɛpsjɔ̃] f. *reception*

recevoir [rəsəvwar] (§ *83, no. 5*) *receive*

recherche [rəʃɛrʃ] f. *search, research*

réclamer [reklɑme] *reclaim, ask for again*

reçois, reçoit, reçoivent [rəswa, rəswav] (recevoir) *receive, receives, receive*

recommencer [rəkɔmɑ̃se] (§ *82 A*) *begin again*

reconduire [rəkɔ̃dɥir] (§ *86, no. 6*) *lead back*

reconduisis, reconduit [rəkɔ̃dɥi] (*sp and pp of* reconduire) *led back*

reconnaître [rəkɔnɛtr] (§ *86, no. 7*) *recognize*

reconquérir [rəkɔ̃kerir] (§ *86, no. 1*) *reconquer*

reconstituer [rəkɔ̃stitɥe] *re-establish*

reconstruire [rəkɔ̃strɥir] (§ *86, no. 6*) *reconstruct*

récréation [rekreɑsjɔ̃] f. *recreation*

reçu, reçus [rəsy] (*pp and sp of* recevoir) *received*

reculer [rəkyle] *retreat*

redevenir [rədəvnir] (§ *86, no. 34*) *become again*

redevenu [rədəvny] (*pp of* redevenir) *become again*

réduire [redɥir] (§ *86, no. 6*) *reduce*

réduit [redɥi] (*pp of* réduire) *reduced*

réel, réelle [reɛl] *real, true*

réfléchi [refleʃi] *reflexive*

réforme [refɔrm] f. *reform*

refus [rəfy] m. *refusal*

refuser [rəfyze] *refuse*

regarder [rəgarde] *look at*

régime [reʒim] m. *regime, rule*

région [reʒjɔ̃] f. *region*

régistre [reʒistr] m. *register*

régler [regle] *determine, decide, regulate*

règne [rɛɲ] m. *reign*

regretter [rəgrɛte] *regret*

régulier, régulière [regylje, regyljɛr] *formal, symmetrical*

Reims [rɛ̃s] *Rheims*

reine [rɛn] f. *queen*

relatif, relative [rəlatif, rəlativ] *relative*

relativement [rəlativmɑ̃] *relatively*

relier [rəlje] *connect*

religieux, religieuse [rəliʒjφ, rəliʒjφz] *religious*

religion [rəliʒjɔ̃] f. *religion*

remarquer [rəmarke] *notice*

remercier [rəmɛrsje] *thank*

remettre [rəmɛtr] (§ *86, no. 19*) *hand to; put back; postpone*

remis [rəmi] (*pp and sp of* remettre) *handed to; put back; postponed*

remonter [rəmɔ̃te] *date from, go back, go up (stream)*

remplacer [rɑ̃plase] (§ *82 A*) *fill in, replace*

remplir [rɑ̃plir] *fill*

remporter [rɑ̃pɔrte] *bring back (the victory), carry away*

Renaissance [rənɛsɑ̃s] f. *revival of learning following the Middle Ages. It flourished in France from the early years of the sixteenth century to the end of the reign of Henry IV.*

Renault [rəno] *popular type of French automobile*

rencontre [rɑ̃kɔ̃tr] f. *meeting*

rencontrer [rãkõtre] *meet*
   se — *meet (each other)*
rendre [rãdr] *return, make*
   — visite *pay a visit*
   se — *surrender*
renommé [rənɔme] *famous, renowned*
renoncer [rənõse] *renounce, give up*
rentrer [rãtre] *return, go back (home)*
renverser [rãverse] *overthrow, overturn*
réoccuper [reɔkype] *reoccupy*
réorganiser [reɔrganize] *reorganize*
répandre [repãdr] *spread*
répandu [repãdy] *widespread, common*
réparation [reparɑsjõ] f. *reparation*
repas [rəpɑ] m. *meal*
répéter [repete] (§ 82 E) *repeat*
répondre [repõdr] *answer, reply*
réponse [repõs] f. *reply*
reposer [rəpoze] *rest*
repousser [rəpuse] *push back, repel*
reprendre [rəprãdr] *take again, retake,*
   recapture
représentant [rəpresãtã] m. *representative*
représenter [rəpresãte] *show, represent,*
   give (a play)
repris [rəpri] (*pp and sp of* reprendre)
   retook
républicain [repyblikɛ̃] m. *republican*
   (*also adj.*)
république [repyblik] f. *republic*
répudier [repydje] *repudiate*
réputé [repyte] *famous, reputed*
réserver [rezerve] *reserve*
résister [reziste] *resist*
respiration [respirɑsjõ] f. *respiration,*
   breathing
responsable [respõsabl] *responsible*
ressembler [rəsãble] *resemble*
ressource [rəsurs] f. *resource*
restaurant [restɔrã] m. *restaurant*
rester [reste] *remain*
résultat [rezulta] m. *result*
rétablir [retablir] *re-establish*
retard [rətar] m. *delay*
   en — *late, behind time*
retenir [rətnir] (§ 86, no. 31) *keep, hold*
   — l'attention *attract attention*
retirer [rətire] *withdraw, remove, take*
   away

retour [rətur] m. *return*
retourner [rəturne] *return, go back*
   se — *turn around*
retraite [rətret] f. *retreat*
   battre en — *retreat*
réunir [reynir] *assemble, unite, reunite*
   se — *assemble, meet*
réussir [reysir] *succeed*
   — à un examen *pass a test*
se réveiller [reveje] *wake up, awaken*
revenir [rəvnir] (§ 86, no. 34) *return,*
   come back
   — cher *be expensive*
revenu [rəvny] (*pp of* revenir) *returned,*
   come back
revenu [rəvny] m. *revenue, income*
rêver [reve] *dream*
revoir [rəvwar] (§ 86, no. 36) *see again*
   au — *good-by*
se révolter [revɔlte] *revolt*
révolution [revɔlysjõ] f. *revolution*
Révolution française *French Revolution.*
   The great French Revolution began in
   1789. There were minor revolutions in
   1830, 1848, and 1870–1871.
revue [rəvy] f. *magazine*
rez-de-chaussée [redʃose] m. *ground*
   floor, first floor
Rhin [rɛ̃] m. *Rhine*
Rhône [ron] m. *Rhone*
riche [riʃ] *rich*
rien [rjɛ̃] *nothing*
   ne... — *nothing*
   — de défini *nothing definite*
rire [rir] (§ 86, no. 28) *laugh*
rivalité [rivalite] f. *rivalry*
rive [riv] f. *bank (of river)*
Riviéra [rivjera] f. *Riviera, a short*
   stretch of land, along the southeast
   coast of France
robe [rɔb] f. *dress, gown*
Robespierre [rɔbspjer] (*1758–1794*)
   French statesman at the time of the
   French Revolution
rocher [rɔʃe] m. *rock*
roi [rwa] m. *king*
rôle [rol] m. *role*
Romain [rɔmɛ̃] m. *Roman*
roman [rɔmã] m. *novel*

romancier [rɔmɑ̄sje] m. *novelist*

romantisme [rɔmɑ̄tism] m. *romanticism*

Rome [rɔm] *capital of Italy*

Roquefort [rɔkfɔr] m. *type of French cheese*

rosace [rozas] f. *rose window*

Rouen [rwɑ̄] *important city in Normandy situated on the Seine*

rouge [ruʒ] *red*

Rouget de Lisle [ruʒɛdlil] *(1760–1836) author of the* Marseillaise

roulotte [rulɔt] f. *trailer*

route [rut] f. *way, road, route*

royal, royaux [rwɑjal, rwɑjo] *royal*

royaliste [rwɑjalist] *royalist*

royaume [rwɑjom] m. *kingdom*

rude [ryd] *harsh, rough*

rue [ry] f. *street*

rugby [rɔgbi] m. *rugby*

Ruhr [ryr] f. *a district in western Germany important for its mines. The French occupied this region after the World War in an attempt to force the Germans to fulfil all the obligations contracted under the Treaty of Versailles.*

ruine [rчin] f. *ruin*

ruiner [rчine] *ruin*

russe [rys] *Russian*

Russie [rysi] f. *Russia*

S

sa [sa] *his, her, its*

sable [sɑbl] m. *sand*

sac [sak] m. *sack, knapsack*

sachant, sache [saʃɑ̄, saʃ] (savoir) *knowing, know*

Sacré Coeur [sakrekœr] m. *Church of the Sacred Heart, located in the Montmartre section of Paris, in Byzantine style*

Sahara [sa¦ra] m. *desert in northern Africa*

Saint-Laurent [sɛ̄lɔrɑ̄] m. *St. Lawrence, river in Canada*

Saint-Malo [sɛ̄malo] *picturesque walled city on the coast of Brittany*

Saint-Michel [sɛ̄miʃɛl] m. *boulevard in the Latin Quarter of Paris*

Sainte-Hélène [sɛ̄telɛn] f. *St. Helena, island in the Atlantic*

sais, sait [se, sɛ] (savoir) *know*

saisissant [sɛzisɑ̄] *gripping, thrilling*

saison [sɛzɔ̄] f. *season*

salade [salad] f. *salad*

saladier [saladje] m. *salad bowl*

salle [sal] f. *room, large room*

— à manger *dining-room*

— de classe *classroom*

— de conférence *lecture room*

salon [salɔ̄] m. *living-room*

saluer [salчe] *greet*

samedi [samdi] m. *Saturday*

Samothrace [samɔtras] *island of the Greek Archipelago, near Thrace*

Victoire de — *famous statue in the Louvre, sometimes called the Winged Victory*

sang [sɑ̄] m. *blood*

sans [sɑ̄] *without*

Sarajevo [saraʒevo] *Serbian city in Bosnia*

sardine [sardin] f. *sardine*

saurai [sɔre] (savoir) *shall know*

saut [so] m. *high jump*

sauver [sove] *save*

se — *run away, escape, flee*

savant [savɑ̄] m. *scientist; scholar*

Savoie [savwɑ] f. *Savoy, province in southeastern France*

savoir [savwar] (§ 86, no. 29) *know (something), know how*

scène [sɛn] f. *scene*

science [sjɑ̄s] f. *science*

scientifique [sjɑ̄tifik] *scientific*

sculpture [skyltyr] f. *sculpturing*

se [sə] (§ 25 A) *himself, herself, itself, oneself, themselves, each other*

second [səgɔ̄] m. *second*

secours [səkur] m. *help, aid*

Seine [sɛn] f. *Seine*

seize [sɛz] *sixteen*

seizième [sɛzjɛm] *sixteenth*

séjour [seʒur] m. *stay, sojourn*

sel [sɛl] m. *salt*

selon [səlɔ̄] *according to*

semaine [səmɛn] f. *week*

sembler [sɑ̄ble] *seem*

sénat [sena] m. *senate*

sénateur [senatœr] m. *senator*

sens [sãs] m. *sense, direction*

en tous — *in every direction*

sentir [sãtir] (2) *feel; smell*

séparer [separe] *separate*

se — *become separated, be separated*

sept [sɛt] *seven*

septembre [sɛptãbr] m. *September*

septième [sɛtjɛm] *seventh*

serai [sǝre] (être) *shall be*

Serbe [sɛrb] m. *Serbian*

Serbie [sɛrbi] f. *Serbia, country in the Balkan Peninsula before the World War, now a part of Jugoslavia*

série [seri] f. *series*

sérieusement [serjøzmã] *seriously*

sérieux, sérieuse [serjø, serjøz] *serious*

serment [sɛrmã] m. *oath*

Serment du Jeu de Paume [sɛrmãdy-ʒødpom] *Tennis Court Oath*

serrer [sere] *shake; press, squeeze*

se — la main *shake hands*

serveuse [sɛrvøz] f. *waitress*

service [sɛrvis] m. *service*

serviette [sɛrvjɛt] f. *napkin*

servir [sɛrvir] (2) *serve*

— de *serve as*

se — de *use, make use of*

ses [se] *his, her, its*

seul [sœl] *alone, only, solely, only one*

seulement [sœlmã] *only*

non — *not only*

sévère [sevɛr] *severe*

Shakespeare [ʃakspɛr] (1564-1616) *great English dramatist*

si [si] *if, whether; so*

siècle [sjɛkl] m. *century*

siège [sjɛʒ] m. *siege*

mettre le — devant *lay siege to*

sien, sienne [sjɛ̃, sjɛn] *his, her, its*

signe [siɲ] m. *sign*

faire — *make a sign*

signer [siɲe] *sign*

silence [silãs] m. *silence*

simplement [sɛ̃plǝmã] *simply*

singulier [sɛ̃gylje] m. *singular*

situation [sitɥasjɔ̃] f. *situation*

situé [sitɥe] *situated, located*

six [si, sis, siz] *six*

sixième [sizjɛm] *sixth*

slave [slav] *Slavic*

social, sociaux [sɔsjal, sɔsjo] *social*

socialiste [sɔsjalist] m. f. *socialist*

société [sɔsjete] f. *society*

Société d'Agriculture [sɔsjetedagri-kyltyr] *Agricultural Association*

Société des Nations [sɔsjetedenɑsjɔ̃] *League of Nations*

soeur [sœr] f. *sister*

soie [swa] f. *silk*

soif [swaf] f. *thirst*

avoir — (§ 91 B) *be thirsty*

soir [swar] m. *evening*

soirée [sware] f. *evening, party*

sois, soit, soient [swa] (être) *be*

soixante [swasãt] *sixty*

— -dix *seventy*

— et onze *seventy-one*

— et un *sixty-one*

soldat [sɔlda] m. *soldier*

soleil [sɔlɛj] m. *sun*

solitaire [sɔlitɛr] *lonely, solitary*

solution [sɔlysjɔ̃] f. *solution*

sombre [sɔ̃br] *dark, somber*

somme [sɔm] f. *sum*

en — *in short*

sommeil [sɔmɛj] m. *sleep*

avoir — (§ 91 B) *be sleepy*

sommes [sɔm] (être) *are*

sommet [sɔmɛ] m. *summit, top*

son, sa, ses [sɔ̃, sa, se] *his, her, its, one's*

songer [sɔ̃ʒe] *think of, dream of*

sonner [sɔne] *sound, ring*

sont [sɔ̃] (être) *are*

Sorbonne [sɔrbɔn] f. *College of Arts and College of Sciences of the University of Paris*

sorte [sɔrt] f. *sort, kind*

de — que *so that*

sortir [sɔrtir] (2) *go out, leave*

soudain [sudɛ̃] *suddenly*

soulever [sulve] *raise*

se — *revolt, rise up in insurrection*

soupçonner [supsɔne] *suspect*

soupe [sup] f. *soup*

source [surs] f. *source*

sourd [sur] *deaf*
— -muet *deaf-mute; (adj.) deaf and dumb*
sourire [surir] *(§ 86, no. 28) smile*
sous [su] *under*
sous-marin [sumarɛ̃] m. *submarine, (also adj.)*
soutenir [sutnir] *(§ 86, no. 31) support*
souterrain [sutɛrɛ̃] *underground*
souvenir [suvnir] m. *souvenir, remembrance*
se souvenir de [suvnir] *(§ 86, no. 34) remember*
souvent [suvɑ̃] *often*
souverain [suvrɛ̃] m. *sovereign*
spécial, spéciaux [spesjal, spesjo] *special*
spécialement [spesjalmɑ̃] *especially*
se spécialiser [spesjalise] *specialize*
spectacle [spɛktakl] m. *spectacle, sights*
splendide [splɑ̃did] *splendid*
sport [spɔr] m. *sport*
sportif, sportive [spɔrtif, spɔrtiv] *sport-loving*
squelette [skəlɛt] m. *skeleton*
se stabiliser [stabilize] *become fixed, become stabilized*
Stanislas [stanislas] *public square in Nancy named after Stanislas Leczinski (1677-1766), King of Poland and last Duke of Lorraine*
station [stasjɔ̃] f. *station*
statue [staty] f. *statue*
stérilisation [sterilizasjɔ̃] f. *sterilization*
Strasbourg [strazbur] *principal city of Alsace*
style [stil] m. *style*
stylo [stilo] *(abbr. for* stylographe) m. *fountain pen*
su, sus [sy] *(pp and sp of* savoir) *knew*
subir [sybir] *undergo*
— un examen *take an examination*
subjonctif [sybʒɔ̃ktif] m. *subjunctive*
substituer [sypstityɛ] *substitute*
subventionner [sybvɑ̃sjɔne] *subsidize*
succès [syksɛ] m. *success*
sud [syd] m. *south, (also adj.)*
— -est *southeast*
— -ouest *southwest*

Suède [sɥɛd] f. *Sweden*
Suez, Canal de [sɥɛz] m. *Suez Canal*
suis [sɥi] (être) *am*
suis [sɥi] (suivre) *follow*
suisse [sɥis] *Swiss*
Suisse [sɥis] f. *Switzerland*
suite [sɥit] f. *continuation, suite, aftermath, consequence*
tout de — *immediately*
suivant [sɥivɑ̃] *following*
suivre [sɥivr] *(§ 86, no. 30) follow*
à — *to be continued*
sujet [syʒɛ] m. *subject*
supérieur [syperjœr] *superior, upper*
superlatif, superlative [syperlatif, syperlativ] *superlative*
supprimer [syprime] *suppress*
suprématie [sypremasi] f. *supremacy*
suprême [syprɛm] *supreme*
Cour Suprême *Supreme Court*
sur [syr] *on, over, above, about, concerning*
sûr [syr] *sure, certain, safe*
surprise [syrpriz] f. *surprise*
surtout [syrtu] *especially, above all*
surveiller [syrvɛje] *watch, superintend*
survivre [syrvivr] *(§ 86, no. 35) survive*
symbole [sɛ̃bɔl] m. *symbol*
symptôme [sɛ̃ptom] m. *symptom*
système [sistɛm] m. *system*

T

T.S.F. [teɛsɛf] *(abbr. for* télégraphie sans fil) f. *radio, wireless*
ta [ta] *your*
tabac [taba] m. *tobacco*
table [tabl] f. *table*
— de nuit *night-table*
— de travail *work-table*
tableau [tablo] m. *picture; blackboard*
— noir *blackboard*
tâcher [taʃe] *try*
taille [taj] f. *size, shape, height*
se taire [tɛr] *(§ 86, no. 24) be silent, keep still*
tandis que [tɑ̃dikə, tɑ̃diskə] *while (on the other hand)*
tant [tɑ̃] *so much, as much*
— de *so much, as much*
— que *as long as*

tapis [tapi] m. *carpet*
tapisserie [tapisri] f. *tapestry*
tard [tar] *late*
tarder (à) [tarde] *delay, put off*
tartine [tartin] f. *slice of bread*
tasse [tɑs] f. *cup*
taxi [taksi] m. *taxicab, taxi*
Tchécoslovaquie [tʃekɔslɔvaki] f. *Czechoslovakia, country created by the Treaty of Versailles, dismembered by Hitler September, 1938, and March, 1939*
te [tə] *to you, you*
tel, telle [tɛl] *such*
— que *such as*
télégraphe [telegraf] m. *telegraph*
téléphone [telefɔn] m. *telephone*
donner un coup de — *give a "ring," telephone to*
télévision [televizjɔ̃] f. *television*
tellement [tɛlmɑ̃] *so, so much*
témoin [temwɛ̃] m. *witness*
tempérament [tɑ̃peramɑ̃] m. *temperament*
temps [tɑ̃] m. *time; weather; tense*
en même — *at the same time*
tout le — *all the time, all the while*
Temps (Le) [lətɑ̃] *well-known, conservative evening newspaper in Paris*
tendance [tɑ̃dɑ̃s] f. *tendency*
tenir [tənir] (§ 86, no. 31) *hold*
— à *insist on, be anxious to*
tennis [tenis] m. *tennis*
tenter [tɑ̃te] *attempt, try*
terminer [tɛrmine] *finish, end*
se — *finish, end*
terrasse [tɛras] f. *outdoor part of café, chairs and tables (of a café) set out on sidewalk*
terre [tɛr] f. *land, territory, earth*
Terreur [tɛrœr] f. *Reign of Terror, the period of the Revolution which began in 1793 and ended 1794, marked by numerous executions under the direction of the Committee of Public Safety*
territoire [tɛritwar] m. *territory*
tes [te] *your*
tête [tɛt] f. *head*
en — *at the head*

Texas [tɛksɑs] m. *largest state in the United States*
thé [te] m. *tea*
théâtre [teɑtr] m. *theater, (collection of) plays*
Théâtre Français [teɑtrəfrɑ̃sɛ] *French National Theater on the right bank of the Seine, also called* la Comédie Française
théorie [teɔri] f. *theory*
théoriquement [teɔrikmɑ̃] *theoretically*
tiens! [tjɛ̃] *well! look here! (expression of astonishment)*
tiers [tjɛr] m. *third*
deux- — *two-thirds*
Tiers-État [tjɛrzeta] *Third Estate, the common people of France, the class which was neither the nobility nor the clergy*
timbre [tɛ̃br] m. *stamp*
tirer [tire] *draw, pull*
— sur *fire on*
tiret [tire] m. *blank, dash*
tissu [tisy] m. *textile, fabric*
toi [twa] *you, to you*
toile [twal] f. *cloth, linen*
tolérer [tɔlere] *tolerate*
tomate [tɔmat] f. *tomato*
tomber [tɔ̃be] *fall*
ton, ta, tes [tɔ̃, ta, te] *your*
tort [tɔr] *wrong*
avoir — (§ 91 B) *be wrong*
torture [tɔrtyr] f. *torture*
tôt [to] *soon, quickly, early*
toucher [tuʃe] *touch*
se — *touch each other*
toujours [tuʒur] *always*
tour [tur] m. *turn*
à son — *in his turn*
Tour de France [turdəfrɑ̃s] *bicycle race across France*
tour [tur] f. *tower*
Tour Eiffel [turefɛl] *steel structure on the left bank of the Seine in Paris, erected by Eiffel for the Exposition of 1889*
Touraine [turɛn] f. *small province south of Paris*
touriste [turist] m. *tourist*

tourner [turne] *turn*
  se — *turn (around)*
Tours [tur] *capital of Touraine*
tous [tu *adj.*, tus *pron.*] *all*
  — les jours *every day*
  — les trois *all three*
tout, toute, tous, toutes [tu, tut, tu, tut] *all, every, quite, whole*
  à — à l'heure *until later, "so long"*
  du — *(not) at all*
  en — cas *in any case*
  — à coup *suddenly*
  — à fait *completely, entirely*
  — à l'heure *a little while ago; in a little while*
  — de suite *immediately*
  — en... *(with present participle) while... -ing*
  — le monde *everyone, everybody*
  —es les heures *every hour*
  tous les jours *every day*
trace [tras] f. *trace*
tradition [tradisjɔ̃] f. *tradition*
traduire [tradɥir] (§ *86, no. 6*) *translate*
traduisez [tradɥize] (traduire) *translate*
tragédie [traʒedi] f. *tragedy*
tragique [traʒik] *tragic*
train [trɛ̃] m. *train*
trait [trɛ] m. *trait, characteristic*
traité [trɛte] m. *treaty*
Traité de Versailles [trɛtedvɛrsaj] *Treaty of Versailles (1919), establishing the conditions of peace after the World War*
traitement [trɛtmɑ̃] m. *treatment*
tramway [tramwe] m. *streetcar*
tranquille [trɑ̃kil] *quiet, calm*
tranquillement [trɑ̃kilmɑ̃] *quietly, calmly*
transformer [trɑ̃sfɔrme] *transform*
transport [trɑ̃spɔr] m. *transportation*
transporter [trɑ̃spɔrte] *transport*
travail [travaj] m. *work*
travailler [travaje] *work*
travaux [travo] (*pl. of* travail) *works*
traverser [travɛrse] *cross*
treize [trɛz] *thirteen*
treizième [trɛzjɛm] *thirteenth*

trente [trɑ̃t] *thirty*
  — -cinq *thirty-five*
  — -deux *thirty-two*
  — et un *thirty-one*
très [trɛ] *very*
trésor [trezɔr] m. *treasury*
triomphe [triɔ̃f] m. *triumph*
Triple Alliance [triplaljɑ̃s] f. *Triple Alliance between Germany, Austria-Hungary, and Italy*
Triple Entente [triplɑ̃tɑ̃t] f. *Triple Entente, between England, France, and Russia*
triste [trist] *sad*
trois [trwa] *three*
troisième [trwazjɛm] *third*
Trois Mousquetaires (Les) [letrwamuskətɛr] m. *The Three Musketeers, a novel by Alexandre Dumas*
se tromper [trɔ̃pe] *be mistaken*
tronc [trɔ̃] m. *trunk*
trône [tron] m. *throne*
trop [tro] *too much, too many, too*
trottoir [trɔtwar] m. *sidewalk*
troubadour [trubadur] m. *troubadour, minstrel of southern France during the Middle Ages*
troupe [trup] f. *troop*
trouver [truve] *find*
  se — *be found, be located, be*
tu [ty] *you*
tuer [tɥe] *kill, slay*
Tunisie [tynizi] f. *Tunisia*
typique [tipik] *typical*

U

ultimatum [yltimatɔm] m. *ultimatum*
un, une [œ̃, yn] *a, an; one*
  l'— l'autre (§ *25 B*) *each other*
unification [ynifikasjɔ̃] f. *unification*
unifier [ynifje] *unite*
  s'— *unite, become united*
uniquement [ynikmɑ̃] *only, solely*
s'unir [unir] *unite*
université [ynivɛrsite] f. *university*
Université de Paris [ynivɛrsitedpari] *University of Paris*
usage [yzaʒ] m. *custom, practice, usage*
utile [ytil] *useful*

utiliser [ytilize] *use, make use of, utilize, employ*

V

va, vas [va] (aller) *goes, go, is going*

vacances [vakɑ̃s] f. pl. *vacation*

vaccin [vaksɛ̃] m. *vaccine*

vacciner [vaksine] *vaccinate*

vache [vaʃ] f. *cow*

vague [vag] f. *wave*

vague [vag] *vague, hazy*

vaincre [vɛ̃kr] (§ 86, no. 32) *conquer, vanquish*

vaincu [vɛ̃ky] (pp of vaincre) *conquered, vanquished*

vais [ve, vɛ] (aller) *go, am going*

valeur [valœr] f. *value, worth*

vallée [vale] f. *valley*

valoir [valwar] (§ 86, no. 33) *be worth*

Varennes [varɛn] *village in eastern France in which Louis XVI was arrested on June 22, 1791, while attempting to escape from France*

varié [varje] *varied*

varier [varje] *vary, change*

vaste [vast] *vast, wide, spacious*

Vaugirard [voʒirar] *name of street in Paris*

vaut [vo] (valoir) *is worth*
  il — la peine *it is worth while, it is worth the trouble*
  il — mieux *it is better*

vécu, vécus [veky] (pp and sp of vivre) *lived*

veille [vɛj] f. *eve, day before*

veine [vɛn] f. *vein*

Vendée [vɑ̃de] f. *province in western France characterized by its royalist tendencies during the French Revolution*

vendre [vɑ̃dr] *sell*

vendredi [vɑ̃drədi] m. *Friday*

venir [vənir] (§ 86, no. 34) *come*
  — de *have just* (il vient d'arriver *he has just arrived*)

vent [vɑ̃] m. *wind*

vente [vɑ̃t] f. *sale*

venu [vəny] (pp of venir) *come*

Vénus de Milo [venysdəmilo] f. *famous statue in the Louvre*

verbe [vɛrb] m. *verb*

Verdun [vɛrdœ̃] *town in northeastern France noted for its defensive forts*

véritable [veritabl] *veritable, true*

véritablement [veritabləmɑ̃] *truly, veritably, in reality*

verrai [vɛre] (voir) *shall see*

verre [vɛr] m. *glass*

vers [vɛr] *toward; about (of time)*

Versailles [vɛrsɑj] *city some eighteen kilometers southwest of Paris, noted for its château*

vert [vɛr] *green*

vestibule [vɛstibyl] m. *vestibule, outer hall*

vestige [vɛstiʒ] m. *vestige, trace*

vêtement [vɛtmɑ̃] m. *dress, garment;* pl. *clothing*

véto [veto] m. *veto*

veux, veut, veulent [vø, vœl] (vouloir) *wish, wishes*

viande [vjɑ̃d] f. *meat*

victime [viktim] f. *victim*

victoire [viktwar] f. *victory*

victorieux, victorieuse [viktɔrjø, viktɔrjøz] *victorious*

vide [vid] *empty*

vider [vide] *empty*
  se — *become empty*

vie [vi] f. *life*
  à — *for life*

vieil, vieille [vjɛj] (§ 9 G) *old*

vieillard [vjɛjar] m. *old man, old people*

viendrai [vjɛ̃dre] (venir) *shall come*

viens, vient, viennent [vjɛ̃, vjɛn] (venir) *come, comes*

vieux [vjø] (§ 9 G) *old;* m. *old person*
  mon — "*old fellow*," "*old chap*," *used familiarly between friends, even school children*

village [vilaʒ] m. *village*

ville [vil] f. *city, town*

vin [vɛ̃] m. *wine*

vinaigre [vinɛgr] m. *vinegar*

Vinci, Léonard de [leɔnardəvɛ̃si] (1452–1519) *Leonardo da Vinci, celebrated painter of the Italian Renaissance*

vingt [vɛ̃] (§ 16 A) *twenty*
  — et un *twenty-one*

Vingt ans après [vɛ̃tāzaprɛ] m. Twenty Years After, *a novel which forms the sequel to* Les Trois Mousquetaires

violation [vjɔlɑsjɔ̃] f. *violation*

violer [vjɔle] *violate*

vis, vit [vi] (vivre) *live, lives*

vis, vit [vi] (voir) *saw*

vis-à-vis [vizavi] *toward, in regard to*

visage [vizaʒ] m. *face*

visite [vizit] f. *visit*

   faire une — *visit, pay a visit (used with persons)*

   rendre — *visit, pay a visit (used with persons)*

visiter [vizite] *visit (a town, place, etc.) (not used with persons)*

visiteur [vizitœr] m. *visitor*

vital [vital] *vital*

   «espace —» *"living space," German "Lebensraum"*

vite [vit] *fast, quickly*

vitrail [vitraj] m. *stained-glass window*

vitraux [vitro] m. pl. *stained-glass windows*

vivre [vivr] (§ 86, no. 35) *live*

vocabulaire [vɔkabylɛr] m. *vocabulary, word-list*

voici [vwasi] (§ 88 B) *here is, here are*

voilà [vwala] (§ 88 B) *there is, there are*

voile [vwal] f. *sail*

voir [vwar] (§ 86, no. 36) *see*

voisin, voisine [vwazɛ̃, vwazin] m. f. *neighbor, (adj.) neighboring*

voiture [vwatyr] f. *car (the ordinary word used to designate an automobile), carriage, coach*

voix [vwa] f. *voice*

   à haute — *aloud, in a loud voice*

   à — basse *softly, in a low voice, in a whisper*

Volga [vɔlga] f. *river in Russia*

volume [vɔlym] m. *volume*

vont [vɔ̃] (aller) *go*

vos [vo] *your*

Vosges [voʒ] f. pl. *chain of mountains in eastern France*

vote [vɔt] m. *vote*

voter [vɔte] *vote*

votre [vɔtr] *your*

vôtre [votr] *yours*

voudrai [vudre] (vouloir) *shall wish, shall want*

vouloir [vulwar] (§ 86, no. 37) *wish, want, be willing*

   — bien *be willing*

   — dire *mean*

vous [vu] *you*

voyage [vwajaʒ] m. *trip, voyage (referring to travel by land as well as by sea)*

   faire un — *travel, take a trip*

   — d'affaires *business trip*

voyager [vwajaʒe] (§ 82 B) *travel, take a trip*

voyageur [vwaʒœr] m. *traveler*

voyelle [vwajɛl] f. *vowel*

vrai [vrɛ] *true, real*

vraiment [vrɛmā] *truly, really*

vu [vy] (pp of voir) *seen*

vue [vy] f. *sight, view*

W

Waterloo [vatɛrlo] *Belgian village, site of the famous battle at which Napoleon was defeated by the combined armies of the English and Prussians on June 18, 1815*

Watteau [vato] (1684–1721) *eighteenth-century French painter, noted especially for his* l'Embarquement pour Cythère

Westphalie [vɛsfali] f. *town at which treaty was made in 1648 between Germany, France, and Sweden to put an end to the Thirty Years' War*

Wilson [wilsɔ̃, vilsɔ̃] *President of the United States from 1913 to 1921*

Y

y [i] (§ 28) *there, in it*

   il — a (§ 88 A) *there is, there are*

yeux [jɸ] m. *eyes*

Yougoslavie [jugɔslavi] f. *Jugoslavia*

INDEX

References preceded by § refer to sections in the GRAMMAIRE (pages 219–317).
References preceded by L refer to the lessons in which the subject was taken
up for the first time or in which further exercises or discussion are devoted
to the subject.
References without any sign refer to pages.

Only the most common irregular verbs are listed here. References to *all*
irregular verbs may be found under such verbs in the VOCABULAIRE GÉNÉRAL
(pages 359–97).

A

à
  in adjectival clause to denote characteristic 117 note 2, 159 note 2;
  contractions with *le, les* § 2 B; L 7;
  with indirect object § 24 B; L 7;
  before infinitive § 41 D; L 18, L 57;
  with names of places § 39 A–C–D;
  L 14, L 44; to express possession
  § 31 E; L 26; after certain verbs
  § 42 C; L 55–56
Accents 320
Adjectives
  agreement § 8; L 2, L 6; comparison
  § 12; L 5; demonstrative § 14; L 8,
  L 17; feminine § 9; L 2, L 4, L 20–
  21; indefinite § 11 C; L 21; interrogative § 15; L 15; irregular
  § 9 C–D–E–F–G–H, · § 10 B–C–
  D–E; L 9, L 20–21, L 27; numeral § 11 C, § 16–17; L 13–
  14, L 17–20, L 28; between partitive and noun § 5 C 3; L 10,
  L 48; plural § 10; L 3, L 19, L 21;
  position § 11, § 12 C; L 5, L 21;
  possessive § 13; L 16
Adverbs
  aussi § 12 F, § 19 D; L 7–8, L 56; 155
  note 2; comparison § 20; L 56;
  formation § 18; L 20, L 45, L 56;
  negative § 21; L 6, L 45; *peut-
  être* § 19 D; L 56; position § 19;

L 56; pronunciation § 18 B; L 45;
  of quantity followed by *de* § 5 C 1;
  L 10; *tout* 201 note 1
Age, expressions of § 91 A; L 14
Agreement
  adjectives § 8; L 2, L 6; past participle § 70, § 79 C; L 31–32, L 34;
  possessive adjectives § 13 B; L 16;
  possessive pronouns § 31 D; L 26;
  present participle § 67 C; L 43;
  adverb *tout* 201 note 1
Alphabet 319
an, année 341 note 1
Apposition § 3 E; L 28
après with past infinitive L 43; 274
  note 1
après que with past anterior § 62; L 47
Article
  omitted before appositives § 3 E;
  L 28; contractions with *à* and *de*
  § 2; L 7; definite § 1, § 3; L 1, L 3,
  L 9; after *dont* § 36 D; L 39; elision of § 1 A; 321; general § 3 B;
  L 9; indefinite § 4; L 2–3; use and
  omission with *ni* ... *ni* § 21 H;
  L 45; partitive § 5; L 9–10; omission with unmodified names of
  professions § 4 C; L 19; with
  names of places § 3 C, § 39 C–
  D–E; L 1, L 14, L 45; with superlatives § 12 A–C; L 5; uses of
  § 3; L 1, L 9, L 12

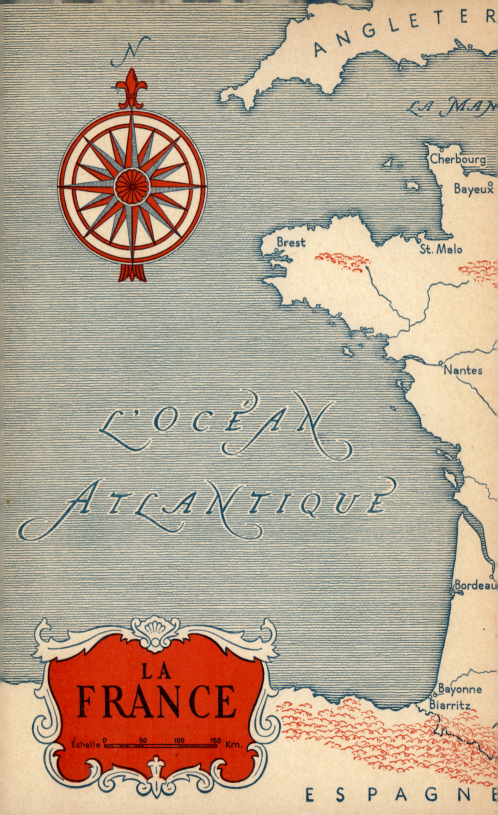

ANGLETERRE

LA MANCHE

Cherbourg

Bayeux

Brest

St. Malo

Nantes

L'OCÉAN ATLANTIQUE

Bordeaux

LA FRANCE

Échelle 0 50 100 150 Km.

Bayonne
Biarritz

ESPAGNE